개정5판

에센스
국제조약집

정
인
섭

편

박영사

제5개정판을 발간하며

에센스 국제조약집이 2010년 첫판을 발간한 이래 수요가 꾸준히 지속되어 십수 년째 개정판을 거듭하고 있다. 이번에는 마침 중요한 변화가 있어 개정판을 서두르지 않을 수 없었다. 국제법 공부에 있어서 수시로 참고하는 기본적 조약 중 하나인 「조약법에 관한 비엔나 협약」, 「시민적 및 정치적 권리에 관한 국제규약」, 그 「선택의정서」의 정부 번역본이 상당 부분 수정되었기 때문이다(2023. 6. 9. 관보 공고). 기왕에 번역된 조약문의 표현을 보다 읽기 쉽게 순화하려는 작업의 일환이었다. 또한 「국적법」 역시 헌재 결정을 반영하기 위한 여러 조문의 개정이 있었다. 기타 간단한 수정의 필요가 있는 부분도 있었다. 외교부의 번역 수정 공고가 날 무렵 마침 이 조약집 기존 재고가 거의 떨어졌다는 출판사측 연락을 받았다. 개정판을 신속히 출간할 수 있어 다행이었다. 그동안 이 소책자를 아끼고 이용해 주신 독자들에게 다시 한번 감사를 표한다.

2023. 6. 30.
정 인 섭

서

이 책은 학부나 대학원에서 국제법 관련 과목의 강의를 수강하는데 필요한 최소한의 조약들을 수록한 소조약집(小條約集)이다. 법전으로 치면 소법전에 해당하며, 전문가용이라기보다는 일반 학생들의 수강 편의를 제공하려는 목적으로 제작되었다. 사실 국제법 과목 수강생으로 별도의 조약집을 갖고 공부하는 학생들은 많지 않다. 대개 교과서 등에 부분적으로 인용되거나 소개된 조약 내용만을 읽고 공부할 뿐이다. 일반 법률과목을 수강하는 학생이 법전 없이 공부하는 경우는 거의 없는데도 불구하고, 왜 국제법을 공부하면서는 조약집을 마련하지 않는가? 아마도 경제적 부담이 가장 큰 이유가 아닐까 싶다. 이미 국내에는 이 책자보다 더 풍부한 내용을 갖춘 두툼한 조약집이 여러 종 발간된 바 있으나, 대체로 그 가격이 만만치 않은 것이 사실이다. 요즘 교과서 가격이 치솟아서 그런지 저자가 직접 강의하는 수업시간에도 버젓이 불법 복사본을 면전에 내놓고 수강하는 학생까지 있으니 조약집 같은 부교재까지 관심을 기대하기는 어렵다. 또한 막상 구입을 하였다고 하여도 이용 빈도가 그다지 높지 않은 조약집을 매일 가지고 다니기에는 부피와 무게가 부담스

러운 것 또한 사실이다. 교수인 편자조차 수업시간에 두툼한 조약집을 매번 휴대하고 들어가기에 부담이 느껴지니 학생들은 더 말할 나위 없을 것이다. 그래서 전부터 학생들이 구입하기에 경제적 부담도 적고, 간편하게 휴대할 수 있는 좀 작은 크기의 조약집이 있었으면 하는 바람을 갖고 있었다. 그러나 경제성이 높지 않은 그런 조약집을 출간하려는 출판사가 과연 있을까 의심스러워 구체적인 추진계획은 말도 꺼내지 못하고 있었다. 그런데 얼마전 박영사 관계자와 이런 저런 이야기 끝에 편자가 구상하는 것과 같은 간소한 조약집도 출판할 용의가 있다는 답을 듣고 용기를 내어 이번에 본 조약집을 상재하게 되었다.

　　본 조약집을 제작함에 있어서 1차적인 기준은 책자의 가격이 일반학생들이 큰 부담을 느끼지 않고 구입할 수 있는 수준으로 분량을 제한한다는 것이었다. 사실 본 책자에 수록된 조약들의 대부분은 각종 경로를 통하여 누구나 무료로 접할 수 있는 내용들이다. 그럼에도 불구하고 이 책을 이용하려는 독자가 있다면 이는 편의성 때문일 것인데, 가격이 어느 수준을 넘어가면 불편하더라도 공개된 조약문을 개별적으로 구하려고 할 것이다. 그러다 보니 수록 대상을 국제법 수강과정에서 가장 빈번하게 등장한다고 판단되는 17종의 국제문서와 4종의 국내법으로 한정하였다. 수록 대상의 선정시 현재의 사법시험이나 향후 변호사시험에서 주로 출제될 것으로 예상되는 주제에 유의하였다. 분량을 줄이기 위하여 일부조약은 전문을 수록하지 않고 수강시 자주 등장하는 조문만을 발췌하였다. 조약집은 영문을 같이 수록하면 더욱 이상적이지만, 한정된 지면에 맞추기 위하여 꼭 필요하다고 판단되는 최소한의 조문에 대하여만 영문을 병기하였다. 대한민국이 당사국인 조약은 공식 번역본을 사용하였다. 오늘의 감각에 비추어 볼 때 오래된 조약의 공식 번역본에는 어색한 표현도 적지 않음을 부인할 수 없다. 그리고 당사국이 아닌 조약이나 기타 문서는 편자의 책임하에 번역하였으며, 이 때 기존의 번역본이 있는 경우 이를 참고하기도 하였다.

　　본 조약집이 전문가의 필요를 충족하기에는 부족한 면이 있음을 부인할 수 없으나, 편자로서는 학생들이 경제적으로 큰 부담없이 구입하여 매일 매일 법전처럼 휴대하며 학업에 활용할 수 있기를 바랄 뿐이다. 끝으로 특별한 수익성을 기대하기 어려운 본 책자의 발간을 선뜻 결정하고, 꼼꼼한 편집과 교정을 담당해 준 박영사 관계자들께 깊은 감사를 드린다.

2010. 8. 20.

정 인 섭

목　차

1. 국제연합 헌장*
(Charter of the United Nations)

우리 연합국 국민들은

우리 일생중에 두 번이나 말할 수 없는 슬픔을 인류에 가져온 전쟁의 불행에서 다음 세대를 구하고, 기본적 인권, 인간의 존엄 및 가치, 남녀 및 대소 각국의 평등권에 대한 신념을 재확인하며, 정의와 조약 및 기타 국제법의 연원으로부터 발생하는 의무에 대한 존중이 계속 유지될 수 있는 조건을 확립하며, 더 많은 자유 속에서 사회적 진보와 생활수준의 향상을 촉진할 것을 결의하였다.

그리고 이러한 목적을 위하여

관용을 실천하고 선량한 이웃으로서 상호간 평화롭게 같이 생활하며, 국제평화와 안전을 유지하기 위하여 우리들의 힘을 합하며, 공동이익을 위한 경우 이외에는 무력을 사용하지 아니한다는 것을, 원칙의 수락과 방법의 설정에 의하여, 보장하고, 모든 국민의 경제적 및 사회적 발전을 촉진하기 위하여 국제기관을 이용한다는 것을 결의하면서,

이러한 목적을 달성하기 위하여 우리의 노력을 결집할 것을 결정하였다.

따라서, 우리 각자의 정부는, 샌프란시스코에 모인, 유효하고 타당한 것으로 인정된 전권위임장을 제시한 대표를 통하여, 이 국제연합헌장에 동의하고, 국제연합이라는 국제기구를 이에 설립한다.

제 1 장   목적과 원칙

제1조   국제연합의 목적은 다음과 같다.

1. 국제평화와 안전을 유지하고, 이를 위하여 평화에 대한 위협의 방지, 제거 그리고 침략행위 또는 기타 평화의 파괴를 진압하기 위한 유효한 집단적 조치를 취하고 평화의 파괴로 이를 우려가 있는 국제적 분쟁이나 사태의 조정·해결을 평화적 수단에 의하여 또한 정의와 국제법의 원칙에 따라 실현한다.

2. 사람들의 평등권 및 자결의 원칙의 존중에 기초하여 국가간의 우호관계를 발전시키며, 세계평화를 강화하기 위한 기타 적절한 조치를 취한다.

3. 경제적·사회적·문화적 또는 인도적 성격의 국제문제를 해결하고 또한 인종·성별·언어 또는 종교에 따른 차별 없이 모든 사람의 인권 및 기본적 자유에

---

* 1945. 6. 26 채택. 1945. 10. 24 발효. 1963년, 1965년, 1971년 일부 개정. 1991. 9. 17 대한민국 적용 (조약 제1059호).

대한 존중을 촉진하고 장려함에 있어 국제적 협력을 달성한다.

    4. 이러한 공동의 목적을 달성함에 있어서 각국의 활동을 조화시키는 중심이 된다.

    (Article 1 The Purposes of the United Nations are:
    1. To maintain international peace and security, and to that end: to take effective collective measures for the prevention and removal of threats to the peace, and for the suppression of acts of aggression or other breaches of the peace, and to bring about by peaceful means, and in conformity with the principles of justice and international law, adjustment or settlement of international disputes or situations which might lead to a breach of the peace;
    2. To develop friendly relations among nations based on respect for the principle of equal rights and self-determination of peoples, and to take other appropriate measures to strengthen universal peace;
    3. To achieve international co-operation in solving international problems of an economic, social, cultural, or humanitarian character, and in promoting and encouraging respect for human rights and for fundamental freedoms for all without distinction as to race, sex, language, or religion; and
    4. To be a centre for harmonizing the actions of nations in the attainment of these common ends.)

제2조 이 기구 및 그 회원국은 제1조에 명시한 목적을 추구함에 있어서 다음의 원칙에 따라 행동한다.

    1. 기구는 모든 회원국의 주권평등 원칙에 기초한다.

    2. 모든 회원국은 회원국의 지위에서 발생하는 권리와 이익을 그들 모두에 보장하기 위하여, 이 헌장에 따라 부과되는 의무를 성실히 이행한다.

    3. 모든 회원국은 그들의 국제분쟁을 국제평화와 안전 그리고 정의를 위태롭게 하지 아니하는 방식으로 평화적 수단에 의하여 해결한다.

    4. 모든 회원국은 그 국제관계에 있어서 다른 국가의 영토보전이나 정치적 독립에 대하여 또는 국제연합의 목적과 양립하지 아니하는 어떠한 기타 방식으로도 무력의 위협이나 무력행사를 삼간다.

    5. 모든 회원국은 국제연합이 이 헌장에 따라 취하는 어떠한 조치에 있어서도 모든 원조를 다하며, 국제연합이 방지조치 또는 강제조치를 취하는 대상이 되는 어떠한 국가에 대하여도 원조를 삼간다.

    6. 기구는 국제연합의 회원국이 아닌 국가가, 국제평화와 안전을 유지하는 데 필요한 한, 이러한 원칙에 따라 행동하도록 확보한다.

    7. 이 헌장의 어떠한 규정도 본질상 어떤 국가의 국내 관할권 안에 있는 사항에 간섭할 권한을 국제연합에 부여하지 아니하며, 또는 그러한 사항을 이 헌장에 의한 해결에 맡기도록 회원국에 요구하지 아니한다. 다만, 이 원칙은 제7장에 의한 강제조치의 적용을 해하지 아니한다.

(Article 2 The Organization and its Members, in pursuit of the Purposes stated in Article 1, shall act in accordance with the following Principles.
    1. The Organization is based on the principle of the sovereign equality of all its Members.
    2. All Members, in order to ensure to all of them the rights and benefits resulting from membership, shall fulfill in good faith the obligations assumed by them in accordance with the

present Charter.

3. All Members shall settle their international disputes by peaceful means in such a manner that international peace and security, and justice, are not endangered.

4. All Members shall refrain in their international relations from the threat or use of force against the territorial integrity or political independence of any state, or in any other manner inconsistent with the Purposes of the United Nations.

5. All Members shall give the United Nations every assistance in any action it takes in accordance with the present Charter, and shall refrain from giving assistance to any state against which the United Nations is taking preventive or enforcement action.

6. The Organization shall ensure that states which are not Members of the United Nations act in accordance with these Principles so far as may be necessary for the maintenance of international peace and security.

7. Nothing contained in the present Charter shall authorize the United Nations to intervene in matters which are essentially within the domestic jurisdiction of any state or shall require the Members to submit such matters to settlement under the present Charter; but this principle shall not prejudice the application of enforcement measures under Chapter VII.)

제 2 장 회원국의 지위

제3조 국제연합의 원회원국은, 샌프란시스코에서 국제기구에 관한 연합국 회의에 참가한 국가 또는 1942년 1월 1일의 연합국 선언에 서명한 국가로서, 이 헌장에 서명하고 제110조에 따라 이를 비준한 국가이다.

제4조

1. 국제연합의 회원국 지위는 이 헌장에 규정된 의무를 수락하고, 이러한 의무를 이행할 능력과 의사가 있다고 기구가 판단하는 그 밖의 평화애호국 모두에 개방된다.

2. 그러한 국가의 국제연합 회원국으로의 승인은 안전보장이사회의 권고에 따라 총회의 결정에 의하여 이루어진다.

제5조 안전보장이사회에 의하여 취하여지는 방지조치 또는 강제조치의 대상이 되는 국제연합 회원국에 대하여는 총회가 안전보장이사회의 권고에 따라 회원국으로서의 권리와 특권의 행사를 정지시킬 수 있다. 이러한 권리와 특권의 행사는 안전보장이사회에 의하여 회복될 수 있다.

제6조 이 헌장에 규정된 원칙을 끈질기게 위반하는 국제연합 회원국은 총회가 안전보장이사회의 권고에 따라 기구로부터 제명할 수 있다.

제 3 장 기 관

제7조

1. 국제연합의 주요기관으로서 총회·안전보장이사회·경제사회이사회·신탁통치이사회·국제사법재판소 및 사무국을 설치한다.

2. 필요하다고 인정되는 보조기관은 이 헌장에 따라 설치될 수 있다.

8

제8조 국제연합은 남녀가 어떠한 능력으로서든 그리고 평등의 조건으로 그 주요 기관 및 보조기관에 참가할 자격이 있음에 대하여 어떠한 제한도 두어서는 아니 된다.

제 4 장 총　회

ᅮ　성

제9조
　1. 총회는 모든 국제연합 회원국으로 구성된다.
　2. 각 회원국은 총회에 5인 이하의 대표를 가진다.

임무 및 권한

제10조　총회는 이 헌장의 범위 안에 있거나 또는 이 헌장에 규정된 어떠한 기관의 권한 및 임무에 관한 어떠한 문제 또는 어떠한 사항도 토의할 수 있으며, 그리고 제12조에 규정된 경우를 제외하고는, 그러한 문제 또는 사항에 관하여 국제연합 회원국 또는 안전보장이사회 또는 이 양자에 대하여 권고할 수 있다.

제11조
　1. 총회는 국제평화와 안전의 유지에 있어서의 협력의 일반원칙을, 군비축소 및 군비규제를 규율하는 원칙을 포함하여 심의하고, 그러한 원칙과 관련하여 회원국이나 안전보장이사회 또는 이 양자에 대하여 권고할 수 있다.

　2. 총회는 국제연합 회원국이나 안전보장이사회 또는 제35조 제2항에 따라 국제연합 회원국이 아닌 국가에 의하여 총회에 회부된 국제평화와 안전의 유지에 관한 어떠한 문제도 토의할 수 있으며, 제12조에 규정된 경우를 제외하고는 그러한 문제와 관련하여 1 또는 그 이상의 관계국이나 안전보장이사회 또는 이 양자에 대하여 권고할 수 있다. 그러한 문제로서 조치를 필요로 하는 것은 토의의 전 또는 후에 총회에 의하여 안전보장이사회에 회부된다.

　3. 총회는 국제평화와 안전을 위태롭게 할 우려가 있는 사태에 대하여 안전보장이사회의 주의를 환기할 수 있다.

　4. 이 조에 규정된 총회의 권한은 제10조의 일반적 범위를 제한하지 아니한다.

제12조
　1. 안전보장이사회가 어떠한 분쟁 또는 사태와 관련하여 이 헌장에서 부여된 임무를 수행하고 있는 동안에는 총회는 이 분쟁 또는 사태(dispute or situation)에 관하여 안전보장이사회가 요청하지 아니하는 한 어떠한 권고도 하지 아니한다.

　2. 사무총장은 안전보장이사회가 다루고 있는 국제평화와 안전의 유지에 관한 어떠한 사항도 안전보장이사회의 동의를 얻어 매 회기중 총회에 통고하며, 또한 사무총장은, 안전보장이사회가 그러한 사항을 다루는 것을 중지한 경우, 즉시 총회 또는 총회가 회기중이 아닐 경우에는 국제연합 회원국에 마찬가지로 통고한다.

제13조

1. 총회는 다음의 목적을 위하여 연구를 발의하고 권고한다.

가. 정치적 분야에 있어서 국제협력을 촉진하고, 국제법의 점진적 발달 및 그 법전화를 장려하는 것.

나. 경제, 사회, 문화, 교육 및 보건 분야에 있어서 국제협력을 촉진하며 그리고 인종, 성별, 언어 또는 종교에 관한 차별 없이 모든 사람을 위하여 인권 및 기본적 자유를 실현하는 데 있어 원조하는 것.

2. 전기 제1항 나호에 규정된 사항에 관한 총회의 추가적 책임, 임무 및 권한은 제9장과 제10장에 규정된다.

제14조

제12조 규정에 따를 것을 조건으로 총회는 그 원인에 관계없이 일반적 복지 또는 국가간의 우호관계를 해할 우려가 있다고 인정되는 어떠한 사태도 이의 평화적 조정을 위한 조치를 권고할 수 있다. 이 사태는 국제연합의 목적 및 원칙을 정한 이 헌장규정의 위반으로부터 발생하는 사태를 포함한다.

제15조

1. 총회는 안전보장이사회로부터 연례보고와 특별보고를 받아 심의한다. 이 보고는 안전보장이사회가 국제평화와 안전을 유지하기 위하여 결정하거나 또는 취한 조치의 설명을 포함한다.

2. 총회는 국제연합의 다른 기관으로부터 보고를 받아 심의한다.

제16조

총회는 제12장과 제13장에 의하여 부과된 국제신탁통치제도에 관한 임무를 수행한다. 이 임무는 전략지역으로 지정되지 아니한 지역에 관한 신탁통치협정의 승인을 포함한다.

제17조

1. 총회는 기구의 예산을 심의하고 승인한다.

2. 기구의 경비는 총회에서 배정한 바에 따라 회원국이 부담한다.

3. 총회는 제57조에 규정된 전문기구와의 어떠한 재정약정 및 예산약정도 심의하고 승인하며, 당해 전문기구에 권고할 목적으로 그러한 전문기구의 행정적 예산을 검사한다.

표   결

제18조

1. 총회의 각 구성국은 1개의 투표권을 가진다.

2. 중요문제에 관한 총회의 결정은 출석하여 투표하는 구성국의 3분의 2의 다수로 한다. 이러한 문제는 국제평화와 안전의 유지에 관한 권고, 안전보장이사회의 비상임이사국의 선출, 경제사회이사회의 이사국의 선출, 제86조 제1항 다호에 의한 신탁통치이사회의 이사국의 선출, 신회원국의 국제연합 가입의 승인, 회원국으로서의 권리 및 특권의 정지, 회원국의 제명, 신탁통치제도의 운영에 관한 문제 및 예산문제를 포함한다.

3. 기타 문제에 관한 결정은 3분의 2의 다수로 결정될 문제의 추가적 부문의 결정을 포함하여 출석하여 투표하는 구성국의 과반수로 한다.

제19조 기구에 대한 재정적 분담금의 지불을 연체한 국제연합 회원국은 그 연체금액이 그때까지의 만 2년간 그 나라가 지불하였어야 할 분담금의 금액과 같거나 또는 초과하는 경우 총회에서 투표권을 가지지 못한다. 그럼에도 총회는 지불의 불이행이 그 회원국이 제어할 수 없는 사정에 의한 것임이 인정되는 경우 그 회원국의 투표를 허용할 수 있다.

절   차

제20조 총회는 연례정기회기 및 필요한 경우에는 특별회기로서 모인다. 특별회기는 안전보장이사회의 요청 또는 국제연합 회원국의 과반수의 요청에 따라 사무총장이 소집한다.

제21조 총회는 그 자체의 의사규칙을 채택한다. 총회는 매회기마다 의장을 선출한다.

제22조 총회는 그 임무의 수행에 필요하다고 인정되는 보조기관을 설치할 수 있다.

제 5 장   안전보장이사회

구   성

제23조

1. 안전보장이사회는 15개 국제연합 회원국으로 구성된다. 중화민국, 불란서, 소비에트사회주의공화국연방, 영국 및 미합중국은 안전보장이사회의 상임이사국이다. 총회는 먼저 국제평화와 안전의 유지 및 기구의 기타 목적에 대한 국제연합 회원국의 공헌과 또한 공평한 지리적 배분을 특별히 고려하여 그 외 10개의 국제연합 회원국을 안전보장이사회의 비상임이사국으로 선출한다.

2. 안전보장이사회의 비상임이사국은 2년의 임기로 선출된다. 안전보장이사회의 이사국이 11개국에서 15개국으로 증가된 후 최초의 비상임이사국 선출에서는, 추가된 4개 이사국 중 2개 이사국은 1년의 임기로 선출된다. 퇴임 이사국은 연이어 재선될 자격을 가지지 아니한다.

3. 안전보장이사회의 각 이사국은 1인의 대표를 가진다.

임무와 권한

제24조

1. 국제연합의 신속하고 효과적인 조치를 확보하기 위하여, 국제연합 회원국은 국제평화와 안전의 유지를 위한 일차적 책임을 안전보장이사회에 부여하며, 또

한 안전보장이사회가 그 책임하에 의무를 이행함에 있어 회원국을 대신하여 활동하는 것에 동의한다.

2. 이러한 의무를 이행함에 있어 안전보장이사회는 국제연합의 목적과 원칙에 따라 활동한다. 이러한 의무를 이행하기 위하여 안전보장이사회에 부여된 특정한 권한은 제6장, 제7장, 제8장 및 제12장에 규정된다.

3. 안전보장이사회는 연례보고 및 필요한 경우 특별보고를 총회에 심의하도록 제출한다.

(Article 24
1. In order to ensure prompt and effective action by the United Nations, its Members confer on the Security Council primary responsibility for the maintenance of international peace and security, and agree that in carrying out its duties under this responsibility the Security Council acts on their behalf.
2. In discharging these duties the Security Council shall act in accordance with the Purposes and Principles of the United Nations. The specific powers granted to the Security Council for the discharge of these duties are laid down in Chapters VI, VII, VIII, and XII.
3. The Security Council shall submit annual and, when necessary, special reports to the General Assembly for its consideration.)

제25조 국제연합 회원국은 안전보장이사회의 결정을 이 헌장에 따라 수락하고 이행할 것을 동의한다.

(Article 25 The Members of the United Nations agree to accept and carry out the decisions of the Security Council in accordance with the present Charter.)

제26조 세계의 인적 및 경제적 자원을 군비를 위하여 최소한으로 전용함으로써 국제평화와 안전의 확립 및 유지를 촉진하기 위하여, 안전보장이사회는 군비규제 체제의 확립을 위하여 국제연합 회원국에 제출되는 계획을 제47조에 규정된 군사 참모위원회의 원조를 받아 작성할 책임을 진다.

표 결

제27조
1. 안전보장이사회의 각 이사국은 1개의 투표권을 가진다.
2. 절차사항에 관한 안전보장이사회의 결정은 9개 이사국의 찬성투표로써 한다.
3. 그 외 모든 사항에 관한 안전보장이사회의 결정은 상임이사국의 동의 투표를 포함한 9개 이사국의 찬성투표로써 한다. 다만, 제6장 및 제52조 제3항에 의한 결정에 있어서는 분쟁 당사국은 투표를 기권한다.

절 차

제28조
1. 안전보장이사회는 계속적으로 임무를 수행할 수 있도록 조직된다. 이를 위하여 안전보장이사회의 각 이사국은 기구의 소재지에 항상 대표를 둔다.
2. 안전보장이사회는 정기회의를 개최한다. 이 회의에 각 이사국은 희망하는

경우, 각료 또는 특별히 지명된 다른 대표에 의하여 대표될 수 있다.

    3. 안전보장이사회는 그 사업을 가장 쉽게 할 수 있다고 판단되는 기구의 소재지 외의 장소에서 회의를 개최할 수 있다.

제29조 안전보장이사회는 그 임무의 수행에 필요하다고 인정되는 보조기관을 설치할 수 있다.

제30조 안전보장이사회는 의장선출방식을 포함한 그 자체의 의사규칙을 채택한다.

제31조 안전보장이사회의 이사국이 아닌 어떠한 국제연합 회원국도 안전보장이사회가 그 회원국의 이해에 특히 영향이 있다고 인정하는 때에는 언제든지 안전보장이사회에 회부된 어떠한 문제의 토의에도 투표권 없이 참가할 수 있다.

제32조 안전보장이사회의 이사국이 아닌 국제연합 회원국 또는 국제연합 회원국이 아닌 어떠한 국가도 안전보장이사회에서 심의중인 분쟁의 당사자인 경우에는 이 분쟁에 관한 토의에 투표권 없이 참가하도록 초청된다. 안전보장이사회는 국제연합 회원국이 아닌 국가의 참가에 공정하다고 인정되는 조건을 정한다.

제 6 장   분쟁의 평화적 해결

제33조

    1. 어떠한 분쟁도 그의 계속이 국제평화와 안전의 유지를 위태롭게 할 우려가 있는 것일 경우, 그 분쟁의 당사자는 우선 교섭, 심사, 중개, 조정, 중재재판, 사법적 해결, 지역적 기관 또는 지역적 약정의 이용 또는 당사자가 선택하는 다른 평화적 수단에 의한 해결을 구한다.

    2. 안전보장이사회는 필요하다고 인정하는 경우 당사자에 대하여 그 분쟁을 그러한 수단에 의하여 해결하도록 요청한다.

제34조 안전보장이사회는 어떠한 분쟁에 관하여도, 또는 국제적 마찰이 되거나 분쟁을 발생하게 할 우려가 있는 어떠한 사태에 관하여도, 그 분쟁 또는 사태의 계속이 국제평화와 안전의 유지를 위태롭게 할 우려가 있는지 여부를 결정하기 위하여 조사할 수 있다.

제35조

    1. 국제연합 회원국은 어떠한 분쟁에 관하여도, 또는 제34조에 규정된 성격의 어떠한 사태에 관하여도, 안전보장이사회 또는 총회의 주의를 환기할 수 있다.

    2. 국제연합 회원국이 아닌 국가는 자국이 당사자인 어떠한 분쟁에 관하여도, 이 헌장에 규정된 평화적 해결의 의무를 그 분쟁에 관하여 미리 수락하는 경우에는 안전보장이사회 또는 총회의 주의를 환기할 수 있다.

    3. 이 조에 의하여 주의가 환기된 사항에 관한 총회의 절차는 제11조 및 제12조의 규정에 따른다.

제36조

    1. 안전보장이사회는 제33조에 규정된 성격의 분쟁 또는 유사한 성격의 사태

의 어떠한 단계에 있어서도 적절한 조정절차 또는 조정방법을 권고할 수 있다.

2. 안전보장이사회는 당사자가 이미 채택한 분쟁해결절차를 고려하여야 한다.

3. 안전보장이사회는, 이 조에 의하여 권고를 함에 있어서, 일반적으로 법률적 분쟁이 국제사법재판소규정의 규정에 따라 당사자에 의하여 동 재판소에 회부되어야 한다는 점도 또한 고려하여야 한다.

제37조

1. 제33조에 규정된 성격의 분쟁 당사자는, 동조에 규정된 수단에 의하여 분쟁을 해결하지 못하는 경우, 이를 안전보장이사회에 회부한다.

2. 안전보장이사회는 분쟁의 계속이 국제평화와 안전의 유지를 위태롭게 할 우려가 실제로 있다고 인정하는 경우 제36조에 의하여 조치를 취할 것인지 또는 적절하다고 인정되는 해결조건을 권고할 것인지를 결정한다.

제38조 제33조 내지 제37조의 규정을 해하지 아니하고, 안전보장이사회는 어떠한 분쟁에 관하여도 모든 당사자가 요청하는 경우 그 분쟁의 평화적 해결을 위하여 그 당사자에게 권고할 수 있다.

제 7 장 평화에 대한 위협, 평화의 파괴 및 침략행위에 관한 조치

제39조 안전보장이사회는 평화에 대한 위협, 평화의 파괴 또는 침략행위의 존재를 결정하고, 국제평화와 안전을 유지하거나 이를 회복하기 위하여 권고하거나, 또는 제41조 및 제42조에 따라 어떠한 조치를 취할 것인지를 결정한다.

(Article 39 The Security Council shall determine the existence of any threat to the peace, breach of the peace, or act of aggression and shall make recommendations, or decide what measures shall be taken in accordance with Articles 41 and 42, to maintain or restore international peace and security.)

제40조 사태의 악화를 방지하기 위하여 안전보장이사회는 제39조에 규정된 권고를 하거나 조치를 결정하기 전에 필요하거나 바람직하다고 인정되는 잠정조치에 따르도록 관계 당사자에게 요청할 수 있다. 이 잠정조치는 관계 당사자의 권리, 청구권 또는 지위를 해하지 아니한다. 안전보장이사회는 그러한 잠정조치의 불이행을 적절히 고려한다.

(Article 40 In order to prevent an aggravation of the situation, the Security Council may, before making the recommendations or deciding upon the measures provided for in Article 39, call upon the parties concerned to comply with such provisional measures as it deems necessary or desirable. Such provisional measures shall be without prejudice to the rights, claims, or position of the parties concerned. The Security Council shall duly take account of failure to comply with such provisional measures.)

제41조 안전보장이사회는 그의 결정을 집행하기 위하여 병력의 사용을 수반하지 아니하는 어떠한 조치를 취하여야 할 것인지를 결정할 수 있으며, 또한 국제연합 회원국에 대하여 그러한 조치를 적용하도록 요청할 수 있다. 이 조치는 경제관

14

계 및 철도, 항해, 항공, 우편, 전신, 무선통신 및 다른 교통통신수단의 전부 또는
일부의 중단과 외교관계의 단절을 포함할 수 있다.

(Article 41 The Security Council may decide what measures not involving the use of armed
force are to be employed to give effect to its decisions, and it may call upon the Members
of the United Nations to apply such measures. These may include complete or partial
interruption of economic relations and of rail, sea, air, postal, telegraphic, radio, and other
means of communication, and the severance of diplomatic relations.)

제42조 안전보장이사회는 제41조에 규정된 조치가 불충분할 것으로 인정하거나
또는 불충분한 것으로 판명되었다고 인정하는 경우에는, 국제평화와 안전의 유지
또는 회복에 필요한 공군, 해군 또는 육군에 의한 조치를 취할 수 있다. 그러한
조치는 국제연합 회원국의 공군, 해군 또는 육군에 의한 시위, 봉쇄 및 다른 작전
을 포함할 수 있다.

(Article 42 Should the Security Council consider that measures provided for in Article 41
would be inadequate or have proved to be inadequate, it may take such action by air, sea, or
land forces as may be necessary to maintain or restore international peace and security. Such
action may include demonstrations, blockade, and other operations by air, sea, or land forces
of Members of the United Nations.)

제43조

1. 국제평화와 안전의 유지에 공헌하기 위하여 모든 국제연합 회원국은 안전
보장이사회의 요청에 의하여 그리고 1 또는 그 이상의 특별협정에 따라, 국제평화
와 안전의 유지 목적상 필요한 병력, 원조 및 통과권을 포함한 편의를 안전보장이
사회에 이용하게 할 것을 약속한다.

2. 그러한 협정은 병력의 수 및 종류, 그 준비 정도 및 일반적 배치와 제공될
편의 및 원조의 성격을 규율한다.

3. 그 협정은 안전보장이사회의 발의에 의하여 가능한 한 신속히 교섭되어야
한다. 이 협정은 안전보장이사회와 회원국간에 또는 안전보장이사회와 회원국 집
단간에 체결되며, 서명국 각자의 헌법상의 절차에 따라 동 서명국에 의하여 비준
되어야 한다.

제44조 안전보장이사회는 무력을 사용하기로 결정한 경우 이사회에서 대표되지
아니하는 회원국에게 제43조에 따라 부과된 의무의 이행으로서 병력의 제공을 요
청하기 전에 그 회원국이 희망한다면 그 회원국 병력 중 파견부대의 사용에 관한
안전보장이사회의 결정에 참여하도록 그 회원국을 초청한다.

제45조 국제연합이 긴급한 군사조치를 취할 수 있도록 하기 위하여, 회원국은
합동의 국제적 강제조치를 위하여 자국의 공군파견부대를 즉시 이용할 수 있도록
유지한다. 이러한 파견부대의 전력과 준비 정도 및 합동조치를 위한 계획은 제43
조에 규정된 1 또는 그 이상의 특별협정에 규정된 범위 안에서 군사참모위원회의
도움을 얻어 안전보장이사회가 결정한다.

제46조 병력사용계획은 군사참모위원회의 도움을 얻어 안전보장이사회가 작성
한다.

제47조

1. 국제평화와 안전의 유지를 위한 안전보장이사회의 군사적 필요, 안전보장이사회의 재량에 맡기어진 병력의 사용 및 지휘, 군비규제 그리고 가능한 군비축소에 관한 모든 문제에 관하여 안전보장이사회에 조언하고 도움을 주기 위하여 군사참모위원회를 설치한다.

2. 군사참모위원회는 안전보장이사회 상임이사국의 참모총장 또는 그의 대표로 구성된다. 이 위원회에 상임위원으로서 대표되지 아니하는 국제연합 회원국은 위원회의 책임의 효과적인 수행을 위하여 위원회의 사업에 동 회원국의 참여가 필요한 경우에는 위원회에 의하여 그와 제휴하도록 초청된다.

3. 군사참모위원회는 안전보장이사회하에 안전보장이사회의 재량에 맡기어진 병력의 전략적 지도에 대하여 책임을 진다. 그러한 병력의 지휘에 관한 문제는 추후에 해결한다.

4. 군사참모위원회는 안전보장이사회의 허가를 얻어 그리고 적절한 지역기구와 협의한 후 지역 소위원회를 설치할 수 있다.

제48조

1. 국제평화와 안전의 유지를 위한 안전보장이사회의 결정을 이행하는 데 필요한 조치는 안전보장이사회가 정하는 바에 따라 국제연합 회원국의 전부 또는 일부에 의하여 취하여진다.

2. 그러한 결정은 국제연합 회원국에 의하여 직접적으로 또한 국제연합 회원국이 그 구성국인 적절한 국제기관에 있어서의 이들 회원국의 조치를 통하여 이행된다.

제49조 국제연합 회원국은 안전보장이사회가 결정한 조치를 이행함에 있어 상호원조를 제공하는 데에 참여한다.

제50조 안전보장이사회가 어느 국가에 대하여 방지조치 또는 강제조치를 취하는 경우, 국제연합 회원국인지 아닌지를 불문하고 어떠한 다른 국가도 자국이 이 조치의 이행으로부터 발생하는 특별한 경제문제에 직면한 것으로 인정하는 경우, 동 문제의 해결에 관하여 안전보장이사회와 협의할 권리를 가진다.

제51조 이 헌장의 어떠한 규정도 국제연합 회원국에 대하여 무력공격이 발생한 경우, 안전보장이사회가 국제평화와 안전을 유지하기 위하여 필요한 조치를 취할 때까지 개별적 또는 집단적 지위의 고유한 권리를 침해하지 아니한다. 자위권을 행사함에 있어 회원국이 취한 조치는 즉시 안전보장이사회에 보고된다. 또한 이 조치는, 안전보장이사회가 국제평화와 안전의 유지 또는 회복을 위하여 필요하다고 인정하는 조치를 언제든지 취한다는, 이 헌장에 의한 안전보장이사회의 권한과 책임에 어떠한 영향도 미치지 아니한다.

(Article 51 Nothing in the present Charter shall impair the inherent right of individual or collective self-defense if an armed attack occurs against a Member of the United Nations, until the Security Council has taken measures necessary to maintain international peace and security. Measures taken by Members in the exercise of this right of self-defense shall be immediately reported to the Security Council and shall not in any way affect the authority and responsibility of the Security Council under the present Charter to take at any time such action as it deems necessary in order to maintain or restore international peace and security.)

제 8 장   지역적 약정

제52조

1. 이 헌장의 어떠한 규정도, 국제평화와 안전의 유지에 관한 사항으로서 지역적 조치에 적합한 사항을 처리하기 위하여 지역적 약정 또는 지역적 기관(regional arrangements or agencies)이 존재하는 것을 배제하지 아니한다. 다만, 이 약정 또는 기관 및 그 활동이 국제연합의 목적과 원칙에 일치하는 것을 조건으로 한다.

2. 그러한 약정을 체결하거나 그러한 기관을 구성하는 국제연합 회원국은 지역적 분쟁을 안전보장이사회에 회부하기 전에 이 지역적 약정 또는 지역적 기관에 의하여 그 분쟁의 평화적 해결을 성취하기 위하여 모든 노력을 다한다.

3. 안전보장이사회는 관계국의 발의에 의하거나 안전보장이사회의 회부에 의하여 그러한 지역적 약정 또는 지역적 기관에 의한 지역적 분쟁의 평화적 해결의 발달을 장려한다.

4. 이 조는 제34조 및 제35조의 적용을 결코 해하지 아니한다.

제53조

1. 안전보장이사회는 그 권위하에 취하여지는 강제조치를 위하여 적절한 경우에는 그러한 지역적 약정 또는 지역적 기관을 이용한다. 다만, 안전보장이사회의 허가 없이는 어떠한 강제조치도 지역적 약정 또는 지역적 기관에 의하여 취하여져서는 아니 된다. 그러나 이 조 제2항에 규정된 어떠한 적국에 대한 조치이든지 제107조에 따라 규정된 것 또는 적국에 의한 침략정책의 재현에 대비한 지역적 약정에 규정된 것은, 관계 정부의 요청에 따라 기구가 그 적국에 의한 새로운 침략을 방지할 책임을 질 때까지는 예외로 한다.

2. 이 조 제1항에서 사용된 적국이라는 용어는 제2차세계대전중에 이 헌장 서명국의 적국이었던 어떠한 국가에도 적용된다.

제54조
안전보장이사회는 국제평화와 안전의 유지를 위하여 지역적 약정 또는 지역적 기관에 의하여 착수되었거나 또는 계획되고 있는 활동에 대하여 항상 충분히 통보받는다.

제 9 장   경제적 및 사회적 국제협력

제55조
사람의 평등권 및 자결원칙의 존중에 기초한 국가간의 평화롭고 우호적인 관계에 필요한 안정과 복지의 조건을 창조하기 위하여, 국제연합은 다음을 촉진한다.

가. 보다 높은 생활수준, 완전고용 그리고 경제적 및 사회적 진보와 발전의 조건.

나. 경제, 사회, 보건 및 관련국제문제의 해결 그리고 문화 및 교육상의 국제 협력.

다. 인종, 성별, 언어 또는 종교에 관한 차별이 없는 모든 사람을 위한 인권 및 기본적 자유의 보편적 존중과 준수.

제56조 모든 회원국은 제55조에 규정된 목적의 달성을 위하여 기구와 협력하여 공동의 조치 및 개별적 조치를 취할 것을 약속한다.

제57조

1. 정부간 협정에 의하여 설치되고 경제, 사회, 문화, 교육, 보건분야 및 관련 분야에 있어서 기본적 문서에 정한 대로 광범위한 국제적 책임을 지는 각종 전문 기구는 제63조의 규정에 따라 국제연합과 제휴관계를 설정한다.

2. 이와 같이 국제연합과 제휴관계를 설정한 기구는 이하 전문기구라 한다.

제58조 기구는 전문기구의 정책과 활동을 조정하기 위하여 권고한다.

제59조 기구는 적절한 경우 제55조에 규정된 목적의 달성에 필요한 새로운 전문기구를 창설하기 위하여 관계국간의 교섭을 발의한다.

제60조 이 장에서 규정된 기구의 임무를 수행할 책임은 총회와 총회의 권위하에 경제사회이사회에 부과된다. 경제사회이사회는 이 목적을 위하여 제10장에 규정된 권한을 가진다.

제 10 장   경제사회이사회

구   성

제61조

1. 경제사회이사회는 총회에 의하여 선출된 54개 국제연합 회원국으로 구성된다.

2. 제3항의 규정에 따를 것을 조건으로, 경제사회이사회의 18개 이사국은 3년의 임기로 매년 선출된다. 퇴임 이사국은 연이어 재선될 자격이 있다.

3. 경제사회이사회의 이사국이 27개국에서 54개국으로 증가된 후 최초의 선거에서는, 그 해 말에 임기가 종료되는 9개 이사국을 대신하여 선출되는 이사국에 더하여, 27개 이사국이 추가로 선출된다. 총회가 정한 약정에 따라, 이러한 추가의 27개 이사국 중 그렇게 선출된 9개 이사국의 임기는 1년의 말에 종료되고, 다른 9개 이사국의 임기는 2년의 말에 종료된다.

4. 경제사회이사회의 각 이사국은 1인의 대표를 가진다.

임무와 권한

제62조

　　1. 경제사회이사회는 경제, 사회, 문화, 교육, 보건 및 관련 국제사항에 관한 연구 및 보고를 하거나 또는 발의할 수 있으며, 아울러 그러한 사항에 관하여 총회, 국제연합 회원국 및 관계 전문기구에 권고할 수 있다.

　　2. 이사회는 모든 사람을 위한 인권 및 기본적 자유의 존중과 준수를 촉진하기 위하여 권고할 수 있다.

　　3. 이사회는 그 권한에 속하는 사항에 관하여 총회에 제출하기 위한 협약안을 작성할 수 있다.

　　4. 이사회는 국제연합이 정한 규칙에 따라 그 권한에 속하는 사항에 관하여 국제회의를 소집할 수 있다.

제63조

　　1. 경제사회이사회는 제57조에 규정된 어떠한 기구와도, 동 기구가 국제연합과 제휴관계를 설정하는 조건을 규정하는 협정을 체결할 수 있다. 그러한 협정은 총회의 승인을 받아야 한다.

　　2. 이사회는 전문기구와의 협의, 전문기구에 대한 권고 및 총회와 국제연합 회원국에 대한 권고를 통하여 전문기구의 활동을 조정할 수 있다.

제64조

　　1. 경제사회이사회는 전문기구로부터 정기보고를 받기 위한 적절한 조치를 취할 수 있다. 이사회는, 이사회의 권고와 이사회의 권한에 속하는 사항에 관한 총회의 권고를 실시하기 위하여 취하여진 조치에 관하여 보고를 받기 위하여, 국제연합 회원국 및 전문기구와 약정을 체결할 수 있다.

　　2. 이사회는 이러한 보고에 관한 의견을 총회에 통보할 수 있다.

제65조　　경제사회이사회는 안전보장이사회에 정보를 제공할 수 있으며, 안전보장이사회의 요청이 있을 때에는 이를 원조한다.

제66조

　　1. 경제사회이사회는 총회의 권고의 이행과 관련하여 그 권한에 속하는 임무를 수행한다.

　　2. 이사회는 국제연합 회원국의 요청이 있을 때와 전문기구의 요청이 있을 때에는 총회의 승인을 얻어 용역을 제공할 수 있다.

　　3. 이사회는 이 헌장의 다른 곳에 규정되거나 총회에 의하여 이사회에 부과된 다른 임무를 수행한다.

표　결

제67조

　　1. 경제사회이사회의 각 이사국은 1개의 투표권을 가진다.

　　2. 경제사회이사회의 결정은 출석하여 투표하는 이사국의 과반수에 의한다.

절　차

제68조　경제사회이사회는 경제적 및 사회적 분야의 위원회, 인권의 신장을 위한 위원회 및 이사회의 임무수행에 필요한 다른 위원회를 설치한다.

제69조　경제사회이사회는 어떠한 국제연합 회원국에 대하여도, 그 회원국과 특히 관계가 있는 사항에 관한 심의에 투표권 없이 참가하도록 초청한다.

제70조　경제사회이사회는 전문기구의 대표가 이사회의 심의 및 이사회가 설치한 위원회의 심의에 투표권 없이 참가하기 위한 약정과 이사회의 대표가 전문기구의 심의에 참가하기 위한 약정을 체결할 수 있다.

제71조　경제사회이사회는 그 권한 내에 있는 사항과 관련이 있는 비정부간 기구와의 협의를 위하여 적절한 약정을 체결할 수 있다. 그러한 약정은 국제기구와 체결할 수 있으며 적절한 경우에는 관련 국제연합 회원국과의 협의 후에 국내기구와도 체결할 수 있다.

제72조
　　1. 경제사회이사회는 의장의 선정방법을 포함한 그 자체의 의사규칙을 채택한다.
　　2. 경제사회이사회는 그 규칙에 따라 필요한 때에 회합하며, 동 규칙은 이사국 과반수의 요청에 의한 회의소집의 규정을 포함한다.

제 11 장　비자치지역에 관한 선언

제73조　주민이 아직 완전한 자치를 행할 수 있는 상태에 이르지 못한 지역의 시정(施政)의 책임을 지거나 또는 그 책임을 맡는 국제연합 회원국은, 그 지역주민의 이익이 가장 중요하다는 원칙을 승인하고, 그 지역주민의 복지를 이 헌장에 의하여 확립된 국제평화와 안전의 체제 안에서 최고도로 증진시킬 의무와 이를 위하여 다음을 행할 의무를 신성한 신탁으로서 수락한다.

　　가. 관계주민의 문화를 적절히 존중함과 아울러 그들의 정치적, 경제적, 사회적 및 교육적 발전, 공정한 대우, 그리고 학대로부터의 보호를 확보한다.

　　나. 각 지역 및 그 주민의 특수사정과 그들의 서로 다른 발전단계에 따라 자치를 발달시키고, 주민의 정치적 소망을 적절히 고려하며, 또한 주민의 자유로운 정치제도의 점진적 발달을 위하여 지원한다.

　　다. 국제평화와 안전을 증진한다.

　　라. 이 조에 규정된 사회적, 경제적 및 과학적 목적을 실제적으로 달성하기 위하여 건설적인 발전조치를 촉진하고 연구를 장려하며 상호간 및 적절한 경우에는 전문적 국제단체와 협력한다.

　　마. 제12장과 제13장이 적용되는 지역 외의 위의 회원국이 각각 책임을 지는 지역에서의 경제적, 사회적 및 교육적 조건에 관한 기술적 성격의 통계 및 다른 정보를, 안전보장과 헌법상의 고려에 따라 필요한 제한을 조건으로 하여,

정보용으로 사무총장에 정기적으로 송부한다.

제74조 국제연합 회원국은 이 장이 적용되는 지역에 관한 정책이, 그 본국 지역에 관한 정책과 마찬가지로 세계의 다른 지역의 이익과 복지가 적절히 고려되는 가운데에, 사회적, 경제적 및 상업적 사항에 관하여 선린주의의 일반원칙에 기초하여야 한다는 점에 또한 동의한다.

제12장 국제신탁통치제도

제75조 국제연합은 금후의 개별적 협정에 의하여 이 제도하에 두게 될 수 있는 지역의 시정 및 감독을 위하여 그 권위하에 국제신탁통치제도를 확립한다. 이 지역은 이하 신탁통치지역이라 한다.

제76조 신탁통치제도의 기본적 목적은 이 헌장 제1조에 규정된 국제연합의 목적에 따라 다음과 같다.

　가. 국제평화와 안전을 증진하는 것.

　나. 신탁통치지역 주민의 정치적, 경제적, 사회적 및 교육적 발전을 촉진하고, 각 지역 및 그 주민의 특수사정과 관계주민이 자유롭게 표명한 소망에 적합하도록, 그리고 각 신탁통치협정의 조항이 규정하는 바에 따라 자치 또는 독립을 향한 주민의 점진적 발달을 촉진하는 것.

　다. 인종, 성별, 언어 또는 종교에 관한 차별 없이 모든 사람을 위한 인권과 기본적 자유에 대한 존중을 장려하고, 전 세계 사람들의 상호의존의 인식을 장려하는 것.

　라. 위의 목적의 달성에 영향을 미치지 아니하고 제80조의 규정에 따를 것을 조건으로, 모든 국제연합 회원국 및 그 국민을 위하여 사회적, 경제적 및 상업적 사항에 대한 평등한 대우 그리고 또한 그 국민을 위한 사법상의 평등한 대우를 확보하는 것.

제77조

　1. 신탁통치제도는 신탁통치협정에 의하여 이 제도하에 두게 될 수 있는 다음과 같은 범주의 지역에 적용된다.

　가. 현재 위임통치하에 있는 지역.

　나. 제2차세계대전의 결과로서 적국으로부터 분리될 수 있는 지역.

　다. 시정에 책임을 지는 국가가 자발적으로 그 제도하에 두는 지역.

　2. 위의 범주 안의 어떠한 지역을 어떠한 조건으로 신탁통치제도하에 두게 될 것인가에 관하여는 금후의 협정에서 정한다.

제78조 국제연합 회원국간의 관계는 주권평등원칙의 존중에 기초하므로 신탁통치제도는 국제연합 회원국이 된 지역에 대하여는 적용하지 아니한다.

제79조 신탁통치제도하에 두게 되는 각 지역에 관한 신탁통치의 조항은, 어떤 변경 또는 개정을 포함하여 직접 관계국에 의하여 합의되며, 제83조 및 제85조에

규정된 바에 따라 승인된다. 이 직접 관계국은 국제연합 회원국의 위임통치하에 있는 지역의 경우, 수임국을 포함한다.

제80조

1. 제77조, 제79조 및 제81조에 의하여 체결되고, 각 지역을 신탁통치제도하에 두는 개별적인 신탁통치협정에서 합의되는 경우를 제외하고 그리고 그러한 협정이 체결될 때까지, 이 헌장의 어떠한 규정도 어느 국가 또는 국민의 어떠한 권리, 또는 국제연합 회원국이 각기 당사국으로 되는 기존의 국제문서의 조항도 어떠한 방법으로도 변경하는 것으로 직접 또는 간접으로 해석되지 아니한다.

2. 이 조 제1항은 제77조에 규정한 바에 따라 위임통치지역 및 기타지역을 신탁통치제도하에 두기 위한 협정의 교섭 및 체결의 지체 또는 연기를 위한 근거를 부여하는 것으로 해석되지 아니한다.

제81조

신탁통치협정은 각 경우에 있어 신탁통치지역을 시정하는 조건을 포함하며, 신탁통치지역의 시정을 행할 당국을 지정한다. 그러한 당국은 이하 시정권자라 하며 1 또는 그 이상의 국가, 또는 기구 자체일 수 있다.

제82조

어떠한 신탁통치협정에 있어서도 제43조에 의하여 체결되는 특별협정을 해하지 아니하고 협정이 적용되는 신탁통치지역의 일부 또는 전부를 포함하는 1 또는 그 이상의 전략지역을 지정할 수 있다.

제83조

1. 전략지역에 관한 국제연합의 모든 임무는 신탁통치협정의 조항과 그 변경 또는 개정의 승인을 포함하여 안전보장이사회가 행한다.

2. 제76조에 규정된 기본목적은 각 전략지역의 주민에 적용된다.

3. 안전보장이사회는, 신탁통치협정의 규정에 따를 것을 조건으로 또한 안전보장에 대한 고려에 영향을 미치지 아니하고, 전략지역에서의 정치적, 경제적, 사회적 및 교육적 사항에 관한 신탁통치제도하의 국제연합의 임무를 수행하기 위하여 신탁통치이사회의 원조를 이용한다.

제84조

신탁통치지역이 국제평화와 안전유지에 있어 그 역할을 하는 것을 보장하는 것이 시정권자의 의무이다. 이 목적을 위하여, 시정권자는 이 점에 관하여 시정권자가 안전보장이사회에 대하여 부담하는 의무를 이행함에 있어서 또한 지역적 방위 및 신탁통치지역 안에서의 법과 질서의 유지를 위하여 신탁통치지역의 의용군, 편의 및 원조를 이용할 수 있다.

제85조

1. 전략지역으로 지정되지 아니한 모든 지역에 대한 신탁통치협정과 관련하여 국제연합의 임무는, 신탁통치협정의 조항과 그 변경 또는 개정의 승인을 포함하여, 총회가 수행한다.

2. 총회의 권위하에 운영되는 신탁통치이사회는 이러한 임무의 수행에 있어 총회를 원조한다.

제 13 장   신탁통치이사회 구성

제86조

1. 신탁통치이사회는 다음의 국제연합 회원국으로 구성한다.

가. 신탁통치지역을 시정하는 회원국.

나. 신탁통치지역을 시정하지 아니하나 제23조에 국명이 언급된 회원국.

다. 총회에 의하여 3년의 임기로 선출된 다른 회원국. 그 수는 신탁통치이사회의 이사국의 총수를 신탁통치지역을 시정하는 국제연합 회원국과 시정하지 아니하는 회원국간에 균분하도록 확보하는 데 필요한 수로 한다.

2. 신탁통치이사회의 각 이사국은 이사회에서 자국을 대표하도록 특별한 자격을 가지는 1인을 지명한다.

임무와 권한

제87조   총회와, 그 권위하의 신탁통치이사회는 그 임무를 수행함에 있어 다음을 할 수 있다.

가. 시정권자가 제출하는 보고서를 심의하는 것.

나. 청원의 수리 및 시정권자와 협의하여 이를 심사하는 것.

다. 시정권자와 합의한 때에 각 신탁통치지역을 정기적으로 방문하는 것.

라. 신탁통치협정의 조항에 따라 이러한 조치 및 다른 조치를 취하는 것.

제88조   신탁통치이사회는 각 신탁통치지역 주민의 정치적, 경제적, 사회적 및 교육적 발전에 질문서를 작성하며, 또한 총회의 권능 안에 있는 각 신탁통치지역의 시정권자는 그러한 질문서에 기초하여 총회에 연례보고를 행한다.

표   결

제89조

1. 신탁통치이사회의 각 이사국은 1개의 투표권을 가진다.

2. 신탁통치이사회의 결정은 출석하여 투표하는 이사국의 과반수로 한다.

절   차

제90조

1. 신탁통치이사회는 의장 선출방식을 포함한 그 자체의 의사규칙을 채택한다.

2. 신탁통치이사회는 그 규칙에 따라 필요한 경우 회합하며, 그 규칙은 이사국 과반수의 요청에 의한 회의의 소집에 관한 규정을 포함한다.

제91조   신탁통치이사회는 적절한 경우 경제사회이사회 그리고 전문기구가 각각 관련된 사항에 관하여 전문기구의 원조를 이용한다.

제14 장 국제사법재판소

제92조 국제사법재판소는 국제연합의 주요한 사법기관이다. 재판소는 부속된 규정에 따라 임무를 수행한다. 이 규정은 상설국제사법재판소규정에 기초하며, 이 헌장의 불가분의 일부를 이룬다.

제93조

1. 모든 국제연합 회원국은 국제사법재판소 규정의 당연 당사국이다.

2. 국제연합 회원국이 아닌 국가는 안전보장이사회의 권고에 의하여 총회가 각 경우에 결정하는 조건으로 국제사법재판소 규정의 당사국이 될 수 있다.

제94조

1. 국제연합의 각 회원국은 자국이 당사자가 되는 어떤 사건에 있어서도 국제사법재판소의 결정에 따를 것을 약속한다.

2. 사건의 당사자가 재판소가 내린 판결에 따라 자국이 부담하는 의무를 이행하지 아니하는 경우에는 타방의 당사자는 안전보장이사회에 제소할 수 있다. 안전보장이사회는 필요하다고 인정하는 경우 판결을 집행하기 위하여 권고하거나 취하여야 할 조치를 결정할 수 있다.

제95조 이 헌장의 어떠한 규정도 국제연합 회원국이 그들간의 분쟁의 해결을 이미 존재하거나 장래에 체결될 협정에 의하여 다른 법원에 의뢰하는 것을 방해하지 아니한다.

제96조

1. 총회 또는 안전보장이사회는 어떠한 법적 문제에 관하여도 권고적 의견을 줄 것을 국제사법재판소에 요청할 수 있다.

2. 총회에 의하여 그러한 권한이 부여될 수 있는 국제연합의 다른 기관 및 전문기구도 언제든지 그 활동범위 안에서 발생하는 법적 문제에 관하여 재판소의 권고적 의견을 또한 요청할 수 있다.

제15 장 사 무 국

제97조 사무국은 1인의 사무총장과 기구가 필요로 하는 직원으로 구성한다. 사무총장은 안전보장이사회의 권고로 총회가 임명한다. 사무총장은 기구의 수석행정직원이다.

제98조 사무총장은 총회, 안전보장이사회, 경제사회이사회 및 신탁통치이사회의 모든 회의에 사무총장의 자격으로 활동하며, 이러한 기관에 의하여 그에게 위임된 다른 임무를 수행한다. 사무총장은 기구의 사업에 관하여 총회에 연례보고를 한다.

제99조 사무총장은 국제평화와 안전의 유지를 위협한다고 그 자신이 인정하는 어떠한 사항에도 안전보장이사회의 주의를 환기할 수 있다.

제100조
　　1. 사무총장과 직원은 그들의 임무수행에 있어서 어떠한 정부 또는 기구 외의 어떠한 다른 당국으로부터도 지시를 구하거나 받지 아니한다. 사무총장과 직원은 기구에 대하여만 책임을 지는 국제공무원으로서의 지위를 손상할 우려가 있는 어떠한 행동도 삼간다.
　　2. 각 국제연합 회원국은 사무총장 및 직원의 책임의 전적으로 국제적인 성격을 존중할 것과 그들의 책임수행에 있어서 그들에게 영향을 행사하려 하지 아니할 것을 약속한다.

제101조
　　1. 직원은 총회가 정한 규칙에 따라 사무총장에 의하여 임명된다.
　　2. 경제사회이사회, 신탁통치이사회 그리고 필요한 경우에는 국제연합의 다른 기관에 적절한 직원이 상임으로 배속된다. 이 직원은 사무국의 일부를 구성한다.
　　3. 직원의 고용과 근무조건의 결정에 있어서 가장 중요한 고려사항은 최고수준의 능률, 능력 및 성실성을 확보할 필요성이다. 가능한 한 광범위한 지리적 기초에 근거하여 직원을 채용하는 것의 중요성에 관하여 적절히 고려한다.

제 16 장　잡　　칙

제102조
　　1. 이 헌장이 발효한 후 국제연합 회원국이 체결하는 모든 조약과 모든 국제협정은 가능한 한 신속히 사무국에 등록되고 사무국에 의하여 공표된다.
　　2. 이 조 제1항의 규정에 따라 등록되지 아니한 조약 또는 국제협정의 당사국은 국제연합의 어떠한 기관에 대하여도 그 조약 또는 협정을 원용할 수 없다.

제103조　국제연합 회원국의 헌장상의 의무와 다른 국제협정상의 의무가 상충되는 경우에는 이 헌장상의 의무가 우선한다.

제104조　기구는 그 임무의 수행과 그 목적의 달성을 위하여 필요한 법적 능력을 각 회원국의 영역 안에서 향유한다.

제105조
　　1. 기구는 그 목적의 달성에 필요한 특권 및 면제를 각 회원국의 영역 안에서 향유한다.
　　2. 국제연합 회원국의 대표 및 기구의 직원은 기구와 관련된 그들의 임무를 독립적으로 수행하기 위하여 필요한 특권과 면제를 마찬가지로 향유한다.
　　3. 총회는 이 조 제1항 및 제2항의 적용세칙을 결정하기 위하여 권고하거나 이 목적을 위하여 국제연합 회원국에게 협약을 제안할 수 있다.

제 17 장   과도적 안전보장조치

제106조   안전보장이사회가 제42조상의 책임의 수행을 개시할 수 있다고 인정하는 제43조에 규정된 특별협정이 발효할 때까지, 1943년 10월 30일에 모스크바에서 서명된 4개국 선언의 당사국 및 불란서는 그 선언 제5항의 규정에 따라 국제평화와 안전의 유지를 위하여 필요한 공동조치를 기구를 대신하여 취하기 위하여 상호간 및 필요한 경우 다른 국제연합 회원국과 협의한다.

제107조   이 헌장의 어떠한 규정도 제2차세계대전중 이 헌장 서명국의 적이었던 국가에 관한 조치로서, 그러한 조치에 대하여 책임을 지는 정부가 그 전쟁의 결과로서 취하였거나 허가한 것을 무효로 하거나 배제하지 아니한다.

제 18 장   개   정

제108조   이 헌장의 개정은 총회 구성국의 3분의 2의 투표에 의하여 채택되고, 안전보장이사회의 모든 상임이사국을 포함한 국제연합 회원국의 3분의 2에 의하여 각자의 헌법상 절차에 따라 비준되었을 때, 모든 국제연합 회원국에 대하여 발효한다.

제109조

1. 이 헌장을 재심의하기 위한 국제연합 회원국 전체회의는 총회 구성국의 3분의 2의 투표와 안전보장이사회의 9개 이사국의 투표에 의하여 결정되는 일자 및 장소에서 개최될 수 있다. 각 국제연합 회원국은 이 회의에서 1개의 투표권을 가진다.

2. 이 회의의 3분의 2의 투표에 의하여 권고된 이 헌장의 어떠한 변경도, 안전보장이사회의 모든 상임이사국을 포함한 국제연합 회원국의 3분의 2에 의하여 그들 각자의 헌법상 절차에 따라 비준되었을 때 발효한다.

3. 그러한 회의가 이 헌장의 발효 후 총회의 제10차 연례회기까지 개최되지 아니하는 경우에는 그러한 회의를 소집하는 제안이 총회의 동 회기의 의제에 포함되어야 하며, 회의는 총회 구성국의 과반수의 투표와 안전보장이사회의 7개 이사국의 투표에 의하여 결정되는 경우에 개최된다.

제 19 장   비준 및 서명

제110조

1. 이 헌장은 서명국에 의하여 그들 각자의 헌법상 절차에 따라 비준된다.

2. 비준서는 미합중국 정부에 기탁되며, 동 정부는 모든 서명국과 기구의 사무총장이 임명된 경우에는 사무총장에게 각 기탁을 통고한다.

3. 이 헌장은 중화민국, 불란서, 소비에트사회주의공화국연방, 영국과 미합중

국 및 다른 서명국의 과반수가 비준서를 기탁한 때에 발효한다. 비준서 기탁 의정서는 발효시 미합중국 정부가 작성하여 그 등본을 모든 서명국에 송부한다.

4. 이 헌장이 발효한 후에 이를 비준하는 이 헌장의 서명국은 각자의 비준서 기탁일에 국제연합의 원회원국이 된다.

제111조 중국어, 불어, 러시아어, 영어 및 스페인어본이 동등하게 정본인 이 헌장은 미합중국 정부의 문서보관소에 기탁된다. 이 헌장의 인증등본은 동 정부가 다른 서명국 정부에 송부한다.

이상의 증거로서, 연합국 정부의 대표들은 이 헌장에 서명하였다.

1945년 6월 26일 샌프란시스코시에서 작성하였다.

2. 국제사법재판소 규정[*]
(Statute of the International Court of Justice)

제1조 국제연합의 주요한 사법기관으로서 국제연합헌장에 의하여 설립되는 국제사법재판소는 재판소규정의 규정들에 따라 조직되며 임무를 수행한다.

제 1 장 재판소의 조직

제2조 재판소는 덕망이 높은 자로서 각 국가에서 최고법관으로 임명되는 데 필요한 자격을 가진 자 또는 국제법에 정통하다고 인정된 법률가 중에서 국적에 관계없이 선출되는 독립적 재판관의 일단으로 구성된다.

제3조

1. 재판소는 15인의 재판관으로 구성된다. 다만, 2인 이상이 동일국의 국민이어서는 아니 된다.

2. 재판소에서 재판관의 자격을 정함에 있어서 2 이상의 국가의 국민으로 인정될 수 있는 자는 그가 통상적으로 시민적 및 정치적 권리를 행사하는 국가의 국민으로 본다.

제4조

1. 재판소의 재판관은 상설중개재판소의 국별재판관단이 지명한 자의 명부 중에서 다음의 규정들에 따라 총회 및 안전보장이사회가 선출한다.

2. 상설중재재판소에서 대표되지 아니하는 국제연합 회원국의 경우에는, 재판관 후보자는 상설중재재판소 재판관에 관하여 국제분쟁의 평화적 해결을 위한 1907년 헤이그협약 제44조에 규정된 조건과 동일한 조건에 따라 각국 정부가 임명하는 국별재판관단이 지명한다.

3. 재판소규정의 당사국이지만 국제연합의 비회원국인 국가가 재판소의 재판관 선거에 참가할 수 있는 조건은, 특별한 협정이 없는 경우에는, 안전보장이사회의 권고에 따라 총회가 정한다.

제5조

1. 선거일부터 적어도 3월 전에 국제연합사무총장은, 재판소규정의 당사국인 국가에 속하는 상설중재재판소 재판관 및 제4조 제2항에 의하여 임명되는 국별재판관단의 구성원에게, 재판소의 재판관의 직무를 수락할 지위에 있는 자의 지명을 일정한 기간 내에 각 국별재판관단마다 행할 것을 서면으로 요청한다.

---

[*] 국제사법재판소규정은 국제연합헌장과 불가분의 일체로서 적용됨.

2. 어떠한 국별재판관단도 4인을 초과하여 후보자를 지명할 수 없으며, 그 중 3인 이상이 자국국적의 소유자이어서도 아니 된다. 어떠한 경우에도 하나의 국별재판관단이 지명하는 후보자의 수는 충원할 재판관석 수의 2배를 초과하여서는 아니된다.

제6조 이러한 지명을 하기 전에 각 국별재판관단은 자국의 최고법원·법과대학·법률학교 및 법률연구에 종사하는 학술원 및 국제학술원의 자국지부와 협의하도록 권고받는다.

제7조

1. 사무총장은 이와 같이 지명된 모든 후보자의 명부를 알파벳순으로 작성한다. 제12조 제2항에 규정된 경우를 제외하고 이 후보자들만이 피선될 자격을 가진다.

2. 사무총장은 이 명부를 총회 및 안전보장이사회에 제출한다. 총회 및 안전보장이사회는 각각 독자적으로 재판소의 재판관을 선출한다.

제8조 총회와 안전보장이사회는 각각 독자적으로 재판소의 재판관을 선출한다.

제9조 모든 선거에 있어서 선거인은 피선거인이 개인적으로 필요한 자격을 가져야 할 뿐만 아니라 전체적으로 재판관단이 세계의 주요문명형태 및 주요법체계를 대표하여야 함에 유념한다.

제10조

1. 총회 및 안전보장이사회에서 절대다수표를 얻은 후보자는 당선된 것으로 본다.

2. 안전보장이사회의 투표는, 재판관의 선거를 위한 것이든지 또는 제12조에 규정된 협의회의 구성원의 임명을 위한 것이든지, 안전보장이사회의 상임이사국과 비상임이사국간에 구별없이 이루어진다.

3. 2인 이상의 동일국가 국민이 총회 및 안전보장이사회의 투표에서 모두 절대다수표를 얻은 경우에는 그 중 최연장자만이 당선된 것으로 본다.

제11조 선거를 위하여 개최된 제1차 회의 후에도 충원되어야 할 1 또는 그 이상의 재판관석이 남는 경우에는 제2차 회의가, 또한 필요한 경우 제3차 회의가 개최된다.

제12조

1. 제3차 회의 후에도 충원되지 아니한 1 또는 그 이상의 재판관석이 여전히 남는 경우에는, 3인은 총회가, 3인은 안전보장이사회가 임명하는 6명으로 구성되는 합동협의회가 각 공석당 1인을 절대다수표로써 선정하여 총회 및 안전보장이사회가 각각 수락하도록 하기 위하여 총회 또는 안전보장이사회 중 어느 일방의 요청에 의하여 언제든지 설치될 수 있다.

2. 요구되는 조건을 충족한 자에 대하여 합동협의회가 전원일치로 동의한 경우에는, 제7조에 규정된 지명 명부 중에 기재되지 아니한 자라도 협의회의 명부에 기재될 수 있다.

3. 합동협의회가 당선자를 확보할 수 없다고 인정하는 경우에는 이미 선출된 재판소의 재판관들은 총회 또는 안전보장이사회 중 어느 일방에서라도 득표한 후

보자 중에서 안전보장이사회가 정하는 기간 내에 선정하여 공석을 충원한다.

　　4. 재판관간의 투표가 동수인 경우에는 최연장재판관이 결정투표권을 가진다.

제13조

　　1. 재판소의 재판관은 9년의 임기로 선출되며 재선될 수 있다. 다만, 제1회 선거에서 선출된 재판관 중 5인의 재판관의 임기는 3년 후에 종료되며, 다른 5인의 재판관의 임기는 6년 후에 종료된다.

　　2. 위에 규정된 최초의 3년 및 6년의 기간 후에 임기가 종료되는 재판관은 제1회 선거가 완료된 직후 사무총장이 추첨으로 선정한다.

　　3. 재판소의 재판관은 후임자가 충원될 때까지 계속 직무를 수행한다. 충원 후에도 재판관은 이미 착수한 사건을 완결한다.

　　4. 재판소의 재판관이 사임하는 경우 사표는 재판소장에게 제출되며, 사무총장에게 전달된다. 이러한 최후의 통고에 의하여 공석이 생긴다.

제14조　　공석은 후단의 규정에 따를 것을 조건으로 제1회 선거에 관하여 정한 방법과 동일한 방법으로 충원된다. 사무총장은 공석이 발생한 후 1월 이내에 제5조에 규정된 초청장을 발송하며, 선거일은 안전보장이사회가 정한다.

제15조　　임기가 종료되지 아니한 재판관을 교체하기 위하여 선출된 재판소의 재판관은 전임자의 잔임기간 동안 재직한다.

제16조

　　1. 재판소의 재판관은 정치적 또는 행정적인 어떠한 임무도 수행할 수 없으며, 또는 전문적 성질을 가지는 다른 어떠한 직업에도 종사할 수 없다.

　　2. 이 점에 관하여 의문이 있는 경우에는 재판소의 결정에 의하여 해결한다.

제17조

　　1. 재판소의 재판관은 어떠한 사건에 있어서도 대리인·법률고문 또는 변호인으로서 행동할 수 없다.

　　2. 재판소의 재판관은 일방 당사자의 대리인·법률고문 또는 변호인으로서, 국내법원 또는 국제법원이 법관으로서, 조사위원회의 위원으로서, 또는 다른 어떠한 자격으로서도, 이전에 그가 관여하였던 사건의 판결에 참여할 수 없다.

　　3. 이 점에 관하여 의문이 있는 경우에는 재판소의 결정에 의하여 해결한다.

제18조

　　1. 재판소의 재판관은, 다른 재판관들이 전원일치의 의견으로써 그가 요구되는 조건을 충족하지 못하게 되었다고 인정하는 경우를 제외하고는, 해임될 수 없다.

　　2. 해임의 정식통고는 재판소 서기가 사무총장에게 한다.

　　3. 이러한 통고에 의하여 공석이 생긴다.

제19조　　재판소의 재판관은 재판소의 업무에 종사하는 동안 외교특권 및 면제를 향유한다.

제20조　　재판소의 모든 재판관은 직무를 개시하기 전에 자기의 직권을 공평하고 양심적으로 행사할 것을 공개된 법정에서 엄숙히 선언한다.

제21조

1. 재판소는 3년 임기로 재판소장 및 재판소부소장을 선출한다. 그들은 재선될 수 있다.

2. 재판소는 재판소서기를 임명하며 필요한 다른 직원의 임명에 관하여 규정할 수 있다.

제22조

1 .재판소의 소재지는 헤이그로 한다. 다만, 재판소가 바람직하다고 인정하는 때에는 다른 장소에서 개정하여 그 임무를 수행할 수 있다.

2. 재판소장 및 재판소서기는 재판소의 소재지에 거주한다.

제23조

1. 재판소는 재판소가 휴가중인 경우를 제외하고는 항상 개정하며, 휴가의 시기 및 기간은 재판소가 정한다.

2. 재판소의 재판관은 정기휴가의 권리를 가진다. 휴가의 시기 및 기간은 헤이그와 각 재판관의 가정간의 거리를 고려하여 재판소가 정한다.

3. 재판소의 재판관은 휴가중에 있는 경우이거나 질병 또는 재판소장에 대하여 정당하게 해명할 수 있는 다른 중대한 사유로 인하여 출석할 수 없는 경우를 제외하고는 항상 재판소의 명에 따라야 할 의무를 진다.

제24조

1. 재판소의 재판관은 특별한 사유로 인하여 특정사건의 결정에 자신이 참여하여서는 아니 된다고 인정하는 경우에는 재판소장에게 그 점에 관하여 통보한다.

2. 재판소장은 재판소의 재판관 중의 한 사람이 특별한 사유로 인하여 특정사건에 참여하여서는 아니 된다고 인정하는 경우에는 그에게 그 점에 관하여 통보한다.

3. 그러한 모든 경우에 있어서 재판소의 재판관과 재판소장의 의견이 일치하지 아니하는 때에는 그 문제는 재판소의 결정에 의하여 해결한다.

제25조

1. 재판소규정에 달리 명문의 규정이 있는 경우를 제외하고는 재판소는 전원이 출석하여 개정한다.

2. 재판소를 구성하기 위하여 응할 수 있는 재판관의 수가 11인 미만으로 감소되지 아니할 것을 조건으로, 재판소규칙은 상황에 따라서 또한 윤번으로 1인 또는 그 이상의 재판관의 출석을 면제할 수 있음을 규정할 수 있다.

3. 재판소를 구성하는 데 충분한 재판관의 정족수는 9인으로 한다.

제26조

1. 재판소는 특정한 부류의 사건, 예컨대 노동사건과 통과 및 운수 통신에 관한 사건을 처리하기 위하여 재판소가 결정하는 바에 따라 3인 또는 그 이상의 재판관으로 구성되는 1 또는 그 이상의 소재판부를 수시로 설치할 수 있다.

2. 재판소는 특정사건을 처리하기 위한 소재판부를 언제든지 설치할 수 있다. 그러한 소재판부를 구성하는 재판관의 수는 당사자의 승인을 얻어 재판소가 결정

한다.

　3. 당사자가 요청하는 경우에는 이 조에서 규정된 소재판부가 사건을 심리하고 결정한다.

제27조　제26조 및 제29조에 규정된 소재판부가 선고한 판결은 재판소가 선고한 것으로 본다.

제28조　제26조 및 제29조에 규정된 소재판부는 당사자의 동의를 얻어 헤이그 외의 장소에서 개정하여, 그 임무를 수행할 수 있다.

제29조　업무의 신속한 처리를 위하여 재판소는, 당사자의 요청이 있는 경우 간 이소송절차로 사건을 심리하고 결정할 수 있는, 5인의 재판관으로 구성되는 소재판부를 매년 설치한다. 또한 출석할 수 없는 재판관을 교체하기 위하여 2인의 재판관을 선정한다.

제30조

　1. 재판소는 그 임무를 수행하기 위하여 규칙을 정한다. 재판소는 특히 소송절차규칙을 정한다.

　2. 재판소규칙은 재판소 또는 그 소재판부에 투표권 없이 출석하는 보좌인에 관하여 규정할 수 있다.

제31조

　1. 각 당사자의 국적재판관은 재판소에 제기된 사건에 출석할 권리를 가진다.

　2. 재판소가 그 재판관석에 당사자 중 1국의 국적재판관을 포함시키는 경우에는 다른 어느 당사자도 재판관으로서 출석할 1인을 선정할 수 있다. 다만, 그러한 자는 되도록이면 제4조 및 제5조에 규정된 바에 따라 후보자로 지명된 자 중에서 선정된다.

　3. 재판소가 그 재판관석에 당사자의 국적재판관을 포함시키지 아니한 경우에는 각 당사자는 제2항에 규정된 바에 따라 재판관을 선정할 수 있다.

　4. 이 조의 규정은 제26조 및 제29조의 경우에 적용된다. 그러한 경우에 재판소장은 소재판부를 구성하고 있는 재판관 중 1인 또는 필요한 때에는 2인에 대하여, 관계 당사자의 국적재판관에게 또한 그러한 국적재판관이 없거나 출석할 수 없는 때에는 당사자가 특별히 선정하는 재판관에게, 재판관석을 양보할 것을 요청한다.

　5. 동일한 이해관계를 가진 수개의 당사자가 있는 경우에, 그 수개의 당사자는 위 규정들의 목적상 단일 당사자로 본다. 이 점에 관하여 의문이 있는 경우에는 재판소의 결정에 의하여 해결한다.

　6. 제2항·제3항 및 제4항에 규정된 바에 따라 선정되는 재판관은 재판소 규정의 제2조·제17조(제2항)·제20조 및 제24조가 요구하는 조건을 충족하여야 한다. 그러한 재판관은 자기의 동료와 완전히 평등한 조건으로 결정에 참여한다.

제32조

　1. 재판소의 각 재판관은 연봉을 받는다.

　2. 재판소장은 특별년차수당을 받는다.

　　3. 재판소부소장은 재판소장으로서 활동하는 모든 날자에 대하여 특별수당을 받는다.

　　4. 제31조에 의하여 선정된 재판관으로서 재판소의 재판관이 아닌 자는 자기의 임무를 수행하는 각 날자에 대하여 보상을 받는다.

　　5. 이러한 봉급·수당 및 보상은 총회가 정하며 임기중 감액될 수 없다.

　　6. 재판소서기의 봉급은 재판소의 제의에 따라 총회가 정한다.

　　7. 재판소의 재판관 및 재판소서기에 대하여 퇴직연금이 지급되는 조건과 재판소의 재판관 및 재판소서기가 그 여비를 상환받는 조건은 총회가 제정하는 규칙에서 정하여진다.

　　8. 위의 봉급·수당 및 보상은 모든 과세로부터 면제된다.

제33조 재판소의 경비는 총회가 정하는 방식에 따라 국제연합이 부담한다.

제 2 장　재판소의 관할

제34조

　　1. 국가만이 재판소에 제기되는 사건의 당사자가 될 수 있다.

　　2. 재판소는 재판소규칙이 정하는 조건에 따라 공공 국제기구에게 재판소에 제기된 사건과 관련된 정보를 요청할 수 있으며, 또한 그 국제기구가 자발적으로 제공하는 정보를 수령한다.

　　3. 공공 국제기구의 설립문서 또는 그 문서에 의하여 채택된 국제협약의 해석이 재판소에 제기된 사건에서 문제로 된 때에는 재판소서기는 당해 공공 국제기구에 그 점에 관하여 통고하며, 소송절차상의 모든 서류의 사본을 송부한다.

제35조

　　1. 재판소는 재판소규정의 당사국에 대하여 개방된다.

　　2. 재판소를 다른 국가에 대하여 개방하기 위한 조건은 현행 제 조약의 특별한 규정에 따를 것을 조건으로 안전보장이사회가 정한다. 다만, 어떠한 경우에도 그러한 조건은 당사자들을 재판소에 있어서 불평등한 지위에 두게 하는 것이어서는 아니 된다.

　　3. 국제연합의 회원국이 아닌 국가가 사건의 당사자인 경우에는 재판소는 그 당사자가 재판소의 경비에 대하여 부담할 금액을 정한다. 그러한 국가가 재판소의 경비를 분담하고 있는 경우에는 적용되지 아니한다.

제36조

　　1. 재판소의 관할은 당사자가 재판소에 회부하는 모든 사건과 국제연합헌장 또는 현행의 제 조약 및 협약에서 특별히 규정된 모든 사항에 미친다.

　　2. 재판소규정의 당사국은 다음 사항에 관한 모든 법률적 분쟁에 대하여 재판소의 관할을, 동일한 의무를 수락하는 모든 다른 국가와의 관계에 있어서 당연히 또한 특별한 합의 없이도, 강제적인 것으로 인정한다는 것을 언제든지 선언할 수

있다.

    가. 조약의 해석.

    나. 국제법상의 문제.

    다. 확인되는 경우, 국제의무의 위반에 해당하는 사실의 존재.

    라. 국제의무의 위반에 대하여 이루어지는 배상의 성질 또는 범위.

    3. 위에 규정된 선언은 무조건으로, 수개 국가 또는 일정 국가와의 상호주의의 조건으로, 또는 일정한 기간을 정하여 할 수 있다.

    4. 그러한 선언서는 국제연합사무총장에게 기탁되며, 사무총장은 그 사본을 재판소규정의 당사국과 국제사법재판소서기에게 송부한다.

    5. 상설국제사법재판소규정 제36조에 의하여 이루어진 선언으로서 계속 효력을 가지는 것은, 재판소규정의 당사국 사이에서는, 이 선언이 금후 존속하여야 할 기간 동안 그리고 이 선언의 조건에 따라 재판소의 강제적 관할을 수락한 것으로 본다.

    6. 재판소가 관할권을 가지는지의 여부에 관하여 분쟁이 있는 경우에는, 그 문제는 재판소의 결정에 의하여 해결된다.

(Article 36
    1. The jurisdiction of the Court comprises all cases which the parties refer to it and all matters specially provided for in the Charter of the United Nations or in treaties and conventions in force.
    2. The states parties to the present Statute may at any time declare that they recognize as compulsory ipso facto and without special agreement, in relation to any other state accepting the same obligation, the jurisdiction of the Court in all legal disputes concerning:
    a. the interpretation of a treaty;
    b. any question of international law;
    c. the existence of any fact which, if established, would constitute a breach of an international obligation;
    d. the nature or extent of the reparation to be made for the breach of an international obligation.)

제37조   현행의 조약 또는 협약이 국제연맹이 설치한 재판소 또는 상설국제사법재판소에 어떤 사항을 회부하는 것을 규정하고 있는 경우에 그 사항은 재판소규정의 당사국 사이에서는 국제사법재판소에 회부된다.

제38조

    1. 재판소는 재판소에 회부된 분쟁을 국제법에 따라 재판하는 것을 임무로 하며, 다음을 적용한다.

    가. 분쟁국에 의하여 명백히 인정된 규칙을 확립하고 있는 일반적인 또는 특별한 국제협약.

    나. 법으로 수락된 일반관행의 증거로서의 국제관습.

    다. 문명국에 의하여 인정된 법의 일반원칙.

    라. 법칙결정의 보조수단으로서의 사법판결 및 제국의 가장 우수한 국제법 학자의 학설. 다만, 제59조의 규정에 따를 것을 조건으로 한다.

    2. 이 규정은 당사자가 합의하는 경우에 재판소가 형평과 선에 따라 재판하는

권한을 해하지 아니한다.

(Article 38
   1. The Court, whose function is to decide in accordance with international law such disputes as are submitted to it, shall apply:
      a. international conventions, whether general or particular, establishing rules expressly recognized by the contesting states;
      b. international custom, as evidence of a general practice accepted as law;
      c. the general principles of law recognized by civilized nations;
      d. subject to the provisions of Article 59, judicial decisions and the teachings of the most highly qualified publicists of the various nations, as subsidiary means for the determination of rules of law.
   2. This provision shall not prejudice the power of the Court to decide a case ex aequo et bono, if the parties agree thereto.)

제 3 장   소송절차

제39조
   1. 재판소의 공용어는 불어 및 영어로 한다. 당사자가 사건을 불어로 처리하는 것에 동의하는 경우 판결은 불어로 한다. 당사자가 사건을 영어로 처리하는 것에 동의하는 경우 판결은 영어로 한다.
   2. 어떤 공용어를 사용할 것인지에 대한 합의가 없는 경우에, 각 당사자는 자국이 선택하는 공용어를 변론절차에서 사용할 수 있으며, 재판소의 판결은 불어 및 영어로 한다. 이러한 경우에 재판소는 두 개의 본문 중 어느 것을 정본으로 할 것인가를 아울러 결정한다.
   3. 재판소는 당사자의 요청이 있는 경우 그 당사자가 불어 또는 영어 외의 언어를 사용하도록 허가한다.

제40조
   1. 재판소에 대한 사건의 제기는 각 경우에 따라 재판소서기에게 하는 특별한 합의의 통고에 의하여 또는 서면신청에 의하여 이루어진다. 어느 경우에도 분쟁의 주제 및 당사자가 표시된다.
   2. 재판소서기는 즉시 그 신청을 모든 이해관계자에게 통보한다.
   3. 재판소서기는 사무총장을 통하여 국제연합 회원국에게도 통고하며, 또한 재판소에 출석할 자격이 있는 어떠한 다른 국가에게도 통고한다.

제41조
   1. 재판소는 사정에 의하여 필요하다고 인정하는 때에는 각 당사자의 각각의 권리를 보전하기 위하여 취하여져야 할 잠정조치를 제시할 권한을 가진다.
   2. 종국판결이 있을 때까지, 제시되는 조치는 즉시 당사자 및 안전보장이사회에 통지된다.

제42조
   1. 당사자는 대리인에 의하여 대표된다.
   2. 당사자는 재판소에서 법률고문 또는 변호인의 조력을 받을 수 있다.

3. 재판소에서 당사자의 대리인·법률고문 및 변호인은 자기의 직무를 독립적으로 수행하는 데 필요한 특권 및 면제를 향유한다.

제43조

1. 소송절차는 서면소송절차 및 구두소송절차의 두 부분으로 구성된다.

2. 서면소송절차는 준비서면·답변서 및 필요한 경우 항변서와 원용할 수 있는 모든 문서 및 서류를 재판소와 당사자에게 송부하는 것으로 이루어진다.

3. 이러한 송부는 재판소가 정하는 순서에 따라 재판소가 정하는 기간 내에 재판소서기를 통하여 이루어진다.

4. 일방 당사자가 제출한 모든 서류의 인증사본 1통은 타방 당사자에게 송부된다.

5. 구두소송절차는 재판소가 증인·감정인·대리인·법률고문 및 변호인에 대하여 심문하는 것으로 이루어진다.

제44조

1. 재판소는 대리인·법률고문 및 변호인 외의 자에 대한 모든 통지의 송달을, 그 통지가 송달될 지역이 속하는 국가의 정부에게 직접 한다.

2. 위의 규정은 현장에서 증거를 수집하기 위한 조치를 취하여야 할 경우에도 동일하게 적용된다.

제45조 심리는 재판소장 또는 재판소장이 주재할 수 없는 경우에는 재판소부소장이 지휘한다. 그들 모두가 주재할 수 없을 때에는 출석한 선임재판관이 주재한다.

제46조 재판소에서의 심리는 공개된다. 다만, 재판소가 달리 결정하는 경우 또는 당사자들이 공개하지 아니할 것을 요구하는 경우에는 그러하지 아니한다.

제47조

1. 매 심리마다 조서를 작성하고 재판소서기 및 재판소장이 서명한다.

2. 이 조서만이 정본이다.

제48조 재판소는 사건의 진행을 위한 명령을 발하고, 각 당사자가 각각의 진술을 종결하여야 할 방식 및 시기를 결정하며, 증거조사에 관련되는 모든 조치를 취한다.

제49조 재판소는 심리의 개시 전에도 서류를 제출하거나 설명을 할 것을 대리인에게 요청할 수 있다. 거절하는 경우에는 정식으로 이를 기록하여 둔다.

제50조 재판소는 재판소가 선정하는 개인·단체·관공서·위원회 또는 다른 조직에게 조사의 수행 또는 감정의견의 제출을 언제든지 위탁할 수 있다.

제51조 심리중에는 제30조에 규정된 소송절차규칙에서 재판소가 정한 조건에 따라 증인 및 감정인에게 관련된 모든 질문을 한다.

제52조 재판소는 그 목적을 위하여 정하여진 기간 내에 증거 및 증언을 수령한 후에는, 타방 당사자가 동의하지 아니하는 한, 일방 당사자가 제출하고자 하는 어떠한 새로운 인증 또는 서증도 그 수리를 거부할 수 있다.

제53조

1. 일방 당사자가 재판소에 출석하지 아니하거나 또는 그 사건을 방어하지 아니하는 때에는 타방 당사자는 자기의 청구에 유리하게 결정할 것을 재판소에 요청할 수 있다.

2. 재판소는, 그렇게 결정하기 전에, 제36조 및 제37조에 따라 재판소가 관할권을 가지고 있을 뿐만 아니라 그 청구가 사실 및 법에 충분히 근거하고 있음을 확인하여야 한다.

제54조

1. 재판소의 지휘에 따라 대리인·법률고문 및 변호인이 사건에 관한 진술을 완료한 때에는 재판소장은 심리가 종결되었음을 선언한다.

2. 재판소는 판결을 심의하기 위하여 퇴정한다.

3. 재판소의 평의는 비공개로 이루어지며 비밀로 한다.

제55조

1. 모든 문제는 출석한 재판관의 과반수로 결정된다.

2. 가부 동수인 경우에는 재판소장 또는 재판소장을 대리하는 재판관이 결정투표권을 가진다.

제56조

1. 판결에는 판결이 기초하고 있는 이유를 기재한다.

2. 판결에는 결정에 참여한 재판관의 성명이 포함된다.

제57조 판결이 전부 또는 부분적으로 재판관 전원일치의 의견을 나타내지 아니한 때에는 어떠한 재판관도 개별의견을 제시할 권리를 가진다.

제58조 판결에는 재판소장 및 재판소서기가 서명한다. 판결은 대리인에게 적절히 통지된 후 공개된 법정에서 낭독된다.

제59조 재판소의 결정은 당사자 사이와 그 특정사건에 관하여서만 구속력을 가진다.

제60조 판결은 종국적이며 상소할 수 없다. 판결의 의미 또는 범위에 관하여 분쟁이 있는 경우에는 재판소는 당사자의 요청에 의하여 이를 해석한다.

제61조

1. 판결의 재심청구는 재판소 및 재심을 청구하는 당사자가 판결이 선고되었을 당시에는 알지 못하였던 결정적 요소로 될 성질을 가진 어떤 사실의 발견에 근거하는 때에 한하여 할 수 있다. 다만, 그러한 사실을 알지 못한 것이 과실에 의한 것이 아니었어야 한다.

2. 재심의 소송절차는 새로운 사실이 존재함을 명기하고, 그 새로운 사실이 사건을 재심할 성질의 것임을 인정하고, 또한 재심청구가 이러한 이유로 허용될 수 있음을 선언하고 있는 재판소의 판결에 의하여 개시된다.

3. 재판소는 재심의 소송절차를 허가하기 전에 원판결의 내용을 먼저 준수하도록 요청할 수 있다.

4. 재심청구는 새로운 사실을 발견한 때부터 늦어도 6월 이내에 이루어져야

한다.

　5. 판결일부터 10년이 지난 후에는 재심청구를 할 수 없다.

제62조

　1. 사건의 결정에 의하여 영향을 받을 수 있는 법률적 성질의 이해관계가 있다고 인정하는 국가는 재판소에 그 소송에 참가하는 것을 허락하여 주도록 요청할 수 있다.

　2. 재판소는 이 요청에 대하여 결정한다.

제63조

　1. 사건에 관련된 국가 이외의 다른 국가가 당사국으로 있는 협약의 해석이 문제가 된 경우에는 재판소서기는 즉시 그러한 모든 국가에게 통고한다.

　2. 그렇게 통고를 받은 모든 국가는 그 소송절차에 참가할 권리를 가진다. 다만, 이 권리를 행사한 경우에는 판결에 의하여 부여된 해석은 그 국가에 대하여도 동일한 구속력을 가진다.

제64조　재판소가 달리 결정하지 아니하는 한 각 당사자는 각자의 비용을 부담한다.

제 4 장　권고적 의견

제65조

　1. 재판소는 국제연합헌장에 의하여 또는 이 헌장에 따라 권고적 의견을 요청하는 것을 허가받은 기관이 그러한 요청을 하는 경우에 어떠한 법률문제에 관하여도 권고적 의견을 부여할 수 있다.

　2. 재판소의 권고적 의견을 구하는 문제는, 그 의견을 구하는 문제에 대하여 정확하게 기술하고 있는 요청서에 의하여 재판소에 제기된다. 이 요청서에는 그 문제를 명확하게 할 수 있는 모든 서류를 첨부한다.

제66조

　1. 재판소서기는 권고적 의견이 요청된 사실을 재판소에 출석할 자격이 있는 모든 국가에게 즉시 통지한다.

　2. 재판소서기는 또한, 재판소에 출석할 자격이 있는 모든 국가에게, 또는 그 문제에 관한 정보를 제공할 수 있다고 재판소 또는 재판소가 개정중이 아닌 때에는 재판소장이 인정하는 국제기구에게, 재판소장이 정하는 기간 내에, 재판소가 그 문제에 관한 진술서를 수령하거나 또는 그 목적을 위하여 열리는 공개법정에서 그 문제에 관한 구두진술을 청취할 준비가 되어 있음을 특별하고도 직접적인 통신수단에 의하여 통고한다.

　3. 재판소에 출석할 자격이 있는 그러한 어떠한 국가도 제2항에 규정된 특별통지를 받지 아니하였을 때에는 진술서를 제출하거나 또는 구두로 진술하기를 희망한다는 것을 표명할 수 있다. 재판소는 이에 관하여 결정한다.

   4. 서면 또는 구두진술 또는 양자 모두를 제출한 국가 및 기구는, 재판소 또는 재판소가 개정중이 아닌 때에는 재판소장이 각 특정사건에 있어서 정하는 형식·범위 및 기간 내에 다른 국가 또는 기구가 한 진술에 관하여 의견을 개진하는 것이 허용된다. 따라서 재판소서기는 그러한 진술서를 이와 유사한 진술서를 제출한 국가 및 기구에게 적절한 시기에 송부한다.

제67조   재판소는 사무총장 및 직접 관계가 있는 국제연합회원국·다른 국가 및 국제기구의 대표에게 통지한 후 공개된 법정에서 그 권고적 의견을 발표한다.

제68조   권고적 임무를 수행함에 있어서 재판소는 재판소가 적용할 수 있다고 인정하는 범위 안에서 쟁송사건에 적용되는 재판소규정의 규정들에 또한 따른다.

제 5 장 개   정

제69조   재판소규정의 개정은 국제연합헌장이 그 헌장의 개정에 관하여 규정한 절차와 동일한 절차에 의하여 이루어진다. 다만, 재판소규정의 당사국이면서 국제연합 회원국이 아닌 국가의 참가에 관하여는 안전보장이사회의 권고에 의하여 총회가 채택한 규정에 따른다.

제70조   재판소는 제69조의 규정에 따른 심의를 위하여 재판소가 필요하다고 인정하는 재판소규정의 개정을, 사무총장에 대한 서면통보로써, 제안할 권한을 가진다.

3. 조약법에 관한 비엔나협약*
(Vienna Convention on the Law of Treaties)

이 협약의 당사국은,

국제관계의 역사에서 조약의 기본 역할을 고려하고,

국제법의 법원으로서 그리고 각 국가의 헌법 제도 및 사회 제도와 관계없이 국가 간 평화적 협력을 발전시키는 수단으로서 조약의 점증하는 중요성을 인정하며,

자유로운 동의 원칙 및 신의성실의 원칙 그리고 약속은 지켜져야 한다는 규칙이 보편적으로 인정되고 있음에 유의하며,

다른 국제분쟁과 마찬가지로 조약에 관한 분쟁은 평화적 수단으로 또한 정의 원칙 및 국제법 원칙에 합치되도록 해결되어야 함을 확인하며,

정의 그리고 조약상 발생되는 의무에 대한 존중이 유지될 수 있는 조건을 확립하고자 하는 국제연합 각 국민의 결의를 상기하며,

각 국민의 평등권과 자결, 모든 국가의 주권 평등과 독립, 각국 국내문제에 대한 불간섭, 무력의 위협 또는 사용 금지, 그리고 모든 사람의 인권과 기본적 자유에 대한 보편적 존중 및 준수의 원칙과 같이 「국제연합헌장」에 구현된 국제법 원칙에 유념하며,

이 협약에서 성취된 조약법의 법전화와 점진적 발전이 「국제연합헌장」에 규정된 국제연합의 목적, 즉 국제평화 및 안보의 유지, 국가 간 우호관계의 발전과 협력의 달성을 증진하리라 믿으며,

관습국제법 규칙이 이 협약의 규정에 따라 규제되지 않는 문제를 계속 규율함을 확인하며,

다음과 같이 합의하였다.

제 1 부 총 강

제1조(협약의 적용범위) 이 협약은 국가 간 조약에 적용된다.

제2조(용어 사용)

　1. 이 협약의 목적상,

　가. "조약"이란, 단일 문서에 또는 두 개 이상의 관련 문서에 구현되고 있는 가에 관계없이 그리고 그 명칭이 어떠하든, 서면형식으로 국가 간에 체결되며 국제법에 따라 규율되는 국제 합의를 의미한다.

---

* 1969. 5. 23 채택. 1980. 1. 27 발효. 1980. 1. 27 대한민국 적용(조약 제697호). 2023. 6. 9. 외교부 번역정정 관보 공고.

나. "비준", "수락", "승인" 및 "가입"이란, 국가가 국제적 측면에서 조약에 기속되겠다는 동의를 이를 통하여 확정하는 경우, 각 경우마다 그렇게 불리는 국제 행위를 의미한다.

다. "전권위임장"이란, 조약문을 교섭, 채택 또는 정본인증을 하거나, 조약에 대한 국가의 기속적 동의를 표시하거나 조약에 관한 그 밖의 행위를 수행할 수 있도록, 국가의 권한 있는 당국이 자국을 대표하는 한 명 또는 복수의 사람을 지정하는 문서를 의미한다.

라. "유보"란, 문구 또는 명칭에 관계없이 국가가 조약의 특정 규정을 자국에 적용함에 있어서 이를 통해 그 법적 효력을 배제하거나 변경하고자 하는 경우, 조약의 서명, 비준, 수락, 승인 또는 가입 시 그 국가가 행하는 일방적 성명을 의미한다.

마. "교섭국"이란 조약문의 작성 및 채택에 참가한 국가를 의미한다.

바. "체약국"이란, 조약의 발효 여부와 관계없이, 그 조약에 기속되기로 동의한 국가를 의미한다.

사. "당사자"란 조약에 기속되기로 동의하였고 자국에 대하여 그 조약이 발효 중인 국가를 의미한다.

아. "제3국"이란 조약의 당사자가 아닌 국가를 의미한다.

자. "국제기구"란 정부 간 기구를 의미한다.

2. 이 협약상 용어 사용에 관한 제1항의 규정은 어느 국가의 국내법상 그 용어의 사용 또는 그 용어에 부여될 수 있는 의미를 침해하지 않는다.

제3조(협약의 적용범위에 속하지 않는 국제 합의) 국가와 다른 국제법 주체 간이나 그러한 다른 국제법 주체 간에 체결되는 국제 합의 또는 서면형식이 아닌 국제 합의에 대하여 이 협약이 적용되지 않는다는 사실은 다음 사항에 영향을 주지 않는다.

가. 그러한 합의의 법적 효력

나. 이 협약과는 별도로 국제법에 따라 그러한 합의가 구속을 받는 이 협약상 규칙을 그 합의에 적용하는 것

다. 국가 아닌 다른 국제법 주체도 당사자인 국제 합의에서 국가 간 관계에 이 협약을 적용하는 것

제4조(협약의 불소급) 이 협약과는 별도로 국제법에 따라 조약이 구속을 받는 이 협약상 규칙의 적용을 침해함이 없이, 이 협약은 국가에 대하여 발효한 후 해당 국가가 체결하는 조약에 대해서만 적용된다.

제5조(국제기구 설립 조약 및 국제기구 내에서 채택되는 조약) 국제기구의 관련 규칙을 침해함이 없이, 이 협약은 국제기구의 설립 문서가 되는 조약과 국제기구 내에서 채택되는 조약에 적용된다.

제 2 부   조약의 체결 및 발효

제 1 절   조약의 체결

제6조(국가의 조약체결능력) 모든 국가는 조약을 체결하는 능력을 가진다.

제7조(전권위임장)

1. 다음과 같은 경우의 사람은 조약문의 채택 또는 정본인증을 위한 목적이나 조약에 대한 국가의 기속적 동의를 표시하기 위한 목적에서 국가를 대표한다고 간주된다.

　가. 적절한 전권위임장을 제시하는 경우, 또는

　나. 해당 국가의 관행 또는 그 밖의 사정으로 보아, 그 사람이 위의 목적을 위하여 국가를 대표한다고 간주되고 전권위임장의 생략이 그 국가의 의사로 보이는 경우

2. 다음의 사람은 전권위임장을 제시하지 않아도 자신의 직무상 자국을 대표한다고 간주된다.

　가. 조약 체결과 관련된 모든 행위를 수행할 목적상, 국가원수, 정부수반 및 외교장관

　나. 파견국과 접수국 간의 조약문을 채택할 목적상, 외교공관장

　다. 국제회의, 국제기구 또는 국제기구 내 기관에서 조약문을 채택할 목적상, 국가가 그 국제회의, 국제기구 또는 국제기구 내 기관에 파견한 대표

제8조(권한 없이 수행한 행위의 추인) 제7조에 따라 조약체결 목적을 위하여 국가를 대표하는 권한을 부여받았다고 간주될 수 없는 사람이 수행한 조약체결과 관련된 행위는 그 국가가 추후 확인하지 않으면 법적 효력이 없다.

제9조(조약문의 채택)

1. 조약문은, 제2항에 규정된 경우를 제외하고는, 그 작성에 참가한 모든 국가의 동의로 채택된다.

2. 국제회의에서 조약문은 출석하여 투표하는 국가 3분의 2의 찬성으로 채택되며, 다만 동일한 다수결로 다른 규칙의 적용을 결정하는 경우는 제외한다.

제10조(조약문의 정본인증) 조약문은 다음의 방법으로 정본이며 최종적인 것으로 확정된다.

　가. 조약문에 규정된 절차 또는 조약문 작성에 참가한 국가가 합의하는 절차, 또는

　나. 그러한 절차가 없는 경우, 조약문 작성에 참가한 국가 대표의 조약문 또는 조약문을 포함하는 회의의 최종의정서 서명, 조건부 서명 또는 가서명

제11조(조약에 대한 기속적 동의의 표시방법) 조약에 대한 국가의 기속적 동의는 서명, 조약을 구성하는 문서의 교환, 비준, 수락, 승인 또는 가입이나 그 밖의 합의된 방법으로 표시된다.

제12조(서명으로 표시되는 조약에 대한 기속적 동의)

1. 조약에 대한 국가의 기속적 동의는 다음의 경우 국가 대표의 서명으로 표

시된다.

　가. 서명이 그러한 효력을 갖는다고 조약이 규정하고 있는 경우

　나. 서명이 그러한 효력을 갖는다고 교섭국 간에 합의되었음이 달리 증명되는 경우, 또는

　다. 서명에 그러한 효력을 부여하고자 하는 국가의 의사가 그 대표의 전권위임장에 나타나 있거나 교섭 중에 표시된 경우

　2. 제1항의 목적상

　가. 조약문의 가서명이 그 조약의 서명을 구성한다고 교섭국들이 합의하였음이 증명되는 경우, 가서명은 그 조약의 서명을 구성한다.

　나. 대표에 의한 조약의 조건부 서명은, 그의 본국이 확정하는 경우, 그 조약의 완전한 서명을 구성한다.

제13조(조약을 구성하는 문서의 교환으로 표시되는 조약에 대한 기속적 동의)　국가 간에 교환된 문서에 의하여 구성되는 조약에 대한 국가의 기속적 동의는 다음의 경우 그 교환으로 표시된다.

　가. 문서 교환이 그러한 효력을 갖는다고 해당 문서가 규정하는 경우, 또는

　나. 문서 교환이 그러한 효력을 갖는다고 그 국가들 간에 합의되었음이 달리 증명되는 경우

제14조(비준, 수락 또는 승인으로 표시되는 조약에 대한 기속적 동의)

　1. 조약에 대한 국가의 기속적 동의는 다음의 경우 비준으로 표시된다.

　가. 그러한 동의가 비준으로 표시되기로 조약이 규정하는 경우

　나. 비준이 필요하다고 교섭국 간에 합의되었음이 달리 증명되는 경우

　다. 국가 대표가 비준을 조건으로 조약에 서명한 경우, 또는

　라. 비준을 조건으로 조약에 서명한다는 국가의 의사가 그 대표의 전권위임장에 나타나 있거나 교섭 중에 표시된 경우

　2. 조약에 대한 국가의 기속적 동의는 비준에 적용되는 것과 유사한 조건으로 수락 또는 승인으로 표시된다.

제15조(가입으로 표시되는 조약에 대한 기속적 동의)　조약에 대한 국가의 기속적 동의는 다음의 경우 가입으로 표시된다.

　가. 국가가 가입의 방법으로 그러한 동의를 표시할 수 있음을 조약이 규정하고 있는 경우

　나. 국가가 가입의 방법으로 그러한 동의를 표시할 수 있음이 교섭국 간에 합의되었다고 달리 증명되는 경우, 또는

　다. 당사국이 가입의 방법으로 그러한 동의를 표시할 수 있음을 모든 당사자가 추후 합의한 경우

제16조(비준서, 수락서, 승인서 또는 가입서의 교환 또는 기탁)　조약이 달리 규정하지 않으면, 비준서, 수락서, 승인서 또는 가입서는 다음의 경우 조약에 기속되기로 한 국가의 동의를 증명한다.

　가. 체약국 간 교환

나. 기탁처에 기탁, 또는

다. 합의된 경우, 체약국 또는 기탁처에 통보

제17조(조약 일부에 대한 기속적 동의 및 상이한 규정 중의 선택에 의한 기속적 동의)

1. 제19조부터 제23조까지를 침해함이 없이, 조약 일부에 대한 국가의 기속적 동의는 그 조약이 이를 허용하거나 다른 체약국이 이에 동의하는 경우에만 유효하다.

2. 상이한 규정 중 선택을 허용하는 조약에 대한 국가의 기속적 동의는 그 동의가 어느 규정과 관련되는지가 명백한 경우에만 유효하다.

제18조(조약 발효 전 그 조약의 대상 및 목적을 훼손하지 아니할 의무) 국가는 다음의 경우 조약의 대상 및 목적을 훼손하는 행위를 삼가야 할 의무를 진다.

가. 비준, 수락 또는 승인을 조건으로 조약에 서명하였거나 조약을 구성하는 문서를 교환한 경우, 그 조약의 당사자가 되지 않겠다는 의사를 명백히 할 때까지, 또는

나. 국가가 조약에 대한 기속적 동의를 표시한 경우, 발효가 부당하게 지연되지 않는다면 그 조약의 발효시까지

제 2 절 유 보

제19조(유보의 표명) 국가는, 다음의 경우에 해당하지 않으면, 조약에 서명, 비준, 수락, 승인 또는 가입 시 유보를 표명할 수 있다.

가. 조약이 유보를 금지한 경우

나. 조약이 해당 유보를 포함하지 않는 특정 유보만을 행할 수 있다고 규정하는 경우, 또는

다. 가호 및 나호에 해당되지 않더라도, 유보가 조약의 대상 및 목적과 양립하지 않는 경우

제20조(유보의 수락 및 유보에 대한 이의)

1. 조약이 명시적으로 허용하는 유보는, 그 조약이 달리 규정하지 않으면, 다른 체약국의 추후 수락을 필요로 하지 않는다.

2. 교섭국의 한정된 수와 조약의 대상 및 목적에 비추어 조약 전체를 모든 당사자 간에 적용함이 그 조약에 대한 각 당사자의 기속적 동의의 필수 조건으로 보이는 경우, 유보는 모든 당사자의 수락을 필요로 한다.

3. 조약이 국제기구의 설립 문서인 경우 그 조약이 달리 규정하지 않으면, 유보는 그 기구의 권한 있는 기관의 수락을 필요로 한다.

4. 위 각 항에 해당되지 않는 경우로서 그 조약이 달리 규정하지 않으면, 다음에 따른다.

가. 조약이 유보국과 다른 체약국에 대하여 발효한다면 또는 발효 중일 때, 그 다른 체약국에 의한 유보의 수락은 유보국을 그 체약국과의 관계에서 조약의 당사자가 되도록 한다.

나. 유보에 대한 다른 체약국의 이의는, 이의제기국이 확정적으로 반대의사를 표시하지 않으면, 이의제기국과 유보국 간 조약의 발효를 방해하지 않는다.

다. 조약에 대한 국가의 기속적 동의를 표시하며 유보를 포함하는 행위는 적어도 하나의 다른 체약국이 그 유보를 수락하는 즉시 유효하다.

5. 조약이 달리 규정하지 않으면 제2항 및 제4항의 목적상, 국가가 유보를 통보받은 후 12개월의 기간이 종료될 때 또는 그 국가가 조약에 대한 기속적 동의를 표시한 일자 중 어느 편이든 나중 시기까지 유보에 대하여 이의를 제기하지 않은 경우, 그 국가가 유보를 수락한 것으로 간주한다.

제21조(유보 및 유보에 대한 이의의 법적 효력)

1. 제19조, 제20조 및 제23조에 따라 다른 당사자에 대하여 성립된 유보는 다음의 법적 효력을 가진다.

가. 유보국에 대해서는 다른 당사자와의 관계에 있어서 유보와 관련된 조약 규정을 그 유보의 범위에서 변경하며,

나. 다른 당사자에 대해서는 유보국과의 관계에 있어서 이들 규정을 동일한 범위에서 변경한다.

2. 유보는 조약의 다른 당사자 상호 간에는 그 조약 규정을 변경하지 않는다.

3. 유보에 이의가 있는 국가가 자국과 유보국 간의 조약 발효에 반대하지 않는 경우, 유보에 관련되는 규정은 그 유보의 범위에서 양국 간에 적용되지 않는다.

제22조(유보의 철회 및 유보에 대한 이의의 철회)

1. 조약이 달리 규정하지 않으면, 유보는 언제든지 철회될 수 있으며, 그 철회를 위해서 유보를 수락한 국가의 동의는 필요하지 않다.

2. 조약이 달리 규정하지 않으면, 유보에 대한 이의는 언제든지 철회될 수 있다.

3. 조약이 달리 규정하거나 달리 합의되는 경우를 제외하고, 다음이 적용된다.

가. 유보의 철회는 다른 체약국이 그 통보를 접수한 때에만 그 체약국에 관하여 효력이 발생한다.

나. 유보에 대한 이의의 철회는 유보를 표명한 국가가 그 통보를 접수한 때에만 효력이 발생한다.

제23조(유보에 관한 절차)

1. 유보, 유보의 명시적 수락 및 유보에 대한 이의는 서면으로 표명되어야 하며, 체약국 및 조약의 당사자가 될 수 있는 자격을 가진 다른 국가에 통지되어야 한다.

2. 비준, 수락 또는 승인을 조건으로 조약에 서명할 때에 표명된 유보는 유보국이 그 조약에 대한 기속적 동의를 표시할 때에 유보국에 의하여 정식으로 확인되어야 한다. 그러한 경우 유보는 그 확인일자에 행해졌다고 간주된다.

3. 유보의 확인 이전에 행해진 유보의 명시적 수락 또는 유보에 대한 이의 자체는 확인을 필요로 하지 않는다.

4. 유보의 철회 또는 유보에 대한 이의의 철회는 서면으로 표명되어야 한다.

제3절 조약의 발효 및 잠정적용

제24조(발효)

　　1. 조약은 그 조약이 규정하거나 교섭국이 합의하는 방법과 일자에 따라 발효한다.

　　2. 그러한 규정 또는 합의가 없는 경우, 조약은 그 조약에 대한 기속적 동의가 모든 교섭국에 대하여 확정되는 즉시 발효한다.

　　3. 조약에 대한 국가의 기속적 동의가 그 조약이 발효한 이후 일자에 확정되는 경우, 그 조약이 달리 규정하지 않으면, 조약은 그 국가에 대하여 그 일자에 발효한다.

　　4. 조약문의 정본인증, 조약에 대한 국가의 기속적 동의의 확정, 조약 발효의 방법 또는 일자, 유보, 기탁처의 임무 및 조약 발효 전에 필연적으로 발생하는 그 밖의 사항을 규율하는 조약 규정은 조약문의 채택 시부터 적용된다.

제25조(잠정적용)

　　1. 다음의 경우 조약 또는 조약의 일부는 그 발효시까지 잠정적으로 적용된다.

　　가. 조약 자체가 그렇게 규정하는 경우, 또는

　　나. 교섭국이 그 밖의 방법으로 그렇게 합의한 경우

　　2. 조약이 달리 규정하거나 교섭국이 달리 합의한 경우를 제외하고, 어느 국가에 대한 조약 또는 조약 일부의 잠정적용은 그 국가가 조약이 잠정적으로 적용되고 있는 다른 국가에게 그 조약의 당사자가 되지 않겠다는 의사를 통보하는 경우 종료된다.

제3부　조약의 준수, 적용 및 해석

제1절　조약의 준수

제26조(약속은 지켜져야 한다)　발효 중인 모든 조약은 당사자를 구속하며, 당사자에 의하여 신의에 좇아 성실하게 이행되어야 한다.

제27조(국내법과 조약의 준수)　당사자는 자신의 조약 불이행에 대한 정당화 근거로서 자신의 국내법 규정을 원용할 수 없다. 이 규칙은 제46조의 적용을 방해하지 않는다.

제2절　조약의 적용

제28조(조약의 불소급)　다른 의사가 조약에 나타나거나 달리 증명되는 경우를 제외하고, 조약 규정은 조약이 당사자에 대하여 발효한 일자 이전에 발생한 어떠한 행위나 사실 또는 종료된 상황과 관련하여 그 당사자를 구속하지 않는다.

제29조(조약의 영역적 적용범위)　다른 의사가 조약에 나타나거나 달리 증명되는 경우를 제외하고, 조약은 각 당사자의 전체 영역에서 그 당사자를 구속한다.

제30조(동일한 주제에 관한 전/후 조약의 적용)

1. 「국제연합헌장」 제103조를 따른다는 조건으로 동일한 주제에 관한 전/후 조약의 당사국의 권리와 의무는 다음 각 항에 따라 결정된다.

2. 조약이 전 조약 또는 후 조약을 따른다고 명시하고 있거나, 전 조약 또는 후 조약과 양립하지 않는다고 간주되지 않음을 명시하고 있는 경우에는 그 다른 조약의 규정이 우선한다.

3. 전 조약의 모든 당사자가 동시에 후 조약의 당사자이지만, 전 조약이 제59조에 따라 종료 또는 시행정지 되지 않는 경우, 전 조약은 그 규정이 후 조약의 규정과 양립하는 범위 내에서만 적용된다.

4. 후 조약의 당사자가 전 조약의 모든 당사자를 포함하지 않는 경우, 다음이 적용된다.

가. 양 조약 모두의 당사국 간에는 제3항과 동일한 규칙이 적용된다.

나. 양 조약 모두의 당사국과 어느 한 조약만의 당사국 간에는, 양국 모두가 당사자인 조약이 그들 상호 간의 권리와 의무를 규율한다.

5. 제4항은 제41조를 침해하지 않거나, 제60조에 따른 조약의 종료나 시행정지에 관한 문제, 또는 어느 국가가 다른 조약에 따라 타국에 지는 의무와 양립하지 않도록 규정된 조약을 체결하거나 적용함으로써 자국에 대해 발생할 수 있는 책임문제에 영향을 미치지 않는다.

제3절 조약의 해석

제31조(해석의 일반 규칙)

1. 조약은 조약문의 문맥에서 그리고 조약의 대상 및 목적에 비추어, 그 조약의 문언에 부여되는 통상적 의미에 따라 신의에 좋아 성실하게 해석되어야 한다.

2. 조약 해석의 목적상, 문맥은 조약의 전문 및 부속서를 포함한 조약문에 추가하여 다음으로 구성된다.

가. 조약 체결과 연계되어 모든 당사자 간에 이루어진 조약에 관한 합의

나. 조약 체결과 연계되어 하나 또는 그 이상의 당사자가 작성하고, 다른 당사자가 모두 그 조약에 관련된 문서로 수락한 문서

3. 문맥과 함께 다음이 고려된다.

가. 조약 해석 또는 조약 규정 적용에 관한 당사자 간 후속 합의

나. 조약 해석에 관한 당사자의 합의를 증명하는 그 조약 적용에 있어서의 후속 관행

다. 당사자 간의 관계에 적용될 수 있는 관련 국제법 규칙

4. 당사자가 특정 용어에 특별한 의미를 부여하기로 의도하였음이 증명되는 경우에는 그러한 의미가 부여된다.

제32조(해석의 보충수단) 제31조의 적용으로부터 나오는 의미를 확인하거나, 제31조에 따른 해석 시 다음과 같이 되는 경우 그 의미를 결정하기 위하여 조약의 준

비작업 및 체결 시의 사정을 포함한 해석의 보충수단에 의존할 수 있다.

가. 의미가 모호해지거나 불명확하게 되는 경우, 또는

나. 명백히 부조리하거나 불합리한 결과를 초래하는 경우

제33조(둘 또는 그 이상의 언어로 정본인증된 조약의 해석)

1. 조약의 정본이 둘 또는 그 이상의 언어로 인증되었을 경우, 차이가 있다면 특정 조약문이 우선함을 그 조약이 규정하고 있거나 당사자가 그렇게 합의하는 경우를 제외하고, 각 언어본의 조약문은 동등한 권위를 갖는다.

2. 정본인증된 조약문 상 언어 중 하나의 언어 이외의 언어로 된 조약본은 조약이 이를 정본으로 규정하고 있거나 당사자들이 그렇게 합의한 경우에만 정본으로 간주된다.

3. 조약의 용어는 각 정본에서 동일한 의미를 가진다고 추정된다.

4. 제1항에 따라 특정 조약문이 우선하는 경우를 제외하고, 정본의 비교에서 제31조 및 제32조의 적용으로 해소되지 않는 의미의 차이가 드러나는 경우, 조약의 대상 및 목적을 고려하여 각 조약문과 최대한 조화되는 의미를 채택한다.

제4절 조약과 제3국

제34조(제3국에 관한 일반 규칙) 조약은 제3국의 동의 없이는 그 국가에 대하여 의무 또는 권리를 창설하지 않는다.

제35조(제3국의 의무를 규정하는 조약) 조약 당사자가 조약 규정을 제3국의 의무를 설정하는 수단으로 삼고자 의도하고 제3국이 서면으로 그 의무를 명시적으로 수락하는 경우, 그 규정으로부터 제3국의 의무가 발생한다.

제36조(제3국의 권리를 규정하는 조약)

1. 조약 당사자가 조약 규정으로 제3국 또는 제3국이 속한 국가 집단 또는 모든 국가에 대하여 권리를 부여할 것을 의도하고 제3국이 이에 동의하는 경우, 그 규정으로부터 제3국의 권리가 발생한다. 조약이 달리 규정하지 않으면, 반대의사가 표시되지 않는 한 제3국의 동의는 추정된다.

2. 제1항에 따라 권리를 행사하는 국가는 조약에 규정되어 있거나 조약에 합치되게 설정된 권리행사의 조건을 따른다.

제37조(제3국의 의무 또는 권리의 취소 또는 변경)

1. 제35조에 따라 제3국의 의무가 발생한 때에는 조약 당사자와 제3국이 달리 합의하였음이 증명되는 경우가 아니면, 그 의무는 조약 당사자와 제3국이 동의하는 경우에만 취소 또는 변경될 수 있다.

2. 제36조에 따라 제3국의 권리가 발생한 때에는, 그 권리가 제3국의 동의 없이 취소 또는 변경되지 않도록 의도되었음이 증명되는 경우, 그 권리는 당사자에 의하여 취소 또는 변경될 수 없다.

제38조(국제 관습을 통하여 제3국을 구속하게 되는 조약상 규칙) 제34조부터 제37조까지의 어떤 조도 조약에 규정된 규칙이 관습국제법 규칙으로 인정되어 제3국을

구속하게 됨을 방해하지 않는다.

제 4 부   조약의 개정 및 변경

제39조(조약이 개정에 관한 일반 규칙)   조약은 당사자 간 합의로 개정될 수 있다. 조약이 달리 규정하는 경우를 제외하고, 제2부에 규정된 규칙은 그러한 합의에 적용된다.

제40조(다자조약의 개정)

　1. 조약이 달리 규정하지 않으면, 다자조약의 개정은 다음 각 항에 따라 규율된다.

　2. 모든 당사자 간에 다자조약을 개정하기 위한 제의는 모든 체약국에 통보되어야 하며, 각 체약국은 다음에 참여할 권리를 가진다.

　　가. 그러한 제의에 대해 취할 조치에 관한 결정

　　나. 그 조약의 개정을 위한 합의의 교섭 및 성립

　3. 조약 당사자가 될 수 있는 자격을 가진 모든 국가는 개정되는 조약의 당사자가 될 자격도 가진다.

　4. 개정 합의는 그 합의의 당사자가 되지 않는 기존 조약의 당사자인 어느 국가도 구속하지 않는다. 그러한 국가에 대하여 제30조 제4항 나호가 적용된다.

　5. 개정 합의의 발효 이후 조약의 당사자가 되는 국가는 다른 의사 표시를 하지 않는 경우, 다음과 같이 간주된다.

　　가. 개정 조약의 당사자, 또한

　　나. 개정 합의에 구속되지 않는 조약 당사자와의 관계에서는 개정되지 않은 조약의 당사자

제41조(일부 당사자 간에만 다자조약을 변경하는 합의)

　1. 다자조약의 둘 또는 그 이상의 당사자는 다음의 경우 그들 간에만 조약을 변경하는 합의를 성립시킬 수 있다.

　　가. 그러한 변경 가능성이 조약에 규정된 경우, 또는

　　나. 해당 변경이 조약상 금지되지 않고,

　　1) 다른 당사자가 그 조약에 따라 권리를 향유하거나 의무를 이행하는 데 영향을 주지 않으며,

　　2) 어떤 규정으로부터의 이탈이 그 조약 전체의 대상 및 목적의 효과적인 수행과 양립하지 않을 때 그 규정과 관련되지 않은 경우

　2. 제1항 가호에 해당하는 경우 조약이 달리 규정하지 않으면, 해당 당사자는 그러한 합의를 성립시키고자 하는 의사와 그 합의가 규정하는 조약의 변경을 다른 당사자에 통보한다.

제 5 부 조약의 무효, 종료 및 시행정지

제 1 절 일반 규정

제42조(조약의 유효성 및 효력의 지속)
　1. 조약의 유효성 또는 조약에 대한 국가의 기속적 동의의 유효성은 이 협약의 적용을 통해서만 부정될 수 있다.
　2. 조약의 종료, 폐기 또는 당사자의 탈퇴는 그 조약 규정 또는 이 협약의 적용 결과로서만 행하여질 수 있다. 동일한 규칙이 조약의 시행정지에도 적용된다.

제43조(조약과는 별도로 국제법에 따라 부과되는 의무) 이 협약 또는 조약 규정의 적용에 따른 조약의 무효, 종료 또는 폐기, 조약으로부터 당사자의 탈퇴 또는 시행정지는 그 조약과는 별도로 국제법에 따라 국가를 구속하는 의무로서 그 조약에 구현된 의무를 이행하는 국가의 책무에 어떠한 영향도 미치지 않는다.

제44조(조약 규정의 분리가능성)
　1. 조약에 규정되어 있거나 제56조에 따라 발생하는, 조약을 폐기, 탈퇴 또는 시행정지 시킬 수 있는 당사자의 권리는, 조약이 달리 규정하거나 당사자들이 달리 합의하는 경우를 제외하고, 조약 전체에 관해서만 행사될 수 있다.
　2. 이 협약에서 인정되는 조약의 무효, 종료, 탈퇴 또는 시행정지의 사유는, 다음의 각 항이나 제60조에 규정되어 있는 경우를 제외하고, 조약 전체에 관해서만 원용될 수 있다.
　3. 그 사유가 특정 조항에만 관련된다면, 다음의 경우에는 그러한 조항에 관해서만 원용될 수 있다.
　　가. 해당 조항이 그 적용과 관련하여 그 조약의 잔여부분으로부터 분리될 수 있고,
　　나. 그 조항의 수락이 하나 또는 그 이상의 다른 당사자의 조약 전체에 대한 기속적 동의의 필수적 기초가 아니었다는 점이 그 조약으로부터 나타나거나 달리 증명되며,
　　다. 그 조약의 잔여부분의 계속적 이행이 부당하지 않은 경우
　4. 제49조 및 제50조에 해당하는 경우, 기만 또는 부정을 원용할 수 있는 권리를 가진 국가는 조약 전체에 관하여 이를 원용할 수도 있고, 또는 제3항을 따른다는 조건으로 특정 조항에 관해서만 이를 원용할 수 있다.
　5. 제51조, 제52조 및 제53조에 해당하는 경우에는 조약 규정의 분리가 허용되지 않는다.

제45조(조약의 무효, 종료, 탈퇴 또는 시행정지의 사유를 원용할 수 있는 권리의 상실)
국가는 제46조부터 제50조 또는 제60조 및 제62조까지에 따른 조약의 무효, 종료, 탈퇴 또는 시행정지의 사유에 해당되는 사실을 알게 된 후, 다음의 경우에는 그 사유를 더 이상 원용할 수 없다.
　가. 그 조약이 유효하다거나, 계속 효력이 있다거나, 계속 시행된다는 것에 국

가가 명시적으로 동의한 경우, 또는

나. 국가의 행동으로 보아 조약의 유효성 또는 그 효력이나 시행의 존속을 묵인하였다고 간주되어야 하는 경우

제 2 절   조약의 무효

제46조(조약 체결권에 관한 국내법 규정)

1. 조약 체결권에 관한 국내법 규정의 위반이 명백하며 본질적으로 중요한 국내법 규칙에 관련된 경우가 아니면, 국가는 조약에 대한 자국의 기속적 동의가 그 국내법 규정에 위반하여 표시되었다는 사실을 그 동의를 무효로 하는 근거로 원용할 수 없다.

2. 통상의 관행에 따라 신의에 좇아 성실하게 행동하는 어떠한 국가에 대해서도 위반이 객관적으로 분명한 경우에는 명백한 것이 된다.

제47조(국가의 동의 표시 권한에 대한 특별한 제한)   특정 조약에 대한 국가의 기속적 동의를 표시하는 대표의 권한이 특별한 제한을 따른다는 조건으로 부여된 경우, 대표가 그러한 동의를 표시하기 전에 그 제한이 다른 교섭국에 통보되지 않았다면, 대표가 제한을 준수하지 않은 사실은 그가 표시한 동의를 무효로 하는 근거로 원용될 수 없다.

제48조(착오)

1. 국가가 조약의 체결 당시 존재한다고 상정했던 사실 또는 상황으로서, 그 조약에 대한 국가의 기속적 동의의 필수적 기초를 형성했던 것과 관련된 착오일 경우, 국가는 그 조약상의 착오를 해당 조약에 대한 기속적 동의를 무효로 하는 근거로 원용할 수 있다.

2. 해당 국가가 자국의 행동을 통해 착오에 기여했거나 착오의 가능성을 알 수 있는 상황이었다면, 제1항은 적용되지 않는다.

3. 조약문의 자구에만 관련된 착오는 조약의 유효성에 영향을 미치지 않는다. 그 경우에는 제79조가 적용된다.

제49조(기만)   국가가 다른 교섭국의 기만행위에 의하여 조약을 체결하도록 유인된 경우, 국가는 그 기만을 조약에 대한 자신의 기속적 동의를 무효로 하는 근거로 원용할 수 있다.

제50조(국가 대표의 부정)   조약에 대한 국가의 기속적 동의 표시가 직접적 또는 간접적으로 다른 교섭국이 그 대표로 하여금 부정을 저지르도록 하여 얻어진 경우, 국가는 그 부정을 조약에 대한 자신의 기속적 동의를 무효로 하는 근거로 원용할 수 있다.

제51조(국가 대표에 대한 강박)   국가 대표에 대한 행동 또는 위협을 통하여 그 대표를 강박하여 얻어진 조약에 대한 국가의 기속적 동의 표시는 어떠한 법적 효력도 없다.

제52조(무력의 위협 또는 사용에 의한 국가에 대한 강박)   조약이 「국제연합헌장」에

구현된 국제법 원칙을 위반하는 무력의 위협 또는 사용에 의하여 체결된 경우, 그 조약은 무효이다.

제53조(일반국제법의 절대규범(강행규범)과 상충되는 조약) 조약이 체결 당시 일반국제법의 절대규범과 상충되는 경우 무효이다. 이 협약의 목적상 일반국제법의 절대규범이란 어떠한 이탈도 허용되지 않으며, 동일한 성질을 가진 일반국제법의 후속규범에 의해서만 변경될 수 있는 규범으로 국제공동체 전체가 수락하고 인정하는 규범이다.

제3절 조약의 종료 및 시행정지

제54조(조약 규정 또는 당사자의 동의에 따른 조약의 종료 또는 탈퇴) 다음의 경우 조약이 종료되거나 당사자가 탈퇴할 수 있다.

가. 그 조약 규정에 합치되는 경우, 또는

나. 다른 체약국과 협의한 후 모든 당사자의 동의를 얻는 경우 언제든지

제55조(다자조약의 발효에 필요한 수 미만으로의 당사자 감소) 조약이 달리 규정하지 않으면, 다자조약은 당사자 수가 발효에 필요한 수 미만으로 감소한 사실만으로 종료하지 않는다.

제56조(종료, 폐기 또는 탈퇴에 관한 규정을 포함하지 않는 조약의 폐기 또는 탈퇴)

1. 종료에 관한 규정을 포함하지 않으며 폐기 또는 탈퇴도 규정하고 있지 않은 조약은, 다음의 경우에 해당되지 않으면, 폐기 또는 탈퇴의 대상이 되지 않는다.

가. 당사자가 폐기 또는 탈퇴의 가능성을 인정하고자 하였음이 증명되는 경우, 또는

나. 폐기 또는 탈퇴의 권리가 조약의 성질상 묵시적으로 인정되는 경우

2. 당사자는 제1항에 따른 조약의 폐기 또는 탈퇴 의사를 적어도 12개월 전에 통보하여야 한다.

제57조(조약 규정 또는 당사자의 동의에 의한 조약의 시행정지) 다음의 경우 모든 당사자 또는 특정 당사자에 대하여 조약의 시행이 정지될 수 있다.

가. 그 조약 규정에 합치되는 경우, 또는

나. 다른 체약국과 협의한 후 모든 당사자의 동의를 얻는 경우 언제든지

제58조(일부 당사자간만의 합의에 의한 다자조약의 시행정지)

1. 다자조약의 둘 또는 그 이상의 당사자는, 다음의 경우, 그들 사이에서만 일시적으로 조약 규정의 시행을 정지시키기 위한 합의를 성립시킬 수 있다.

가. 그러한 정지 가능성이 조약에 규정되어 있는 경우, 또는

나. 해당 정지가 조약상 금지되지 않고,

1) 다른 당사자의 조약상 권리 향유 또는 의무 이행에 영향을 주지 않으며,

2) 그 조약의 대상 및 목적과 양립할 수 없지 않은 경우

2. 제1항 가호에 해당하는 경우 조약이 달리 규정하지 않으면, 해당 당사자는 합의를 성립시키고자 하는 의사와 시행을 정지시키고자 하는 조약 규정을 다른

당사자에 통보한다.

제59조(후 조약의 체결에 의하여 묵시적으로 인정되는 조약의 종료 또는 시행정지)

1. 조약의 모든 당사자가 동일한 사항에 관한 후 조약을 체결하고, 다음에 해당하는 경우, 그 조약은 종료된 것으로 간주된다.

가. 후 조약에 따라 그 사항이 규율되어야 함을 당사자가 의도하였음이 후 조약으로부터 나타나거나 달리 증명되는 경우, 또는

나. 후 조약의 규정이 전 조약의 규정과 도저히 양립하지 않아 양 조약이 동시에 적용될 수 없는 경우

2. 당사자의 의사가 전 조약의 시행정지만이라는 점이 후 조약으로부터 나타나거나 달리 증명되는 경우, 전 조약은 시행만 정지되는 것으로 간주된다.

제60조(조약 위반의 결과로서의 조약의 종료 또는 시행정지)

1. 양자조약의 한쪽 당사자가 중대한 위반을 하는 경우 다른 쪽 당사자는 그 조약을 종료하거나 그 시행을 전부 또는 일부 정지시키기 위한 사유로 그 위반을 원용할 수 있는 권리를 갖는다.

2. 다자조약의 어느 당사자가 중대한 위반을 하는 경우, 관계 당사자는 다음의 권리를 갖는다.

가. 다른 당사자가 전원일치의 합의로

1) 그 다른 당사자와 의무불이행국 간의 관계에서, 또는

2) 모든 당사자 간에

그 조약의 전부 또는 일부의 시행을 정지시키거나 그 조약을 종료시킬 권리

나. 위반에 의하여 특별히 영향을 받는 당사자가 자신과 의무불이행국 간의 관계에서 그 조약의 전부 또는 일부의 시행을 정지시키기 위한 사유로 그 위반을 원용할 수 있는 권리

다. 어느 당사자에 의한 조약 규정의 중대한 위반이 그 조약상 의무의 향후 이행에 관한 모든 당사자의 입장을 근본적으로 변경시키는 성격의 조약인 경우, 의무불이행국 이외의 당사자가 자신에 관하여 그 조약의 전부 또는 일부의 시행을 정지시키기 위한 사유로서 그 위반을 원용할 수 있는 권리

3. 이 조의 목적상, 다음의 경우는 조약의 중대한 위반에 해당한다.

가. 이 협약에서 허용되지 않는 조약의 이행거부, 또는

나. 조약의 대상 또는 목적 달성에 필수적인 규정의 위반

4. 위의 각 항은 위반 시 적용될 수 있는 조약상의 어떠한 규정도 침해하지 않는다.

5. 제1항부터 제3항까지의 조항은 인도적 성격의 조약에 포함된 인신보호에 관한 규정, 특히 그러한 조약에 따라 보호를 받는 사람에 대한 어떠한 형태의 복구도 금지하는 규정에는 적용되지 않는다.

제61조(후발적 이행불능)

1. 조약의 이행불능이 그 조약 이행에 불가결한 대상의 영구적 소멸 또는 파괴로 인한 경우, 당사자는 조약을 종료시키거나 탈퇴하기 위한 사유로 이행불능을

원용할 수 있다. 이행불능이 일시적인 경우에는 조약의 시행정지를 위한 사유로만 원용될 수 있다.

2. 이행불능이 이를 원용하려는 당사자에 의한 조약상 의무나 그 조약의 다른 당사자에 대하여 지고 있는 그 밖의 국제의무 위반의 결과인 경우, 이행불능은 조약의 종료, 탈퇴 또는 시행정지를 위한 사유로 그 당사자에 의하여 원용될 수 없다.

제62조(사정의 근본적 변경)

1. 다음 경우에 해당되지 않으면, 조약 체결 당시 존재한 사정과 관련하여 발생하였고, 당사자가 예견하지 못한 사정의 근본적 변경은 조약의 종료 또는 탈퇴를 위한 사유로 원용될 수 없다.

가. 그러한 사정의 존재가 조약에 대한 당사자의 기속적 동의의 필수적 기초를 구성하였으며,

나. 변경의 효과로 조약에 따라 계속 이행되어야 할 의무의 범위가 근본적으로 변화되는 경우

2. 다음의 경우에는 사정의 근본적 변경이 조약의 종료 또는 탈퇴 사유로 원용될 수 없다.

가. 조약이 경계선을 확정하는 경우, 또는

나. 근본적 변경이 이를 원용하는 당사자에 의한 조약상 의무나 그 조약의 다른 당사자에 대하여 지고 있는 그 밖의 국제의무 위반의 결과인 경우

3. 위의 각 항에 따라 당사자가 조약의 종료 또는 탈퇴 사유로 사정의 근본적 변경을 원용할 수 있는 경우, 당사자는 그러한 변경을 조약의 시행정지 사유로도 원용할 수 있다.

제63조(외교 또는 영사 관계의 단절) 외교 또는 영사 관계의 존재가 조약 적용에 불가결한 경우를 제외하고, 조약 당사자 간의 외교 또는 영사 관계의 단절은 그 조약에 따라 당사자 간 확립된 법률관계에 영향을 주지 않는다.

제64조(일반국제법상 새로운 절대규범(강행규범)의 출현) 일반국제법상 새로운 절대규범이 출현하는 경우, 그 규범과 충돌하는 기존 조약은 무효로 되어 종료한다.

제4절 절 차

제65조(조약의 무효, 종료, 탈퇴 또는 시행정지에 관하여 따라야 할 절차)

1. 이 협약의 규정에 따라 조약에 대한 자신의 기속적 동의 상의 흠결을 원용하거나, 조약의 유효성을 부정하거나 조약을 종료시키거나 조약으로부터 탈퇴하거나 그 시행을 정지시키기 위한 사유를 원용하는 당사자는 다른 당사자에게 자신의 주장을 통보하여야 한다. 통보에는 그 조약에 관하여 취하고자 제의하는 조치와 그 이유를 적시한다.

2. 특별히 긴급한 경우를 제외하고, 통보를 접수한 후 적어도 3개월의 기간이 만료될 때까지 어느 당사자도 이의를 제기하지 않은 경우, 통보를 한 당사자는 제67조에 규정된 방법으로 자신이 제의한 조치를 실행할 수 있다.

3. 다만, 다른 당사자가 이의를 제기한 경우, 당사자는 「국제연합헌장」 제33조에 열거된 수단을 통해 해결을 도모한다.

4. 위의 어떠한 항도 분쟁 해결에 관하여 당사자를 구속하는 유효한 규정에 따른 당사자의 권리 또는 의무에 영향을 주지 않는다.

5. 제45조를 침해함이 없이, 어느 국가가 사전에 제1항에 규정된 통보를 하지 않은 사실은, 조약 이행을 요구하거나 조약 위반을 주장하는 다른 당사자에 대한 답변으로서 그 국가가 그러한 통보를 하는 것을 방해하지 않는다.

제66조(사법적 해결, 중재 및 조정을 위한 절차) 이의가 제기된 일자로부터 12개월의 기간 내에 제65조 제3항에 따른 해결에 이르지 못한 경우, 다음의 절차가 진행된다.

　　가. 제53조 또는 제64조의 적용이나 해석에 관한 분쟁의 어느 한쪽 당사자는, 당사자들이 공동으로 동의하여 분쟁을 중재에 회부하기로 합의하지 않으면, 결정을 위하여 서면 신청으로 분쟁을 국제사법재판소에 회부할 수 있다.

　　나. 이 협약 제5부의 다른 조의 적용이나 해석에 관한 분쟁의 어느 한쪽 당사자는 협약 부속서에 명시된 절차를 개시하겠다는 취지의 요청서를 국제연합 사무총장에게 제출함으로써 그러한 절차를 개시할 수 있다.

제67조(조약의 무효선언, 종료, 탈퇴 또는 시행정지를 위한 문서)

　　1. 제65조제1항에 따라 규정된 통보는 서면으로 해야 한다.

　　2. 조약 규정이나 제65조 제2항 또는 제3항의 규정에 따른 그 조약의 무효선언, 종료, 탈퇴 또는 시행정지에 관한 행위는 다른 당사자에 전달되는 문서를 통하여 실시된다. 이 문서가 국가원수, 정부수반 또는 외교장관에 의하여 서명되지 않은 경우에는 이를 전달하는 국가 대표에게 전권위임장의 제시를 요구할 수 있다.

제68조(제65조 및 제67조에 규정된 통보와 문서의 철회) 제65조 또는 제67조에 규정된 통보 또는 문서는 그 효력이 발생되기 전 언제든지 철회될 수 있다.

제5절 조약의 무효, 종료 또는 시행정지의 효과

제69조(조약 무효의 효과)

　　1. 이 협약에 따라 무효로 확정된 조약은 효력이 없다. 무효인 조약의 규정은 법적 효력이 없다.

　　2. 다만 그러한 조약에 따라 행위가 이행된 경우,

　　가. 각 당사자는 그 행위가 이행되지 않았더라면 존재하였을 상태를 당사자 상호관계에서 가능한 한 확립하도록 다른 당사자에게 요구할 수 있다.

　　나. 무효가 원용되기 전에 신의에 좇아 성실하게 이행된 행위는 그 조약의 무효만을 이유로 위법이 되지 않는다.

　　3. 제49조, 제50조, 제51조 또는 제52조에 해당하는 경우, 기만, 부정행위 또는 강박의 책임이 귀속되는 당사자에 대하여는 제2항이 적용되지 않는다.

　　4. 다자조약에 대한 특정 국가의 기속적 동의가 무효인 경우, 위 규칙들은 그

국가와 그 조약의 당사자 간의 관계에 적용된다.

제70조(조약 종료의 효과)

1. 조약이 달리 규정하거나 당사자가 달리 합의하는 경우를 제외하고, 조약 규정 또는 이 협약에 따른 조약의 종료는 다음의 효과를 가져온다.

가. 당사자에 대하여 향후 그 조약을 이행할 의무를 해제한다.

나. 조약이 종료되기 전에 그 시행으로 발생한 당사자의 권리, 의무 또는 법적 상황에 영향을 주지 않는다.

2. 국가가 다자조약을 폐기하거나 탈퇴하는 경우, 그 폐기 또는 탈퇴의 효력이 발생하는 일자부터 그 국가와 조약의 다른 각 당사자 간의 관계에서는 제1항이 적용된다.

제71조(일반국제법의 절대규범과 충돌하는 조약의 무효의 효과)

1. 제53조에 따라 무효인 조약의 경우, 당사자는 다음의 조치를 취한다.

가. 일반국제법의 절대규범과 충돌하는 규정에 따라 이행된 행위의 효과를 가능한 한 제거하며,

나. 당사자의 상호관계가 일반국제법의 절대규범과 합치되도록 한다.

2. 제64조에 따라 무효로 되어 종료되는 조약의 경우, 그 조약의 종료는 다음의 효과를 가져온다.

가. 당사자에 대하여 향후 그 조약을 이행할 의무를 해제한다.

나. 조약이 종료되기 전에 그 시행으로 발생한 당사자의 권리, 의무 또는 법적 상황에 영향을 주지 않는다. 다만, 그러한 권리, 의무 또는 상황은 그 유지 자체가 일반국제법의 새로운 절대규범과 충돌하지 않는 범위 내에서만 이후에도 유지될 수 있다.

제72조(조약 시행정지의 효과)

1. 조약이 달리 규정하거나 당사자가 달리 합의하는 경우를 제외하고, 조약 규정 또는 이 협약에 따른 조약의 시행정지는 다음의 효과를 가져온다.

가. 조약의 시행이 정지된 당사자 간에는 정지기간 동안 그들 상호관계에서 조약 이행 의무가 해제된다.

나. 조약에 따라 확립된 당사자 간의 법적 관계에 달리 영향을 주지 않는다.

2. 시행정지기간 동안 당사자는 그 조약의 시행 재개를 방해하게 되는 행위를 삼간다.

제 6 부 잡 칙

제73조(국가승계, 국가책임 및 적대행위 발발의 경우) 이 협약의 규정은 국가승계, 국가의 국제책임 또는 국가 간 적대행위의 발발로부터 조약에 관하여 발생할 수 있는 어떠한 문제도 예단하지 않는다.

제74조(외교 및 영사관계와 조약의 체결) 둘 또는 그 이상의 국가 간 외교 또는 영

사관계의 단절이나 부재는 그러한 국가 간의 조약체결을 방해하지 않는다. 조약의 체결은 그 자체로 외교 또는 영사관계에 관련된 상황에 영향을 주지 않는다.

제75조(침략국의 경우) 이 협약의 규정은 침략국의 침략에 관하여 「국제연합헌장」 과 합치되게 취해진 조치의 결과로서 침략국에 대하여 발생할 수 있는 조약과 관련된 어떠한 의무에도 영향을 미치지 않는다.

제 7 부 기탁처, 통보, 정정 및 등록

제76조(조약의 기탁처)

1. 조약의 기탁처는 교섭국이 조약 그 자체에 또는 그 밖의 방법으로 지정될 수 있다. 기탁처는 하나 또는 그 이상의 국가, 국제기구 또는 국제기구의 최고행정책임자로 할 수 있다.

2. 조약 기탁처의 임무는 국제적 성격을 지니며, 기탁처는 그 임무 수행에 있어서 공정하게 행동할 의무를 진다. 특히, 조약이 일부 당사자 간에 발효하지 않았거나 기탁처의 임무 수행에 관하여 국가와 기탁처 간에 견해 차이가 발생한 사실은 그러한 의무에 영향을 주지 않는다.

제77조(기탁처의 임무)

1. 조약에 달리 규정되어 있거나 체약국이 달리 합의하는 경우를 제외하고, 기탁처의 임무는 특히 다음으로 구성된다.

가. 기탁처에 송달된 조약 및 전권위임장의 원본을 보관한다.

나. 원본의 인증등본을 작성하고, 조약상 요구되는 추가 언어로 조약문을 작성하며, 조약의 당사자와 당사자가 될 수 있는 권리를 가진 국가에게 이를 전달한다.

다. 조약에 대한 서명을 접수하며, 조약에 관련된 문서, 통보 및 전달사항을 접수하고 보관한다.

라. 서명 또는 조약에 관련된 문서, 통보 또는 전달사항이 적절한 형식으로 되어 있는지 여부를 검토하고, 필요한 경우 그 사항에 대하여 해당 국가의 주의를 환기한다.

마. 조약의 당사자 및 당사자가 될 수 있는 권리를 가진 국가에 대하여 그 조약과 관련된 행위, 통보 및 전달사항을 통지한다.

바. 조약 발효에 필요한 수의 서명 또는 비준서, 수락서, 승인서 또는 가입서가 접수되거나 기탁되는 경우, 조약의 당사자가 될 수 있는 권리를 가진 국가에게 통지한다.

사. 국제연합 사무국에 조약을 등록한다.

아. 이 협약의 다른 규정에 명시된 임무를 수행한다.

2. 기탁처의 임무 수행에 관하여 국가와 기탁처 간에 견해 차이가 발생하는 경우, 기탁처는 그 문제에 대하여 서명국과 체약국 또는 적절한 경우 관련 국제기

구의 권한 있는 기관의 주의를 환기한다.

제78조(통보 및 전달사항) 조약 또는 이 협약이 달리 규정하는 경우를 제외하고, 이 협약에 따라 국가가 행하는 통보 또는 전달사항은 다음과 같이 취급된다.

　가. 기탁처가 없는 경우 이를 받을 국가에 직접 전달되며, 기탁처가 있는 경우에는 기탁처에게 전달된다.

　나. 전달 대상 국가가 이를 접수한 경우나 사정에 따라서는 기탁처가 접수한 경우에만 해당 국가가 이를 전달한 것으로 간주된다.

　다. 기탁처에 전달된 경우, 전달 대상 국가가 제77조제1항마호에 따라 기탁처로부터 통지받았을 때에만 그 국가에 접수된 것으로 간주된다.

제79조(조약문 또는 인증등본상 오류 정정)

　1. 조약문의 정본인증 후 서명국 및 체약국이 조약문에 오류가 있다고 합의하는 경우, 그들이 다른 정정방법을 결정하지 않으면, 오류는 다음에 따라 정정된다.

　가. 조약문에 적절한 정정을 가하고, 정당하게 권한을 위임받은 대표가 그 정정에 가서명하도록 하는 방법

　나. 합의된 정정을 기재한 하나 또는 그 이상의 문서를 작성하거나 이를 교환하는 방법, 또는

　다. 원본의 경우와 동일한 절차에 의하여 조약 전체의 정정본을 작성하는 방법

　2. 기탁처가 있는 조약의 경우, 기탁처는 서명국 및 체약국에게 착오와 그 정정안을 통보하며 정정안에 대하여 이의를 제기할 수 있는 적절한 기한을 명시한다. 그 기한이 만료되면 다음 조치를 취한다.

　가. 이의가 제기되지 않은 경우, 기탁처는 조약문에 정정을 가하고 이에 가서명하며, 정정조서를 작성하여 그 사본을 조약 당사자 및 당사자가 될 수 있는 권리를 가진 국가에게 전달한다.

　나. 이의가 제기된 경우, 기탁처는 그 이의를 서명국 및 체약국에 전달한다.

　3. 제1항 및 제2항의 규칙은 조약문이 둘 또는 그 이상의 언어로 정본인증되고, 서명국 및 체약국들이 정정되어야 한다고 합의하는 언어 간의 불합치가 있다고 보여지는 경우에도 적용된다.

　4. 서명국 및 체약국이 달리 결정하지 않으면, 정정본은 처음부터 흠결본을 대체한다.

　5. 등록된 조약문의 정정은 국제연합 사무국에 통보된다.

　6. 조약의 인증등본에서 오류가 발견되는 경우, 기탁처는 정정을 명시하는 조서를 작성하여 그 사본을 서명국 및 체약국에 전달한다.

제80조(조약의 등록 및 발간)

　1. 조약은 발효 후 경우에 따라 등록 또는 편철과 기록을 위하여 또한 발간을 위하여 국제연합 사무국에 전달된다.

　2. 기탁처의 지정은 전항에 명시된 행위를 이행할 수 있는 권한을 기탁처에 부여하게 된다.

제 8 부   최종 조항

제81조(서명)   이 협약은 국제연합, 전문기구 또는 국제원자력기구의 모든 회원국, 국제사법재판소 규정 당사자 및 국제연합총회로부터 이 협약의 당사자가 되도록 초청받은 그 밖의 국가가 다음과 같이 서명할 수 있다. 1969년 11월 30일까지는 오스트리아 공화국의 연방 외교부에서 그리고 그 이후 1970년 4월 30일까지는 뉴욕에 있는 국제연합 본부에서 서명할 수 있다.

제82조(비준)   이 협약은 비준의 대상이 된다. 비준서는 국제연합 사무총장에게 기탁된다.

제83조(가입)   제81조에 언급된 범주 중 어느 하나에 속하는 어느 국가도 이 협약에 가입할 수 있다. 가입서는 국제연합 사무총장에게 기탁된다.

제84조(발효)

　　1. 이 협약은 35번째의 비준서 또는 가입서가 기탁된 날 후 30일째 되는 날에 발효한다.

　　2. 35번째 비준서 또는 가입서가 기탁된 후에 이 협약을 비준하거나 이에 가입하는 각 국가에 대하여, 이 협약은 해당 국가가 비준서 또는 가입서를 기탁한 후 30일째 되는 날에 발효한다.

제85조(정본)   중국어, 영어, 프랑스어, 러시아어 및 스페인어본이 동등하게 정본인 이 협약의 원본은 국제연합 사무총장에게 기탁된다.

이상의 증거로, 아래 서명한 전권대표는 각자의 정부로부터 정당하게 권한을 위임받아 이 협약에 서명하였다.

1969년 5월 23일 비엔나에서 작성되었다.

부속서

　　1. 국제연합 사무총장은 자격 있는 법률가로 구성되는 조정위원 명부를 작성하여 유지한다. 국제연합의 회원국 또는 이 협약의 당사자인 모든 국가는 이러한 목적에서 2명의 조정위원을 지명하도록 초청받으며, 이렇게 지명된 인사의 명단은 그 명부에 포함된다. 불시의 공석을 채우기 위하여 지명된 조정위원의 경우를 포함하여, 조정위원의 임기는 5년이며 연임될 수 있다. 임기가 만료되는 조정위원은 다음 각 항에 따라 그가 선임된 목적상의 직무를 계속 수행한다.

　　2. 제66조에 따라 국제연합 사무총장에게 요청이 제기된 경우, 사무총장은 다음과 같이 구성되는 조정위원회에 분쟁을 회부한다.

　　분쟁의 일방 당사자를 구성하는 하나 또는 그 이상의 국가는 다음과 같이 임명한다.

가. 국가 또는 그 국가들 중 어느 한 국가의 국적을 가진 1명의 조정위원. 다만 그는 제1항에 언급된 명부에서 선임될 수도 있고, 아닐 수도 있다. 또한

나. 그 명부에서 선임되는 사람으로서 국가 또는 그 국가들 중 어느 한 국가의 국적을 갖지 않은 1명의 조정위원

분쟁의 타방 당사자를 구성하는 하나 또는 그 이상의 국가는 동일한 방법으로 2명의 조정위원을 임명한다. 당사자가 선임하는 4명의 조정위원은 사무총장이 요청받은 날 후 60일 이내에 임명된다.

4명의 조정위원은 그들 중 마지막으로 임명받은 사람의 임명일 후 60일 이내에 위 명부에서 제5의 조정위원을 선임하여 임명하고, 그가 조정위원장이 된다.

위원장 또는 다른 조정위원이 위 지정된 임명기간 내에 임명되지 않은 경우, 그 기간 만료 후 60일 이내에 사무총장이 임명한다. 위원장은 위 명부 또는 국제법위원회의 위원 중에서 사무총장이 임명할 수 있다. 임명기간은 분쟁당사자 간 합의로 연장될 수 있다.

공석은 최초의 임명에 관하여 지정된 방법으로 채워진다.

3. 조정위원회는 자체의 절차를 결정한다. 위원회는 분쟁당사자의 동의를 얻어 조약의 어느 당사자에 대하여도 그 견해를 구두 또는 서면으로 위원회에 제출하도록 요청할 수 있다.

위원회의 결정 및 권고는 5인으로 된 구성원의 다수결에 의한다.

4. 위원회는 우호적 해결을 촉진할 수 있는 조치에 대하여 분쟁당사자의 주의를 환기할 수 있다.

5. 위원회는 당사자의 의견을 청취하고, 청구와 이의를 심사하며, 분쟁의 우호적 해결에 도달하기 위하여 당사자에 제안한다.

6. 위원회는 그 구성 후 12개월 이내에 보고한다. 그 보고서는 사무총장에게 기탁되며 분쟁당사자에 전달된다. 사실관계 또는 법적 문제에 관하여 위원회의 보고서에 기술된 결론을 포함한 위원회의 보고서는 분쟁당사자를 구속하지 않으며, 분쟁의 우호적 해결을 촉진하기 위하여 분쟁당사자의 고려를 위해 제출된 권고 이외의 다른 성격을 갖지 않는다.

7. 사무총장은 위원회가 필요로 하는 협조와 편의를 위원회에 제공한다. 위원회의 경비는 국제연합이 부담한다.

4. 외교관계에 관한 비엔나협약*
(Vienna Convention on Diplomatic Relations)

본 협약의 당사국은,

고대로부터 모든 국가의 국민이 외교관의 신분을 인정하였음을 상기하고,

국가의 주권평등, 국제평화와 안전의 유지 및 국가간의 우호관계의 증진에 관한 국제연합헌장의 목적과 원칙을 명심하고,

외교교섭, 특권 및 면제에 관한 국제협약의 여러 국가의 상이한 헌법체계와 사회제도에도 불구하고, 국가간의 우호관계의 발전에 기여할 것임을 확신하고,

이러한 특권과 면제의 목적이 개인의 이익을 위함이 아니라 국가를 대표하는 외교공관직무의 효율적 수행을 보장하기 위한 것임을 인식하고,

본 협약의 규정에 명시적으로 규제되지 아니한 문제에는 국제관습법의 규칙이 계속 지배하여야 함을 확인하며,

다음과 같이 합의하였다.

제1조 본 협약의 적용상 하기 표현은 다음에서 정한 의미를 가진다.

(a) "공관장"이라 함은 파견국이 그러한 자격으로 행동할 임무를 부여한 자를 말한다.

(b) "공관원"이라 함은 공관장과 공관직원을 말한다.

(c) "공관직원"이라 함은 공관의 외교직원, 행정 및 기능직원 그리고 노무직원을 말한다.

(d) "외교직원"은 외교관의 직급을 가진 공관직원을 말한다.

(e) "외교관"이라 함은 공관장이나 공관의 외교직원을 말한다.

(f) "행정 및 기능직원"이라 함은 공관의 행정 및 기능업무에 고용된 공관직원을 말한다.

(g) "노무직원"이라 함은 공관의 관내역무에 종사하는 공관직원을 말한다.

(h) "개인 사용인"이라 함은 공관직원의 가사에 종사하며 파견국의 피고용인이 아닌 자를 말한다.

(i) "공관지역"이라 함은 소유자 여하를 불문하고, 공관장의 주거를 포함하여 공관의 목적으로 사용되는 건물과 건물의 부분 및 부속토지를 말한다.

제2조 국가간의 외교관계의 수립 및 상설 외교공관의 설치는 상호 합의에 의하여 이루어진다.

---

* 1961. 4. 18 채택. 1964. 4. 24 발효. 1971. 1. 27 대한민국 적용(조약 제365호).

제3조

1. 외교공관의 직무는 특히 아래와 같은 것을 포함한다.

(a) 접수국에서의 파견국의 대표.

(b) 접수국에 있어서, 국제법이 허용하는 한도내에서, 파견국과 파견국 국민의 이익 보호.

(c) 접수국 정부와의 교섭.

(d) 모든 합법적인 방법에 의한 접수국의 사정과 발전의 확인 및 파견국 정부에 대한 상기 사항의 보고.

(e) 접수국과 파견국간의 우호관계 증진 및 양국간의 경제, 문화 및 과학관계의 발전.

2. 본 협약의 어떠한 규정도 외교공관에 의한 영사업무의 수행을 방해하는 것으로 해석되지 아니한다.

제4조

1. 파견국은 공관장으로 파견하고자 제의한 자에 대하여 접수국의 "아그레망"(*agrément*)이 부여되었음을 확인하여야 한다.

2. 접수국은 "아그레망"을 거절한 이유를 파견국에 제시할 의무를 지지 아니한다.

제5조

1. 파견국은 관계접수국들에 적절한 통고를 행한 후 접수국 중 어느 국가의 명백한 반대가 없는 한, 사정에 따라서 1개국 이상의 국가에 1인의 공관장을 파견하거나 외교직원을 임명할 수 있다.

2. 파견국이 1개국 또는 그 이상의 국가에 1인의 공관장을 파견하는 경우, 파견국은 공관장이 상주하지 아니하는 각국에 대사대리를 장으로 하는 외교공관을 설치할 수 있다.

3. 공관장이나 공관의 외교직원은 어떠한 국제기구에 대하여서도 파견국의 대표로서 행동할 수 있다.

제6조

2개국 또는 그 이상의 국가는, 접수국의 반대가 없는 한, 동일한 자를 공관장으로 타국에 파견할 수 있다.

제7조

제5조, 제8조, 제9조 및 제11조의 규정에 따를 것을 조건으로, 파견국은 자유로이 공관직원을 임명할 수 있다. 육·해·공군의 무관인 경우에는, 접수국은 그의 승인을 위하여 사전에 그들의 명단 제출을 요구할 수 있다.

제8조

1. 공관의 외교직원은 원칙적으로 파견국의 국적을 가진 자이어야 한다.

2. 공관의 외교직원은 언제라도 철회할 수 있는 접수국측의 동의가 있는 경우를 제외하고는 접수국의 국적을 가진 자 중에서 임명하여서는 아니된다.

3. 접수국은 파견국의 국민이 아닌 제3국의 국민에 관하여서도 동일한 권리를 유보할 수 있다.

제9조

1. 접수국은, 언제든지 그리고 그 결정을 설명할 필요없이, 공관장이나 또는 기타 공관의 외교직원이 "불만한 인물"(*Persona non grata*)이며, 또는 기타의 공관직원을 받아들일 수 없는 인물이라고 파견국에 통고할 수 있다. 이와 같은 경우에, 파견국은 적절히 관계자를 소환하거나 또는 그의 공관직무를 종료시켜야 한다. 접수국은 누구라도 접수국의 영역에 도착하기 전에 불만한 인물 또는 받아들일 수 없는 인물로 선언할 수 있다.

2. 파견국이 본조 제1항에 의한 의무의 이행을 거절하거나 또는 상당한 기일 내에 이행하지 못하는 경우에는, 접수국은 관계자를 공관원으로 인정함을 거부할 수 있다.

제10조

1. 접수국의 외무부 또는 합의되는 기타 부처는 다음과 같은 통고를 받는다.

(a) 공관원의 임명, 그들의 도착과 최종 출발 또는 그들의 공관 직무의 종료.

(b) 공관원의 가족에 속하는 자의 도착 및 최종 출발 그리고 적당한 경우 어떤 사람이 공관원의 가족의 일원이 되거나 또는 되지 않게 되는 사실.

(c) 본항(a)에 언급된 자에게 고용된 개인 사용인의 도착과 최종 출발 그리고 적당한 경우 그들의 고용인과 해약을 하게 되는 사실.

(d) 특권 및 면제를 받을 권리를 가진 공관원이나 개인 사용인으로서 접수국에 거주하는 자의 고용 및 해고.

2. 가능하면 도착과 최종 출발의 사전 통고도 하여야 한다.

제11조

1. 공관 규모에 관한 특별한 합의가 없는 경우에는, 접수국은 자국의 사정과 조건 및 당해 공관의 필요성을 감안하여, 합리적이며, 정상적이라고 인정되는 범위내에서 공관의 규모를 유지할 것을 요구할 수 있다.

2. 접수국은 또한 유사한 범위내에서 그리고 무차별의 기초 위에서, 특정 범주에 속하는 직원의 접수를 거부할 수 있다.

제12조 파견국은 접수국의 명시적인 사전 동의가 없이는 공관이 설립된 이외의 다른 장소에 공관의 일부를 구성하는 사무소를 설치할 수 없다.

제13조

1. 공관장은 일률적으로 적용되는 접수국의 일반적 관행에 따라 자기의 신임장을 제정하였을 때 또는 그의 도착을 통고하고 신임장의 진정등본을 접수국의 외무부 또는 합의된 기타 부처에 제출하였을 때에 접수국에서 그의 직무를 개시한 것으로 간주된다.

2. 신임장이나 또는 신임장의 진정등본 제출순서는 공관장의 도착 일자와 시간에 의하여 결정한다.

제14조

1. 공관장은 다음의 3가지 계급으로 구분된다.

(a) 국가원수에게 파견된 대사(ambassadors) 또는 교황청대사, 그리고 동등한

계급을 가진 기타의 공관장.

(b) 국가원수에게 파견된 공사(ministers) 또는 교황청공사.

(c) 외무부장관에게 파견된 대리공사(*chargé d'affaires*).

2. 서열 및 의례에 관계되는 것을 제외하고는, 그들의 계급으로 인한 공관장 간의 차별이 있어서는 아니된다.

제15조 공관장에게 부여되는 계급은 국가간의 합의로 정한다.

제16조

1. 공관장은 제13조의 규정에 의거하여 그 직무를 개시한 일자와 시간의 순서로 각자의 해당계급내의 서열이 정하여진다.

2. 계급의 변동에 관련되지 아니한 공관장의 신임장 변경은 그의 서열에 영향을 미치지 아니한다.

3. 본조는 교황청대표의 서열에 관하여 접수국에 의하여 승인된 어떠한 관행도 침해하지 아니한다.

제17조 공관장은 공관의 외교직원의 서열을 외무부 또는 합의되는 기타 부처에 통고한다.

제18조 공관장의 접수를 위하여 각국에서 준수되는 절차는 각 계급에 관하여 일률적이어야 한다.

제19조

1. 공관장이 공석이거나 또는 공관장이 그의 직무를 수행할 수 없을 경우에는 대사대리(*chargé d'affaires ad interim*)가 잠정적으로 공관장으로서 행동한다. 대사대리의 성명은 공관장이나 또는 공관장이 할 수 없는 경우에는, 파견국의 외무부가 접수국의 외무부 또는 합의된 기타 부처에 통고한다.

2. 접수국에 공관의 외교직원이 없는 경우에는, 파견국은 접수국의 동의를 얻어 행정 및 기능직원을, 공관의 일상관리사무를 담당하도록 지명할 수 있다.

제20조 공관과 공관장은 공관장의 주거를 포함한 공관지역 및 공관장의 수송수단에 파견국의 국기 및 문장을 사용할 권리를 가진다.

제21조

1. 접수국은, 그 법률에 따라, 파견국이 공관을 위하여 필요로 하는 공관지역을 접수국의 영토에서 취득함을 용이하게 하거나 또는 기타 방법으로 파견국이 시설을 획득하는 데 있어서 이를 원조하여야 한다.

2. 접수국은 또한 필요한 경우, 공관이 그들의 관원을 위하여 적당한 시설을 획득하는 데 있어서 이를 원조하여야 한다.

제22조

1. 공관지역은 불가침이다. 접수국의 관헌은, 공관장의 동의없이는 공관지역에 들어가지 못한다.

2. 접수국은, 어떠한 침입이나 손해에 대하여도 공관지역을 보호하며, 공관의 안녕을 교란시키거나 품위의 손상을 방지하기 위하여 모든 적절한 조치를 취할 특별한 의무를 가진다.

64

3. 공관지역과 동 지역내에 있는 비품류 및 기타 재산과 공관의 수송수단은 수색, 징발, 차압 또는 강제집행으로부터 면제된다.

(Article 22

1. The premises of the mission shall be inviolable. The agents of the receiving State may not enter them, except with the consent of the head of the mission.

2. The receiving State is under a special duty to take all appropriate steps to protect the premises of the mission against any intrusion or damage and to prevent any disturbance of the peace of the mission or impairment of its dignity.

3. The premises of the mission, their furnishings and other property thereon and the means of transport of the mission shall be immune from search, requisition, attachment or execution.)

제23조

1. 파견국 및 공관장은, 특정 용역의 제공에 대한 지불의 성격을 가진 것을 제외하고는, 소유 또는 임차여하를 불문하고 공관지역에 대한 국가, 지방 또는 지방자치단체의 모든 조세와 부과금으로부터 면제된다.

2. 본조에 규정된 조세의 면제는, 파견국 또는 공관장과 계약을 체결하는 자가 접수국의 법률에 따라 납부하여야 하는 조세나 부과금에는 적용되지 아니한다.

제24조 공관의 문서 및 서류는 어느 때나 그리고 어느 곳에서나 불가침이다.

(Article 24 The archives and documents of the mission shall be inviolable at any time and wherever they may be.)

제25조 접수국은 공관의 직무수행을 위하여 충분한 편의를 제공하여야 한다.

제26조 접수국은 국가안전을 이유로 출입이 금지되어 있거나 또는 규제된 지역에 관한 법령에 따를 것을 조건으로 하여 모든 공관원에게 대하여, 접수국 영토내에서의 이동과 여행의 자유를 보장하여야 한다.

제27조

1. 접수국은 공용을 위한 공관의 자유로운 통신을 허용하며 보호하여야 한다. 공관은 자국 정부 및 소재여하를 불문한 기타의 자국 공관이나 영사관과 통신을 함에 있어서, 외교신서사 및 암호 또는 부호로 된 통신문을 포함한 모든 적절한 방법을 사용할 수 있다. 다만, 공관은 접수국의 동의를 얻어야만 무선송신기를 설치하고 사용할 수 있다.

2. 공관의 공용 통신문은 불가침이다. 공용 통신문이라 함은 공관 및 그 직무에 관련된 모든 통신문을 의미한다.

3. 외교행낭은 개봉되거나 유치되지 아니한다.

4. 외교행낭을 구성하는 포장물은 그 특성을 외부에서 식별할 수 있는 표지를 달아야 하며 공용을 목적으로 한 외교문서나 물품만을 넣을 수 있다.

5. 외교신서사는 그의 신분 및 외교행낭을 구성하는 포장물의 수를 표시하는 공문서를 소지하여야 하며, 그의 직무를 수행함에 있어서 접수국의 보호를 받는다. 외교신서사는 신체의 불가침을 향유하며 어떠한 형태의 체포나 구금도 당하지 아니한다.

6. 파견국 또는 공관은 임시 외교신서사를 지정할 수 있다. 이러한 경우에는 본조 제5항의 규정이 또한 적용된다. 다만, 동신서사가 자신의 책임하에 있는 외교행낭을 수취인에게 인도하였을 때에는 제5항에 규정된 면제가 적용되지 아니한다.

7. 외교행낭은 공인된 입국항에 착륙하게 되어 있는 상업용 항공기의 기장에게 위탁할 수 있다. 동 기장은 행낭을 구성하는 포장물의 수를 표시하는 공문서를 소지하여야 하나 외교신서사로 간주되지는 아니한다. 공관은 항공기 기장으로부터 직접으로 또는 자유롭게 외교행낭을 수령하기 위하여 공관직원을 파견할 수 있다.

제28조 공관이 자신의 공무를 수행함에 있어서 부과한 수수료와 요금은 모든 부과금과 조세로부터 면제된다.

제29조 외교관의 신체는 불가침이다. 외교관은 어떠한 형태의 체포 또는 구금도 당하지 아니한다. 접수국은 상당한 경의로서 외교관을 대우하여야 하며 또한 그의 신체, 자유 또는 품위에 대한 여하한 침해에 대하여도 이를 방지하기 위하여 모든 적절한 조치를 취하여야 한다.

(Article 29 The person of a diplomatic agent shall be inviolable. He shall not be liable to any form of arrest or detention. The receiving State shall treat him with due respect and shall take all appropriate steps to prevent any attack on his person, freedom or dignity.)

제30조

1. 외교관의 개인주거는 공관지역과 동일한 불가침과 보호를 향유한다.

2. 외교관의 서류, 통신문 그리고 제31조 제3항에 규정된 경우를 제외한 그의 재산도 동일하게 불가침권을 향유한다.

제31조

1. 외교관은 접수국의 형사재판관할권으로부터의 면제를 향유한다. 외교관은 또한, 다음 경우를 제외하고는 접수국의 민사 및 행정재판관할권으로부터의 면제를 향유한다.

(a) 접수국의 영역내에 있는 개인부동산에 관한 부동산 소송. 단, 외교관이 공관의 목적을 위하여 파견국을 대신하여 소유하는 경우는 예외이다.

(b) 외교관이 파견국을 대신하지 아니하고 개인으로서 유언집행인, 유산관리인, 상속인 또는 유산수취인으로서 관련된 상속에 관한 소송.

(c) 접수국에서 외교관이 그의 공적직무 이외로 행한 직업적 또는 상업적 활동에 관한 소송.

2. 외교관은 증인으로서 증언을 행할 의무를 지지 아니한다.

3. 본조 제1항 (a), (b) 및 (c)에 해당되는 경우를 제외하고는, 외교관에 대하여 여하한 강제집행조치도 취할 수 없다. 전기의 강제집행조치는 외교관의 신체나 주거의 불가침을 침해하지 않는 경우에 취할 수 있다.

4. 접수국의 재판관할권으로부터 외교관을 면제하는 것은 파견국의 재판관할권으로부터 외교관을 면제하는 것은 아니다.

(Article 31
1. A diplomatic agent shall enjoy immunity from the criminal jurisdiction of the receiving

66

State. He shall also enjoy immunity from its civil and administrative jurisdiction, except in the case of:

(a) a real action relating to private immovable property situated in the territory of the receiving State, unless he holds it on behalf of the sending State for the purposes of the mission;

(b) an action relating to succession in which the diplomatic agent is involved as executor, administrator, heir or legatee as a private person and not on behalf of the sending State;

(c) an action relating to any professional or commercial activity exercised by the diplomatic agent in the receiving State outside his official functions.

2. A diplomatic agent is not obliged to give evidence as a witness.

3. No measures of execution may be taken in respect of a diplomatic agent except in the cases coming under sub-paragraphs (a), (b) and (c) of paragraph 1 of this Article, and provided that the measures concerned can be taken without infringing the inviolability of his person or of his residence.

4. The immunity of a diplomatic agent from the jurisdiction of the receiving State does not exempt him from the jurisdiction of the sending State.)

제32조

1. 파견국은 외교관 및 제37조에 따라 면제를 향유하는 자에 대한 재판관할권의 면제를 포기할 수 있다.

2. 포기는 언제나 명시적이어야 한다.

3. 외교관과 제37조에 따라 재판관할권의 면제를 향유하는 자가 소송을 제기한 경우에는 본소에 직접 관련된 반소에 관하여 재판관할권의 면제를 원용할 수 없다.

4. 민사 또는 행정소송에 관한 재판관할권으로부터의 면제의 포기는 동 판결의 집행에 관한 면제의 포기를 의미하는 것으로 간주되지 아니한다. 판결의 집행으로부터의 면제를 포기하기 위하여서는 별도의 포기를 필요로 한다.

제33조

1. 본조 제3항의 규정에 따를 것을 조건으로 외교관은 파견국을 위하여 제공된 역무에 관하여 접수국에서 시행되는 사회보장의 제 규정으로부터 면제된다.

2. 본조 제1항에 규정된 면제는 아래의 조건으로 외교관에게 전적으로 고용된 개인사용인에게도 적용된다.

(a) 개인사용인이 접수국의 국민이거나 또는 영주자가 아닐 것.

(b) 개인사용인이 파견국이나 또는 제3국에서 시행되는 사회보장규정의 적용을 받고 있을 것.

3. 본조 제2항에 규정된 면제가 적용되지 아니하는 자를 고용하는 외교관은 접수국의 사회보장규정이 고용주에게 부과하는 제 의무를 준수하여야 한다.

4. 본조 제1항 및 제2항에 규정된 면제는, 접수국의 승인을 받는다는 조건으로 접수국의 사회보장제도에 자발적으로 참여함을 방해하지 아니한다.

5. 본조의 규정은 사회보장에 관하여 이미 체결된 양자 또는 다자협정에 영향을 주지 아니하며, 또한 장차의 이러한 협정의 체결도 방해하지 아니한다.

제34조   외교관은 다음의 경우를 제외하고는 국가, 지방 또는 지방자치단체의 모든 인적 또는 물적 부과금과 조세로부터 면제된다.

(a) 상품 또는 용역의 가격에 통상 포함되는 종류의 간접세.

(b) 접수국의 영역내에 있는 사유 부동산에 대한 부과금 및 조세. 단, 공관의 목적을 위하여 파견국을 대신하여 소유하는 경우는 예외이다.

(c) 제39조 제4항의 규정에 따를 것을 조건으로, 접수국이 부과하는 재산세, 상속세 또는 유산세.

(d) 접수국에 원천을 둔 개인소득에 대한 부과금과 조세 및 접수국에서 상업상의 사업에 행한 투자에 대한 자본세.

(e) 특별한 용역의 제공에 부과된 요금.

(f) 제23조의 규정에 따를 것을 조건으로 부동산에 관하여 부과되는 등기세, 법원의 수수료 또는 기록수수료, 담보세 및 인지세.

제35조 접수국은, 외교관에 대하여 모든 인적 역무와 종류 여하를 불문한 일체의 공공역무 및 징발, 군사상의 기부 그리고 숙사제공 명령에 관련된 군사상의 의무로부터 면제하여야 한다.

제36조

1. 접수국은, 동국이 제정하는 법령에 따라서, 하기 물품의 반입을 허용하며 모든 관세 및 조세와 기타 관련되는 과징금을 면제한다. 단, 보관, 운반 및 이와 유사한 역무에 대한 과징금은 그러하지 아니하다.

(a) 공관의 공용을 위한 물품.

(b) 외교관의 거주용 물품을 포함하여 외교관이나 또는 그의 세대를 구성하는 가족의 개인사용을 위한 물품.

2. 외교관의 개인수하물은 검열에서 면제된다. 단, 본조 제1항에서 언급한 면제에 포함되지 아니하는 물품이 있거나, 또는 접수국의 법률로서 수출입이 금지되어 있거나, 접수국의 검역규정에 의하여 통제된 물품을 포함하고 있다고 추정할 만한 중대한 이유가 있는 경우에는 그러하지 아니하다. 전기의 검열은 외교관이나 또는 그가 권한을 위임한 대리인의 입회하에서만 행하여야 한다.

제37조

1. 외교관의 세대를 구성하는 그의 가족은, 접수국의 국민이 아닌 경우, 제29조에서 제36조까지 명시된 특권과 면제를 향유한다.

2. 공관의 행정 및 기능직원은, 그들의 각 세대를 구성하는 가족과 더불어, 접수국의 국민이나 영주자가 아닌 경우, 제29조에서 제35조까지 명시된 특권과 면제를 향유한다. 단, 제31조 제1항에 명시된 접수국의 민사 및 행정재판관할권으로부터의 면제는 그들의 직무 이외에 행한 행위에는 적용되지 아니한다. 그들은 또한 처음 부임할 때에 수입한 물품에 관하여 제36조 제1항에 명시된 특권을 향유한다.

3. 접수국의 국민이나 영주자가 아닌 공관의 노무직원은, 그들의 직무중에 행한 행위에 관하여 면제를 향유하며 그들이 취업으로 인하여 받는 보수에 대한 부과금이나 조세로부터 면제되고, 제33조에 포함된 면제를 향유한다.

4. 공관원의 개인사용인은, 접수국의 국민이나 영주자가 아닌 경우, 그들이 취업으로 인하여 받는 보수에 대한 부과금이나 조세로부터 면제된다. 그 이외의 점

에 대하여, 그들은 접수국이 인정하는 범위에서만 특권과 면제를 향유할 수 있다. 단, 접수국은 공관의 직무수행을 부당하게 간섭하지 않는 방법으로 이러한 자에 대한 관할권을 행사하여야 한다.

제38조

1. 접수국이 추가로 특권과 면제를 부여하는 경우를 제외하고는 접수국의 국민이나 영주자인 외교관은 그의 직무수행중에 행한 공적 행위에 대하여서만 재판관할권 면제 및 불가침권을 향유한다.

2. 접수국의 국민이나 영주자인 기타의 공관직원과 개인사용인은 접수국이 인정하는 범위에서만 특권과 면제를 향유한다. 단, 접수국은 공관의 직무수행을 부당하게 간섭하지 않는 방법으로 이러한 자에 대한 관할권을 행사하여야 한다.

제39조

1. 특권 및 면제를 받을 권리가 있는 자는, 그가 부임차 접수국의 영역에 들어간 순간부터, 또는 이미 접수국의 영역내에 있을 경우에는, 그의 임명을 외무부나 또는 합의되는 기타 부처에 통고한 순간부터 특권과 면제를 향유한다.

2. 특권과 면제를 향유하는 자의 직무가 종료하게 되면, 여사한 특권과 면제는 통상 그가 접수국에서 퇴거하거나 또는 퇴거에 요하는 상당한 기간이 만료하였을 때에 소멸하나, 무력분쟁의 경우일지라도 그 시기까지는 존속한다. 단, 공관원으로서의 직무수행중에 그가 행한 행위에 관하여는 재판관할권으로부터의 면제가 계속 존속한다.

3. 공관원이 사망하는 경우에, 그의 가족은 접수국을 퇴거하는 데 요하는 상당한 기간이 만료할 때까지 그들의 권리인 특권과 면제를 계속 향유한다.

4. 접수국의 국민이나 영주자가 아닌 공관원이나 또는 그의 세대를 구성하는 가족이 사망하는 경우에, 접수국은 자국에서 취득한 재산으로서 그 수출이 그의 사망시에 금지된 재산을 제외하고는 사망인의 동산의 반출을 허용하여야 한다. 사망자가 공관원 또는 공관원의 가족으로서 접수국에 체재하였음에 전적으로 연유하여 동국에 존재하는 동산에는 재산세, 상속세 및 유산세는 부과되지 아니한다.

제40조

1. 외교관이 부임, 귀임 또는 본국으로 귀국하는 도중, 여권사증이 필요한 경우 그에게 여권사증을 부여한 제3국을 통과하거나 또는 제3국의 영역내에 있을 경우에, 제3국은 그에게 불가침권과 그의 통과나 귀국을 보장함에 필요한 기타 면제를 부여하여야 한다. 동 규정은 특권이나 면제를 향유하는 외교관의 가족이 동 외교관을 동반하거나 그와 합류하거나 자국에 귀국하기 위하여 별도로 여행하는 경우에도 적용된다.

2. 본조 제1항에 명시된 것과 유사한 사정하에서 제3국은, 공관의 행정 및 기능직원 또는 노무직원과 그들 가족이 그 영토를 통과함을 방해하여서는 아니된다.

3. 제3국은 암호 또는 부호로 된 통신문을 포함하여 통과중인 공문서와 기타 공용통신에 대하여 접수국이 허여하는 동일한 자유와 보호를 부여하여야 한다. 제3국은 사증이 필요한 경우 여권사증이 부여된 외교신서사와 통과중인 외교행낭에

대하여 접수국이 부여하여야 하는 동일한 불가침권과 보호를 부여하여야 한다.

4. 본조 제1항, 제2항, 및 제3항에 따른 제3국의 의무는 전기 각항에서 언급한 자와 공용통신 및 외교행낭이 불가항력으로 제3국의 영역내에 들어간 경우에도 적용된다.

제41조

1. 그들의 특권과 면제를 침해하지 아니하는 한, 접수국의 법령을 존중하는 것은 이와 같은 특권과 면제를 향유하는 모든 자의 의무이다. 그들은 또한 접수국의 내정에 개입하여서는 아니될 의무를 진다.

2. 파견국이 공관에 위임한 접수국과의 모든 공적 사무는 접수국의 외무부 또는 합의되는 기타 부처를 통해서 행하여진다.

3. 공관지역은 본 협약, 일반국제법상의 기타 규칙 또는 파견국과 접수국간에 유효한 특별 협정에 규정된 공관의 직무와 양립할 수 없는 여하한 방법으로도 사용되어서는 아니 된다.

제42조
외교관은 접수국에서 개인적 영리를 위한 어떠한 직업적 또는 상업적 활동도 하여서는 아니된다.

제43조
외교관의 직무는 특히 다음의 경우에 종료한다.

(a) 파견국이 당해 외교관의 직무가 종료되었음을 접수국에 통고한 때.

(b) 접수국이 제9조 제2항에 따라 당해 외교관을 공관원으로서 인정하기를 거부함을 파견국에 통고한 때.

제44조
접수국은, 무력충돌의 경우에라도, 접수국의 국민이 아닌 자로서 특권과 면제를 향유하는 자와 국적에 관계없이 이러한 자의 가족이 가능한 한 조속히 퇴거할 수 있도록 편의를 제공하여야 한다. 특히 필요한 경우에는, 그들 자신과 그들의 재산을 위하여 필요한 수송수단을 수의로 사용할 수 있도록 제공하여야 한다.

제45조
2개국간의 외교관계가 단절되거나, 또는 공관이 영구적으로 또는 잠정적으로 소환되는 경우에,

(a) 접수국은 무력충돌의 경우에라도, 공관의 재산 및 문서와 더불어 공관지역을 존중하고 보호하여야 한다.

(b) 파견국은 공관의 재산 및 문서와 더불어 공관지역의 보관을 접수국이 수락할 수 있는 제3국에 위탁할 수 있다.

(c) 파견국은 자국 및 자국민의 이익보호를, 접수국이 수락할 수 있는 제3국에 위탁할 수 있다.

제46조
파견국은 접수국의 사전 동의를 얻고, 또한 그 접수국에 공관을 가지지 아니한 제3국의 요청에 따라 제3국과 그 국민의 이익을 잠정적으로 보호할 수 있다.

제47조

1. 접수국은 본 협약의 조항을 적용함에 있어서 국가간에 차별을 두어서는 아니된다.

2. 다만, 다음의 경우에는 차별을 두는 것으로 간주되지 아니한다.

(a) 파견국이 본 협약의 어느 조항을 파견국내에 있는 접수국의 공관에 제한적

으로 적용한다는 것을 이유로, 접수국이 동 조항을 제한적으로 적용하는 경우.

(b) 관습이나 합의에 의하여 각 국이 본 협약의 조항이 요구하는 것보다 더욱 유리한 대우를 상호 부여하는 경우.

제48조 본 협약은, 모든 국제연합 회원국 또는 국제연합 전문기구의 회원국과 국제사법재판소 규정의 당사국, 그리고 국제연합총회가 본 협약의 당사국이 되도록 추청한 기타 국가에 의한 서명을 위하여 다음과 같이 즉, 1961년 10월 31일까지는 오스트리아외무성에서 그리고 그 후 1962년 3월 31일까지는 뉴욕에 있는 국제연합본부에서 개방된다.

제49조 본 협약은 비준되어야 한다. 비준서는 국제연합 사무총장에게 기탁된다.

제50조 본 협약은 제48조에 언급된 4개의 범주 중 어느 하나에 속하는 국가의 가입을 위하여 개방된다. 가입서는 국제연합 사무총장에게 기탁된다.

제51조

1. 본 협약은, 22번째 국가의 비준서 또는 가입서가 국제연합 사무총장에게 기탁된 일자로부터 30일이 되는 날에 발효한다.

2. 22번째 국가의 비준서 또는 가입서가 기탁된 후에 본 협약을 비준하거나 이에 가입하는 각 국가에 대하여는, 본 협약은 이러한 국가가 비준서나 가입서를 기탁한 일자로부터 30일이 되는 날에 발효한다.

제52조 국제연합 사무총장은 제48조에 언급된 4개의 범주 중 어느 하나에 속하는 모든 국가에 대하여 다음 사항을 통고하여야 한다.

(a) 제48조, 제49조 및 제50조에 따른 본 협약에 대한 서명과 비준서 또는 가입서의 기탁.

(b) 제51조에 따른 본 협약의 발효 일자.

제53조 중국어, 영어, 불어, 노어 및 서반아어본이 동등히 정본인 본 협약의 원본은 국제연합 사무총장에게 기탁되어야 하며, 국제연합 사무총장은 본 협약의 인증등본을 제48조에 언급된 4개의 범주 중 어느 하나에 속하는 모든 국가에 송부하여야 한다.

이상의 증거로서 각기 자국정부에 의하여 정당한 권한을 위임받은 하기 전권위원은 본 협약에 서명하였다.

1961년 4월 18일 비엔나에서 작성하였다.

5. 영사관계에 관한 비엔나협약(발췌)*
(Vienna Convention on Consular Relations)

제1조(정의)

1. 이 협약의 목적상 하기의 표현은 아래에서 정한 의미를 가진다.
(a) "영사기관"이라 함은 총영사관, 영사관, 부영사관, 또는 영사대리사무소를 의미한다.
(b) "영사관할구역"이라 함은 영사기능의 수행을 위하여 영사기관에 지정된 지역을 의미한다.
(c) "영사기관장"이라 함은 그러한 자격으로 행동하는 임무를 맡은 자를 의미한다.
(d) "영사관원"이라 함은 영사기관장을 포함하여 그러한 자격으로 영사직무의 수행을 위임받은 자를 의미한다.
(e) "사무직원"이라 함은 영사기관의 행정 또는 기술업무에 종사하는 자를 의미한다.
(f) "업무직원"이라 함은 영사기관의 관내 업무에 종사하는 자를 의미한다.
(g) "영사기관원"이라 함은 영사관원, 사무직원 및 업무직원을 의미한다.
(h) "영사직원"이라 함은 영사기관장 이외의 영사관원, 사무직원 및 업무직원을 의미한다.
(i) "개인사용인"이라 함은 영사기관원의 사용노무에만 종사하는 자를 의미한다.
(j) "영사관사"라 함은 소유권에 관계없이 영사기관의 목적에만 사용되는 건물 또는 그 일부와 그에 부속된 토지를 의미한다.
(k) "영사문서"라 함은 영사기관의 모든 문건서류, 서한, 서적, 필름, 녹음테이프, 등록대장, 전신암호와 기호 색인카드 및 이들을 보존하거나 또는 보관하기 위한 용기를 포함한다.

제2조(영사관계의 수립)

1. 국가간의 영사관계의 수립은 상호동의에 의하여 이루어진다.
2. 양국간의 외교관계의 수립에 부여된 동의는 달리 의사를 표시하지 아니하는 한 영사관계의 수립에 대한 동의를 포함한다.
3. 외교관계의 단절은 영사관계의 단절을 당연히 포함하지 아니한다.

제5조(영사기능) 영사기능은 다음과 같다.

---

* 1963. 4. 24 채택. 1967. 3. 19 발효. 1977. 4. 6 대한민국 적용(조약 제594호).

(a) 국제법이 인정하는 범위내에서 파견국의 이익과 개인 및 법인을 포함한 그 국민의 이익을 접수국내에서 보호하는 것.

(b) 파견국과 접수국간의 통상, 경제, 문화 및 과학관계의 발전을 증진하며 또한 기타의 방법으로 이 협약의 규정에 따라 그들간의 우호관계를 촉진하는 것.

(c) 모든 합법적 수단에 의하여 접수국의 통상, 경제, 문화 및 과학적 생활의 제조건 및 발전을 조사하고, 이에 관하여 파견국 정부에 보고하며 또한 이해관계자에게 정보를 제공하는 것.

(d) 파견국의 국민에게 여권과 여행증서를 발급하며, 또한 파견국에 여행하기를 원하는 자에게 사증 또는 적당한 증서를 발급하는 것.

(e) 개인과 법인을 포함한 파견국 국민을 도와주며 협조하는 것.

(f) 접수국의 법령에 위배되지 아니할 것을 조건으로 공증인 및 민사업무 서기로서 또한 유사한 종류의 자격으로 행동하며, 또한 행정적 성질의 일정한 기능을 수행하는 것.

(g) 접수국의 영역내에서의 사망에 의한 상속의 경우에 접수국의 법령에 의거하여 개인과 법인을 포함한 파견국 국민의 이익을 보호하는 것.

(h) 파견국의 국민으로서 미성년자와 완전한 능력을 결하고 있는 기타의 자들 특히 후견 또는 재산관리가 필요한 경우에, 접수국의 법령에 정해진 범위내에서, 그들의 이익을 보호하는 것.

(i) 접수국내의 관행과 절차에 따를 것을 조건으로 하여, 파견국의 국민이 부재 또는 기타의 사유로 적절한 시기에 그 권리와 이익의 방어를 맡을 수 없는 경우에 접수국의 법령에 따라, 그러한 국민의 권리와 이익의 보전을 위한 가처분을 받을 목적으로 접수국의 재판소 및 기타의 당국에서 파견국의 국민을 위하여 적당한 대리행위를 행하거나 또는 동 대리행위를 주선하는 것.

(j) 유효한 국제협정에 의거하여 또는 그러한 국제협정이 없는 경우에는 접수국의 법령과 양립하는 기타의 방법으로, 파견국의 법원을 위하여 소송서류 또는 소송 이외의 서류를 송달하거나 또는 증거조사 의뢰서 또는 증거조사 위임장을 집행하는 것.

(k) 파견국의 국적을 가진 선박과 파견국에 등록된 항공기 및 그 승무원에 대하여 파견국의 법령에 규정된 감독 및 검사권을 행사하는 것.

(l) 본조 세항(k)에 언급된 선박과 항공기 및 그 승무원에게 협조를 제공하는 것, 선박의 항행에 관하여 진술을 받는 것, 선박의 서류를 검사하고 이에 날인하는 것, 접수국 당국의 권한을 침해함이 없이 항해중에 발생한 사고에 대하여 조사하는 것, 또는 파견국의 법령에 의하여 인정되는 경우에 선장, 직원 및 소속원간의 여하한 종류의 분쟁을 해결하는 것.

(m) 파견국이 영사기관에 위임한 기타의 기능으로서 접수국의 법령에 의하여 금지되지 아니하거나 또는 접수국의 이의를 제기하지 아니하거나 또는 접수국과 파견국간의 유효한 국제협정에 언급된 기능을 수행하는 것.

제23조(불만으로 선언된 인물)

1. 접수국은 영사관원이 불만스러운 인물(*persona non grata*)이거나 또는 기타의 영사직원이 수락할 수 없는(not acceptable) 자임을 언제든지 파견국에 통고할 수 있다. 그러한 통고가 있는 경우에 파견국은 사정에 따라 관계자를 소환하거나 또는 영사기관에서의 그의 직무를 종료시켜야 한다.

2. 파견국이 본조 1항에 따른 의무의 이행을 적당한 기간 내에 거부하거나 또는 이행하지 아니하는 경우에, 접수국은 사정에 따라 관계자로부터 영사인가장을 철회하거나 또는 그를 영사직원으로 간주하지 아니할 수 있다.

3. 영사기관원으로 임명된 자는 접수국의 영역에 도착하기 전에, 또는 이미 접수국내에 있을 경우에는 영사기관에서의 그의 임무를 개시하기 전에, 수락할 수 없는 인물로 선언될 수 있다. 그러한 경우에 파견국은 그의 임명을 철회하여야 한다.

4. 본조 1항 및 3항에 언급된 경우에 있어서 접수국은 파견국에 대하여 그 결정의 이유를 제시해야 할 의무를 지지 아니한다.

제31조(영사관사의 불가침)

1. 영사관사는 본조에 규정된 범위내에서 불가침이다.

2. 접수국의 당국은, 영사기관장 또는 그가 지정한 자 또는 파견국의 외교공관장의 동의를 받는 경우를 제외하고, 전적으로 영사기관의 활동을 위하여 사용되는 영사관사의 부분에 들어가서는 아니된다. 다만, 화재 또는 신속한 보호조치를 필요로 하는 기타 재난의 경우에는 영사기관장의 동의가 있은 것으로 추정될 수 있다.

3. 본조 2항의 규정에 따를 것으로 하여, 접수국은 침입 또는 손괴로부터 영사관사를 보호하고 또한 영사기관의 평온에 대한 교란 또는 그 위엄의 손상을 방지하기 위한 모든 적절한 조치를 처해야 하는 특별한 의무를 진다.

4. 영사관사와 그 비품 및 영사기관의 재산과 그 교통수단은 국방상 또는 공익상의 목적을 위한 어떠한 형태의 징발로부터 면제된다. 그러한 목적을 위하여 수용이 필요한 경우에는 영사기능의 수행에 대한 방해를 회피하도록 모든 가능한 조치를 취하여야 하며, 또한 신속하고 적정하며 효과적인 보상이 파견국에 지불되어야 한다.

제32조(영사관사에 대한 과세 면제)

1. 파견국 또는 파견국을 대표하여 행동하는 자가 소유자이거나 또는 임차인으로 되어 있는 영사관사 및 직업 영사기관장의 관저는, 제공된 특별의 역무에 대한 급부로서의 성질을 가지는 것을 제외한 기타의 모든 형태의 국가 지역 또는 지방의 부과금과 조세로부터 면제된다.

2. 본조 1항에 언급된 과세의 면제는, 파견국 또는 파견국을 대표하여 행동하는 자와 계약을 체결한 자가 접수국의 법에 따라 동 부과금과 조세를 납부해야 하는 경우에는, 동 부과금과 조세에 적용되지 아니한다.

제33조(영사문서와 서류의 불가침) 영사문서와 서류는 언제 어디서나 불가침이다.

제34조(이전의 자유) 국가안보상의 이유에서 그 출입이 금지되거나 또는 규제되고 있는 지역에 관한 접수국의 법령에 따를 것으로 하여, 접수국은 모든 영사기관원에 대하여 접수국 영역내의 이전 및 여행의 자유를 보장한다.

제35조(통신의 자유)

　1. 접수국은 영사기관에 대하여 모든 공용 목적을 위한 통신의 자유를 허용하며 또한 보호하여야 한다. 영사기관은, 파견국 정부 및 그 소재지에 관계 없이 파견국의 외교공관 및 다른 그 영사기관과 통신함에 있어서 외교 또는 영사신서사 외교 또는 영사행낭 및 기호 또는 전신암호에 의한 통신물을 포함한 모든 적절한 수단을 사용할 수 있다. 다만, 영사기관은 접수국의 동의를 받는 경우에만 무선송신기를 설치하여 사용할 수 있다.

　2. 영사기관의 공용서한은 불가침이다. 공용서한이라 함은 영사기관과 그 기능에 관한 모든 서한을 의미한다.

　3. 영사행낭은 개방되거나 또는 억류되지 아니한다. 다만, 영사행낭 속에 본조 4항에 언급된 서한, 서류 또는 물품을 제외한 기타의 것이 포함되어 있다고 믿을 만한 중대한 이유를 접수국의 권한있는 당국이 가지고 있는 경우에, 동 당국은 그 입회하에 파견국이 인정한 대표가 동 행낭을 개방하도록 요청할 수 있다. 동 요청을 파견국의 당국이 거부하는 경우에 동 행낭은 발송지로 반송된다.

　4. 영사행낭을 구성하는 포장용기에는 그 성질을 나타내는 명백한 외부의 표지를 부착하여야 하며 또한 공용 서한과 서류 또는 전적으로 공용을 위한 물품만이 포함될 수 있다.

　5. 영사신서사는 그 신분 및 영사행낭을 구성하는 포장용기의 수를 표시하는 공문서를 지참하여야 한다. 영사신서사는 접수국의 동의를 받는 경우를 제외하고, 접수국의 국민이어서는 아니되고 또한 그가 파견국의 국민이 아닌 경우에는 접수국의 영주자이어서는 아니된다. 영사신서사는 그 직무를 수행함에 있어서 접수국에 의하여 보호를 받는다. 영사신서사는 신체의 불가침을 향유하며 또한 어떠한 형태로도 체포 또는 구속되지 아니한다.

　6. 파견국과 그 외교공관 및 영사기관은 임시 영사신서사를 임명할 수 있다. 그러한 경우에는, 동 임시신서사가 맡은 영사행낭을 수취인에게 전달하였을 때에 본조 5항에 언급된 면제가 적용되지 아니하는 것을 제외하고, 동 조항의 제규정이 또한 적용된다.

　7. 영사행낭은 공인 입국항에 기착되는 선박 또는 민간항공기의 기장에게 위탁될 수 있다. 동 기장은 행낭을 구성하는 포장용기의 수를 표시하는 공문서를 지참하여야 하나, 영사신서사로 간주되지 아니한다. 영사기관은 관계 지방당국과의 약정에 의하여 선박 또는 항공기의 기장으로부터 직접 자유로이 행낭을 수령하기 위하여 그 직원을 파견할 수 있다.

제36조(파견국 국민과의 통신 및 접촉)

　1. 파견국의 국민에 관련되는 영사기능의 수행을 용이하게 할 목적으로 다음의 규정이 적용된다.

(a) 영사관원은 파견국의 국민과 자유로이 통신할 수 있으며 또한 접촉할 수 있다. 파견국의 국민은 파견국 영사관원과의 통신 및 접촉에 관하여 동일한 자유를 가진다.

(b) 파견국의 영사관할구역내에서 파견국의 국민이, 체포되는 경우, 또는 재판에 회부되기 전에 구금 또는 유치되는 경우, 또는 기타의 방법으로 구속되는 경우에, 그 국민이 파견국의 영사기관에 통보할 것을 요청하면, 접수국의 권한있는 당국은 지체없이 통보하여야 한다. 체포, 구금, 유치 또는 구속되어 있는 자가 영사기관에 보내는 어떠한 통신도 동 당국에 의하여 지체없이 전달되어야 한다. 동 당국은 관계자에게 본 세항에 따를 그의 권리를 지체없이 통보하여야 한다.

(c) 영사관원은 구금, 유치 또는 구속되어 있는 파견국의 국민을 방문하며 또한 동 국민과 면담하고 교신하며 또한 그의 법적대리를 주선하는 권리를 가진다. 영사관원은 판결에 따라 그 관할구역내에 구금, 유치 또는 구속되어 있는 파견국의 국민을 방문하는 권리를 또한 가진다. 다만, 구금, 유치 또는 구속되어 있는 국민을 대신하여 영사관원이 조치를 취하는 것을 동 국민이 명시적으로 반대하는 경우에, 동 영사관원은 그러한 조치를 삼가하여야 한다.

2. 동조 1항에 언급된 권리는 접수국의 법령에 의거하여 행사되어야 한다. 다만, 동 법령은 본조에 따라 부여된 권리가 의도하는 목적을 충분히 실현할 수 있어야 한다는 조건에 따라야 한다.

제40조(영사관원의 보호)

접수국은 상당한 경의로써 영사관원을 대우하여야 하며 또한 영사관원의 신체자유 또는 위엄에 대한 침해를 방지하기 위한 모든 적절한 조치를 취하여야 한다.

제41조(영사관원의 신체의 불가침)

1. 영사관원은, 중대한 범죄의 경우에 권한있는 사법당국에 의한 결정에 따르는 것을 제외하고, 재판에 회부되기 전에 체포되거나 또는 구속되지 아니한다.

2. 본조 1항에 명시된 경우를 제외하고 영사관원은 구금되지 아니하며 또한 그의 신체의 자유에 대한 기타 어떠한 형태의 제한도 받지 아니한다. 다만, 확정적 효력을 가진 사법상의 결정을 집행하는 경우는 제외된다.

3. 영사관원에 대하여 형사소송절차가 개시된 경우에 그는 권한있는 당국에 출두하여야한다. 그러나 그 소송절차는, 그의 공적 직책상의 이유에서 그가 받아야 할 경의를 표면서 또한, 본조 1항에 명시된 경우를 제외하고는, 영사직무의 수행에 가능한 최소한의 지장을 주는 방법으로 진행되어야 한다. 본조 1항에 언급된 사정하에서 영사관원을 구속하는 것이 필요하게 되었을 경우에 그에 대한 소송절차는 지체를 최소한으로 하여 개시되어야 한다.

제42조(체포, 구속 또는 소추의 통고)

재판에 회부되기 전에 영사직원을 체포하거나 또는 구속하는 경우 또는 동 영사직원에 대하여 형사소송절차가 개시되는 경우에, 접수국은 즉시 영사기관장에게 통고하여야 한다. 영사기관장 그 자신이 그러한 조치의 대상이 되는 경우에 접수국은 외교경로를 통하여 파견국에 통고하여야 한다.

제43조(관할권으로부터의 면제)

　　1. 영사관원과 사무직원은 영사직무의 수행 중에 행한 행위에 대하여 접수국의 사법 또는 행정당국의 관할권에 복종할 의무를 지지 아니한다.

　　2. 다만, 본조 1항의 규정은 다음과 같은 민사소송에 관하여 적용되지 아니한다.

　　(a) 영사관원 또는 사무직원이 체결한 계약으로서 그가 파견국의 내리인으로서 명시적으로 또는 묵시적으로 체결하지 아니한 계약으로부터 제기되는 민사소송.

　　(b) 접수국내의 차량, 선박 또는 항공기에 의한 사고로부터 발생하는 손해에 대하여 제3자가 제기하는 민사소송.

제44조(증언의 의무)

　　1. 영사기관원은 사법 또는 행정소송절차의 과정에서 증인 출두의 요청을 받을 수 있다. 사무직원 또는 업무직원은 본조 3항에 언급된 경우를 제외하고 증언을 거부해서는 아니된다. 영사관원이 증언을 거부하는 경우에 그에 대하여 강제적 조치 또는 형벌이 적용되어서는 아니된다.

　　2. 영사관원의 증언을 요구하는 당국은 그 직무의 수행에 대한 간섭을 회피하여야 한다. 동 당국은 가능한 경우에 영사관원의 주거 또는 영사기관내에서 증거를 수집하거나 또는 서면에 의한 그의 진술을 받을 수 있다.

　　3. 영사기관원은 그 직무의 수행에 관련되는 사항에 관하여 증언을 행하거나 또는 그에 관련되는 공용 서한과 서류를 제출할 의무를 지지 아니한다. 영사기관원은 파견국의 법에 관하여 감정인으로서 증언하는 것을 거부하는 권리를 또한 가진다.

제45조(특권 및 면제의 포기)

　　1. 파견국은 영사기관원에 관련하여 제41조, 제43조 및 제44조에 규정된 특권과 면제를 포기할 수 있다.

　　2. 동포기는 본조 3항에 규정된 경우를 제외하고 모든 경우에 명시적이어야 하며 또한 서면으로 접수국에 전달되어야 한다.

　　3. 영사관원 또는 사무직원이, 제43조에 따라 관할권으로부터의 면제를 향유할 수 있는 사항에 관하여 그 자신이 소송절차를 개시하는 경우에는, 본소에 직접적으로 관련되는 반소에 대하여 관할권으로부터의 면제를 원용하지 못한다.

　　4. 민사 또는 행정소송절차의 목적상 관할권으로부터의 면제의 포기는 사법적 결정에서 나오는 집행조치로부터의 면제의 포기를 의미하는 것으로 간주되지 아니한다. 그러한 조치에 관해서는 별도의 포기가 필요하다.

제53조(영사특권 및 면제의 개시와 종료)

　　1. 영사기관원은 부임하기 위하여 접수국의 영역에 입국하는 때부터, 또는 이

5 영사관계에 관한 비엔나협약 77

미 접수국의 영역 내에 있을 경우에는, 영사기관에서 그의 직무를 개시하는 때부터 이 협약에 규정된 특권과 면제를 향유한다.

2. 영사기관원의 세대의 일부를 이루는 그 가족 구성원과 그 개인 사용인은, 그 영사기관원이 본조 1항에 의거하여 특권과 면제를 향유하는 일자로부터, 또는 그들이 접수국의 영역에 입국하는 일자로부터, 또는 그 가족 구성원 또는 사용인이 되는 일자 중, 어느 것이든 최종 일자로 부터 이 협약에 규정된 특권과 면제를 받는다.

3. 영사기관원의 직무가 종료한 경우에, 그의 특권과 면제 및 그 세대의 일부를 이루는 가족 구성원 또는 그 개인사용인의 특권과 면제는 당해인들이 접수국을 떠나는 때 또는 접수국을 떠나기 위하여 필요한 상당한 기간이 만료한 때 중에서, 어느 것이든 더 이른 시기부터 정상적으로 종료하나, 무력충돌의 경우에도 그때까지는 존속한다. 본조 2항에 언급된 자의 경우에, 그들의 특권과 면제는 그들이 영사기관원의 세대에 속하지 아니하는 때 또는 영사기관원의 역무에 종사하지 아니하는 때에 종료한다. 다만, 당해인들이 그 후 상당한 기간 내에 접수국을 떠나고자 하는 경우에 그들의 특권과 면제는 그들의 퇴거 시까지 존속할 것을 조건으로 한다.

4. 그러나 영사관원 또는 사무직원이 그 직무를 수행함에 있어서 행한 행위에 관해서는 관할권으로부터의 면제가 기한의 제한 없이 계속 존속된다.

5. 영사기관원의 사망의 경우에 그 세대의 일부를 이루는 가족 구성원은, 그들이 접수국을 떠날 때까지 또는 그들이 접수국을 떠날 수 있도록 상당한 기간이 만료할 때까지 중, 어느 것이든 더 이른 시기까지 그들에게 부여된 특권과 면제를 계속 향유한다.

6. 해양법에 관한 국제연합협약(발췌)*
(UN Convention on the Law of the Sea)

제 1 부 총   칙

제1조(용어의 사용과 적용범위)

1. 이 협약에서,

(1) "심해저"라 함은 국가관할권 한계 밖의 해저·해상 및 그 하층토를 말한다.

(2) "해저기구"라 함은 국제해저기구를 말한다.

(3) "심해저활동"이라 함은 심해저자원을 탐사하고 개발하는 모든 활동을 말한다.

(4) "해양환경오염"이라 함은 생물자원과 해양생물에 대한 손상, 인간의 건강에 대한 위험, 어업과 그 밖의 적법한 해양이용을 포함한 해양활동에 대한 장애, 해수이용에 의한 수질악화 및 쾌적도 감소 등과 같은 해로운 결과를 가져오거나 가져올 가능성이 있는 물질이나 에너지를 인간이 직접적으로 또는 간접적으로 강어귀를 포함한 해양환경에 들여오는 것을 말한다.

(5) (a) "투기"라 함은 다음을 말한다.

(i) 선박·항공기·플랫폼 또는 그 밖의 인공해양구조물로부터 폐기물이나 그 밖의 물질을 고의로 버리는 행위.

(ii) 선박·항공기·플랫폼 또는 그 밖의 인공해양구조물을 고의로 버리는 행위.

(b) "투기"에는 다음이 포함되지 아니한다.

(i) 선박·항공기·플랫폼 또는 그 밖의 인공해양구조물 및 이들 장비의 통상적인 운용에 따라 발생되는 폐기물이나 그 밖의 물질의 폐기. 단, 폐기물이나 그 밖의 물질을 버릴 목적으로 운용되는 선박·항공기·플랫폼 또는 그 밖의 인공해양 구조물에 의하여 운송되거나 이들에게 운송된 폐기물이나 그 밖의 물질, 이러한 선박·항공기·플랫폼 또는 그 밖의 인공해양구조물에서 이러한 폐기물 또는 그 밖의 물질을 처리함에 따라 발생되는 폐기물이나 그 밖의 물질은 제외.

(ii) 이 협약의 목적에 어긋나지 아니하는 단순한 폐기를 목적으로 하지 아니하는 물질의 유치.

2. (1) "당사국"이라 함은 이 협약에 기속받기로 동의하고 이 협약이 발효하고 있는 국가를 말한다.

(2) 이 협약은 제305조 제1항 (b), (c), (d), (e) 및 (f)에 해당하는 주체로서 각

---

* 1982. 12. 10 체결. 1994. 11. 16 발효. 1996. 2. 28 대한민국 적용(조약 제1328호).

기 관련되는 조건에 따라 이 협약의 당사자가 된 주체에 대하여 준용되며, 그 러한 경우 "당사국"이라 함은 이러한 주체를 포함한다.

제 2 부   영해와 접속수역

제 1 절 총 칙

제2조(영해, 영해의 상공·해저 및 하층토의 법적 지위)

　　1. 연안국의 주권은 영토와 내수 밖의 영해라고 하는 인접해역, 군도국가의 경우에는 군도수역 밖의 영해라고 하는 인접해역에까지 미친다.

　　2. 이러한 주권은 영해의 상공·해저 및 하층토에까지 미친다.

　　3. 영해에 대한 주권은 이 협약과 그 밖의 국제법규칙에 따라 행사된다.

제 2 절 영해의 한계

제3조(영해의 폭) 모든 국가는 이 협약에 따라 결정된 기선으로부터 12해리를 넘지 아니하는 범위에서 영해의 폭을 설정할 권리를 가진다.

제4조(영해의 바깥한계) 영해의 바깥한계는 기선상의 가장 가까운 점으로부터 영해의 폭과 같은 거리에 있는 모든 점을 연결한 선으로 한다.

제5조(통상기선) 영해의 폭을 측정하기 위한 통상기선은 이 협약에 달리 규정된 경우를 제외하고는 연안국이 공인한 대축척해도에 표시된 해안의 저조선으로 한다.

제6조(암초) 환초상에 위치한 섬 또는 가장자리에 암초를 가진 섬의 경우, 영해의 폭을 측정하기 위한 기선(이하 "영해기선"이라 함)은 연안국이 공인한 해도상에 적절한 기호로 표시된 암초의 바다쪽 저조선으로 한다.

제7조(직선기선)

　　1. 해안선이 깊게 굴곡이 지거나 잘려들어간 지역, 또는 해안을 따라 아주 가까이 섬이 흩어져 있는 지역에서는 영해기선을 설정함에 있어서 적절한 지점을 연결하는 직선기선의 방법이 사용될 수 있다.

　　2. 삼각주가 있거나 그 밖의 자연조건으로 인하여 해안선이 매우 불안정한 곳에서는, 바다쪽 가장 바깥 저조선을 따라 적절한 지점을 선택할 수 있으며, 그 후 저조선이 후퇴하더라도 직선기선은 이 협약에 따라 연안국에 의하여 수정될 때까지 유효하다.

　　3. 직선기선은 해안의 일반적 방향으로부터 현저히 벗어나게 설정할 수 없으며, 직선기선 안에 있는 해역은 내수제도에 의하여 규율될 수 있을 만큼 육지와 충분히 밀접하게 관련되어야 한다.

　　4. 직선기선은 간조노출지까지 또는 간조노출지로부터 설정할 수 없다. 다만, 영구적으로 해면 위에 있는 등대나 이와 유사한 시설이 간조노출지에 세워진 경우 또는 간조노출지 사이의 기선설정이 일반적으로 국제적인 승인을 받은 경우에

는 그러하지 아니하다.

5. 제1항의 직선기선의 방법을 적용하는 경우, 특정한 기선을 결정함에 있어서 그 지역에 특유한 경제적 이익이 있다는 사실과 그 중요성이 오랜 관행에 의하여 명백히 증명된 경우 그 경제적 이익을 고려할 수 있다.

6. 어떠한 국가도 다른 국가의 영해를 공해나 배타적경제수역으로부터 격리시키는 방식으로 직선기선제도를 적용할 수 없다.

제8조(내수)

1. 제4부에 규정된 경우를 제외하고는 영해기선의 육지쪽 수역은 그 국가의 내수의 일부를 구성한다.

2. 제7조에 규정된 방법에 따라 직선기선을 설정함으로써 종전에 내수가 아니었던 수역이 내수에 포함되는 경우, 이 협약에 규정된 무해통항권이 그 수역에서 계속 인정된다.

제9조(하구)

강이 직접 바다로 유입하는 경우, 기선은 양쪽 강둑의 저조선상의 지점을 하구를 가로질러 연결한 직선으로 한다.

제10조(만)

1. 이 조는 그 해안이 한 국가에 속하는 만에 한하여 적용한다.

2. 이 협약에서 만이라 함은 그 들어간 정도가 입구의 폭에 비하여 현저하여 육지로 둘러싸인 수역을 형성하고, 해안의 단순한 굴곡 이상인 뚜렷한 만입을 말한다. 그러나 만입 면적이 만입의 입구를 가로질러 연결한 선을 지름으로 하는 반원의 넓이에 미치지 못하는 경우, 그러한 만입은 만으로 보지 아니한다.

3. 측량의 목적상 만입면적이라 함은 만입해안의 저조선과 만입의 자연적 입구의 양쪽 저조지점을 연결하는 선 사이에 위치한 수역의 넓이를 말한다. 섬이 있어서 만이 둘 이상의 입구를 가지는 경우에는 각각의 입구를 가로질러 연결하는 선의 길이의 합계와 같은 길이인 선상에 반원을 그려야 한다. 만입의 안에 있는 섬은 만입수역의 일부로 본다.

4. 만의 자연적 입구 양쪽의 저조지점간의 거리가 24해리를 넘지 아니하는 경우, 폐쇄선을 두 저조지점간에 그을 수 있으며, 이 안에 포함된 수역은 내수로 본다.

5. 만의 자연적 입구 양쪽의 저조지점간의 거리가 24해리를 넘는 경우, 24해리의 직선으로서 가능한 한 최대의 수역을 둘러싸는 방식으로 만 안에 24해리 직선기선을 그어야 한다.

6. 전항의 규정들은 이른바 "역사적" 만에 대하여 또는 제7조에 규정된 직선기선제도가 적용되는 경우에는 적용하지 아니한다.

제11조(항구) 영해의 경계를 획정함에 있어서, 항만체계의 불가분의 일부를 구성하는 가장 바깥의 영구적인 항만시설은 해안의 일부를 구성하는 것으로 본다. 근해시설과 인공섬은 영구적인 항만시설로 보지 아니한다.

제12조(정박지)

선박이 화물을 싣고, 내리고, 닻을 내리기 위하여 통상적으로 사용되는 정박지는 전부 또는 일부가 영해의 바깥한계 밖에 있는 경우에도 영해에 포함된다.

제13조(간조노출지)

    1. 간조노출지는 썰물일 때에는 물로 둘러싸여 물 위에 노출되나 밀물일 때에는 물에 잠기는 자연적으로 형성된 육지지역을 말한다. 간조노출지의 전부 또는 일부가 본토나 섬으로부터 영해의 폭을 넘지 아니하는 거리에 위치하는 경우, 그 간조노출지의 저조선을 영해기선으로 사용할 수 있다.

    2. 간조노출지 전부가 본토나 섬으로부터 영해의 폭을 넘는 거리에 위치하는 경우, 그 간조노출지는 자체의 영해를 가지지 아니한다.

제14조(기선결정 방법의 혼합) 연안국은 서로 다른 조건에 적합하도록 앞의 각 조에 규정된 방법을 교대로 사용하여 기선을 결정할 수 있다.

제15조(대향국간 또는 인접국간의 영해의 경계획정)

    두 국가의 해안이 서로 마주보고 있거나 인접하고 있는 경우, 양국간 달리 합의하지 않는 한 양국의 각각의 영해 기선상의 가장 가까운 점으로부터 같은 거리에 있는 모든 점을 연결한 중간선 밖으로 영해를 확장할 수 없다. 다만, 위의 규정은 역사적 권원이나 그 밖의 특별한 사정에 의하여 이와 다른 방법으로 양국의 영해의 경계를 획정할 필요가 있는 경우에는 적용하지 아니한다.

제16조(해도와 지리적 좌표목록)

    1. 제7조, 제9조 및 제10조에 따라 결정되는 영해기선 또는 그로부터 도출된 한계, 그리고 제12조 및 제15조에 따라 그어진 경계선은 그 위치를 확인하기에 적합한 축척의 해도에 표시되어야 한다. 또는 측지자료를 명기한 각 지점의 지리적 좌표목록으로 이를 대체할 수 있다.

    2. 연안국은 이러한 해도나 지리적 좌표목록을 적절히 공표하고, 그 사본을 국제연합 사무총장에게 기탁한다.

제 3 절 영해에서의 무해통항
제 1 관 모든 선박에 적용되는 규칙

제17조(무해통항권) 연안국이거나 내륙국이거나 관계없이 모든 국가의 선박은 이 협약에 따라, 영해에서 무해통항권을 향유한다.

제18조(통항의 의미)

    1. 통항이라 함은 다음의 목적을 위하여 영해를 지나서 항행함을 말한다.

    (a) 내수에 들어가지 아니하거나 내수 밖의 정박지나 항구시설에 기항하지 아니하고 영해를 횡단하는 것; 또는,

    (b) 내수를 향하여 또는 내수로부터 항진하거나 또는 이러한 정박지나 항구시설에 기항하는 것.

    2. 통항은 계속적이고 신속하여야 한다. 다만, 정선이나 닻을 내리는 행위가 통상적인 항행에 부수되는 경우, 불가항력이나 조난으로 인하여 필요한 경우, 또

는 위험하거나 조난상태에 있는 인명·선박 또는 항공기를 구조하기 위한 경우에
는 통항에 포함된다.

제19조(무해통항의 의미)

1. 통항은 연안국의 평화, 공공질서 또는 안전을 해치지 아니하는 한 무해하
다. 이러한 통항은 이 협약과 그 밖의 국제법규칙에 따라 이루어진다.

2. 외국선박이 영해에서 다음의 어느 활동에 종사하는 경우, 외국선박의 통항
은 연안국의 평화, 공공질서 또는 안전을 해치는 것으로 본다.

(a) 연안국의 주권, 영토보전 또는 정치적 독립에 반하거나, 또는 국제연합헌
장에 구현된 국제법의 원칙에 위반되는 그 밖의 방식에 의한 무력의 위협이
나 무력의 행사.

(b) 무기를 사용하는 훈련이나 연습.

(c) 연안국의 국방이나 안전에 해가 되는 정보수집을 목적으로 하는 행위.

(d) 연안국의 국방이나 안전에 해로운 영향을 미칠 것을 목적으로 하는 선전
행위.

(e) 항공기의 선상 발진·착륙 또는 탑재.

(f) 군사기기의 선상 발진·착륙 또는 탑재.

(g) 연안국의 관세·재정·출입국관리 또는 위생에 관한 법령에 위반되는 물품
이나 통화를 싣고 내리는 행위 또는 사람의 승선이나 하선.

(h) 이 협약에 위배되는 고의적이고도 중대한 오염행위.

(i) 어로활동.

(j) 조사활동이나 측량활동의 수행.

(k) 연안국의 통신체계 또는 그 밖의 설비·시설물에 대한 방해를 목적으로 하
는 행위.

(l) 통항과 직접 관련이 없는 그 밖의 활동.

제20조(잠수함과 그 밖의 잠수항행기기) 잠수함과 그 밖의 잠수항행기기는 영해에
서 해면 위로 국기를 게양하고 항행한다.

제21조(무해통항에 관한 연안국의 법령)

1. 연안국은 이 협약의 규정과 그 밖의 국제법규칙에 따라 다음 각호의 전부
또는 일부에 대하여 영해에서의 무해통항에 관한 법령을 제정할 수 있다.

(a) 항행의 안전과 해상교통의 규제.

(b) 항행보조수단과 설비 및 그 밖의 설비나 시설의 보호.

(c) 해저전선과 관선의 보호.

(d) 해양생물자원의 보존.

(e) 연안국의 어업법령 위반방지.

(f) 연안국의 환경보전과 연안국 환경오염의 방지, 경감 및 통제.

(g) 해양과학조사와 수로측량.

(h) 연안국의 관세·재정·출입국관리 또는 위생에 관한 법령의 위반방지.

2. 이러한 법령이 일반적으로 수락된 국제규칙이나 기준을 시행하는 것이 아

닌 한 외국선박의 설계, 구조, 인원배치 또는 장비에 대하여 적용하지 아니한다.

3. 연안국은 이러한 모든 법령을 적절히 공표하여야 한다.

4. 외국선박이 영해에서 무해통항권을 행사하는 경우, 이러한 모든 법령과 해상충돌방지에 관하여 일반적으로 수락된 모든 국제규칙을 준수하여야 한다.

제22조(영해내의 항로대와 통항분리방식)

1. 연안국은 항행의 안전을 위하여 필요한 경우 자국의 영해에서 무해통항권을 행사하는 외국선박에 대하여 선박통항을 규제하기 위하여 지정된 항로대와 규정된 통항분리방식을 이용하도록 요구할 수 있다.

2. 특히 유조선, 핵추진선박 및 핵물질 또는 본래 위험하거나 유독한 그 밖의 물질이나 재료를 운반중인 선박에 대하여서는 이러한 항로대만을 통항하도록 요구할 수 있다.

3. 연안국은 이 조에 따라 항로대를 지정하고 통항분리방식을 규정함에 있어서 다음 사항을 고려한다.

  (a) 권한있는 국제기구의 권고.

  (b) 국제항행에 관습적으로 이용되고 있는 수로.

  (c) 특정한 선박과 수로의 특성.

  (d) 선박교통량.

4. 연안국은 이러한 항로대와 통항분리방식을 해도에 명시하고 이를 적절히 공표한다.

제23조(외국의 핵추진선박과 핵물질 또는 본래 위험하거나 유독한 그 밖의 물질을 운반하는 선박)

외국의 핵추진선박과 핵물질 또는 본래 위험하거나 유독한 그 밖의 물질을 운반중인 선박은 영해에서 무해통항권을 행사하는 경우, 이러한 선박에 대하여 국제협정이 정한 서류를 휴대하고 또한 국제협정에 의하여 확립된 특별예방조치를 준수한다.

제24조(연안국의 의무)

1. 연안국은 이 협약에 의하지 아니하고는 영해에서 외국선박의 무해통항을 방해하지 아니한다. 특히, 연안국은 이 협약이나 이 협약에 따라 제정된 법령을 적용함에 있어 다음 사항을 행하지 아니한다.

  (a) 외국선박에 대하여 실질적으로 무해통항권을 부인하거나 침해하는 효과를 가져오는 요건의 부과.

  (b) 특정국의 선박, 또는 특정국으로 화물을 반입·반출하거나 특정국을 위하여 화물을 운반하는 선박에 대한 형식상 또는 실질상의 차별.

2. 연안국은 자국이 인지하고 있는 자국 영해에서의 통항에 관한 위험을 적절히 공표한다.

제25조(연안국의 보호권)

1. 연안국은 무해하지 아니한 통항을 방지하기 위하여 필요한 조치를 자국 영해에서 취할 수 있다.

2. 연안국은 선박이 내수를 향하여 항행하거나 내수 밖의 항구시설에 기항하고자 하는 경우, 그 선박이 내수로 들어가기 위하여 또는 그러한 항구시설에 기항하기 위하여 따라야 할 허가조건을 위반하는 것을 방지하기 위하여 필요한 조치를 취할 권리를 가진다.

3. 연안국은 무기를 사용하는 훈련을 포함하여 자국의 안전보호상 긴요한 경우에는 영해의 지정된 수역에서 외국선박을 형식상 또는 실질상 차별하지 아니하고 무해통항을 일시적으로 정지시킬 수 있다. 이러한 정지조치는 적절히 공표한 후에만 효력을 가진다.

제26조(외국선박에 부과할 수 있는 수수료)

1. 외국선박에 대하여 영해의 통항만을 이유로 어떠한 수수료도 부과할 수 없다.

2. 수수료는 영해를 통항하는 외국선박에 제공된 특별한 용역에 대한 대가로서만 그 선박에 대하여 부과할 수 있다. 이러한 수수료는 차별없이 부과된다.

제2관 상선과 상업용 정부선박에 적용되는 규칙

제27조(외국선박내에서의 형사관할권)

1. 연안국의 형사관할권은 오직 다음의 각호의 경우를 제외하고는 영해를 통항하고 있는 외국선박의 선박내에서 통항중에 발생한 어떠한 범죄와 관련하여 사람을 체포하거나 수사를 수행하기 위하여 그 선박 내에서 행사될 수 없다.

(a) 범죄의 결과가 연안국에 미치는 경우.

(b) 범죄가 연안국의 평화나 영해의 공공질서를 교란하는 종류인 경우.

(c) 그 선박의 선장이나 기국의 외교관 또는 영사가 현지 당국에 지원을 요청한 경우.

(d) 마약이나 향정신성물질의 불법거래를 진압하기 위하여 필요한 경우.

2. 위의 규정은 내수를 떠나 영해를 통항중인 외국선박내에서의 체포나 수사를 목적으로 자국법이 허용한 조치를 취할 수 있는 연안국의 권리에 영향을 미치지 아니한다.

3. 제1항 및 제2항에 규정된 경우, 연안국은 선장이 요청하면 어떠한 조치라도 이를 취하기 전에 선박기국의 외교관이나 영사에게 통고하고, 이들과 승무원간의 연락이 용이하도록 한다. 긴급한 경우 이러한 통고는 조치를 취하는 동안에 이루어질 수도 있다.

4. 현지당국은 체포여부나 체포방식을 고려함에 있어 통항의 이익을 적절히 고려한다.

5. 제12부에 규정된 경우나 제5부에 따라 제정된 법령위반의 경우를 제외하고는, 연안국은 외국선박이 외국의 항구로부터 내수에 들어오지 아니하고 단순히 영해를 통과하는 경우, 그 선박이 영해에 들어오기 전에 발생한 범죄와 관련하여 사람을 체포하거나 수사를 하기 위하여 영해를 통항중인 외국선박내에서 어떠한 조치도 취할 수 없다.

제28조(외국선박과 관련한 민사관할권)

  1. 연안국은 영해를 통항중인 외국선박내에 있는 사람에 대한 민사관할권을 행사하기 위하여 그 선박을 정지시키거나 항로를 변경시킬 수 없다.

  2. 연안국은 외국선박이 연안국 수역을 항행하는 동안이나 그 수역을 항행하기 위하여 선박 스스로 부담하거나 초래한 의무 또는 책임에 관한 경우를 제외하고는 민사소송절차를 위하여 그 선박에 대한 강제집행이나 나포를 할 수 없다.

  3. 제2항의 규정은 영해에 정박하고 있거나 내수를 떠나 영해를 통항중인 외국선박에 대하여 자국법에 따라 민사소송절차를 위하여 강제집행이나 나포를 할 수 있는 연안국의 권리를 침해하지 아니한다.

제 3 관 군함과 그 밖의 비상업용 정부선박에 적용되는 규칙

제29조(군함의 정의) 이 협약에서 "군함"이라 함은 어느 한 국가의 군대에 속한 선박으로서, 그 국가의 국적을 구별할 수 있는 외부표지가 있으며, 그 국가의 정부에 의하여 정식으로 임명되고 그 성명이 그 국가의 적절한 군적부나 이와 동등한 명부에 등재되어 있는 장교의 지휘 아래 있으며 정규군 군율에 따르는 승무원이 배치된 선박을 말한다.

제30조(군함의 연안국 법령위반) 군함이 영해통항에 관한 연안국의 법령을 준수하지 아니하고 그 군함에 대한 연안국의 법령준수 요구를 무시하는 경우, 연안국은 그 군함에 대하여 영해에서 즉시 퇴거할 것을 요구할 수 있다.

제31조(군함이나 그 밖의 비상업용 정부선박에 의한 손해에 대한 기국의 책임)

  기국은 군함이나 그 밖의 비상업용 정부선박이 영해통항에 관한 연안국의 법령 또는 이 협약이나 그 밖의 국제법규칙을 준수하지 아니함으로써 연안국에게 입힌 어떠한 손실이나 손해에 대하여도 국제책임을 진다.

제32조(군함과 그 밖의 비상업용 정부선박의 면제)

  제1관, 제30조 및 제31조에 규정된 경우를 제외하고는 이 협약의 어떠한 규정도 군함과 그 밖의 비상업용 정부선박의 면제에 영향을 미치지 아니한다.

제 4 절 접 속 수 역

제33조(접속수역)

  1. 연안국은 영해에 접속해 있는 수역으로서 접속수역이라고 불리는 수역에서 다음을 위하여 필요한 통제를 할 수 있다.

    (a) 연안국의 영토나 영해에서의 관세·재정·출입국관리 또는 위생에 관한 법령의 위반방지.

    (b) 연안국의 영토나 영해에서 발생한 위의 법령 위반에 대한 처벌.

  2. 접속수역은 영해기선으로부터 24해리 밖으로 확장할 수 없다.

제 3 부   국제항행에 이용되는 해협

제 1 절   총   칙

제34조(국제항행에 이용되는 해협을 형성하는 수역의 법적지위)

　　1. 이 부에서 수립된 국제항행에 이용되는 해협의 통항제도는 이러한 해협을 형성하는 수역의 법적지위 또는 그 수역과 그 수역의 상공·해저 및 하층토에 대한 해협연안국의 주권이나 관할권의 행사에 영향을 미치지 아니한다.

　　2. 해협연안국의 주권이나 관할권은 이 부와 그 밖의 국제법규칙에 따라 행사된다.

제35조(이 부의 적용범위)　이 부의 어떠한 규정도 다음에 영향을 미치지 아니한다.

　　(a) 제7조에 규정된 방법에 따라 직선기선을 설정함으로써 종전에는 내수가 아니었던 수역이 내수에 포함되는 곳을 제외한 해협안의 내수의 모든 수역.

　　(b) 해협연안국의 영해 바깥수역이 배타적경제수역 또는 공해로서 가지는 법적지위.

　　(c) 특정해협에 관하여 장기간에 걸쳐 유효한 국제협약에 따라 통항이 전체적 또는 부분적으로 규제되고 있는 해협의 법제도.

제36조(국제항행에 이용되는 해협을 통한 공해 통과항로 또는 배타적경제수역 통과항로) 항행상 및 수로상 특성에서 유사한 편의가 있는 공해 통과항로나 배타적경제수역 통과항로가 국제항행에 이용되는 해협 안에 있는 경우, 이 부를 그 해협에 적용하지 아니한다. 이러한 항로에 있어서는 통항 및 상공비행의 자유에 관한 규정을 포함한 이 협약의 다른 관련 부를 적용한다.

제 2 절   통 과 통 항

제37조(이 절의 적용범위)　이 절은 공해나 배타적경제수역의 일부와 공해나 배타적경제수역의 다른 부분간의 국제항행에 이용되는 해협에 적용한다.

제38조(통과통항권)

　　1. 제37조에 언급된 해협내에서, 모든 선박과 항공기는 방해받지 아니하는 통과통항권을 향유한다. 다만, 해협이 해협연안국의 섬과 본토에 의하여 형성되어 있는 경우, 항행상 및 수로상 특성에서 유사한 편의가 있는 공해 통과항로나 배타적경제수역 통과항로가 그 섬의 바다쪽에 있으면 통과통항을 적용하지 아니한다.

　　2. 통과통항이라 함은 공해 또는 배타적경제수역의 일부와 공해 또는 배타적경제수역의 다른 부분간의 해협을 오직 계속적으로 신속히 통과할 목적으로 이 부에 따라 항행과 상공비행의 자유를 행사함을 말한다. 다만, 계속적이고 신속한 통과의 요건은 해협연안국의 입국조건에 따라서 그 국가에 들어가거나 그 국가로부터 나오거나 되돌아가는 것을 목적으로 하는 해협통항을 배제하지 아니한다.

　　3. 해협의 통과통항권의 행사가 아닌 활동은 이 협약의 다른 적용가능한 규정에 따른다.

제39조(통과통항중인 선박과 항공기의 의무)

1. 선박과 항공기는 통과통항권을 행사함에 있어서 다음과 같이 하여야 한다.
(a) 해협 또는 그 상공의 지체없는 항진.
(b) 해협연안국의 주권, 영토보전 또는 정치적 독립에 반하거나, 또는 국제연합헌장에 구현된 국제법의 원칙에 위반되는 그 밖의 방식에 의한 무력의 위협이나 무력의 행사의 자제.
(c) 불가항력 또는 조난으로 인하여 필요한 경우를 제외하고는 계속적이고 신속한 통과의 통상적인 방식에 따르지 아니하는 활동의 자제.
(d) 이 부의 그 밖의 관련규정 준수.

2. 통과통항중인 선박은 다음과 같이 하여야 한다.
(a) 해상충돌방지를 위한 국제규칙을 포함하여 해상안전을 위하여 일반적으로 수락된 국제규칙, 절차 및 관행의 준수.
(b) 선박에 의한 오염의 방지, 경감 및 통제를 위하여 일반적으로 수락된 국제규칙, 절차 및 관행의 준수.

3. 통과통항중인 항공기는 다음과 같이 하여야 한다.
(a) 국제민간항공기구가 제정한 민간항공기에 적용되는 항공규칙 준수. 국가항공기도 통상적으로 이러한 안전조치를 준수하고 항상 비행의 안전을 적절히 고려하여 운항.
(b) 국제적으로 지정된 권한있는 항공교통통제기구가 배정한 무선주파수나 적절한 국제조난 무선주파수의 상시 청취.

제40조(조사 및 측량활동)

해양과학조사선과 수로측량선을 포함한 외국선박은 통과통항중 해협연안국의 사전허가 없이 어떠한 조사활동이나 측량활동도 수행할 수 없다.

제41조(국제항행에 이용되는 해협의 항로대와 통항분리방식)

1. 해협연안국은 선박의 안전통항을 촉진하기 위하여 필요한 경우, 이 부에 따라 해협내 항행을 위하여 항로대를 지정하고 통항분리방식을 설정할 수 있다.

2. 해협연안국은 필요한 경우, 적절히 공표한 후, 이미 지정되거나 설정되어 있는 항로대나 통항분리방식을 다른 항로대나 통항분리방식으로 대체할 수 있다.

3. 이러한 항로대와 통항분리방식은 일반적으로 수락된 국제규칙에 따른다.

4. 해협연안국은 항로대를 지정·대체하거나 통항분리방식을 설정·대체하기에 앞서 권한있는 국제기구가 이를 채택하도록 제안한다. 국제기구는 해협연안국과 합의된 항로대와 통항분리방식만을 채택할 수 있으며, 그 후 해협연안국은 이를 지정, 설정 또는 대체할 수 있다.

5. 2개국 이상의 해협연안국의 수역을 통과하는 항로대나 통항분리방식이 제안된 해협에 대하여는, 관계국은 권한있는 국제기구와의 협의하에 제안을 작성하기 위하여 협력한다.

6. 해협연안국은 자국이 지정하거나 설정한 모든 항로대와 통항분리방식을 해도에 명시하고 이 해도를 적절히 공표한다.

7. 통과통항중인 선박은 이 조에 따라 설정되어 적용되는 항로대와 통항분리방식을 준수한다.

제42조(통과통항에 관한 해협연안국의 법령)

1. 이 절의 규정에 따라 해협연안국은 다음의 전부 또는 일부에 관하여 해협의 통과통항에 관한 법령을 제정할 수 있다.

(a) 제41조에 규정된 항행의 안전과 해상교통의 규제.

(b) 해협에서의 유류, 유류폐기물 및 그 밖의 유독성물질의 배출에 관하여 적용하는 국제규칙을 시행함으로써 오염의 방지·경감 및 통제.

(c) 어선에 관하여서는 어로의 금지(어구의 적재에 관한 규제 포함).

(d) 해협연안국의 관세·재정·출입국관리 또는 위생에 관한 법령에 위반되는 상품이나 화폐를 싣고 내리는 행위 또는 사람의 승선과 하선.

2. 이러한 법령은 외국선박을 형식상 또는 실질상으로 차별하지 아니하며, 그 적용에 있어서 이 절에 규정된 통과통항권을 부정, 방해 또는 침해하는 실질적인 효과를 가져오지 아니한다.

3. 해협연안국은 이러한 모든 법령을 적절히 공표한다.

4. 통과통항권을 행사하는 외국선박은 이러한 법령을 준수한다.

5. 주권면제를 향유하는 선박의 기국 또는 항공기의 등록국은 그 선박이나 항공기가 이러한 법령이나 이 부의 다른 규정에 위배되는 방식으로 행동한 경우 그로 인하여 해협연안국이 입은 손실 또는 손해에 대하여 국제책임을 진다.

제43조(항행 및 안전보조시설, 그 밖의 개선시설과 오염의 방지·경감 및 통제) 해협이용국과 해협연안국은 합의에 의하여 다음을 위하여 서로 협력한다.

(a) 항행 및 안전보조시설 또는 국제항행에 유용한 그 밖의 개선시설의 해협내 설치와 유지.

(b) 선박에 의한 오염의 방지·경감 및 통제.

제44조(해협연안국의 의무) 해협연안국은 통과통항권을 방해할 수 없으며 자국이 인지하고 있는 해협내 또는 해협 상공에 있어서의 항행이나 비행에 관한 위험을 적절히 공표한다. 통과통항은 정지될 수 없다.

제 3 절 무해통항

제45조(무해통항)

1. 제2부 제3절에 규정된 무해통항제도는 국제항행에 이용되는 다음 해협에 적용된다.

(a) 제38조 제1항에 규정된 통과통항제도가 적용되지 아니하는 해협.

(b) 공해 또는 배타적경제수역의 일부와 외국의 영해와의 사이에 있는 해협.

2. 이러한 해협을 통한 무해통항은 정지될 수 없다.

제 5 부   배타적경제수역

제55조(배타적경제수역의 특별한 법제도)   배타적경제수역은 영해 밖에 인접한 수역으로서, 연안국의 권리와 관할권 및 다른 국가의 권리와 자유가 이 협약의 관련규정에 의하여 규율되도록 이 부에서 수립된 특별한 법제도에 따른다.

제56조(배타적경제수역에서의 연안국의 권리, 관할권 및 의무)

1. 배타적경제수역에서 연안국은 다음의 권리와 의무를 갖는다.

(a) 해저의 상부수역, 해저 및 그 하층토의 생물이나 무생물등 천연자원의 탐사, 개발, 보존 및 관리를 목적으로 하는 주권적 권리와, 해수·해류 및 해풍을 이용한 에너지생산과 같은 이 수역의 경제적 개발과 탐사를 위한 그 밖의 활동에 관한 주권적 권리.

(b) 이 협약의 관련규정에 규정된 다음 사항에 관한 관할권.

(i) 인공섬, 시설 및 구조물의 설치와 사용.

(ii) 해양과학조사.

(iii) 해양환경의 보호와 보전.

(c) 이 협약에 규정된 그 밖의 권리와 의무.

2. 이 협약상 배타적경제수역에서의 권리행사와 의무이행에 있어서, 연안국은 다른 국가의 권리와 의무를 적절히 고려하고, 이 협약의 규정에 따르는 방식으로 행동한다.

3. 해저와 하층토에 관하여 이 조에 규정된 권리는 제6부에 따라 행사된다.

제57조(배타적경제수역의 폭)

배타적경제수역은 영해기선으로부터 200해리를 넘을 수 없다.

제58조(배타적경제수역에서의 다른 국가의 권리와 의무)

1. 연안국이거나 내륙국이거나 관계없이, 모든 국가는, 이 협약의 관련규정에 따를 것을 조건으로, 배타적경제수역에서 제87조에 규정된 항행·상공비행의 자유, 해저전선·관선부설의 자유 및 선박·항공기·해저전선·관선의 운용 등과 같이 이러한 자유와 관련되는 것으로서 이 협약의 다른 규정과 양립하는 그 밖의 국제적으로 적법한 해양 이용의 자유를 향유한다.

2. 제88조부터 제115조까지의 규정과 그 밖의 국제법의 적절한 규칙은 이 부에 배치되지 아니하는 한 배타적경제수역에 적용된다.

3. 이 협약상 배타적경제수역에서 권리행사와 의무를 이행함에 있어서, 각국은 연안국의 권리와 의무를 적절하게 고려하고, 이 부의 규정과 배치되지 아니하는 한 이 협약의 규정과 그 밖의 국제법규칙에 따라 연안국이 채택한 법령을 준수한다.

제59조(배타적경제수역에서의 권리와 관할권의 귀속에 관한 마찰 해결의 기초)   이 협약에 의하여 배타적경제수역에서의 권리나 관할권이 연안국이나 다른 국가에 귀속되지 아니하고 또한 연안국과 다른 국가간 이해관계를 둘러싼 마찰이 발생한 경우, 그 마찰은 당사자의 이익과 국제사회 전체의 이익의 중요성을 각각 고려하면서

형평에 입각하여 모든 관련상황에 비추어 해결한다.

제60조(배타적경제수역에서의 인공섬, 시설 및 구조물)

1. 배타적경제수역에서 연안국은 다음을 건설하고, 이에 관한 건설·운용 및 사용을 허가하고 규제하는 배타적 권리를 가진다.

(a) 인공섬.

(b) 제56조에 규정된 목적과 그 밖의 경제적 목적을 위한 시설과 구조물.

(c) 배타적경제수역에서 연안국의 권리행사를 방해할 수 있는 시설과 구조물.

2. 연안국은 이러한 인공섬, 시설 및 구조물에 대하여 관세·재정·위생·안전 및 출입국관리 법령에 관한 관할권을 포함한 배타적 관할권을 가진다.

3. 이러한 인공섬·시설 또는 구조물의 건설은 적절히 공시하고, 이러한 것이 있다는 사실을 경고하기 위한 영구적 수단을 유지한다. 버려졌거나 사용되지 아니하는 시설이나 구조물은 항행의 안전을 보장하기 위하여 제거하며, 이 경우 이와 관련하여 권한있는 국제기구에 의하여 수립되어 일반적으로 수락된 국제기준을 고려한다. 이러한 제거작업을 수행함에 있어서 어로·해양환경 보호 및 다른 국가의 권리와 의무를 적절히 고려한다. 완전히 제거되지 아니한 시설 또는 구조물의 깊이, 위치 및 규모는 적절히 공표한다.

4. 연안국은 필요한 경우 항행의 안전과 인공섬·시설 및 구조물의 안전을 보장하기 위하여 이러한 인공섬·시설 및 구조물의 주위에 적절한 조치를 취할 수 있는 합리적인 안전수역을 설치할 수 있다.

5. 연안국은 적용가능한 국제기준을 고려하여 안전수역의 폭을 결정한다. 이러한 수역은 인공섬·시설 또는 구조물의 성격 및 기능과 합리적으로 연관되도록 설정되고, 일반적으로 수락된 국제기준에 의하여 허용되거나 권한있는 국제기구가 권고한 경우를 제외하고는 그 바깥쪽 끝의 각 점으로부터 측정하여 500미터를 넘을 수 없다. 안전수역의 범위는 적절히 공시한다.

6. 모든 선박은 이러한 안전수역을 존중하며 인공섬·시설·구조물 및 안전수역 주변에서 일반적으로 수락된 항행에 관한 국제기준을 준수한다.

7. 인공섬·시설·구조물 및 그 주위의 안전수역은 승인된 국제항행에 필수적인 항로대 이용을 방해할 수 있는 곳에 설치할 수 없다.

8. 인공섬·시설 및 구조물은 섬의 지위를 가지지 아니한다. 이들은 자체의 영해를 가지지 아니하며 이들의 존재가 영해, 배타적경제수역 또는 대륙붕의 경계획정에 영향을 미치지 아니한다.

제61조(생물자원의 보존)

1. 연안국은 자국의 배타적경제수역에서의 생물자원의 허용어획량을 결정한다.

2. 연안국은 자국이 이용가능한 최선의 과학적 증거를 고려하여, 남획으로 인하여 배타적경제수역에서 생물자원의 유지가 위태롭게 되지 아니하도록 적절한 보존·관리조치를 통하여 보장한다. 적절한 경우, 연안국과 권한있는 소지역적·지역적 또는 지구적 국제기구는 이를 위하여 협력한다.

3. 이러한 조치는 최대지속생산량을 가져올 수 있는 수준으로 어획대상 어종

6. 해양법에 관한 국제연합협약 91

의 자원량이 유지·회복되도록 계획한다. 이러한 조치를 취함에 있어서 연안어업지
역의 경제적 필요와 개발도상국의 특별한 요구를 포함한 환경적·경제적 관련 요
인에 의하여 입증되고 또한 어로방식·어족간의 상호의존성 및 소지역적·지역적
또는 지구적 기준 등 어느 기준에서 보나 일반적으로 권고된 국제적 최소기준을
고려한다.

4. 이러한 조치를 취함에 있어서 연안국은 어획되는 어종에 연관되거나 종속
되는 어종의 자원량의 생산량이 중대하게 위태롭게 되지 아니할 수준 이상으로
유지·회복하기 위하여 연관어종이나 종속어종에 미치는 영향을 고려한다.

5. 이용가능한 과학적 정보, 어획량과 어업활동 통계 및 수산자원의 보존과
관련된 그 밖의 자료는 배타적경제수역에서 그 국민의 입어가 허용된 국가를 포
함한 모든 관련국의 참여 아래 적절히 권한있는 소지역적·지역적 또는 지구적 국
제기구를 통하여 정기적으로 제공되고 교환된다.

제62조(생물자원의 이용)

1. 연안국은 제61조의 규정을 침해하지 아니하고 배타적경제수역에서 생물자
원의 최적이용목표를 달성한다.

2. 연안국은 배타적경제수역의 생물자원에 관한 자국의 어획능력을 결정한다.
연안국이 전체 허용어획량을 어획할 능력이 없는 경우, 협정이나 그 밖의 약정을
통하여 제4항에 언급된 조건과 법령에 따라 허용어획량의 잉여량에 관한 다른 국
가의 입어를 허용한다. 이 경우 연안국은 제69조 및 제70조의 규정, 특히 이러한
규정이 언급한 개발도상국에 대해 특별히 고려한다.

3. 이 조에 따라 배타적경제수역에서 다른 국가의 입어를 허용함에 있어서,
연안국은 모든 관련 요소를 고려한다. 특히 그 수역의 생물자원이 연안국의 경제
와 그 밖의 국가이익에 미치는 중요성, 제69조 및 제70조의 규정, 잉여자원 어획
에 관한 소지역내 또는 지역내 개발도상국의 요구 및 소속 국민이 그 수역에서
관습적으로 어로행위를 하여 왔거나 어족의 조사와 식별을 위하여 실질적인 노력
을 기울여 온 국가의 경제적 혼란을 극소화할 필요성을 고려한다.

4. 배타적경제수역에서 어로행위를 하는 다른 국가의 국민은 연안국의 법령에
의하여 수립된 보존조치와 그 밖의 조건을 준수한다. 이러한 법령은 이 협약에 부
합하여야 하며 특히 다음 사항에 관련될 수 있다.

(a) 어부에 대한 조업허가, 어선과 조업장비의 허가(이러한 허가조치에는 수수
료나 다른 형태의 보상금 지급이 포함되며, 개발도상연안국의 경우 수산업에
관한 금융·장비 및 기술분야에 있어서 적절한 보상으로 이루어질 수 있다).

(b) 어획가능한 어종의 결정 및 어획할당량의 결정(특정한 어족, 어족의 무리,
또는 특정기간동안 어선당 어획량 또는 특정기간동안 어느 국가의 국민에 의
한 어획량으로 산정되는 어획할당량).

(c) 어로기, 어로수역, 어구의 종류·크기 및 수량, 그리고 사용가능한 어선의
종류·크기 및 척수의 규제.

(d) 어획가능한 어류와 그 밖의 어종의 연령과 크기의 결정.

(e) 어선에 대하여 요구되는 정보(어획량과 어업활동 통계 및 어선위치 보고 포함).

(f) 연안국의 허가와 통제에 따른 특정한 어업조사계획의 실시요구와 이러한 조사(어획물의 견본작성, 견본의 처리 및 관련 과학조사자료 보고를 포함)실시 의 규제.

(g) 연안국에 의한 감시원이나 훈련원의 어선에의 승선배치

(h) 이러한 어선에 의한 어획물의 전부나 일부를 연안국의 항구에 내리는 행위.

(i) 합작사업이나 그 밖의 협력약정에 관한 조건.

(j) 연안국의 어로조사 수행능력 강화를 포함한 인원훈련과 어로기술의 이전 조건.

(k) 시행절차.

5. 연안국은 보존과 관리에 관한 법령을 적절히 공시한다.

제63조(2개국 이상 연안국의 배타적경제수역에 걸쳐 출현하거나 배타적경제수역과 그 바 깥의 인접수역에 걸쳐 출현하는 어족)

1. 동일어족이나 이와 연관된 어종의 어족이 2개국 이상 연안국의 배타적경제 수역에 걸쳐 출현하는 경우, 이러한 연안국들은, 이 부의 다른 규정을 침해하지 아니하고, 직접 또는 적절한 소지역기구나 지역기구를 통하여 이러한 어족의 보존 과 개발을 조정하고 보장하는 데 필요한 조치에 합의하도록 노력한다.

2. 동일어족 또는 이와 연관된 어종의 어족이 배타적경제수역과 그 바깥의 인 접수역에 걸쳐 출현하는 경우, 연안국과 인접수역에서 이러한 어족을 어획하는 국 가는 직접 또는 적절한 소지역기구나 지역기구를 통하여 인접수역에서 이러한 어 족의 보존에 필요한 조치에 합의하도록 노력한다.

제64조(고도회유성어종)

1. 연안국과 제1부속서에 열거된 고도회유성어종을 어획하는 국민이 있는 그 밖의 국가는 배타적경제수역과 그 바깥의 인접수역에서 그러한 어종의 보존을 보 장하고 최적이용목표를 달성하기 위하여 직접 또는 적절한 국제기구를 통하여 협 력한다. 적절한 국제기구가 없는 지역에서는 연안국과 같은 수역에서 이러한 어종 을 어획하는 국민이 있는 그 밖의 국가는 이러한 기구를 설립하고 그 사업에 참 여하도록 노력한다.

2. 제1항의 규정은 이 부의 다른 규정과 함께 적용한다.

제65조(해양포유동물) 이 부의 어떠한 규정도, 적절한 경우, 이 부에 규정된 것보 다 더 엄격하게 해양포유동물의 포획을 금지·제한 또는 규제할 수 있는 연안국의 권리나 국제기구의 권한을 제한하지 아니한다. 각국은 해양포유동물의 보존을 위 하여 노력하며, 특히 고래류의 경우 그 보존·관리 및 연구를 위하여 적절한 국제 기구를 통하여 노력한다.

제66조(소하성어족)

1. 소하성어족이 기원하는 하천의 국가는 이 어족에 대한 일차적 이익과 책임 을 가진다.

2. 소하성어족의 기원국은 자국의 배타적경제수역 바깥한계의 육지쪽 모든 수역에서의 어로와 제3항 (b)에 규정된 어로에 관하여 적절한 규제조치를 수립함으로써 그 어족의 보존을 보장한다. 기원국은 이러한 어족을 어획하는 제3항과 제4항에 언급된 다른 국가와 협의한 후 자국 하천에서 기원하는 어족에 대한 총허용어획량을 결정할 수 있다.

3. (a) 이 규정으로 인하여 기원국 이외의 국가에 경제적 혼란이 초래되는 경우를 제외하고는, 소하성어족의 어획은 배타적경제수역 바깥한계의 육지쪽 수역에서만 행하여진다. 배타적 경제수역 바깥한계 밖의 어획에 관하여 관련국은 그 어족에 관한 기원국의 보존요건 및 필요를 적절히 고려하여 어로조건에 관한 합의에 도달하기 위한 협의를 유지한다.

(b) 기원국은 소하성어족을 어획하는 다른 국가의 통상적인 어획량, 조업방법 및 모든 조업실시지역을 고려하여 이들 국가의 경제적 혼란을 최소화하도록 협력한다.

(c) (b)에 언급된 국가가 기원국과의 합의에 의하여, 특히 그 경비분담등 소하성 어족을 재생산시키는 조치에 참여하는 경우, 이러한 국가에 대하여 기원국은 자국의 하천에서 기원한 그 어족의 어획에 있어서 특별한 고려를 한다.

(d) 배타적경제수역 바깥의 소하성어족에 관한 규칙은 기원국과 다른 관련국과의 합의에 의하여 시행한다.

4. 소하성어족이 기원국이 아닌 국가의 배타적경제수역 바깥한계의 육지쪽 수역을 통하여 회유하는 경우 이러한 국가는 그 어족의 보존과 관리에 관하여 기원국과 협력한다.

5. 소하성어족의 기원국과 이를 어획하는 그 밖의 국가는 이 조의 규정을 이행하기 위하여 적절한 경우 지역기구를 통하여 약정을 체결한다.

제67조(강하성어종)

1. 강하성어종이 그 생존기간의 대부분을 보내는 수역의 연안국은 그 어종의 관리에 대한 책임을 지며 회유어의 출입을 보장한다.

2. 강하성어종의 어획은 배타적경제수역 바깥한계의 육지쪽 수역에서만 행하여진다. 배타적경제수역에서 어획이 행하여지는 경우 이 조의 규정 및 배타적경제수역내 어획에 관한 이 협약의 그 밖의 규정에 따른다.

3. 강하성어종이 치어로서 또는 성어로서 다른 국가의 배타적경제수역을 회유하는 경우, 어획을 포함한 그 어종에 대한 관리는 제1항에 언급된 국가와 그 밖의 관련국간의 합의에 따라 규제된다. 이러한 합의는 강하성어종의 합리적 관리를 보장하고 이의 유지를 위하여 제1항에 언급된 국가의 책임을 고려한다.

제68조(정착성어종)

이 부는 제77조 제4항에서 정의한 정착성어종에는 적용하지 아니한다.

제69조(내륙국의 권리)

1. 내륙국은 모든 관련국의 경제적·지리적 관련상황을 고려하고 이 조 및 제61조, 제62조의 규정에 따라 형평에 입각하여 동일한 소지역이나 지역내 연안국의

배타적경제수역의 생물자원 잉여량중 적절한 양의 개발에 참여할 권리를 가진다.

2. 이러한 참여조건과 방식은 특히 아래 사항을 고려하여 양자협정, 소지역 또는 지역협정을 통하여 관련국에 의하여 수립된다.

(a) 연안국의 지역어업사회 및 수산업에 해로운 영향을 회피할 필요.

(b) 이 조의 규정에 따라 내륙국이 기존의 양자협정, 소지역 또는 지역협정에 따라 다른 연안국의 배타적경제수역의 생물자원 개발에 참여하고 있는 정도 또는 참여할 수 있는 자격의 정도.

(c) 다른 내륙국과 지리적불리국이 연안국의 배타적경제수역의 생물자원개발 에 참여하고 있는 정도 및 그 결과로 단일 연안국이 특별한 부담 또는 그 일부를 지게 되는 것을 회피할 필요.

(d) 각국 주민의 영양상 필요.

3. 연안국의 어획능력이 자국 배타적경제수역내에 있는 생물자원의 허용어획량 전체를 어획할 수 있는 수준에 도달한 경우, 연안국과 그 밖의 관련국은 양국간, 소지역적 또는 지역적 기초에 입각하여 상황에 적절하고 모든 당사국이 만족하는 조건으로 동일한 소지역 또는 지역내에 있는 개발도상내륙국이 그 소지역 또는 지역내 연안국의 배타적경제수역의 생물자원개발에 참여하는 것을 허용하는 공평한 약정을 체결하도록 협력한다. 이 규정을 이행함에 있어서 제2항에 규정한 사항도 함께 고려한다.

4. 이 조의 규정에 따라 선진내륙국은 동일한 소지역 또는 지역내 선진연안국의 배타적경제수역에 한하여 생물자원 개발에 참여할 수 있다. 이 때 그 선진내륙국은 그 선진 연안국이 자국의 배타적경제수역의 생물자원에 대한 다른 국가의 접근을 허용함에 있어서, 관습적으로 그 수역에서 조업하여 온 국민이 있는 국가의 지역어업사회에 미칠 해로운 영향과 경제적 혼란을 최소화할 필요를 고려하여 온 정도를 참작한다.

5. 위의 규정은 연안국이 배타적경제수역의 생물자원개발을 위한 평등한 권리나 우선적 권리를 동일한 소지역 또는 지역내의 내륙국에 부여하는 소지역 또는 지역내에서 합의된 약정을 적용하는 것을 침해하지 아니한다.

제70조(지리적불리국의 권리)

1. 지리적불리국은 모든 관련국의 경제적·지리적 상황을 고려하고 이 조 및 제61조, 제62조의 규정에 따라 동일한 소지역 또는 지역내에 있는 연안국의 배타적경제수역의 생물자원 잉여량중 적절한 양의 개발에 공평하게 참여할 권리를 가진다.

2. 이 부에서 "지리적불리국"이라 함은 폐쇄해나 반폐쇄해에 접한 국가를 포함한 연안국으로서, 그 지리적 여건으로 인하여 자국주민 또는 그 일부의 영양상 목적을 위하여 충분한 어류공급을 소지역 또는 지역내에 있는 다른 국가의 배타적경제수역내 생물자원의 개발에 의존하여야 하거나, 자국의 배타적경제수역을 주장할 수 없는 연안국을 말한다.

3. 이러한 참여의 조건과 방식은 특히 아래 사항을 고려하여 양자협정, 소지

역 또는 지역협정을 통하여 관련국에 의하여 확립된다.

(a) 연안국의 지역어업사회 및 수산업에 해로운 영향을 회피할 필요.

(b) 이 조의 규정에 따라 지리적불리국이 기존의 양자협정, 소지역 또는 지역협정에 따라 다른 연안국의 배타적경제수역의 생물자원개발에 참여하고 있는 정도 또는 참여할 수 있는 자격의 정도.

(c) 다른 지리적불리국과 내륙국이 연안국의 배타적경제수역의 생물자원의 개발에 참여하고 있는 정도 및 그 결과로 단일 연안국이 특별한 부담 또는 그 일부를 지게 되는 것을 회피할 필요.

(d) 각국 주민의 영양상 필요.

4. 연안국의 어획능력이 자국의 배타적경제수역 생물자원의 허용어획량 전체를 어획할 수 있는 수준에 도달한 경우, 연안국과 그 밖의 관련국은 양국간, 소지역적 또는 지역적 기초에 입각하여 상황에 적절하고 모든 당사국이 만족하는 조건으로, 동일한 소지역이나 지역내에 있는 연안국의 배타적경제수역 생물자원 개발에 참여를 허용하는 공평한 약정을 체결하도록 협력한다. 이 규정을 이행함에 있어서 제3항에 규정한 사항도 함께 고려한다.

5. 이 조의 규정에 따라 선진지리적불리국은 동일한 소지역 또는 지역내에 있는 선진연안국의 배타적 경제수역에 한하여 생물자원의 개발에 참여할 수 있다. 이 때 그 선진지리적불리국은 그 선진연안국이 자국의 배타적 경제수역의 생물자원에 대하여 다른 국가의 입어를 허용함에 있어서, 소속국민이 오랫동안 그 수역에서 조업하여 온 국가의 지역어업사회에 미칠 해로운 영향과 경제적 혼란을 최소화할 필요를 고려하여 온 정도를 참작한다.

6. 위의 규정은 연안국이 배타적 경제수역의 생물자원 개발을 위한 평등한 권리나 우선적 권리를 동일한 소지역 또는 지역내의 지리적 불리국에 부여하는 소지역 또는 지역 내에서 합의된 약정을 적용하는 것을 침해하지 아니한다.

제71조(제69조와 제70조 적용의 배제) 제69조와 제70조의 규정은 연안국의 경제가 배타적경제수역의 생물자원개발에 크게 의존하고 있는 경우에는 적용하지 아니한다.

제72조(권리이전의 제한)

1. 제69조와 제70조에 규정한 생물자원개발 권리는 관계국이 달리 합의하지 아니하는 한, 임대차나 면허, 합작사업의 설립 또는 권리 이전의 효과를 가지는 그 밖의 방법에 의하여 제3국이나 그 국민에게 직접적으로 또는 간접적으로 이전될 수 없다.

2. 제1항의 규정은 동항에서 언급된 효과를 가지지 아니하는 한, 관련국이 제69조와 제70조의 규정에 따른 권리의 행사를 용이하게 하기 위하여 제3국이나 국제기구로부터 기술적·재정적 원조를 받는 것을 방해하지 아니한다.

제73조(연안국법령의 시행)

1. 연안국은 배타적경제수역의 생물자원을 탐사·개발·보존 및 관리하는 주권적 권리를 행사함에 있어서, 이 협약에 부합되게 채택한 자국법령을 준수하도록 보장하기 위하여 승선, 검색, 나포 및 사법절차를 포함하여 필요한 조치를 취할

96

수 있다.

2. 나포된 선박과 승무원은 적절한 보석금이나 그 밖의 보증금을 예치한 뒤에는 즉시 석방된다.

3. 배타적경제수역에서 어업법령 위반에 대한 연안국의 처벌에는, 관련국간 달리 합의하지 아니하는 한, 금고 또는 다른 형태의 체형이 포함되지 아니한다.

4. 외국선박을 나포하거나 억류한 경우, 그 연안국은 적절한 경로를 통하여 취하여진 조치와 그 후에 부과된 처벌에 관하여 기국에 신속히 통고한다.

제74조(대향국간 또는 인접국간의 배타적경제수역의 경계획정)

1. 서로 마주보고 있거나 인접한 연안을 가진 국가간의 배타적경제수역 경계 획정은 공평한 해결에 이르기 위하여, 국제사법재판소규정 제38조에 언급된 국제 법을 기초로 하는 합의에 의하여 이루어진다.

2. 상당한 기간내에 합의에 이르지 못할 경우 관련국은 제15부에 규정된 절차에 회부한다.

3. 제1항에 규정된 합의에 이르는 동안, 관련국은 이해와 상호협력의 정신으로 실질적인 잠정약정을 체결할 수 있도록 모든 노력을 다하며, 과도적인 기간동안 최종 합의에 이르는 것을 위태롭게 하거나 방해하지 아니한다. 이러한 약정은 최종적인 경계획정에 영향을 미치지 아니한다.

4. 관련국간에 발효중인 협정이 있는 경우, 배타적경제수역의 경계획정에 관련된 사항은 그 협정의 규정에 따라 결정된다.

제75조(해도와 지리적 좌표목록)

1. 이 부에 따라 배타적경제수역의 바깥한계선 및 제75조에 따라 그은 경계획정선은 그 위치를 확인하기에 적합한 축척의 해도에 표시된다. 적절한 경우 이러한 바깥한계선이나 경계획정선은 측지자료를 명기한 각 지점의 지리적 좌표목록으로 대체할 수 있다.

2. 연안국은 이러한 해도나 지리적 좌표목록을 적절히 공표하고 그 사본을 국제연합 사무총장에게 기탁한다.

제 6 부 대 륙 붕

제76조(대륙붕의 정의)

1. 연안국의 대륙붕은 영해 밖으로 영토의 자연적 연장에 따라 대륙변계의 바깥끝까지, 또는 대륙변계의 바깥끝이 200해리에 미치지 아니하는 경우, 영해기선으로부터 200해리까지의 해저지역의 해저와 하층토로 이루어진다.

2. 연안국의 대륙붕은 제4항부터 제6항까지 규정한 한계 밖으로 확장될 수 없다.

3. 대륙변계는 연안국 육지의 해면 아래쪽 연장으로서, 대륙붕·대륙사면·대륙 융기의 해저와 하층토로 이루어진다. 대륙변계는 해양산맥을 포함한 심해대양저나 그 하층토를 포함하지 아니한다.

4. (a) 이 협약의 목적상 연안국은 대륙변계가 영해기선으로부터 200해리 밖까지 확장되는 곳에서는 아래 선 중 어느 하나로 대륙변계의 바깥끝을 정한다.

(i) 퇴적암의 두께가 그 가장 바깥 고정점으로부터 대륙사면의 끝까지를 연결한 가장 가까운 거리의 최소한 1퍼센트인 가장 바깥 고정점을 제7항에 따라 연결한 선.

(ii) 대륙사면의 끝으로부터 60해리를 넘지 아니하는 고정점을 제7항에 따라 연결한 선.

(b) 반대의 증거가 없는 경우, 대륙사면의 끝은 그 기저에서 경사도의 최대변경점으로 결정된다.

5. 제4항 (a) (i)과 (ii)의 규정에 따라 그은 해저에 있는 대륙붕의 바깥한계선을 이루는 고정점은 영해기선으로부터 350해리를 넘거나 2500미터 수심을 연결하는 선인 2,500미터 등심선으로부터 100해리를 넘을 수 없다.

6. 제5항의 규정에도 불구하고 해저산맥에서는 대륙붕의 바깥한계는 영해기선으로부터 350해리를 넘을 수 없다. 이 항은 해양고원·융기·캡·해퇴 및 해저돌출부와 같은 대륙변계의 자연적 구성요소인 해저고지에는 적용하지 아니한다.

7. 대륙붕이 영해기선으로부터 200해리 밖으로 확장되는 경우, 연안국은 경도와 위도 좌표로 표시된 고정점을 연결하여 그 길이가 60해리를 넘지 아니하는 직선으로 대륙붕의 바깥한계를 그어야 한다.

8. 연안국은 영해기선으로부터 200해리를 넘는 대륙붕의 한계에 관한 정보를 공평한 지리적 배분의 원칙에 입각하여 제2부속서에 따라 설립된 대륙붕한계위원회에 제출한다. 위원회는 대륙붕의 바깥한계 설정에 관련된 사항에 관하여 연안국에 권고를 행한다. 이러한 권고를 기초로 연안국이 확정한 대륙붕의 한계는 최종적이며 구속력을 가진다.

9. 연안국은 측지자료를 비롯하여 항구적으로 자국 대륙붕의 바깥한계를 표시하는 해도와 관련정보를 국제연합사무총장에게 기탁한다. 국제연합사무총장은 이를 적절히 공표한다.

10. 이 조의 규정은 서로 마주보고 있거나 이웃한 연안국의 대륙붕경계 획정문제에 영향을 미치지 아니한다.

제77조(대륙붕에 대한 연안국의 권리)

1. 연안국은 대륙붕을 탐사하고 그 천연자원을 개발할 수 있는 대륙붕에 대한 주권적 권리를 행사한다.

2. 제1항에 언급된 권리는 연안국이 대륙붕을 탐사하지 아니하거나 그 천연자원을 개발하지 아니하더라도 다른 국가는 연안국의 명시적인 동의없이는 이러한 활동을 할 수 없다는 의미에서 배타적 권리이다.

3. 대륙붕에 대한 연안국의 권리는 실효적이거나 관념적인 점유 또는 명시적 선언에 의존하지 아니한다.

4. 이 부에서 규정한 천연자원은 해저와 하층토의 광물, 그 밖의 무생물자원 및 정착성어종에 속하는 생물체, 즉 수확가능단계에서 해저표면 또는 그 아래에서

움직이지 아니하거나 또는 해저나 하층토에 항상 밀착하지 아니하고는 움직일 수 없는 생물체로 구성된다.

제78조(상부수역과 상공의 법적지위 및 다른 국가의 권리와 자유)

　1. 대륙붕에 대한 연안국의 권리는 그 상부수역이나 수역 상공의 법적지위에 영향을 미치지 아니한다.

　2. 대륙붕에 대한 연안국의 권리행사는 다른 국가의 항행의 권리 및 이 협약에 규정한 다른 권리와 자유를 침해하거나 부당한 방해를 초래하지 아니한다.

제79조(대륙붕에서의 해저전선과 관선)

　1. 모든 국가는 이 조의 규정에 따라 대륙붕에서 해저전선과 관선을 부설할 자격을 가진다.

　2. 연안국은 대륙붕의 탐사와 대륙붕의 천연자원 개발, 그리고 관선에 의한 오염의 방지, 경감 및 통제를 위한 합리적 조치를 취할 권리에 따라 이러한 전선이나 관선의 부설이나 유지를 방해할 수 없다.

　3. 대륙붕에서 위의 관선 부설경로의 설정은 연안국의 동의를 받아야 한다.

　4. 이 부의 어떠한 규정도 자국 영토나 영해를 거쳐가는 전선이나 관선에 대한 조건을 설정하는 연안국의 권리, 대륙붕의 탐사나 그 자원의 개발 또는 자국 관할권 아래에 있는 인공섬·시설 및 구조물의 운용과 관련하여 부설하거나 사용하는 전선과 관선에 대한 연안국의 관할권에 영향을 미치지 아니한다.

　5. 각국은 해저전선이나 관선을 부설함에 있어서 이미 설치된 전선이나 관선을 적절히 고려한다. 특히 기존전선이나 관선을 수리할 가능성을 방해하지 아니한다.

제80조(대륙붕상의 인공섬·시설 및 구조물)

　제60조의 규정은 대륙붕상의 인공섬·시설 및 구조물에 준용한다.

제81조(대륙붕시추)　연안국은 대륙붕에서 모든 목적의 시추를 허가하고 규제할 배타적 권리를 가진다.

제82조(200해리 밖의 대륙붕개발에 따른 금전지급 및 현물공여)

　1. 연안국은 영해기선으로부터 200해리 밖에 있는 대륙붕의 무생물 자원 개발에 관하여 금전을 지급하거나 현물을 공여한다.

　2. 금전지급과 현물공여는 생산개시 5년 후부터 그 광구에서 생산되는 모든 생산물에 대하여 매년 납부된다. 6년째의 금전지급이나 현물공여의 비율은 생산물의 가격이나 물량의 1퍼센트로 유지한다. 그 비율은 12년째까지 매년 1퍼센트씩 증가시키고 그 이후에는 7퍼센트로 한다. 생산물의 개발을 위하여 사용한 자원은 포함하지 아니한다.

　3. 자국의 대륙붕에서 생산되는 광물자원의 순수입국인 개발도상국은 그 광물자원에 대한 금전지급이나 현물공여로부터 면제된다.

　4. 금전지급과 현물공여는 해저기구를 통하여 이루어지며, 해저기구는 이를 개발도상국 특히 개발도상국중 최저개발국 및 내륙국의 이익과 필요를 고려하고 공평분배의 기준에 입각하여 이 협약의 당사국에게 분배한다.

제83조(대향국간 또는 인접국간의 대륙붕의 경계획정)

　1. 서로 마주보고 있거나 인접한 연안국간의 대륙붕 경계획정은 공평한 해결에 이르기 위하여, 국제사법재판소규정 제38조에 언급된 국제법을 기초로 하여 합의에 의하여 이루어진다.

　2. 상당한 기간내에 합의에 이르지 못할 경우, 관련국은 제15부에 규정된 절차에 회부한다.

　3. 제1항에 규정된 합의에 이르는 동안 관련국은, 이해와 상호협력의 정신으로, 실질적인 잠정약정을 체결할 수 있도록 모든 노력을 다하며, 과도적인 기간동안 최종 합의에 이르는 것을 위태롭게 하거나 방해하지 아니한다. 이러한 약정은 최종적 경계획정에 영향을 미치지 아니한다.

　4. 관련국간에 발효중인 협정이 있는 경우, 대륙붕의 경계획정에 관련된 문제는 그 협정의 규정에 따라 결정된다.

제84조(해도와 지리적 좌표목록)

　1. 이 부에 따라 대륙붕의 바깥한계선과 제83조에 따라 그은 경계획정선은 그 위치를 확인하기에 적합한 축척의 해도에 표시한다. 적절한 경우 이러한 바깥한계선이나 경계획정선은 측지자료를 명기한 각 지점의 지리적 좌표목록으로 대체할 수 있다.

　2. 연안국은 이러한 해도나 지리적 좌표목록을 적절히 공표하고 그 사본을 국제연합 사무총장에게 기탁하며, 대륙붕의 바깥한계선을 표시하는 해도나 좌표목록의 경우에는 이를 해저기구 사무총장에게 기탁한다.

제85조(굴 착)　이 부의 규정은 하층토 상부의 수심에 관계없이 굴착에 의하여 하층토를 개발하는 연안국의 권리를 침해하지 아니한다.

제 7 부　공　해

제 1 절　총　칙

제86조(이 부 규정의 적용)

　이 부의 규정은 어느 한 국가의 배타적경제수역·영해·내수 또는 군도국가의 군도 수역에 속하지 아니하는 바다의 모든 부분에 적용된다. 이 조는 제58조에 따라 배타적경제수역에서 모든 국가가 향유하는 자유에 제약을 가져오지 아니한다.

제87조(공해의 자유)

　1. 공해는 연안국이거나 내륙국이거나 관계없이 모든 국가에 개방된다. 공해의 자유는 이 협약과 그 밖의 국제법규칙이 정하는 조건에 따라 행사된다. 연안국과 내륙국이 향유하는 공해의 자유는 특히 다음의 자유를 포함한다.

　(a) 항행의 자유

　(b) 상공비행의 자유

(c) 제6부에 따른 해저전선과 관선 부설의 자유

(d) 제6부에 따라 국제법상 허용되는 인공섬과 그 밖의 시설 건설의 자유

(e) 제2절에 정하여진 조건에 따른 어로의 자유

(f) 제6부와 제13부에 따른 과학조사의 자유

2. 모든 국가는 이러한 자유를 행사함에 있어서 공해의 자유의 행사에 관한 다른 국가이 이이 및 심해저할동과 관련된 이 협약상의 다른 국가의 권리를 석설히 고려한다.

제88조(평화적 목적을 위한 공해의 보존) 공해는 평화적 목적을 위하여 보존된다.

제89조(공해에 대한 주권주장의 무효)

어떠한 국가라도 유효하게 공해의 어느 부분을 자국의 주권아래 둘 수 없다.

제90조(항행의 권리) 연안국이거나 내륙국이거나 관계없이 모든 국가는 공해에서 자국기를 계양한 선박을 항행시킬 권리를 가진다.

제91조(선박의 국적)

1. 모든 국가는 선박에 대한 자국국적의 부여, 자국영토에서의 선박의 등록 및 자국기를 계양할 권리에 관한 조건을 정한다. 어느 국기를 계양할 자격이 있는 선박은 그 국가의 국적을 가진다. 그 국가와 선박간에는 진정한 관련이 있어야 한다.

2. 모든 국가는 그 국기를 계양할 권리를 부여한 선박에 대하여 그러한 취지의 서류를 발급한다.

제92조(선박의 지위)

1. 국제조약이나 이 협약에 명시적으로 규정된 예외적인 경우를 제외하고는 선박은 어느 한 국가의 국기만을 계양하고 항행하며 공해에서 그 국가의 배타적인 관할권에 속한다. 선박은 진정한 소유권 이전 또는 등록변경의 경우를 제외하고는 항행중이나 기항중에 그 국기를 바꿀 수 없다.

2. 2개국 이상의 국기를 편의에 따라 계양하고 항행하는 선박은 다른 국가에 대하여 그 어느 국적도 주장할 수 없으며 무국적선으로 취급될 수 있다.

제93조(국제연합, 국제연합전문기구와 국제원자력기구의 기를 계양한 선박)

앞의 조항들은 국제연합, 국제연합전문기구 또는 국제원자력기구의 기를 계양하고 그 기구의 공무에 사용되는 선박에 관련된 문제에는 영향을 미치지 아니한다.

제94조(기국의 의무)

1. 모든 국가는 자국기를 계양한 선박에 대하여 행정적·기술적·사회적 사항에 관하여 유효하게 자국의 관할권을 행사하고 통제한다.

2. 모든 국가는 특히,

(a) 일반적으로 수락된 국제규칙이 적용되지 아니하는 소형 선박을 제외하고는 자국기를 계양한 선명과 세부사항을 포함하는 선박등록대장을 유지한다.

(b) 선박에 관련된 행정적·기술적·사회적 사항과 관련하여 자국기를 계양한 선박, 그 선박의 선장, 사관과 선원에 대한 관할권을 자국의 국내법에 따라 행사한다.

3. 모든 국가는 자국기를 계양한 선박에 대하여 해상안전을 확보하기 위하여

필요한 조치로서 특히 다음 사항에 관한 조치를 취한다.

(a) 선박의 건조, 장비 및 감항성

(b) 적용가능한 국제문서를 고려한 선박의 인원배치, 선원의 근로조건 및 훈련

(c) 신호의 사용, 통신의 유지 및 충돌의 방지

4. 이러한 조치는 다음을 보장하기 위하여 필요한 사항을 포함한다.

(a) 각 선박은 등록전과 등록후 적당한 기간마다 자격있는 선박검사원에 의한 검사를 받아야 하며, 선박의 안전항행에 적합한 해도·항행간행물과 항행장비 및 항행도구를 선상에 보유한다.

(b) 각 선박은 적합한 자격, 특히 선박조종술·항행·통신·선박공학에 관한 적합한 자격을 가지고 있는 선장과 사관의 책임아래 있고, 선원은 그 자격과 인원수가 선박의 형태·크기·기관 및 장비에 비추어 적합하여야 한다.

(c) 선장·사관 및 적합한 범위의 선원은 해상에서의 인명안전, 충돌의 방지, 해양오염의 방지·경감·통제 및 무선통신의 유지와 관련하여 적용가능한 국제규칙에 완전히 정통하고 또한 이를 준수한다.

5. 제3항과 제4항에서 요구되는 조치를 취함에 있어서, 각국은 일반적으로 수락된 국제적인 규제 조치, 절차 및 관행을 따르고, 이를 준수하기 위하여 필요한 조치를 취한다.

6. 선박에 관한 적절한 관할권이나 통제가 행하여지지 않았다고 믿을 만한 충분한 근거를 가지고 있는 국가는 기국에 그러한 사실을 통보할 수 있다. 기국은 이러한 통보를 접수한 즉시 그 사실을 조사하고, 적절한 경우, 상황을 개선하기 위하여 필요한 조치를 취한다.

7. 각국은 다른 국가의 국민에 대한 인명손실이나 중대한 상해, 다른 국가의 선박이나 시설, 또는 해양환경에 대한 중대한 손해를 일으킨 공해상의 해난이나 항행사고에 관하여 자국기를 게양한 선박이 관계되는 모든 경우, 적절한 자격을 갖춘 사람에 의하여 또는 그 입회 아래 조사가 실시되도록 한다. 기국 및 다른 관련국은 이러한 해난이나 항행사고에 관한 그 다른 관련국의 조사실시에 서로 협력한다.

제95조(공해상 군함의 면제)

공해에 있는 군함은 기국외의 어떠한 국가의 관할권으로부터도 완전히 면제된다.

제96조(정부의 비상업적 업무에만 사용되는 선박의 면제)

국가가 소유하거나 운용하는 선박으로서 정부의 비상업적 업무에만 사용되는 선박은 공해에서 기국외의 어떠한 국가의 관할권으로부터도 완전히 면제된다.

제97조(충돌 또는 그 밖의 항행사고에 관한 형사관할권)

1. 공해에서 발생한 선박의 충돌 또는 선박에 관련된 그 밖의 항행사고로 인하여 선장 또는 그 선박에서 근무하는 그 밖의 사람의 형사책임이나 징계책임이 발생하는 경우, 관련자에 대한 형사 또는 징계절차는 그 선박의 기국이나 그 관련자의 국적국의 사법 또는 행정당국 외에서는 제기될 수 없다.

2. 징계문제와 관련, 선장증명서, 자격증 또는 면허증을 발급한 국가만이 적법

절차를 거친 후, 이러한 증명서의 소지자가 자국국민이 아니더라도, 이러한 증명서를 무효화할 권한이 있다.

    3. 선박의 나포나 억류는 비록 조사를 위한 조치이더라도 기국이 아닌 국가의 당국은 이를 명령할 수 없다.

제98조(지원제공의무)

    1. 모든 국가는 자국국기를 게양한 선박의 선장에 대하여 선박·선원 또는 승객에 대한 중대한 위험이 없는 한 다음 사항을 행하도록 요구한다.

    (a) 바다에서 발견된 실종위험이 있는 사람에 대한 지원제공.

    (b) 지원할 필요가 있다고 통보받은 경우 선장이 그러한 행동을 하리라고 합리적으로 기대되는 한도내에서 가능한 전속력 항진하여 조난자를 구조하는 것.

    (c) 충돌후 상대선박·선원·승객에 대한 지원제공 및 가능한 경우 자기선박의 명칭·등록항 그리고 가장 가까운 기항예정지를 상대선박에 통보.

    2. 모든 연안국은 해상안전에 관한 적절하고도 실효적인 수색·구조기관의 설치·운영 및 유지를 촉진시키고, 필요한 경우 이를 위하여 지역약정의 형태로 인접국과 서로 협력한다.

제99조(노예수송금지)　모든 국가는 자국기 게양이 허가된 선박에 의한 노예수송을 방지하고 처벌하며 자국기가 그러한 목적으로 불법사용되는 것을 방지하기 위하여 실효적인 조치를 취한다. 선박에 피난한 노예는 그 선박의 기국이 어느 나라이건 피난사실 자체로써 자유이다.

제100조(해적행위 진압을 위한 협력의무)　모든 국가는 공해나 국가 관할권 밖의 어떠한 곳에서라도 해적행위를 진압하는데 최대한 협력한다.

제101조(해적행위의 정의)　해적행위라 함은 다음 행위를 말한다.

    (a) 민간선박 또는 민간항공기의 승무원이나 승객이 사적 목적으로 다음에 대하여 범하는 불법적 폭력행위, 억류 또는 약탈 행위.

    (i) 공해상의 다른 선박이나 항공기 또는 그 선박이나 항공기내의 사람이나 재산.

    (ii) 국가 관할권에 속하지 아니하는 곳에 있는 선박·항공기·사람이나 재산.

    (b) 어느 선박 또는 항공기가 해적선 또는 해적항공기가 되는 활동을 하고 있다는 사실을 알고서도 자발적으로 그러한 활동에 참여하는 모든 행위.

    (c) (a) 와 (b)에 규정된 행위를 교사하거나 고의적으로 방조하는 모든 행위.

제102조(승무원이 반란을 일으킨 군함·정부선박·정부항공기에 의한 해적행위)

    승무원이 반란을 일으켜 그 지배하에 있는 군함·정부선박·정부항공기가 제101조에 정의된 해적행위를 하는 경우, 그러한 행위는 민간선박 또는 민간항공기에 의한 행위로 본다.

제103조(해적선·해적항공기의 정의)　선박 또는 항공기를 실효적으로 통제하고 있는 자가 제101조에 언급된 어느 한 행위를 목적으로 그 선박이나 항공기를 사용하려는 경우, 그 선박 또는 항공기는 해적선이나 해적항공기로 본다. 선박이나 항공기가 이러한 행위를 위하여 사용된 경우로서 그 선박이나 항공기가 그러한 행

위에 대해 책임있는 자의 지배하에 있는 한 또한 같다.

제104조(해적선·해적항공기의 국적 보유 또는 상실)

선박 또는 항공기가 해적선 또는 해적항공기가 된 경우에도 그 국적을 보유할 수 있다. 국적의 보유나 상실은 그 국적을 부여한 국가의 법률에 의하여 결정된다.

제105조(해적선·해적항공기의 나포)

모든 국가는 공해 또는 국가 관할권 밖의 어떠한 곳에서라도, 해적선·해적항공기 또는 해적행위에 의하여 탈취되어 해적의 지배하에 있는 선박·항공기를 나포하고, 그 선박과 항공기내에 있는 사람을 체포하고, 재산을 압수할 수 있다. 나포를 행한 국가의 법원은 부과될 형벌을 결정하며, 선의의 제3자의 권리를 존중할 것을 조건으로 그 선박·항공기 또는 재산에 대하여 취할 조치를 결정할 수 있다.

제106조(충분한 근거없는 나포에 따르는 책임)

해적행위의 혐의가 있는 선박이나 항공기의 나포가 충분한 근거가 없이 행하여진 경우, 나포를 행한 국가는 그 선박이나 항공기의 국적국에 대하여 나포로 인하여 발생한 손실 또는 손해에 대한 책임을 진다.

제107조(해적행위를 이유로 나포할 권한이 있는 선박과 항공기)   해적행위를 이유로 한 나포는 군함·군용항공기 또는 정부업무를 수행중인 것으로 명백히 표시되고 식별이 가능하며 그러한 권한이 부여된 그 밖의 선박이나 항공기만이 행할 수 있다.

제108조(마약이나 향정신성물질의 불법거래)

1. 모든 국가는 공해에서 선박에 의하여 국제협약을 위반하여 행하여지는 마약과 향정신성물질의 불법거래를 진압하기 위하여 협력한다.

2. 자국기를 게양한 선박이 마약이나 향정신성물질의 불법거래에 종사하고 있다고 믿을 만한 합리적인 근거를 가지고 있는 국가는 다른 국가에 대하여 이러한 거래의 진압을 위한 협력을 요청할 수 있다.

제109조(공해로부터의 무허가방송)

1. 모든 국가는 공해로부터의 무허가방송을 진압하는데 협력한다.

2. 이 협약에서 "무허가방송"이라 함은 국제규정을 위배하여 일반대중의 수신을 목적으로 공해상의 선박이나 시설로부터 음성무선방송이나 텔레비젼방송을 송신함을 말한다. 다만, 조난신호의 송신은 제외한다.

3. 무허가방송에 종사하는 자는 다음 국가의 법원에 기소될 수 있다.

(a) 선박의 기국.

(b) 시설의 등록국.

(c) 종사자의 국적국.

(d) 송신이 수신될 수 있는 국가.

(e) 허가된 무선통신이 방해받는 국가.

4. 제3항에 따라 관할권을 가지는 국가는 무허가방송에 종사하는 사람이나 선박을 제110조의 규정에 따라 공해에서 체포하거나 나포하고 방송기기를 압수할 수 있다.

제110조(임검권)

1. 제95조와 제96조에 따라 완전한 면제를 가지는 선박을 제외한 외국선박을 공해에서 만난 군함은 다음과 같은 혐의를 가지고 있다는 합리적 근거가 없는 한 그 선박을 임검하는 것은 정당화되지 아니한다. 다만, 간섭행위가 조약에 따라 부여된 권한에 의한 경우는 제외한다.

(a) 그 선박의 해적행위에의 종사.

(b) 그 선박의 노예거래에의 종사.

(c) 그 선박의 무허가방송에의 종사 및 군함 기국이 제109조에 따른 관할권 보유.

(d) 무국적선.

(e) 선박이 외국기를 게양하고 있거나 국기제시를 거절하였음에도 불구하고 실질적으로 군함과 같은 국적 보유.

2. 제1항에 규정된 경우에 있어서 군함은 그 선박이 그 국기를 게양할 권리를 가지는가를 확인할 수 있다. 이러한 목적을 위하여 군함은 혐의선박에 대하여 장교의 지휘아래 보조선을 파견할 수 있다. 서류를 검열한 후에도 혐의가 남아있는 경우, 가능한 한 신중하게 그 선박내에서 계속하여 검사를 진행할 수 있다.

3. 혐의가 근거없는 것으로 밝혀지고 또한 임검을 받은 선박이 그 혐의를 입증할 어떠한 행위도 행하지 아니한 경우에는 그 선박이 입은 모든 손실이나 피해에 대하여 보상을 받는다.

4. 이러한 규정은 군용항공기에 준용한다.

5. 이러한 규정은 또한 정부 업무에 사용중인 것으로 명백히 표시되어 식별이 가능하며 정당하게 권한이 부여된 그 밖의 모든 선박이나 항공기에도 적용한다.

제111조(추적권)

1. 외국선박에 대한 추적은 연안국의 권한있는 당국이 그 선박이 자국의 법령을 위반한 것으로 믿을 만한 충분한 이유가 있을 때 행사할 수 있다. 이러한 추적은 외국선박이나 그 선박의 보조선이 추적국의 내수·군도수역·영해 또는 접속수역에 있을 때 시작되고 또한 추적이 중단되지 아니한 경우에 한하여 영해나 접속수역 밖으로 계속될 수 있다. 영해나 접속수역에 있는 외국선박이 정선명령을 받았을 때 정선명령을 한 선박은 반드시 영해나 접속수역에 있어야 할 필요는 없다. 외국선박이 제33조에 정의된 접속수역에 있을 경우 추적은 그 수역을 설정함으로써 보호하려는 권리가 침해되는 경우에 한하여 행할 수 있다.

2. 추적권은 배타적경제수역이나 대륙붕(대륙붕시설 주변의 안전수역 포함)에서 이 협약에 따라 배타적경제수역이나 대륙붕(이러한 안전수역 포함)에 적용될 수 있는 연안국의 법령을 위반한 경우에 준용한다.

3. 추적권은 추적당하는 선박이 그 국적국 또는 제3국의 영해에 들어감과 동시에 소멸한다.

4. 추적당하는 선박이나 그 선박의 보조선이 또는 추적당하는 선박을 모선으로 사용하면서 한 선단을 형성하여 활동하는 그 밖의 보조선이 영해의 한계 내에

있거나, 경우에 따라서는, 접속수역·배타적경제수역 한계내에 또는 대륙붕 상부에
있다는 사실을 추적선박이 이용가능한 실제적인 방법으로 확인하지 아니하는 한,
추적은 시작된 것으로 인정되지 아니한다. 추적은 시각이나 음향 정선신호가 외국
선박이 보거나 들을 수 있는 거리에서 발신된 후 비로소 이를 시작할 수 있다.

    5. 추적권은 군함·군용항공기 또는 정부업무에 사용중인 것으로 명백히 표시
되어 식별이 가능하며 그러한 권한이 부여된 그 밖의 선박이나 항공기에 의하여
서만 행사될 수 있다.

    6. 추적이 항공기에 의하여 행하여지는 경우

    (a) 제1항부터 제4항까지의 규정을 준용한다.

    (b) 정선명령을 한 항공기는 선박을 직접 나포할 수 있는 경우를 제외하고는
그 항공기가 요청한 연안국의 선박이나 다른 항공기가 도착하여 추적을 인수
할 때까지 그 선박을 스스로 적극적으로 추적한다. 선박의 범법사실 또는 범
법혐의가 항공기에 의하여 발견되었더라도, 그 항공기에 의하여 또는 중단없
이 계속하여 그 추적을 행한 다른 항공기나 선박에 의하여 정선명령을 받고
추적당하지 아니하는 한, 영해 밖에서의 나포를 정당화시킬 수 없다.

    7. 어느 국가의 관할권 내에서 나포되어 권한있는 당국의 심리를 받기 위하여
그 국가의 항구에 호송된 선박은 부득이한 사정에 의하여 그 항행도중에 배타적
경제수역의 어느 한 부분이나 공해의 어느 한 부분을 통하여 호송되었다는 이유
만으로 그 석방을 주장할 수 없다.

    8. 추적권의 행사가 정당화되지 아니하는 상황에서 선박이 영해 밖에서 정지되
거나 나포된 경우, 그 선박은 이로 인하여 받은 모든 손실이나 피해를 보상받는다.

제112조(해저전선·관선의 부설권)

    1. 모든 국가는 대륙붕 밖의 공해 해저에서 해저전선과 관선을 부설할 수 있다.

    2. 제79조 제5항은 이러한 전선과 관선에 적용된다.

제113조(해저전선·관선의 파괴 및 훼손)

    모든 국가는 자국기를 게양한 선박이나 자국의 관할권에 속하는 사람이 전신이
나 전화통신을 차단하거나 방해할 우려가 있는 방법으로 공해 밑에 있는 해저전
선을 고의나 과실로 파괴하거나 훼손하는 행위와 이와 유사한 방식으로 해저관선
이나 고압전선을 파괴하거나 훼손하는 행위는 처벌가능한 범죄를 구성한다는 사실
을 규정하기 위하여 필요한 법령을 제정한다. 또한 이 조의 규정은 이러한 파괴
및 훼손을 기도하였거나 초래할 가능성이 있는 행위에도 적용한다. 다만, 이 조의
규정은 이러한 파괴 및 훼손을 피하기 위하여 필요한 모든 예방조치를 취한 후
자신의 생명이나 선박을 구하기 위하여 오직 적법한 목적으로 행동한 사람에 의
하여 발생한 파괴 및 훼손에 대하여는 적용하지 아니한다.

제114조(해저전선·관선 소유자에 의한 다른 해저전선·관선의 파괴 및 훼손) 모든 국가
는 자국의 관할권에 속하는 사람으로서 공해 밑에 있는 해저전선이나 관선의 소
유자가 전선이나 관선을 부설·수리 도중 다른 전선이나 관선을 파괴하거나 훼손
한 경우, 수리비용을 부담하도록 규정하기 위하여 필요한 법령을 제정한다.

제115조(해저전선·관선 훼손을 피하는 데 따르는 손실의 보상) 모든 국가는 선박의 소유자가 해저전선이나 관선의 훼손을 회피하기 위하여 닻, 어망 또는 그 밖의 어구를 멸실하였음을 입증할 수 있을 때에는 그 선박소유자가 사전에 모든 합리적인 예방조치를 취하였음을 조건으로 하여 그 전선이나 관선의 소유자로부터 보상을 받을 수 있도록 보장하기 위하여 필요한 법령을 제정한다.

제 2 절 공해생물자원의 관리 및 보존

제116조(공해어업권)

모든 국가는 다음의 규정을 지킬 것을 조건으로 자국민이 공해에서 어업에 종사하도록 할 권리를 가진다.

(a) 자국의 조약상의 의무.

(b) 특히 제63조 제2항과 제64조부터 제67조까지의 규정된 연안국의 권리, 의무 및 이익.

(c) 이 절의 규정.

제117조(자국민을 대상으로 공해생물자원 보존조치를 취할 국가의 의무)

모든 국가는 자국민을 대상으로 공해생물자원 보존에 필요한 조치를 취하거나, 그러한 조치를 취하기 위하여 다른 국가와 협력할 의무가 있다.

제118조(생물자원의 보존·관리를 위한 국가간 협력) 모든 국가는 공해수역에서 생물자원의 보존·관리를 위하여 서로 협력한다. 동일한 생물자원이나 동일수역에서의 다른 생물자원을 이용하는 국민이 있는 모든 국가는 관련생물자원의 보존에 필요한 조치를 취하기 위한 교섭을 시작한다. 이를 위하여 적절한 경우 그 국가는 소지역 또는 지역어업기구를 설립하는 데 서로 협력한다.

제119조(공해생물자원 보존)

1. 공해생물자원의 허용어획량을 결정하고 그 밖의 보존조치를 수립함에 있어서 국가는 다음 사항을 행한다.

(a) 개발도상국의 특별한 요구를 포함한 환경적·경제적 관련요소에 따라 제한되고 어업형태·어족간 서로 의존하고 있는 정도 및 소지역적·지역적 또는 지구적이거나에 관계없이 일반적으로 권고된 국제최저기준을 고려하여 최대지속 생산량을 실현시킬 수 있는 수준으로, 어획하는 어종의 자원량을 유지·회복하도록 관계국이 이용가능한 최선의 과학적 증거를 기초로 하여 계획된 조치를 취한다.

(b) 어획하는 어종과 관련되거나 이에 부수되는 어종의 자원량의 재생산이 뚜렷하게 위태롭게 되지 아니할 수준이상으로 유지·회복시키기 위하여 연관어종이나 종속어종에 미치는 영향을 고려한다.

2. 이용가능한 과학적 정보, 어획량 및 어업활동 통계와 수산자원보존에 관련된 그 밖의 자료는 적절한 경우 모든 관련국이 참여한 가운데 권한있는 소지역적·지역적 또는 지구적 국제기구를 통하여 정기적으로 제공되고 교환된다.

3. 관계국은 보존조치와 그 시행에 있어서 어떠한 국가의 어민에 대하여서도 형식상 또는 실질상의 차별이 없도록 보장한다.

제120조(해양포유동물)

제65조는 공해의 해양포유동물의 보존과 관리에도 적용한다.

제 8 부 섬 제 도

제121조(섬제도)

1. 섬이라 함은 바닷물로 둘러싸여 있으며, 밀물일 때에도 수면위에 있는, 자연적으로 형성된 육지지역을 말한다.

2. 제3항에 규정된 경우를 제외하고는 섬의 영해, 접속수역, 배타적경제수역 및 대륙붕은 다른 영토에 적용가능한 이 협약의 규정에 따라 결정한다.

3. 인간이 거주할 수 없거나 독자적인 경제활동을 유지할 수 없는 암석은 배타적경제수역이나 대륙붕을 가지지 아니한다. (Rocks which cannot sustain human habitation or economic life of their own shall have no exclusive economic zone or continental shelf.)

제 9 부 폐쇄해·반폐쇄해

제122조(정의) 이 협약에서 "폐쇄해 또는 반폐쇄해"라 함은 2개국 이상에 의하여 둘러싸이고 좁은 출구에 의하여 다른 바다나 대양에 연결되거나, 또는 전체나 그 대부분이 2개국 이상 연안국의 영해와 배타적경제수역으로 이루어진 만(gulf), 내만(basin) 또는 바다를 말한다.

제123조(폐쇄해·반폐쇄해 연안국간 협력) 폐쇄해 또는 반폐쇄해 연안국은 이 협약에 따른 권리행사와 의무이행에 있어서 서로 협력한다. 이러한 목적을 위하여 이들 국가는 직접적으로 또는 적절한 지역기구를 통하여 다음을 위하여 노력한다.

　(a) 해양생물자원의 관리·보존·탐사 및 이용 조정

　(b) 해양환경보호·보전에 관한 권리의무 이행의 조정

　(c) 과학조사정책의 조정 및 적절한 경우 해역에서의 공동과학조사계획의 실시

　(d) 이 조의 규정을 시행함에 있어서 적절한 경우 서로 협력하기 위한 다른 이해 관계국이나 국제기구의 초청

제11부 심 해 저

제1절 총 칙

제133조(용어의 사용)

이 부에서,

(a) "자원"이라 함은 복합금속단괴를 비롯하여, 심해저의 해저나 해저 아래에 있는 자연상태의 모든 고체성, 액체성 또는 기체성 광물자원을 말한다.

(b) 자원이 심해저로부터 채취된 경우 이를 "광물"이라 한다.

제134조(이 부의 적용범위)

1. 이 부는 심해저에 적용된다.

2. 심해저활동은 이 부의 규정에 의하여 규율된다.

3. 제1조 제1항 (1)에 언급된 한계를 표시하는 해도나 지리적 좌표목록의 기탁과 공표에 관한 요건은 제6부에 규정한다.

4. 이 조의 규정은 제6부에 따른 대륙붕의 바깥한계 설정이나 해안을 마주하거나 해안이 인접한 국가간의 경계획정에 관한 협정의 효력에 영향을 미치지 아니한다.

제135조(상부수역과 상공의 법적지위)

이 부 또는 이 부에 따라 부여되거나 행사되는 어떠한 권리도 심해저 상부수역이나 상공의 법적지위에 영향을 미치지 아니한다.

제2절 심해저를 규율하는 원칙

제136조(인류의 공동유산) 심해저와 그 자원은 인류의 공동유산이다.

제137조(심해저와 그 자원의 법적지위)

1. 어떠한 국가도 심해저나 그 자원의 어떠한 부분에 대하여 주권이나 주권적 권리를 주장하거나 행사할 수 없으며, 어떠한 국가·자연인·법인도 이를 자신의 것으로 독점할 수 없다. 이와 같은 주권, 주권적 권리의 주장·행사 또는 독점은 인정되지 아니한다.

2. 심해저 자원에 대한 모든 권리는 인류 전체에게 부여된 것이며, 해저기구는 인류 전체를 위하여 활동한다. 이러한 자원은 양도의 대상이 될 수 없다. 다만, 심해저로부터 채취된 광물은 이 부와 해저기구의 규칙, 규정 및 절차에 의하여서만 양도할 수 있다.

3. 국가, 자연인 또는 법인은 이 부에 의하지 아니하고는 심해저로부터 채취된 광물에 대하여 권리를 주장, 취득 또는 행사할 수 없다. 이 부에 의하지 아니한 권리의 주장, 취득 및 행사는 인정되지 아니한다.

제138조(심해저에 관한 국가의 일반적 행위) 심해저에 관한 국가의 일반적 행위는 이 부의 규정, 국제연합헌장에 구현된 원칙 및 그 밖의 국제법 규칙에 따라 평화와 안전의 유지 및 국제협력과 상호이해의 증진을 위하여 수행되어야 한다.

제139조(협약준수의무 및 손해배상책임)

1. 당사국은 당사국이나 국영기업에 의하여 수행되거나, 당사국의 국적을 가지거나 당사국 또는 그 국민에 의하여 실효적으로 지배되는 자연인 또는 법인에 의하여 수행되는 심해저활동이 이 부에 따라 수행되도록 보장할 의무를 진다. 국제기구가 수행하는 심해저활동에 있어서는 그 국제기구가 동일한 의무를 진다.

2. 국제법의 규칙과 제3부속서 제22조를 침해하지 아니하고, 당사국이나 국제기구는 이 부에 따른 의무를 이행하지 아니함으로써 발생한 손해에 대한 책임을 지며, 이와 함께 활동하는 당사국이나 국제기구는 연대책임 및 개별책임을 진다. 다만, 당사국이 제153조 제4항과 제3부속서 제4조 제4항의 규정에 따라 실효적인 준수를 보장하기 위하여 필요하고 적절한 모든 조치를 취한 경우에는, 그 당사국이 제153조 제2항 (b)의 규정에 따라 보증한 자가 이 부의 규정을 준수하지 아니하여 발생한 손해에 대하여는 책임을 지지 아니한다.

3. 국제기구의 회원국인 당사국은 그 국제기구와 관련하여 이 조의 이행을 보장하기 위한 적절한 조치를 취한다.

제140조(인류의 이익)

1. 심해저활동은 이 부에 특별히 규정된 바와 같이 연안국이나 내륙국등 국가의 지리적 위치에 관계없이 인류전체의 이익을 위하여 수행하며, 개발도상국의 이익과 필요 및 국제연합총회 결의 제1514(XV)호와 그 밖의 국제연합총회의 관련결의에 따라 국제연합에 의하여 승인된 완전독립 또는 그 밖의 자치적 지위를 획득하지 못한 주민의 이익과 필요를 특별히 고려한다.

2. 해저기구는 심해저활동으로부터 나오는 재정적 이익과 그 밖의 경제적 이익이 제160조 제2항 (f), (i)의 규정에 따라 적절한 제도를 통하여 차별없이 공평하게 배분되도록 한다.

제141조(심해저의 평화적 이용)   심해저는 연안국이거나 내륙국이거나 관계없이 모든 국가가 차별없이, 이 부의 다른 규정을 침해하지 아니하고, 오로지 평화적 목적을 위하여 이용하도록 개방된다.

제142조(연안국의 권리와 적법한 이익)

1. 국가관할권 한계에 걸쳐 존재하는 심해저 자원의 광상에 대한 심해저활동은 이러한 광상이 그 관할권에 걸쳐 존재하는 모든 연안국의 권리와 정당한 이익을 적절히 고려하여 수행된다.

2. 이러한 권리와 이익의 침해를 방지하기 위하여 관련국 사이에 사전통고제도를 포함한 협의를 유지한다. 심해저활동이 국가관할권 내에 있는 자원의 개발을 초래할 경우에는 관련 연안국의 사전동의를 필요로 한다.

3. 이 부 및 이 부에 따라 부여되거나 행사되는 어떠한 권리도 심해저활동으로부터 초래되거나 야기되는 오염이나 오염발생의 위험, 그 밖의 위험한 사태로부터 자국의 연안이나 관련 이익에 대한 중대하고도 급박한 위험을 방지, 경감 및 제거하기 위하여 제12부의 관련규정에 따라 필요한 조치를 취할 연안국의 권리에 영향을 미치지 아니한다.

제15부 분쟁의 해결

제1절 총 칙

제279조(평화적 수단에 의한 분쟁해결의무)

당사국은 이 협약의 해석이나 적용에 관한 당사국간의 모든 분쟁을 국제연합헌장 제2조 제3항의 규정에 따라 평화적 수단에 의하여 해결하여야 하고, 이를 위하여 헌장 제33조 제1항에 제시된 수단에 의한 해결을 추구한다.

제280조(당사자가 선택한 평화적 수단에 의한 분쟁해결)

이 부의 어떠한 규정도 당사국이 언제라도 이 협약의 해석이나 적용에 관한 당사국간의 분쟁을 스스로 선택하는 평화적 수단에 의하여 해결하기로 합의할 수 있는 권리를 침해하지 아니한다.

제281조(당사자간 합의가 이루어지지 아니한 경우의 절차)

1. 이 협약의 해석이나 적용에 관한 분쟁의 당사자인 당사국이 스스로 선택한 평화적 수단에 의한 분쟁해결을 추구하기로 합의한 경우, 이 부에 규정된 절차는 그 수단에 의하여 해결이 이루어지지 아니하고 당사자간의 합의로 그 밖의 다른 절차를 배제하지 아니하는 경우에만 적용된다.

2. 당사자가 기한을 두기로 합의한 경우, 제1항은 그 기한이 만료한 때에 한하여 적용한다.

제282조(일반협정·지역협정·양자협정상의 의무)

이 협약의 해석이나 적용에 관한 분쟁의 당사자인 당사국들이 일반협정·지역협정·양자협정을 통하여 또는 다른 방법으로 어느 한 분쟁당사자의 요청에 따라 구속력 있는 결정을 초래하는 절차에 그 분쟁을 회부하기로 합의한 경우, 그 분쟁당사자가 달리 합의하지 아니하는 한, 이 부에 규정된 절차 대신 그 절차가 적용된다.

제283조(의견교환의무)

1. 이 협약의 해석이나 적용에 관하여 당사국간 분쟁이 일어나는 경우, 분쟁당사자는 교섭이나 그 밖의 평화적 수단에 의한 분쟁의 해결에 관한 의견을 신속히 교환한다.

2. 당사자는 이러한 분쟁의 해결절차에 의하여 해결에 도달하지 못하였거나 또는 해결에 도달하였으나 해결의 이행방식에 관한 협의를 필요로 하는 상황인 경우, 의견을 신속히 교환한다.

제284조(조정)

1. 이 협약의 해석이나 적용에 관한 분쟁당사자인 당사국은 제5부속서 제1절에 규정된 절차나 그 밖의 조정절차에 따라 다른 당사자에게 그 분쟁을 조정에 회부하도록 요청할 수 있다.

2. 이러한 요청이 수락되고 당사자가 적용할 조정절차에 합의한 경우, 어느 당사자라도 그 분쟁을 조정절차에 회부할 수 있다.

3. 이러한 요청이 수락되지 아니하거나 당사자가 조정절차에 합의하지 아니하

는 경우, 조정이 종료된 것으로 본다.

　　4. 당사자가 달리 합의하지 아니하는 한, 분쟁이 조정에 회부된 때에는 조정은 합의된 조정절차에 따라서만 종료될 수 있다.

제285조(제11부에 따라 회부된 분쟁에 대한 이 절의 적용)　이 절은 제11부 제5절에 의거하여 이 부에 규정된 절차에 따라 해결하는 모든 분쟁에 적용한다. 국가가 아닌 주체가 이러한 분쟁의 당사자인 경우에도 이 절을 준용한다.

제2절 구속력 있는 결정을 수반하는 강제절차

제286조(이 절에 따른 절차의 적용)

　이 협약의 해석이나 적용에 관한 분쟁이 제1절에 따른 방법으로 해결이 이루어지지 아니하는 경우, 제3절에 따를 것을 조건으로, 어느 한 분쟁당사자의 요청이 있으면 이 절에 의하여 관할권을 가지는 재판소에 회부된다.

제287조(절차의 선택)

　　1. 어떠한 국가도 이 협약의 서명, 비준, 가입시 또는 그 이후 언제라도, 서면선언에 의하여 이 협약의 해석이나 적용에 관한 분쟁의 해결을 위하여 다음 수단 중의 어느 하나 또는 그 이상을 자유롭게 선택할 수 있다.

　　(a) 제6부속서에 따라 설립된 국제해양법재판소

　　(b) 국제사법재판소

　　(c) 제7부속서에 따라 구성된 중재재판소

　　(d) 제8부속서에 규정된 하나 또는 그 이상의 종류의 분쟁해결을 위하여 그 부속서에 따라 구성된 특별중재재판소

　　2. 제1항에 따라 행한 선언은 제11부 제5절에 규정된 범위와 방식에 따라 국제해양법재판소 해저분쟁재판부의 관할권을 수락하여야 하는 당사국의 의무에 영향을 미치지 아니하거나 또는 이로부터 영향을 받지 아니한다.

　　3. 유효한 선언에 포함되어 있지 아니한 분쟁의 당사자인 당사국은 제7부속서에 따른 중재를 수락한 것으로 본다.

　　4. 분쟁당사자가 그 분쟁에 관하여 동일한 분쟁해결절차를 수락한 경우, 당사자간 달리 합의하지 아니하는 한, 그 분쟁은 그 절차에만 회부될 수 있다.

　　5. 분쟁당사자가 그 분쟁에 관하여 동일한 분쟁해결절차를 수락하지 아니한 경우, 당사자간 달리 합의하지 아니하는 한, 그 분쟁은 제7부속서에 따른 중재에만 회부될 수 있다.

　　6. 제1항에 따라 행한 선언은 취소통고가 국제연합사무총장에게 기탁된 후 3개월까지 효력을 가진다.

　　7. 새로운 선언, 선언의 취소 또는 종료의 통고는 당사자간 달리 합의하지 아니하는 한, 이 조에 따른 관할권을 가지는 재판소에 계류중인 소송에 어떠한 영향도 미치지 아니한다.

　　8. 이 조에 언급된 선언과 통고는 국제연합사무총장에게 기탁되어야 하며, 사

무총장은 그 사본을 당사국에 전달한다.

제288조(관할권)

　　1. 제287조에 언급된 재판소는 이 부에 따라 재판소에 회부되는 이 협약의 해석이나 적용에 관한 분쟁에 대하여 관할권을 가진다.

　　2. 제287조에 언급된 재판소는 이 협약의 목적과 관련된 국제협정의 해석이나 적용에 관한 분쟁으로서 그 국제협정에 따라 재판소에 회부된 분쟁에 대하여 관할권을 가진다.

　　3. 제6부속서에 따라 설립된 국제해양법재판소 해저분쟁재판부와 제11부 제5절에 언급된 그 밖의 모든 재판부나 중재재판소는 제11부 제5절에 따라 회부된 모든 문제에 대하여 관할권을 가진다.

　　4. 재판소가 관할권을 가지는지 여부에 관한 분쟁이 있는 경우, 그 문제는 그 재판소의 결정에 의하여 해결한다.

제289조(전문가)

　　과학·기술적 문제를 수반하는 분쟁에 있어서 이 절에 따라 관할권을 행사하는 재판소는 어느 한 분쟁당사자의 요청이나 재판소의 직권에 의하여 당사자와의 협의를 거쳐 우선적으로 제8부속서 제2조에 따라 준비된 관련 명부로부터 투표권 없이 재판에 참여하는 2인 이상의 과학·기술전문가를 선임할 수 있다.

제290조(잠정조치)

　　1. 어느 재판소에 정당하게 회부된 분쟁에 대하여 그 재판소가 일응 이 부나 제11부 제5절에 따라 관할권을 가지는 것으로 판단하는 경우, 그 재판소는 최종판결이 날 때까지 각 분쟁당사자의 이익을 보전하기 위하여 또는 해양환경에 대한 중대한 손상을 방지하기 위하여 그 상황에서 적절하다고 판단하는 잠정 조치를 명령할 수 있다.

　　2. 잠정조치는 이를 정당화하는 상황이 변화하거나 소멸하는 즉시 변경거나 철회할 수 있다.

　　3. 잠정조치는 어느 한 분쟁당사자의 요청이 있는 경우에만 모든 당사자에게 진술의 기회를 준 후 이 조에 따라 명령·변경 또는 철회할 수 있다.

　　4. 재판소는 분쟁당사자와 재판소가 적절하다고 인정하는 그 밖의 당사국에게 잠정 조치의 명령, 변경 또는 철회를 즉시 통지한다.

　　5. 이 절에 따라 분쟁이 회부되는 중재재판소가 구성되는 동안 잠정조치의 요청이 있는 경우 당사자가 합의하는 재판소가, 만일 잠정조치의 요청이 있은 후 2주일 이내에 이러한 합의가 이루어지지 아니하는 경우에는 국제해양법재판소(또는 심해저활동에 관하여서는 해저분쟁재판부)가, 이 조에 따라 잠정조치를 명령, 변경 또는 철회할 수 있다. 다만, 이는 장차 구성될 중재재판소가 일응 관할권을 가지고 있고 상황이 긴급하여 필요하다고 인정된 경우에 한한다. 분쟁이 회부된 중재재판소는 구성 즉시 제1항부터 제4항까지에 따라 그 잠정조치를 변경, 철회 또는 확인할 수 있다.

　　6. 분쟁당사자는 이 조의 규정에 따라 명령된 잠정조치를 신속히 이행한다.

제291조(분쟁해결절차의 개방)

1. 이 부에 규정된 모든 분쟁해결절차는 당사국에게 개방된다.

2. 이 부에 규정된 분쟁해결절차는 이 협약에 특별히 규정된 경우에만 당사국 이외의 주체에게 개방된다.

제292조(선박·선원의 신속한 석방)

1. 어느 한 당사국의 당국이 다른 당사국의 국기를 게양한 선박을 억류하고 있고, 적정한 보석금이나 그 밖의 금융 보증이 예치되었음에도 불구하고 억류국이 선박이나 선원을 신속히 석방해야 할 이 협약상의 규정을 준수하지 아니하였다고 주장되는 경우, 당사국간 달리 합의되지 아니하는 한, 억류로부터의 석방문제는 당사국간 합의된 재판소에 회부될 수 있으며, 만일 그러한 합의가 억류일로부터 10일 이내에 이루어지지 아니하면 제287조에 따라 억류국이 수락한 재판소나 국제해양법재판소에 회부될 수 있다.

2. 석방신청은 선박의 기국에 의하여 또는 기국을 대리하여서만 할 수 있다.

3. 재판소는 지체없이 석방신청을 처리하고, 선박과 그 소유자 또는 선원에 대한 적절한 국내법정에서의 사건의 심리에 영향을 미침이 없이 석방문제만을 처리한다. 억류국의 당국은 선박이나 승무원을 언제라도 석방할 수 있는 권한을 가진다.

4. 재판소가 결정한 보석금이나 그 밖의 금융 보증이 예치되는 즉시 억류국의 당국은 선박이나 선원들의 석방에 관한 재판소의 결정을 신속히 이행한다.

제293조(적용법규)

1. 이 절에 따라 관할권을 가지는 재판소는 이 협약 및 이 협약과 상충되지 아니하는 그 밖의 국제법 규칙을 적용한다.

2. 당사자가 합의한 경우, 제1항은 이 절에 따라 관할권을 가지는 재판소가 형평과 선에 기초하여 재판하는 권한을 침해하지 아니한다.

제294조(예비절차)

1. 제287조에 규정된 재판소에 제297조에 언급된 분쟁에 관한 신청이 접수된 경우, 그 재판소는 어느 한 당사자의 요청에 따라 청구가 법적 절차의 남용에 해당되는지의 여부나 청구에 일응 정당한 근거가 있는 지의 여부를 결정하여야 하며, 재판소의 직권으로 이를 결정할 수도 있다. 재판소는 청구가 법적 절차의 남용에 해당하거나 또는 일응 근거가 없다고 결정한 경우, 그 사건에 관하여 더 이상의 조치를 취할 수 없다.

2. 재판소는 신청을 접수한 즉시 다른 당사자에게 그 신청을 신속히 통지하여야 하며 다른 당사자가 제1항에 따라 재판소의 결정을 요청할 수 있는 합리적인 기한을 정한다.

3. 이 조의 어떠한 규정도 적용가능한 절차규칙에 따라 선결적 항변을 제기할 수 있는 분쟁당사자의 권리에 영향을 미치지 아니한다.

제295조(국내적 구제의 완료) 이 협약의 해석이나 적용에 관한 당사국간의 분쟁은 국제법상 국내적 구제가 완료되어야 하는 경우에는 이러한 절차를 완료한 후

114

에만 규정된 절차에 회부될 수 있다.

제296조(판결의 종국성과 구속력)

1. 이 절에 따라 관할권을 가지는 재판소의 판결은 종국적이며 분쟁당사자에 의하여 준수되어야 한다.

2. 어떠한 판결도 그 특정 분쟁과 당사자 외에는 구속력을 가지지 아니한다.

제3절 제2절 적용의 제한과 예외

제297조(제2절 적용의 제한)

1. 이 협약에 규정된 연안국의 주권적 권리 또는 관할권 행사와 관련된 이 협약의 해석이나 적용에 관한 분쟁으로서 다음의 각 경우 제2절에 규정된 절차에 따른다.

(a) 연안국이 항해·상공비행의 자유와 권리, 해저전선·해저관선 부설의 자유와 권리 또는 제58조에 명시된 그 밖의 국제적으로 적법한 해양이용권에 관한 이 협약의 규정에 위반되는 행위를 하였다고 주장되는 경우

(b) 어느 한 국가가 앞에 언급된 자유, 권리 또는 이용권을 행사함에 있어서 이 협약 또는 이 협약 및 이 협약과 상충하지 아니하는 그 밖의 국제법 규칙에 부합하여 연안국이 채택한 법령에 위반되는 행위를 하였다고 주장되는 경우

(c) 연안국이 이 협약에 의하여 수립되었거나 또는 권한 있는 국제기구나 외교회의를 통하여 이 협약에 부합되게 수립되어 연안국에 적용되는 해양환경의 보호와 보전을 위한 특정의 규칙과 기준에 위반되는 행위를 하였다고 주장된 경우

2. (a) 해양과학조사와 관련한 이 협약의 규정의 해석이나 적용에 관한 분쟁은 제2절에 따라 해결된다. 다만, 연안국은 다음의 경우로부터 발생하는 분쟁에 대하여는 제2절에 규정된 절차에 회부할 것을 수락할 의무를 지지 아니한다.

(i) 제246조에 따르는 연안국의 권리나 재량권의 행사

(ii) 제253조에 따르는 조사계획의 정지나 중지를 명령하는 연안국의 결정

(b) 특정 조사계획에 관하여 연안국이 제246조와 제253조에 의한 권리를 이 협약과 양립하는 방식으로 행사하고 있지 않다고 조사국이 주장함으로써 발생하는 분쟁은 어느 한 당사국의 요청이 있는 경우, 제5부속서 제2절에 규정된 조정에 회부되어야 한다. 다만, 조정위원회는 제246조 제6항에 언급된 특정 지역을 지정할 수 있는 연안국의 재량권 행사나 제246조 제5항에 따라 동의를 거부할 수 있는 연안국의 재량권 행사를 문제삼지 아니하여야 한다.

3. (a) 어업과 관련된 이 협약 규정의 해석이나 적용에 관한 분쟁은 제2절에 따라 해결된다. 다만, 연안국은 배타적경제수역의 생물자원에 대한 자국의 주권적 권리 및 그 행사(허용어획량, 자국의 어획능력, 다른 국가에 대한 잉여량 할당 및 자국의 보존관리법에서 정하는 조건을 결정할 재량권 포함)에 관련된 분쟁을 그러한 해결절차에 회부할 것을 수락할 의무를 지지 아니한다.

(b) 이 부 제1절에 의하여 해결되지 아니하는 분쟁은 다음과 같은 주장이 있는 경우, 어느 한 분쟁 당사자의 요청이 있으면 제5부속서 제2절에 따른 조정에 회부된다.

(i) 연안국이 적절한 보존·관리조치를 통하여 배타적경제수역의 생물자원의 유지가 심각하게 위협받지 아니하도록 보장할 의무를 명백히 이행하지 아니하였다는 주장

(ii) 연안국이 다른 국가의 어획에 관심을 가지고 있는 어종의 허용어획량과 자국의 생물자원 어획능력 결정을 그 다른 국가의 요청에도 불구하고 자의적으로 거부하였다는 주장

(iii) 연안국이 존재한다고 선언한 잉여분의 전부나 일부를 제62조, 제69조 및 제70조에 따라, 또한 연안국이 이 협약에 부합되게 정한 조건에 따라 다른 국가에게 할당할 것을 자의적으로 거부하였다는 주장

(c) 어떠한 경우에도 조정위원회는 그 재량권으로써 연안국의 재량권을 대체할 수 없다.

(d) 조정위원회의 보고서는 적절한 국제기구에 송부된다.

(e) 당사국은, 제69조와 제70조에 따라 협정을 교섭함에 있어, 달리 합의하지 아니하는 한, 협정의 해석이나 적용에 관한 의견 불일치의 가능성을 최소화하기 위한 조치에 관한 조항과 그럼에도 불구하고 발생하는 경우에 대처하기 위한 절차에 관한 조항을 포함시켜야 한다.

제298조(제2절 적용의 선택적 예외)

1. 국가는 제1절에 의하여 발생하는 의무에 영향을 미침이 없이 이 협약 서명, 비준, 가입시 또는 그 이후 어느 때라도 다음 분쟁의 범주중 어느 하나 또는 그 이상에 관하여 제2절에 규정된 절차중 어느 하나 또는 그 이상을 수락하지 아니한다는 것을 서면선언할 수 있다.

(a) (i) 해양경계획정과 관련된 제15조, 제74조 및 제83조의 해석이나 적용에 관한 분쟁 또는 역사적 만 및 권원과 관련된 분쟁. 다만, 이러한 분쟁이 이 협약 발효후 발생하고 합리적 기간내에 당사자간의 교섭에 의하여 합의가 이루어지지 아니하는 경우, 어느 한 당사자의 요청이 있으면 이러한 선언을 행한 국가는 그 사건을 제5부속서 제2절에 따른 조정에 회부할 것을 수락하여야 하나, 육지영토 또는 도서영토에 대한 주권이나 그 밖의 권리에 관한 미해결분쟁이 반드시 함께 검토되어야 하는 분쟁은 이러한 회부로부터 제외된다.

(ii) 조정위원회가 보고서(그 근거가 되는 이유 명시)를 제출한 후, 당사자는 이러한 보고서를 기초로 합의에 이르기 위하여 교섭한다. 교섭이 합의에 이르지 못하는 경우, 당사자는, 달리 합의하지 아니하는 한, 상호 동의에 의해 제2절에 규정된 어느 한 절차에 그 문제를 회부한다.

(iii) 이 호는 당사자간의 약정에 따라 종국적으로 해결된 해양경계분쟁, 또는 당사자를 구속하는 양자협정이나 다자협정에 따라 해결되어야 하는 어떠한 해양경계분쟁에도 적용되지 아니한다.

116

(b) 군사활동(비상업용 업무를 수행중인 정부 선박과 항공기에 의한 군사활동 포함)에 관한 분쟁 및 주권적 권리나 관할권의 행사와 관련된 법집행활동에 관한 분쟁으로서 제297조 제2항 또는 제3항에 따라 재판소의 관할권으로부터 제외된 분쟁

(c) 국제연합안전보장이사회가 국제연합헌장에 따라 부여받은 권한을 수행하고 있는 분쟁, 다만, 안전보장이사회가 그 문제를 의제로부터 제외하기로 결정하는 경우 또는 당사국에게 이 협약에 규정된 수단에 따라 그 문제를 해결하도록 요청한 경우에는 그러하지 아니하다.

2. 제1항에 따른 선언을 행한 당사국은 언제라도 이를 철회할 수 있으며, 또한 그 선언에 따라 제외되는 분쟁을 이 협약에 규정된 절차에 회부하기로 합의할 수 있다.

3. 제1항에 따라 선언을 행한 당사국은 다른 당사국을 상대방으로 하는 분쟁으로서 제외된 분쟁의 범주에 속하는 분쟁을 그 다른 당사국의 동의없이 이 협약의 절차에 회부할 수 없다.

4. 어느 한 당사국이 제1항 (a)에 따라 선언을 행한 경우, 다른 모든 당사국은 제외된 범주에 속하는 분쟁을 선언당사국을 상대방으로 하여 그 선언에 명시된 절차에 회부할 수 있다.

5. 새로운 선언이나 선언의 철회는, 당사자가 달리 합의하지 아니하는 한, 이 조에 따라 재판소에 계류중인 소송절차에 어떠한 영향도 미치지 아니한다.

6. 이 조에 따라 행한 선언이나 그 철회의 통지는 국제연합사무총장에게 기탁하며, 국제연합사무총장은 당사국에게 그 사본을 전달한다.

제299조(분쟁해결절차에 관하여 합의할 수 있는 당사국의 권리)

1. 제297조에 따라 배제되거나 제298조에 따른 선언으로 제2절에 규정된 분쟁해결절차로부터 제외된 분쟁은 분쟁당사자간의 합의에 의하여만 이러한 절차에 회부될 수 있다.

2. 이 절의 어떠한 규정도 이러한 분쟁의 해결을 위하여 다른 절차에 합의하거나 우호적 해결에 이를 수 있는 분쟁당사자의 권리를 침해하지 아니한다.

협약 제298조 제1항에 따른 대한민국 선언*

1. 대한민국은 협약 제298조 제1항에 따라 협약 제298조 제1항 (a)호·(b)호 및 (c)호에 언급된 모든 범주의 분쟁에 관하여 협약 제15부 제2절에 규정된 모든 절차를 수락하지 아니함을 선언한다.
2. 현재의 선언은 즉시 유효하다.
3. 현재 선언의 어느 부분도 대한민국이 다른 당사국간 분쟁에 대한 결정에 의하여 영향을 받을 수 있는 법률적 성질의 이해관계를 가진다고 여기는 경우, 대한민국이 동 협약 제287조에 언급된 재판소에 소송 참가 허가를 요청할 권리에 영향을 미치지 아니한다.

* 조약 제1776호. 2006. 4. 18 발효.

7. 세계인권선언*
(Universal Declaration of Human Rights)

인류 가족 모든 구성원의 고유한 존엄성과 평등하고 양도할 수 없는 권리를 인정하는 것이 세계의 자유, 정의, 평화의 기초가 됨을 인정하며,

인권에 대한 무시와 경멸은 인류의 양심을 짓밟는 야만적 행위를 결과하였으며, 인류가 언론과 신념의 자유, 공포와 결핍으로부터의 자유를 향유하는 세계의 도래가 일반인의 지고한 열망으로 천명되었으며,

사람들이 폭정과 억압에 대항하는 마지막 수단으로서 반란에 호소하도록 강요받지 않으려면, 인권이 법의 지배를 통하여 보호되어야 함이 필수적이며,

국가간의 친선관계의 발전을 촉진시키는 것이 긴요하며,

국제연합의 여러 국민들은 그 헌장에서 기본적 인권과 인간의 존엄과 가치, 남녀의 동등한 권리에 대한 신념을 재확인하였으며, 더욱 폭 넓은 자유 속에서 사회적 진보와 생활수준의 개선을 촉진할 것을 다짐하였으며,

회원국들은 국제연합과 협력하여 인권과 기본적 자유에 대한 보편적 존중과 준수의 증진을 달성할 것을 서약하였으며,

이들 권리와 자유에 대한 공통의 이해가 이러한 서약의 완전한 이행을 위하여 가장 중요하므로,

따라서 이제 국제연합 총회는,

모든 개인과 사회의 각 기관이 이 선언을 항상 마음 속에 간직한 채, 가르침과 교육을 통하여 이러한 권리와 자유에 대한 존중을 신장시키기 위하여 노력하고, 점진적인 국내적 및 국제적 조치를 통하여 회원국 자신들의 국민과 회원국 관할 하의 영역의 사람들에게 권리와 자유의 보편적이고 실효적인 수락과 준수를 보장하기 위하여 노력하도록, 모든 사람들과 국가에 대한 공통의 달성기준으로서 이 세계인권선언을 선포한다.

제1조 모든 사람은 태어날 때부터 자유롭고, 존엄성과 권리에 있어서 평등하다. 사람은 이성과 양심을 부여받았으며, 서로에게 형제의 정신으로 대하여야 한다.

제2조 모든 사람은 인종, 피부색, 성, 언어, 종교, 정치적 또는 기타의 의견, 민족적 또는 사회적 출신, 재산, 출생, 기타의 지위 등에 따른 어떠한 종류의 차별도 없이, 이 선언에 제시된 모든 권리와 자유를 누릴 자격이 있다. 나아가 개인이 속한 나라나 영역이 독립국이든 신탁통치지역이든, 비자치지역이든 또는 그 밖의 다른 주권상의 제한을 받고 있는 지역이든, 이의 정치적, 관할권적, 국제적 지위를

---

* 국제연합 총회 결의 제217호(Ⅲ)(1948. 12. 10).

118

근거로 차별이 행하여져서는 아니 된다.

제3조 모든 사람은 생명권과 신체의 자유와 안전을 누릴 권리가 있다.

제4조 어느 누구도 노예나 예속상태에 놓여지지 아니한다. 모든 형태의 노예제도 및 노예매매는 금지된다.

제5조 어느 누구도 고문 또는 잔혹하거나, 비인도적이거나, 굴욕적인 대우나 처벌을 받지 아니한다.

세6조 모든 사람은 어디에서나 법 앞에 인간으로서 인정받을 권리를 가진다.

제7조 모든 사람은 법 앞에 평등하고, 어떠한 차별도 없이 법의 평등한 보호를 받을 권리를 가진다. 모든 사람은 이 선언을 위반하는 어떠한 차별이나 그러한 차별의 선동에 대하여도 평등한 보호를 받을 권리를 가진다.

제8조 모든 사람은 헌법 또는 법률에 의하여 부여된 기본권을 침해하는 행위에 대하여 국가의 담당법원에 의하여 실효적인 구제를 받을 권리를 가진다.

제9조 어느 누구도 자의적인 체포, 구금 또는 추방을 당하지 아니한다.

제10조 모든 사람은 자신의 권리와 의무, 그리고 자신에 대한 형사상의 혐의를 결정함에 있어서, 독립적이고 공평한 법정에서 완전히 평등하게 공정한 공개심리를 받을 권리를 가진다.

제11조

1. 형사상의 범죄로 소추당한 모든 사람은 자신의 변호를 위하여 필요한 모든 보장을 갖춘 공개된 재판에서 법률에 따라 유죄로 입증될 때까지 무죄로 추정받을 권리를 가진다.

2. 어느 누구도 행위시의 국내법 또는 국제법상으로 형사상의 범죄를 구성하지 아니하는 작위 또는 부작위를 이유로 유죄로 되지 아니한다. 또한 형사상의 범죄가 행하여진 때에 적용될 수 있는 형벌보다 무거운 형벌이 부과되지 아니한다.

제12조 어느 누구도 자신의 사생활, 가정, 주거 또는 통신에 대하여 자의적인 간섭을 받지 않으며, 자신의 명예와 명성에 대하여 공격을 받지 아니한다. 모든 사람은 그러한 간섭과 공격에 대하여 법률의 보호를 받을 권리를 가진다.

제13조

1. 모든 사람은 각국의 영역 내에서 이전과 거주의 자유에 대한 권리를 가진다.

2. 모든 사람은 자국을 포함한 어떤 나라로부터도 출국할 권리가 있으며, 또한 자국으로 돌아올 권리를 가진다.

제14조

1. 모든 사람은 박해를 피하여 타국에서 피난처를 구하고 비호를 향유할 권리를 가진다.

2. 이 권리는 비정치적인 범죄 또는 국제연합의 목적과 원칙에 반하는 행위만으로 인하여 제기된 소추의 경우에는 주장될 수 없다.

제15조

1. 모든 사람은 국적을 가질 권리를 가진다.

2. 어느 누구도 자의적으로 자신의 국적을 박탈당하거나, 자신의 국적을 바꿀

권리를 부인당하지 아니한다.
제16조
　1. 성년에 이른 남녀는 인종, 국적 또는 종교에 따른 어떠한 제한도 받지 아니하고 혼인하여 가정을 이룰 권리를 가진다. 이들은 혼인기간중 및 그 해소시 혼인에 관하여 동등한 권리를 가진다.
　2. 혼인은 양 당사자의 자유롭고도 완전한 합의에 의하여만 성립된다.
　3. 가정은 사회의 자연적이고 기초적인 구성단위이며, 사회와 국가의 보호를 받을 권리를 가진다.
제17조
　1. 모든 사람은 단독으로는 물론 타인과 공동으로 자신의 재산을 소유할 권리를 가진다.
　2. 어느 누구도 자신의 재산을 자의적으로 박탈당하지 아니한다.
제18조　모든 사람은 사상, 양심 및 종교의 자유에 대한 권리를 가진다. 이러한 권리는 자신의 종교 또는 신념을 바꿀 자유와 단독으로 또는 다른 사람과 공동으로, 공적으로 또는 사적으로 선교, 행사, 예배, 의식에서 자신의 종교나 신념을 표명하는 자유를 포함한다.
제19조　모든 사람은 의견과 표현의 자유에 대한 권리를 가진다. 이 권리는 간섭받지 않고 의견을 가질 자유와 모든 매체를 통하여 국경에 관계없이 정보와 사상을 추구하고, 접수하고, 전달하는 자유를 포함한다.
제20조
　1. 모든 사람은 평화적 집회와 결사의 자유에 대한 권리를 가진다.
　2. 어느 누구도 어떤 결사에 소속될 것을 강요받지 아니한다.
제21조
　1. 모든 사람은 직접 또는 자유롭게 선출된 대표를 통하여 자국의 통치에 참여할 권리를 가진다.
　2. 모든 사람은 자국의 공무에 취임할 동등한 권리를 가진다.
　3. 국민의 의사는 정부의 권위의 기초가 된다. 이 의사는 보통 및 평등 선거에 의하여, 그리고 비밀투표 또는 이와 동등한 자유로운 투표절차에 따라 실시되는 정기적이고 진정한 선거를 통하여 표현된다.
제22조　모든 사람은 사회의 일원으로서 사회보장에 대한 권리를 가지며, 국가적 노력과 국제적 협력을 통하여 그리고 각국의 제도와 자원에 따라 자신의 존엄성과 인격의 자유로운 발전을 위하여 불가결한 경제적, 사회적 및 문화적 권리의 실현에 관한 권리를 가진다.
제23조
　1. 모든 사람은 근로의 권리, 자유로운 직업 선택의 권리, 공정하고 유리한 근로조건에 대한 권리 및 실업으로부터 보호받을 권리를 가진다.
　2. 모든 사람은 어떠한 차별도 받지 않고 동등한 노동에 대하여 동등한 보수를 받을 권리를 가진다.

3. 모든 근로자는 자신과 가족에게 인간적 존엄에 합당한 생활을 보장하여 주며, 필요할 경우 다른 사회적 보호수단에 의하여 보완되는 정당하고 유리한 보수를 받을 권리를 가진다.

4. 모든 사람은 자신의 이익을 보호하기 위하여 노동조합을 결성하고, 가입할 권리를 가진다.

제24조 모든 사람은 근로시간의 합리적 제한과 정기적인 유급휴일을 포함하여 휴식과 여가에 대한 권리를 가진다.

제25조

1. 모든 사람은 식량, 의복, 주택과 의료 및 필요한 사회적 지원을 포함하여 자신과 가족의 건강과 안녕에 적합한 생활수준을 누릴 권리를 가지며, 실업, 질병, 장애, 배우자와의 사별, 노령, 자신이 통제할 수 없는 상황에서의 다른 생계 결핍의 경우 사회보장을 받을 권리를 가진다.

2. 모자는 특별한 보살핌과 도움을 받을 권리를 가진다. 모든 어린이는 부모의 혼인 여부와 관계없이 동등한 사회적 보호를 향유한다.

제26조

1. 모든 사람은 교육을 받을 권리를 가진다. 교육은 최소한 초등 기초단계에서는 무상이어야 한다. 초등교육은 의무적이어야 한다. 기술교육과 직업교육은 일반적으로 이용할 수 있어야 하며, 고등교육도 능력에 따라 모든 사람에게 평등하게 개방되어야 한다.

2. 교육은 인격의 완전한 발전과 인권 및 기본적 자유에 대한 존중의 강화를 지향하여야 한다. 교육은 모든 국가들과 인종적 또는 종교적 집단간에 있어서의 이해, 관용 및 친선을 증진시키고, 평화를 유지하기 위한 국제연합의 활동을 촉진시켜야 한다.

3. 부모는 자녀에게 제공되는 교육의 종류를 선택함에 있어서 우선권을 가진다.

제27조

1. 모든 사람은 공동체의 문화생활에 자유롭게 참여하고, 예술을 감상하며, 과학의 진보와 그 혜택을 공유할 권리를 가진다.

2. 모든 사람은 자신이 창조한 모든 과학적, 문학적, 예술적 창작물에서 연유하는 정신적, 물질적 이익을 보호받을 권리를 가진다.

제28조 모든 사람은 이 선언에 제시된 권리와 자유가 완전히 실현될 수 있는 사회적 및 국제적 질서를 누릴 권리를 가진다.

제29조

1. 모든 사람은 그 곳에서만 자신의 인격을 자유롭고 완전하게 발전시킬 수 있는 공동체에 대하여 의무를 부담한다.

2. 모든 사람은 자신의 권리와 자유를 행사함에 있어서, 타인의 권리와 자유에 대한 적절한 인정과 존중을 보장하고, 민주사회에서의 도덕성, 공공질서, 일반적 복지를 위하여 정당한 필요를 충족시키기 위한 목적에서만 법률로 규정된 제한을 받는다.

3. 이러한 권리와 자유는 어떤 경우에도 국제연합의 목적과 원칙에 반하여 행사될 수 없다.

제30조 이 선언의 어떠한 내용도 특정한 국가, 집단 또는 개인에게 이 선언에 규정된 권리와 자유를 파괴할 목적의 활동에 종사하거나 또는 그와 같은 행위를 수행할 권리를 부여하는 것으로 해석되지 아니한다.

8. 경제적·사회적 및 문화적 권리에 관한 국제규약*
(International Covenant on Economic,
Social and Cultural Rights)

이 규약의 당사국은,

국제연합헌장에 선언된 원칙에 따라 인류사회의 모든 구성원의 고유의 존엄성 및 평등하고 양도할 수 없는 권리를 인정하는 것이 세계의 자유, 정의 및 평화의 기초가 됨을 고려하고,

이러한 권리는 인간의 고유한 존엄성으로부터 유래함을 인정하며,

세계인권선언에 따라 공포와 결핍으로부터의 자유를 향유하는 자유 인간의 이상은 모든 사람이 자신의 시민적, 정치적 권리 뿐만 아니라 경제적, 사회적 및 문화적 권리를 향유할 수 있는 여건이 조성 되는 경우에만 성취될 수 있음을 인정하며,

인권과 자유에 대한 보편적 존중과 준수를 촉진시킬 국제연합헌장상의 국가의 의무를 고려하며,

타 개인과 자기가 속한 사회에 대한 의무를 지고 있는 개인은, 이 규약에서 인정된 권리의 증진과 준수를 위하여 노력하여야할 책임이 있음을 인식하여,

다음 조문들에 합의한다.

제 1 부

제1조
1. 모든 인민은 자결권을 가진다. 이 권리에 기초하여 모든 인민은 그들의 정치적 지위를 자유로이 결정하고, 또한 그들의 경제적, 사회적 및 문화적 발전을 자유로이 추구한다.

2. 모든 인민은, 호혜의 원칙에 입각한 국제경제협력으로부터 발생하는 의무 및 국제법상의 의무에 위반하지 아니하는 한, 그들 자신의 목적을 위하여 그들의 천연의 부와 자원을 자유로이 처분할 수 있다. 어떠한 경우에도 인민은 그들의 생존수단을 박탈당하지 아니한다.

3. 비자치지역 및 신탁통치지역의 행정책임을 맡고 있는 국가들을 포함하여 이 규약의 당사국은 국제연합헌장의 규정에 따라 자결권의 실현을 촉진하고 동 권리를 존중하여야 한다.

* 1966. 12. 19 체결. 1976. 1. 3 발효. 1990. 7. 10 대한민국 적용(조약 제1006호).

제 2 부

제2조
　　1. 이 규약의 각 당사국은 특히 입법조치의 채택을 포함한 모든 적절한 수단에 의하여 이 규약에서 인정된 권리의 완전한 실현을 점진적으로 달성하기 위하여, 개별적으로 또한 특히 경제적, 기술적인 국제지원과 국제협력을 통하여, 자국의 가용 자원이 허용하는 최대한도까지 조치를 취할 것을 약속한다.
　　2. 이 규약의 당사국은 이 규약에서 선언된 권리들이 인종, 피부색, 성, 언어, 종교, 정치적 또는 기타의 의견, 민족적 또는 사회적 출신, 재산, 출생 또는 기타의 신분 등에 의한 어떠한 종류의 차별도 없이 행사되도록 보장할 것을 약속한다.
　　3. 개발도상국은 인권과 국가 경제를 충분히 고려하여 이 규약에서 인정된 경제적 권리를 어느 정도까지 자국의 국민이 아닌 자에게 보장할 것인가를 결정할 수 있다.

제3조　이 규약의 당사국은 이 규약에 규정된 모든 경제적, 사회적 및 문화적 권리를 향유함에 있어서 남녀에게 동등한 권리를 확보할 것을 약속한다.

제4조　이 규약의 당사국은 국가가 이 규약에 따라 부여하는 권리를 향유함에 있어서, 그러한 권리의 본질과 양립할 수 있는 한도 내에서, 또한 오직 민주 사회에서의 공공복리 증진의 목적으로 반드시 법률에 의하여 정하여지는 제한에 의해서만, 그러한 권리를 제한할 수 있음을 인정한다.

제5조
　　1. 이 규약의 어떠한 규정도 국가, 집단 또는 개인이 이 규약에서 인정되는 권리 및 자유를 파괴하거나, 또는 이 규약에서 규정된 제한의 범위를 넘어 제한하는 것을 목적으로 하는 활동에 종사하거나 또는 그와 같은 것을 목적으로 하는 행위를 행할 권리를 가지는 것으로 해석되지 아니한다.
　　2. 이 규약의 어떠한 당사국에서 법률, 협정, 규칙 또는 관습에 의하여 인정되거나 또는 현존하고 있는 기본적 인권에 대하여는, 이 규약이 그러한 권리를 인정하지 아니하거나 또는 그 인정의 범위가 보다 협소하다는 것을 구실로 동 권리를 제한하거나 또는 훼손하는 것이 허용되지 아니한다.

제 3 부

제6조
　　1. 이 규약의 당사국은 모든 사람이 자유로이 선택하거나 수락하는 노동에 의하여 생계를 영위할 권리를 포함하는 근로의 권리를 인정하며, 동 권리를 보호하기 위하여 적절한 조치를 취한다.
　　2. 이 규약의 당사국이 근로권의 완전한 실현을 달성하기 위하여 취하는 제반 조치에는 개인에게 기본적인 정치적, 경제적 자유를 보장하는 조건하에서 착실한

124

경제적, 사회적, 문화적 발전과 생산적인 완전고용을 달성하기 위한 기술 및 직업의 지도, 훈련계획, 정책 및 기술이 포함되어야 한다.

제7조 이 규약의 당사국은 특히 다음 사항이 확보되는 공정하고 유리한 근로조건을 모든 사람이 향유할 권리를 가지는 것을 인정한다.

(a) 모든 근로자에게 최소한 다음의 것을 제공하는 보수.

(i) 공정한 임금과 어떠한 종류의 차별도 없는 동등한 가치의 노동에 대한 동등한 보수, 특히 여성에게 대하여는 동등한 노동에 대한 동등한 보수와 함께 남성이 향유하는 것보다 열등하지 아니한 근로조건의 보장.

(ii) 이 규약의 규정에 따른 근로자 자신과 그 가족의 품위 있는 생활.

(b) 안전하고 건강한 근로조건.

(c) 연공서열 및 능력 이외의 다른 고려에 의하지 아니하고, 모든 사람이 자기의 직장에서 적절한 상위직으로 승진할 수 있는 동등한 기회.

(d) 휴식, 여가 및 근로시간의 합리적 제한, 공휴일에 대한 보수와 정기적인 유급휴일.

제8조

1. 이 규약의 당사국은 다음의 권리를 확보할 것을 약속한다.

(a) 모든 사람은 그의 경제적, 사회적 이익을 증진하고 보호하기 위하여 관계단체의 규칙에만 따를 것을 조건으로 노동조합을 결성하고, 그가 선택한 노동조합에 가입하는 권리. 그러한 권리의 행사에 대하여는 법률로 정하여진 것 이외의 또한 국가안보 또는 공공질서를 위하여 또는 타인의 권리와 자유를 보호하기 위하여 민주 사회에서 필요한 것 이외의 어떠한 제한도 과할 수 없다.

(b) 노동조합이 전국적인 연합 또는 총연합을 설립하는 권리 및 총연합이 국제노동조합조직을 결성하거나 또는 가입하는 권리.

(c) 노동조합은 법률로 정하여진 것 이외의 또한 국가안보, 공공질서를 위하거나 또는 타인의 권리와 자유를 보호하기 위하여 민주사회에서 필요한 제한 이외의 어떠한 제한도 받지 아니하고 자유로이 활동할 권리.

(d) 특정국가의 법률에 따라 행사될 것을 조건으로 파업을 할 수 있는 권리.

2. 이 조는 군인, 경찰 구성원 또는 행정관리가 전기한 권리들을 행사하는 것에 대하여 합법적인 제한을 부과하는 것을 방해하지 아니한다.

3. 이 조의 어떠한 규정도 결사의 자유 및 단결권의 보호에 관한 1948년의 국제노동기구협약의 당사국이 동 협약에 규정된 보장을 저해하려는 입법조치를 취하도록 하거나, 또는 이를 저해하려는 방법으로 법률을 적용할 것을 허용하지 아니한다.

제9조 이 규약의 당사국은 모든 사람이 사회보험을 포함한 사회보장에 대한 권리를 가지는 것을 인정한다.

제10조 이 규약의 당사국은 다음 사항을 인정한다.

1. 사회의 자연적이고 기초적인 단위인 가정에 대하여는, 특히 가정의 성립을 위하여 그리고 가정이 부양 어린이의 양육과 교육에 책임을 맡고 있는 동안에

는 가능한 한 광범위한 보호와 지원이 부여된다. 혼인은 혼인의사를 가진 양 당사자의 자유로운 동의하에 성립된다.

　　2. 임산부에게는 분만 전후의 적당한 기간 동안 특별한 보호가 부여된다. 동 기간중의 근로 임산부에게는 유급휴가 또는 적당한 사회보장의 혜택이 있는 휴가가 부여된다.

　　3. 가문 또는 기타 조건에 의한 어떠한 차별도 없이, 모든 어린이와 연소자를 위하여 특별한 보호와 원조의 조치가 취하여진다. 어린이와 연소자는 경제적, 사회적 착취로부터 보호된다. 어린이와 연소자를 도덕 또는 건강에 유해하거나 또는 생명에 위험하거나 또는 정상적 발육을 저해할 우려가 있는 노동에 고용하는 것은 법률에 의하여 처벌할 수 있다. 당사국은 또한 연령제한을 정하여 그 연령에 달하지 않은 어린이에 대한 유급노동에의 고용이 법률로 금지되고 처벌될 수 있도록 한다.

제11조

　　1. 이 규약의 당사국은 모든 사람이 적당한 식량, 의복 및 주택을 포함하여 자기 자신과 가정을 위한 적당한 생활수준을 누릴 권리와 생활조건을 지속적으로 개선할 권리를 가지는 것을 인정한다. 당사국은 그러한 취지에서 자유로운 동의에 입각한 국제적 협력의 본질적인 중요성을 인정하고, 그 권리의 실현을 확보하기 위한 적당한 조치를 취한다.

　　2. 이 규약의 당사국은 기아로부터의 해방이라는 모든 사람의 기본적인 권리를 인정하고, 개별적으로 또는 국제협력을 통하여 아래 사항을 위하여 구체적 계획을 포함하는 필요한 조치를 취한다.

　　(a) 과학·기술 지식을 충분히 활용하고, 영양에 관한 원칙에 대한 지식을 보급하고, 천연자원을 가장 효율적으로 개발하고 이용할 수 있도록 농지제도를 발전시키거나 개혁함으로써 식량의 생산, 보존 및 분배의 방법을 개선할 것.

　　(b) 식량수입국 및 식량수출국 쌍방의 문제를 고려하여 필요에 따라 세계 식량공급의 공평한 분배를 확보할 것.

제12조

　　1. 이 규약의 당사국은 모든 사람이 도달 가능한 최고 수준의 신체적·정신적 건강을 향유할 권리를 가지는 것을 인정한다.

　　2. 이 규약 당사국이 동 권리의 완전한 실현을 달성하기 위하여 취할 조치에는 다음 사항을 위하여 필요한 조치가 포함된다.

　　(a) 사산율과 유아사망률의 감소 및 어린이의 건강한 발육.

　　(b) 환경 및 산업위생의 모든 부문의 개선.

　　(c) 전염병, 풍토병, 직업병 및 기타 질병의 예방, 치료 및 통제.

　　(d) 질병 발생시 모든 사람에게 의료와 간호를 확보할 여건의 조성.

제13조

　　1. 이 규약의 당사국은 모든 사람이 교육에 대한 권리를 가지는 것을 인정한다. 당사국은 교육이 인격과 인격의 존엄성에 대한 의식이 완전히 발전되는 방향

으로 나아가야 하며, 교육이 인권과 기본적 자유를 더욱 존중하여야 한다는 것에 동의한다. 당사국은 나아가서 교육에 의하여 모든 사람이 자유사회에 효율적으로 참여하며, 민족간에 있어서나 모든 인종적, 종족적 또는 종교적 집단간에 있어서 이해, 관용 및 친선을 증진시키고, 평화유지를 위한 국제연합의 활동을 증진시킬 수 있도록 하는 것에 동의한다.

2. 이 규약의 당사국은 동 권리의 완전한 실현을 달성하기 위하여 다음 사항을 인정한다.

(a) 초등교육은 모든 사람에게 무상 의무교육으로 실시된다.

(b) 기술 및 직업 중등교육을 포함하여 여러 가지 형태의 중등교육은, 모든 적당한 수단에 의하여, 특히 무상교육의 점진적 도입에 의하여 모든 사람이 일반적으로 이용할 수 있도록 하고, 또한 모든 사람에게 개방된다.

(c) 고등교육은 모든 적당한 수단에 의하여, 특히 무상교육의 점진적 도입에 의하여, 능력에 기초하여 모든 사람에게 동등하게 개방된다.

(d) 기본교육은 초등교육을 받지 못하였거나 또는 초등교육의 전기간을 이수하지 못한 사람들을 위하여 가능한 한 장려되고 강화된다.

(e) 모든 단계에 있어서 학교제도의 발전이 적극적으로 추구되고, 적당한 연구·장학제도가 수립되며, 교직원의 물질적 처우는 계속적으로 개선된다.

3. 이 규약의 당사국은 부모 또는 경우에 따라서 법정후견인이 그들 자녀를 위하여 공공기관에 의하여 설립된 학교 이외의 학교로서 국가가 정하거나 승인하는 최소한도의 교육수준에 부합하는 학교를 선택하는 자유 및 그들의 신념에 따라 자녀의 종교적, 도덕적 교육을 확보할 수 있는 자유를 존중할 것을 약속한다.

4. 이 조의 어떠한 부분도 항상 이 조 제1항에 규정된 원칙을 준수하고, 그 교육기관에서의 교육이 국가가 결정하는 최소한의 기준에 일치한다는 요건하에서, 개인과 단체가 교육기관을 설립, 운영할 수 있는 자유를 간섭하는 것으로 해석되지 아니한다.

제14조 이 규약의 당사국이 되는 때 그 본토나 자국 관할 내에 있는 기타 영토에서 무상으로 초등의무교육을 확보할 수 없는 각 당사국은 계획상에 정해질 합리적인 연한 이내에 모든 사람에 대한 무상의무교육 원칙을 점진적으로 시행하기 위한 세부실천계획을 2년 이내에 입안, 채택할 것을 약속한다.

제15조

1. 이 규약의 당사국은 모든 사람의 다음 권리를 인정한다.

(a) 문화생활에 참여할 권리.

(b) 과학의 진보 및 응용으로부터 이익을 향유할 권리.

(c) 자기가 저작한 모든 과학적, 문학적 또는 예술적 창작품으로부터 생기는 정신적, 물질적 이익의 보호로부터 이익을 받을 권리.

2. 이 규약의 당사국이 그러한 권리의 완전한 실현을 달성하기 위하여 취하는 조치에는 과학과 문화의 보존, 발전 및 보급에 필요한 제반조치가 포함된다.

3. 이 규약의 당사국은 과학적 연구와 창조적 활동에 필수불가결한 자유를 존

중할 것을 약속한다.

4. 이 규약의 당사국은 국제적 접촉의 장려와 발전 및 과학과 문화분야에서의 협력으로부터 이익이 초래됨을 인정한다.

제 4 부

제16조

1. 이 규약의 당사국은 규약에서 인정된 권리의 준수를 실현하기 위하여 취한 조치와 성취된 진전사항에 관한 보고서를 이 부의 규정에 따라 제출할 것을 약속한다.

2. (a) 모든 보고서는 국제연합사무총장에게 제출된다. 사무총장은 이 규약의 규정에 따라, 경제사회이사회가 심의할 수 있도록 보고서 사본을 동 이사회에 송부한다.

(b) 국제연합사무총장은 이 규약의 당사국으로서 국제연합전문기구의 회원국인 국가가 제출한 보고서 또는 보고서 내용의 일부가 전문기구의 창설규정에 따라 동 전문기구의 책임에 속하는 문제와 관계가 있는 경우, 동 보고서 사본 또는 그 내용중의 관련 부분의 사본을 동 전문기구에 송부한다.

제17조

1. 이 규약의 당사국은 경제사회이사회가 규약당사국 및 관련 전문기구와 협의한 후, 이 규약의 발효 후 1년 이내에 수립하는 계획에 따라, 자국의 보고서를 각 단계별로 제출한다.

2. 동 보고서는 이 규약상의 의무의 이행정도에 영향을 미치는 요소 및 장애를 지적할 수 있다.

3. 이 규약의 당사국이 이미 국제연합 또는 전문기구에 관련 정보를 제출한 경우에는, 동일한 정보를 다시 작성하지 않고 동 정보에 대한 정확한 언급으로서 족하다.

제18조 경제사회이사회는 인권과 기본적 자유의 분야에서의 국제연합헌장상의 책임에 따라, 전문기구가 동 기구의 활동영역에 속하는 이 규약 규정의 준수를 달성하기 위하여 성취된 진전사항을 이사회에 보고하는 것과 관련하여, 당해 전문기구와 협정을 체결할 수 있다. 그러한 보고서에는 전문기구의 권한있는 기관이 채택한 규정의 이행에 관한 결정 및 권고의 상세를 포함할 수 있다.

제19조 경제사회이사회는 제16조 및 제17조에 따라 각국이 제출하는 인권에 관한 보고서 및 제18조에 따라 전문기구가 제출하는 인권에 관한 보고서중 국제연합인권위원회의 검토, 일반적 권고, 또는 정보를 위하여 적당한 보고서를 인권위원회에 송부할 수 있다.

제20조 이 규약의 당사국과 관련 전문기구는 제19조에 의한 일반적 권고에 대한 의견 또는 국제연합인권위원회의 보고서 또는 보고서에서 언급된 어떠한 문서

에서도 그와 같은 일반적 권고에 대하여 언급하고 있는 부분에 관한 의견을 경제사회이사회에 제출할 수 있다.

제21조 경제사회이사회는 일반적 성격의 권고를 포함하는 보고서와 이 규약에서 인정된 권리의 일반적 준수를 달성하기 위하여 취한 조치 및 성취된 진전사항에 관하여 이 규약의 당사국 및 전문기구로부터 입수한 정보의 개요를 수시로 총회에 제출할 수 있다.

제22조 경제사회이사회는 이 규약의 제4부에서 언급된 보고서에서 생기는 문제로서, 국제연합의 타기관, 그 보조기관 및 기술원조의 제공에 관여하는 전문기구가 각기 그 권한 내에서 이 규약의 효과적, 점진적 실시에 기여할 수 있는 국제적 조치의 타당성을 결정하는데 도움이 될 수 있는 문제에 대하여 그들의 주의를 환기시킬 수 있다.

제23조 이 규약의 당사국은 이 규약에서 인정된 권리의 실현을 위한 국제적 조치에는 협약의 체결, 권고의 채택, 기술원조의 제공 및 관계정부와 협력하여 조직된 협의와 연구를 목적으로 하는 지역별 회의 및 기술적 회의의 개최와 같은 방안이 포함된다는 것에 동의한다.

제24조 이 규약의 어떠한 규정도 이 규약에서 취급되는 문제에 관하여 국제연합의 여러 기관과 전문기구의 책임을 각각 명시하고 있는 국제연합헌장 및 전문기구헌장의 규정을 침해하는 것으로 해석되지 아니한다.

제25조 이 규약의 어떠한 규정도 모든 사람이 그들의 천연적 부와 자원을 충분히, 자유로이 향유하고, 이용할 수 있는 고유의 권리를 침해하는 것으로 해석되지 아니한다.

제 5 부

제26조

1. 이 규약은 국제연합의 모든 회원국, 전문기구의 모든 회원국, 국제사법재판소 규정의 모든 당사국 또한 국제연합총회가 이 규약에 가입하도록 초청한 기타 모든 국가들의 서명을 위하여 개방된다.

2. 이 규약은 비준되어야 한다. 비준서는 국제연합사무총장에게 기탁된다.

3. 이 규약은 이 조 제1항에서 언급된 모든 국가들의 가입을 위하여 개방된다.

4. 가입은 가입서를 국제연합사무총장에게 기탁함으로써 이루어진다.

5. 국제연합사무총장은 이 규약에 서명 또는 가입한 모든 국가들에게 각 비준서 또는 가입서의 기탁을 통보한다.

제27조

1. 이 규약은 35번째의 비준서 또는 가입서가 국제연합사무총장에게 기탁된 날로부터 3개월 후에 발효한다.

2. 35번째 비준서 또는 가입서의 기탁후에 이 규약을 비준하거나 또는 이 규

약에 가입하는 국가에 대하여는, 이 규약은 그 국가의 비준서 또는 가입서가 기탁된 날로부터 3개월 후에 발효한다.

제28조 이 규약의 규정은 어떠한 제한이나 예외없이 연방국가의 모든 지역에 적용된다.

제29조

1. 이 규약의 당사국은 개정안을 제안하고 이를 국제연합사무총장에게 제출할 수 있다. 사무총장은 개정안을 접수하는 대로, 각 당사국에게 동 제안을 심의하고 표결에 회부하기 위한 당사국회의 개최에 찬성하는지에 관한 의견을 사무총장에게 통보하여 줄 것을 요청하는 것과 함께, 개정안을 이 규약의 각 당사국에게 송부한다. 당사국중 최소 3분의1이 당사국회의 개최에 찬성하는 경우, 사무총장은 국제연합의 주관하에 동 회의를 소집한다. 동 회의에 출석하고 표결한 당사국의 과반수에 의하여 채택된 개정안은 그 승인을 위하여 국제연합총회에 제출된다.

2. 개정안은 국제연합총회의 승인을 얻고, 각기 자국의 헌법절차에 따라 이 규약당사국의 3분의 2의 다수가 수락하는 때 발효한다.

3. 개정안은 발효시 이를 수락한 당사국을 구속하며, 여타 당사국은 계속하여 이 규약의 규정 및 이미 수락한 그 이전의 모든 개정에 의하여 구속된다.

제30조 제26조 제5항에 의한 통보에 관계없이, 국제연합사무총장은 동 조 제1항에서 언급된 모든 국가에 다음을 통보한다.

   (a) 제26조에 의한 서명, 비준 및 가입.

   (b) 제27조에 의한 이 규약의 발효일자 및 제29조에 의한 모든 개정의 발효일자.

제31조

1. 이 규약은 중국어, 영어, 불어, 러시아어 및 서반아어본이 동등히 정본이며, 국제연합 문서보존소에 기탁된다.

2. 국제연합사무총장은 제26조에서 언급된 모든 국가들에게 이 규약의 인증등본을 송부한다.

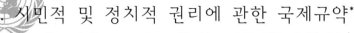

9. 시민적 및 정치적 권리에 관한 국제규약*
(International Covenant on Civil and Political Rights)

이 규약의 당사국은,

「국제연합헌장」에 선언된 원칙에 따라 인류사회의 모든 구성원의 고유의 존엄성 및 평등하고 양도할 수 없는 권리를 인정하는 것이 세계의 자유, 정의 및 평화의 기초가 됨을 고려하고,

이러한 권리가 인간의 고유한 존엄성으로부터 유래함을 인정하며,

「세계인권선언」에 따라, 시민적, 정치적 자유 및 공포와 결핍으로부터의 자유를 향유하는 자유인간의 이상은 모든 사람이 자신의 경제적, 사회적 및 문화적 권리 뿐만 아니라 시민적 및 정치적 권리를 향유할 수 있는 여건이 조성되는 경우에만 성취될 수 있음을 인정하며,

인권과 자유에 대한 보편적 존중과 준수를 증진시킬 「국제연합헌장」상 국가의 의무를 고려하며,

타인, 그리고 자신이 속한 공동체에 대한 의무를 가지고 있는 개인이, 이 규약에서 인정된 권리의 증진과 준수를 위하여 노력할 책임이 있음을 인식하여,

다음의 조문들에 합의한다.

제 1 부

제1조

1. 모든 사람은 자결권을 가진다. 그 권리에 기초하여 모든 사람은 그들의 정치적 지위를 자유로이 결정하고, 그들의 경제, 사회 및 문화 발전을 자유로이 추구한다.

2. 모든 사람은, 호혜의 원칙에 입각한 국제경제협력으로부터 발생하는 의무 및 국제법상의 의무를 해치지 않고 그들 자신의 목적을 위하여 그들의 천연의 부

---

* 1966. 12. 19 체결. 1976. 3. 23 발효. 단, 제41조는 1979. 3. 28 발효. 1990. 7. 10 대한민국 적용(조약 제1007호). 2023. 6. 9. 외교부 번역정정 관보 공고.

　유보: "대한민국 정부는 동 규약을 심의한 후, 동 규약의 제14조 5항, 제14조 7항, 제22조 및 제23조 4항의 규정이 대한민국 헌법을 포함한 관련 국내법 규정에 일치되도록 적용될 것임과 동 규약 제41조상의 인권이사회의 권한을 인정함을 선언하며, 이에 동규약에 가입한다."

　유보철회: 대한민국은 규약 제23조 제4항에 대한 유보를 1991년 3월 15일 철회했으며(조약 제1042호), 제14조 제7항에 대한 유보를 1993년 1월 21일 철회했으며(조약 제1122호), 제14조 제5항에 대한 유보를 2007년 4월 2일 철회했다(조약 제1840호).

와 자원을 자유로이 처분할 수 있다. 어떠한 경우에도 사람은 그들의 자체적인 생존수단을 박탈당하지 않는다.

　3. 비자치 및 신탁통치 지역의 행정책임을 맡고 있는 국가를 포함하여 이 규약의 당사국은 「국제연합헌장」의 규정에 따라 자결권의 실현을 증진하고 그 권리를 존중한다.

제 2 부

제2조

　1. 이 규약의 각 당사국은 자국의 영역 내에 있으며, 그 관할권 하에 있는 모든 개인에 대하여 인종, 피부색, 성별, 언어, 종교, 정치적 또는 그 밖의 의견, 민족적 또는 사회적 출신, 재산, 출생 또는 그 밖의 신분 등에 따른 어떠한 종류의 차별도 없이 이 규약에서 인정되는 권리를 존중하고 보장하기로 약속한다.

　2. 이 규약의 각 당사국은 현행 입법조치 또는 그 밖의 조치에 의하여 아직 규정되어 있지 않은 경우, 이 규약에서 인정되는 권리가 실현될 수 있도록 필요한 입법조치 또는 그 밖의 조치를 채택하기 위하여 자국의 헌법 절차 및 이 규약의 규정에 따라 필요한 조치를 취하기로 약속한다.

　3. 이 규약의 각 당사국은 다음을 약속한다.

　가. 이 규약에서 인정되는 권리 또는 자유를 침해당한 사람에 대하여, 그러한 침해가 공무집행중인 사람에 의하여 자행되었을지라도 효과적인 구제조치를 받도록 보장한다.

　나. 그러한 구제조치를 청구하는 개인에 대하여, 권한 있는 사법, 행정 또는 입법 당국 또는 그 국가의 법체제가 규정하는 그 밖의 권한 있는 당국에 의하여 그의 권리가 확인되도록 보장하고, 사법적 구제조치의 가능성을 향상시킨다.

　다. 그러한 구제조치가 허용되는 경우, 권한 있는 당국이 이를 집행하도록 보장한다.

제3조
　이 규약의 당사국은 이 규약에 규정된 모든 시민적 및 정치적 권리를 향유함에 있어서 남성과 여성의 동등한 권리를 보장하기로 약속한다.

제4조

　1. 국가의 존립을 위협하는 공공비상사태의 경우 그리고 그러한 비상사태의 존재가 공식으로 선포된 때에는 이 규약의 당사국은 해당 사태의 긴급성에 의하여 엄격히 요구되는 한도 내에서 이 규약상 의무로부터 이탈하는 조치를 취할 수 있다. 다만, 그러한 조치는 해당 국가의 그 밖의 국제법상 의무와 불합치하지 않아야 하고, 인종, 피부색, 성별, 언어, 종교 또는 사회적 출신만을 이유로 하는 차별을 포함하지 않아야 한다.

　2. 이 규정에 따르더라도 제6조, 제7조, 제8조(제1항 및 제2항), 제11조, 제15

조, 제16조 및 제18조로부터의 이탈은 허용되지 않는다.

3. 이탈할 권리를 행사하는 이 규약의 당사국은 자국이 이탈한 규정 및 그 이유를 국제연합 사무총장을 통하여 이 규약의 다른 당사국들에게 즉시 통지한다. 당사국은 그러한 이탈을 종료한 날에 동일한 경로를 통하여 그 내용을 추가로 통지한다.

제5조

1. 이 규약의 어떤 규정도 국가, 집단 또는 개인이 이 규약에서 인정되는 권리 및 자유를 파괴하거나, 이 규약에서 규정된 제한의 범위를 넘어 제한함을 목적으로 하는 활동에 관여하거나 행위를 수행할 권리를 가지는 것으로 해석될 수 없다.

2. 이 규약의 당사국에서 법령, 협약 또는 관습에 따라 인정되거나 현존하는 어떠한 기본적 인권도, 이 규약이 그러한 권리를 인정하지 않거나 보다 좁은 범위로 인정한다는 구실로, 제한하거나 훼손할 수 없다.

제 3 부

제6조

1. 모든 인간은 고유한 생명권을 가진다. 이 권리는 법률에 따라 보호된다. 어느 누구도 자의적으로 자신의 생명을 박탈당하지 않는다.

2. 사형을 폐지하지 않은 국가의 경우, 사형은 범행 당시에 시행 중이며 이 규약의 규정과 「집단살해죄의 방지와 처벌에 관한 협약」에 저촉되지 않는 법률에 따라 가장 중한 범죄에 대해서만 선고될 수 있다. 이 형벌은 권한 있는 법원이 선고한 최종판결에 의하여서만 집행될 수 있다.

3. 생명의 박탈이 집단살해죄를 구성하는 경우에는 이 조의 어떤 규정에 따라서도 이 규약의 당사국이 「집단살해죄의 방지와 처벌에 관한 협약」의 규정에 따라 지고 있는 의무로부터 어떤 방법으로든 이탈하는 것이 허용되지 않는다고 이해한다.

4. 사형을 선고받은 사람은 누구나 특별사면 또는 감형을 청구할 권리를 가진다. 사형선고에 대한 일반사면, 특별사면 또는 감형은 모든 경우에 부여될 수 있다.

5. 사형은 18세 미만의 사람이 범한 범죄에 대하여 선고되지 않으며, 임신한 여성에 대하여 집행되지 않는다.

6. 이 조의 어떤 내용도 이 규약의 당사국이 사형의 폐지를 지연시키거나 방해하기 위해 원용될 수 없다.

제7조
어느 누구도 고문 또는 잔혹하거나 비인도적이거나 굴욕적인 대우나 처벌을 받지 않는다. 특히 누구든지 자신의 자유로운 동의 없이 의학적 또는 과학적 실험의 대상이 되지 않는다.

제8조

1. 어느 누구도 노예상태에 놓이지 않는다. 모든 형태의 노예제도 및 노예매

매는 금지된다.

2. 어느 누구도 예속상태에 놓이지 않는다.

3. 가. 어느 누구도 강제 또는 의무 노동을 하도록 요구되지 않는다.

나. 제3항 가호의 규정은 범죄에 대한 처벌로 중노동을 수반하는 구금형을 부과할 수 있는 국가에서, 권한 있는 법원의 형의 선고에 따라 중노동을 시키는 것을 배제한다고 해석되지 않는다.

다. 이 항의 목적상 "강제 또는 의무 노동"이라는 용어는 다음을 포함하지 않는다.

1) 나호에서 언급되지 않은 작업 또는 역무로서, 법원의 합법적 명령으로 구금되어 있는 사람 또는 그러한 구금으로부터 조건부 석방 중에 있는 사람에게 통상적으로 요구되는 것

2) 군사적 성격의 역무 및 양심적 병역거부가 인정되는 국가의 경우, 양심적 병역거부자에게 법률상 요구되는 국민적 역무

3) 공동체의 존립 또는 복지를 위협하는 긴급사태 또는 재난 시에 부과되는 역무

4) 통상적인 시민의 의무에 속하는 작업 또는 역무

제9조

1. 모든 사람은 신체의 자유와 안전에 대한 권리를 가진다. 누구든지 자의적으로 체포되거나 구금되지 않는다. 어느 누구도 법률로 정한 근거 및 절차에 따르지 않고는 자신의 자유를 박탈당하지 않는다.

2. 체포된 사람은 누구든지 체포 시에 체포이유를 고지받으며, 자신에 대한 피의사실을 신속히 고지받는다.

3. 범죄 혐의로 체포되거나 구금된 사람은 법관 또는 법률에 의하여 사법권 행사 권한을 부여받은 그 밖의 공무원에게 신속히 회부되고, 합리적인 기간 내에 재판을 받거나 석방될 권리를 가진다. 재판을 기다리는 사람을 구금하는 것은 일반 원칙이 될 수 없으며, 그 밖의 모든 사법절차 단계에서의 재판을 위하여, 그리고 필요한 경우 판결 집행을 위하여 출석할 것이라는 보증하에 석방될 수 있다.

4. 체포 또는 구금에 의하여 자유를 박탈당한 사람은 누구든지, 법원이 그의 구금의 합법성을 지체 없이 결정하고, 그의 구금이 합법적이지 않은 경우 그의 석방을 명령할 수 있도록, 법원에서 절차를 취할 권리를 가진다.

5. 불법적인 체포 또는 구금의 피해자는 누구든지 집행가능한 배상청구권을 가진다.

제10조

1. 자유를 박탈당한 모든 사람은 인도적인 또한 인간의 고유한 존엄성이 존중되는 대우를 받는다.

2. 가. 미결수용자는 예외적인 사정이 있는 경우를 제외하고는 수형자와 분리되며, 유죄판결을 받지 않은 사람으로서의 지위에 적절한 별도의 대우를 받는다.

나. 미성년 미결수용자는 성인과 분리되며, 가능한 한 신속히 재판에 회부된다.

3. 교도소 수감제도는 재소자들의 교정과 사회복귀를 필수 목적으로 하는 대우를 포함한다. 미성년 범죄자는 성인과 분리되며, 그들의 연령 및 법적 지위에 적절한 대우가 부여된다.

제11조 어느 누구도 계약상 의무의 이행불능만을 이유로 구금되지 않는다.

제12조

1. 합법적으로 어느 국가의 영역 내에 있는 모든 사람은, 그 영역 내에서 이동의 자유 및 거주의 자유에 관한 권리를 가진다.

2. 모든 사람은 자국을 포함하여 어느 나라에서도 자유로이 출국할 수 있다.

3. 위에 언급된 권리는 법률에 의하여 규정되고, 국가안보, 공공질서, 공중보건이나 도덕, 또는 타인의 권리와 자유를 보호하기 위하여 필요하고, 이 규약에서 인정되는 그 밖의 권리와 부합하는 제한을 제외하고는 어떤 제한도 받지 않는다.

4. 어느 누구도 자국으로 입국할 권리를 자의적으로 박탈당하지 않는다.

제13조 합법적으로 이 규약의 당사국의 영역 내에 있는 외국인은, 법률에 따라 이루어진 결정에 따라서만 그 영역에서 추방될 수 있으며, 국가안보상 불가피한 이유로 달리 요구되는 경우를 제외하고는 자신의 추방에 반대하는 이유를 제시할 수 있고, 권한 있는 당국 또는 그 당국이 특별히 지명한 사람(들)에 의하여 자신의 사안을 심사받고 이를 위하여 대리인을 선임하는 것이 허용된다.

제14조

1. 모든 사람은 재판에 있어 평등하다. 모든 사람은, 자신에 대한 범죄 혐의 또는 소송상 권리 및 의무를 확인함에 있어, 법률에 따라 설치된 권한 있는 독립적이고 공평한 법원에 의한 공정한 공개심리를 받을 권리를 가진다. 민주사회의 도덕, 공공질서 또는 국가안보를 이유로 하거나 당사자들의 사생활 이익을 위하여 필요한 경우, 또는 공개가 사법정의를 해치게 될 특별한 사정 하에 법원이 엄격히 필요하다고 판단하는 범위 내에서 재판의 전부 또는 일부는 언론 및 대중에 공개되지 않을 수 있다. 다만, 형사소송 또는 그 밖의 소송에서 선고되는 모든 판결은 미성년자의 이익을 위하여 달리 필요한 경우 또는 해당 절차가 혼인관계 분쟁이나 아동 후견에 관한 절차인 경우를 제외하고는 공개된다.

2. 모든 형사피의자 및 형사피고인은 법률에 따라 유죄가 입증될 때까지 무죄로 추정받을 권리를 가진다.

3. 모든 사람은 자신에 대한 범죄 혐의를 확인함에 있어 적어도 다음 사항을 완전히 평등하게 보장받을 권리를 가진다.

가. 자신에 대한 범죄 혐의의 성격 및 이유에 관하여 자신이 이해하는 언어로 신속하고 상세하게 통지받는 것

나. 변호 준비를 위하여 충분한 시간 및 편의를 가지고, 자신이 선임한 변호인과 연락을 취하는 것

다. 부당하게 지체됨이 없이 재판을 받는 것

라. 본인의 출석하에 재판을 받으며, 직접 또는 본인이 선임하는 변호인의 조력을 통하여 변호하는 것. 변호인이 없는 경우, 변호인의 조력을 받을 수 있

는 권리에 대하여 통지 받는 것. 또한 사법정의상 필요한 경우, 만약 변호인의 조력에 대한 충분한 지불수단을 가지고 있지 않다면 본인이 지불하지 않고, 변호인의 조력을 받을 수 있는 것

마. 자신에게 불리한 증인을 신문하거나 신문 받도록 하는 것과 자신에게 불리한 증인과 동일한 조건하에 자신을 위한 증인을 출석시키고 신문 받도록 하는 것

바. 법정에서 사용되는 언어를 이해하지 못하거나 말할 수 없는 경우에는 무료로 통역인의 조력을 받는 것

사. 자신에게 불리한 진술 또는 유죄의 자백을 강요당하지 않는 것

4. 미성년자의 경우, 그 절차는 그들의 연령과 그들의 사회복귀 증진이 바람직하다는 점을 고려한 것이어야 한다.

5. 유죄판결을 받은 모든 사람은 자신의 유죄판결 및 형의 선고에 대하여 상급 법원에서 법률에 따라 심리를 받을 권리를 가진다.

6. 어떤 사람이 확정판결에 따라 범죄에 대한 유죄판결을 받았고, 추후에 새로운 사실 또는 새로 발견된 사실로 인해 오심이 있었음이 결정적으로 입증됨으로써 그에 대한 유죄판결이 파기되었거나 사면을 받았을 경우, 유죄판결의 결과로 처벌을 받은 사람은 법률에 따라 보상을 받는다. 다만, 알려지지 않은 사실이 적시에 공개되지 않은 점이 전체적으로 또는 부분적으로 그에게 책임이 있었다는 것이 증명된 경우에는 그렇지 않다.

7. 어느 누구도 각국의 법률 및 형사절차에 따라 이미 확정적으로 유죄판결 또는 무죄판결을 받은 행위에 관하여는 거듭 재판 또는 처벌 받지 않는다.

제15조

1. 어느 누구도 행위 시의 국내법 또는 국제법에 따라 범죄를 구성하지 않는 작위 또는 부작위를 이유로 유죄인 것으로 되지 않는다. 또한 범죄가 행하여진 때에 적용될 수 있었던 형벌보다 중한 형벌이 부과될 수 없다. 범죄인은 범행 후에 보다 가벼운 형벌을 부과하는 규정이 법률에 정해진 경우에는 그에 따른 혜택을 받는다.

2. 이 조의 어떠한 규정도 국제사회가 인정한 법의 일반원칙에 따라 그 행위 시에 범죄가 되는 작위 또는 부작위에 대하여 어떠한 사람을 재판하고 처벌함을 방해하지 않는다.

제16조 모든 사람은 어디에서나 법 앞에 인간으로서 인정받을 권리를 가진다.

제17조

1. 어느 누구도 그의 사생활, 가정, 주거 또는 통신에 대하여 자의적이거나 불법적인 간섭을 받거나 그의 명예와 평판에 대한 불법적인 공격을 받지 않는다.

2. 모든 사람은 그러한 간섭 또는 공격으로부터 법의 보호를 받을 권리를 가진다.

제18조

1. 모든 사람은 사상, 양심 및 종교의 자유에 대한 권리를 가진다. 이러한 권

리는 스스로 선택하는 종교나 신념을 가지거나 받아들일 자유와 개인적으로 또는 타인과 공동체로 그리고 공적 또는 사적으로 예배, 의식, 실천 및 교육을 통하여 그의 종교나 신념을 표명하는 자유를 포함한다.

　2. 어느 누구도 스스로 선택하는 종교나 신념을 가지거나 받아들일 자유를 침해할 수 있는 강제를 받지 않는다.

　3. 자신의 종교나 신념을 표명하는 자유는 법률에 규정되고 공공의 안전, 질서, 보건, 도덕 또는 타인의 기본적 권리 및 자유를 보호하기 위하여 필요한 경우에만 제한될 수 있다.

　4. 이 규약의 당사국은 부모 또는 경우에 따라, 법정후견인이 그들 자신의 신념에 따라 자녀를 종교적 및 도덕적으로 교육할 수 있는 자유를 존중할 것을 약속한다.

제19조
　1. 모든 사람은 간섭받지 않고 의견을 가질 권리를 가진다.

　2. 모든 사람은 표현의 자유에 대한 권리를 가진다. 이 권리는 구두, 서면 또는 인쇄, 예술의 형태 또는 스스로 선택하는 그 밖의 수단을 통하여, 국경에 관계없이, 모든 류의 정보와 생각을 구하고 받으며 전달하는 자유를 포함한다.

　3. 이 조 제2항에 규정된 권리의 행사에는 특별한 의무와 책임이 따른다. 따라서 그러한 권리의 행사는 일정한 제한을 받을 수 있다. 다만, 그 제한은 법률에 규정되고 다음 사항을 위하여 필요한 경우로 한정된다.

　가. 타인의 권리 또는 평판의 존중

　나. 국가안보, 공공질서, 공중보건, 또는 공중도덕의 보호

제20조
　1. 전쟁을 위한 어떠한 선전도 법률로 금지된다.

　2. 차별, 적의 또는 폭력의 선동에 해당되는 민족, 인종 또는 종교에 대한 증오의 고취는 법률로 금지된다.

제21조　
평화적인 집회의 권리가 인정된다. 이 권리의 행사에 대하여는 국가안보, 공공안전, 공공질서, 공중보건 또는 공중도덕의 보호, 또는 타인의 권리 및 자유의 보호를 위하여 민주사회에서 필요하며 법률에 합치되게 부과되는 제한 이외의 어떠한 제한도 부과될 수 없다.

제22조
　1. 모든 사람은 자기의 이익을 보호하기 위하여 노동조합을 결성하고 이에 가입하는 권리를 포함하여 타인과의 결사의 자유에 대한 권리를 가진다.

　2. 이 권리의 행사에 대하여는 국가안보, 공공안전, 공공질서, 공중보건 또는 공중도덕의 보호, 또는 타인의 권리 및 자유의 보호를 위하여 민주사회에서 필요하며 법률에 규정된 제한 이외의 어떠한 제한도 부과될 수 없다. 이 조는 군대와 경찰의 구성원이 이 권리를 행사하는 데 대하여 합법적인 제한을 부과하는 것을 방해하지 않는다.

　3. 이 조의 어떤 규정도 「결사의 자유 및 단결권 보호에 관한 1948년 국제노

동기구협약」의 당사국이 그 협약에 규정된 보장을 침해할 수 있는 입법조치를 취하거나 이를 침해하는 방식으로 법률을 적용하는 것을 허용하지 않는다.

제23조

　　1. 가정은 사회의 자연적이며 기초적인 단위이고, 사회와 국가의 보호를 받을 권리를 가진다.

　　2. 혼인적령의 남녀가 혼인을 하고, 가정을 이룰 권리가 인정된다.

　　3. 혼인은 양당사자의 자유롭고 완전한 합의 없이는 성립되지 않는다.

　　4. 이 규약의 당사국은 혼인 중 및 혼인해소 시에 혼인에 대한 배우자의 평등한 권리 및 책임을 보장하기 위하여 적절한 조치를 취한다. 혼인해소의 경우, 자녀에게 필요한 보호를 위한 조치를 마련한다.

제24조

　　1. 모든 아동은 인종, 피부색, 성별, 언어, 종교, 민족 또는 사회적 출신, 재산 또는 출생에 따른 어떠한 차별도 받지 않으며, 미성년자로서의 지위로 인하여 요구되는 보호조치를 자신의 가족, 사회 및 국가로부터 받을 권리를 가진다.

　　2. 모든 아동은 출생 후 즉시 등록되고, 성명을 가져야 한다.

　　3. 모든 아동은 국적을 취득할 권리를 가진다.

제25조　　모든 시민은 제2조에 언급된 어떠한 차별이나 불합리한 제한도 받지 않으며 다음의 권리 및 기회를 가진다.

　　가. 직접 또는 자유로이 선출한 대표자를 통하여 정치에 참여하는 것

　　나. 보통·평등 선거권에 따라 비밀투표에 의하여 행하여지고, 선거인의 의사의 자유로운 표명을 보장하는 진정하고 정기적인 선거에서 투표하고 피선되는 것

　　다. 일반적인 평등한 조건 하에 자국의 공직에 취임하는 것

제26조　　모든 사람은 법 앞에 평등하고 어떠한 차별도 없이 법의 평등한 보호를 받을 권리를 가진다. 이러한 점에서 법률은 모든 차별을 금지하고, 인종, 피부색, 성별, 언어, 종교, 정치적 또는 그 밖의 의견, 민족 또는 사회적 출신, 재산, 출생 또는 그 밖의 신분 등의 어떠한 이유에 따른 차별에 대하여도 평등하고 효과적인 보호를 모든 사람에게 보장한다.

제27조　　민족적, 종교적 또는 언어적 소수집단이 존재하는 국가의 경우, 그러한 소수집단에 속하는 사람들은 그 집단의 다른 구성원들과 공동체로 그들 자신의 문화를 향유하거나, 그들 자신의 종교를 표명하고 실행하거나, 그들 자신의 언어를 사용할 권리가 부인되지 않는다.

제 4 부

제28조

　　1. 인권위원회(이하 이 규약에서 위원회라 한다)를 설치한다. 위원회는 18인의 위원으로 구성되며 아래에 규정된 임무를 수행한다.

2. 위원회는 높은 도덕성을 가지고 인권분야에서 능력이 인정된 이 규약의 당사국 국민들로 구성하고, 법률적 경험을 가진 일부 인사의 참여가 유익하다는 점을 고려한다.

3. 위원회의 위원은 개인 자격으로 선출되고, 직무를 수행한다.

제29조

1. 위원회의 위원은 제28조에 규정된 자격을 가지고 이 규약이 당사국에 의히여 선거를 위하여 추천된 인사 명단 중에서 비밀투표로 선출된다.

2. 이 규약의 각 당사국은 2인 이하의 인사를 추천할 수 있다. 이러한 인사는 추천하는 국가의 국민이어야 한다.

3. 동일인이 재추천받을 수 있다.

제30조

1. 최초 선거는 이 규약의 발효일 후 6개월 이내에 실시된다.

2. 국제연합 사무총장은, 제34조에 따라 선언된 결원에 대한 보궐선거를 제외하고, 위원회의 구성을 위한 각 선거일의 최소 4개월 전에, 이 규약 당사국이 3개월 이내에 위원회의 위원후보 추천을 제출하도록 당사국에 서면 초청장을 발송한다.

3. 국제연합 사무총장은, 이와 같이 추천된 모든 인사의 알파벳순 명단을 그 추천 당사국명과 함께 작성하여 각 선거일 최소 1개월 전에 그 명단을 이 규약 당사국에게 송부한다.

4. 위원회 위원의 선거는 국제연합 사무총장이 국제연합 본부에서 소집한 이 규약의 당사국회의에서 실시된다. 이 회의에서는 규약 당사국의 3분의 2를 정족수로 하고, 출석하여 투표하는 당사국 대표로부터 절대다수표를 획득한 최다득표 인사가 위원으로 선출된다.

제31조

1. 위원회는 동일국가의 국민을 2인 이상 포함할 수 없다.

2. 위원회 선거에서는 위원직이 지리적으로 공평하게 안배되고 상이한 문명형태 및 주요 법체계가 대표되도록 고려한다.

제32조

1. 위원회의 위원은 4년 임기로 선출된다. 모든 위원은 재추천된 경우에 재선될 수 있다. 다만, 최초 선거에서 선출된 위원 중 9인의 임기는 2년 후에 만료된다. 이들 9인 위원은 최초 선거 후 즉시 제30조 제4항에 언급된 회의의 의장이 추첨으로 선정한다.

2. 임기 만료 시 선거는 이 규약 제4부의 위 조항들에 따라 실시된다.

제33조

1. 위원회의 위원이 일시적 성격의 결석이 아닌 다른 이유로 인해 자신의 직무를 더 이상 수행할 수 없다고 다른 위원 전원이 합의할 경우, 위원회의 의장은 국제연합 사무총장에게 이를 통보하며, 사무총장은 이때 해당 위원직의 궐위를 선언한다.

2. 위원회의 위원이 사망 또는 사임한 경우, 의장은 국제연합 사무총장에게

이를 즉시 통보하고, 사무총장은 사망일 또는 사임의 효력발생일부터 그 직의 궐위를 선언한다.

제34조

　　1. 제33조에 따라 궐위가 선언되고, 교체될 위원의 임기가 궐위 선언일 후 6개월 이내에 만료되지 않을 경우, 국제연합 사무총장은 이 규약의 각 당사국에게 이를 통보하며, 각 당사국은 결원을 충원하기 위하여 제29조에 따라서 2개월 이내에 후보를 추천할 수 있다.

　　2. 국제연합 사무총장은 이와 같이 추천된 인사의 명단을 알파벳순으로 작성하고, 이를 이 규약 당사국에게 송부한다. 보궐선거는 이 규약 제4부의 관련 규정에 따라 실시된다.

　　3. 제33조에 따라 선언되는 결원을 충원하기 위하여 선출되는 위원회 위원은 그 조의 규정에 따라 궐위된 위원의 잔여임기 동안 재직한다.

제35조　위원회의 위원은 국제연합총회가 위원회의 책임의 중요성을 고려하여 결정하는 조건에 따라, 국제연합총회의 승인을 얻어 국제연합의 재원에서 보수를 받는다.

제36조　국제연합 사무총장은 이 규약에 따른 위원회의 효과적인 임무수행을 위하여 필요한 직원과 편의를 제공한다.

제37조

　　1. 국제연합 사무총장은 위원회의 최초 회의를 국제연합 본부에서 소집한다.

　　2. 최초 회의 이후, 위원회는 위원회 절차규칙에 규정된 시기에 회합한다.

　　3. 위원회는 통상 국제연합 본부나 제네바 소재 국제연합 사무소에서 회합한다.

제38조

위원회의 모든 위원은 취임에 앞서 위원회의 공개석상에서 자기의 직무를 공평하고 양심적으로 수행할 것을 엄숙히 선언한다.

제39조

　　1. 위원회는 임기 2년의 임원을 선출한다. 임원은 재선될 수 있다.

　　2. 위원회는 자체의 절차규칙을 제정하며 이 규칙은 특히 다음 사항을 규정한다.

　　가. 의사정족수는 위원 12인으로 한다.

　　나. 위원회의 의결은 출석위원 과반수의 투표로 한다.

제40조

　　1. 이 규약의 당사국은 규약에서 인정된 권리를 실현하기 위하여 채택한 조치와 그러한 권리를 향유함에 있어 진전된 사항에 관한 보고서를 다음과 같이 제출할 것을 약속한다.

　　가. 관련 당사국에 대하여 이 규약이 발효한 지 1년 이내

　　나. 그 이후에는 언제든지 위원회가 요청하는 때

　　2. 모든 보고서는 국제연합 사무총장에게 제출되며, 사무총장은 위원회가 심의할 수 있도록 이를 위원회에 송부한다. 보고서에는 이 규약의 이행에 영향을 미

치는 요소와 장애가 있을 경우, 이를 기재한다.

3. 국제연합 사무총장은, 위원회와의 협의 후, 관련 전문기구에 그 전문기구의 권한 분야에 속하는 보고서의 해당 부분 사본을 송부할 수 있다.

4. 위원회는 이 규약의 당사국이 제출한 보고서를 검토한다. 위원회는 자체보고서와 위원회가 적절하다고 판단하는 일반논평을 당사국에게 송부한다. 위원회는 또한 이 규약의 당사국으로부터 접수한 보고서의 사본과 함께 그 일반논평을 경제사회이사회에 송부할 수 있다.

5. 이 규약의 당사국은 이 조 제4항에 따라 표명된 논평에 대한 견해를 위원회에 제출할 수 있다.

제41조

1. 이 규약 당사국은 어느 한 당사국이 다른 당사국이 이 규약에 따른 의무를 이행하고 있지 않다고 주장하는 통보를 위원회가 접수하여 심의하는 권한을 갖고 있다고 인정하는 선언을 이 조에 따라 언제든지 할 수 있다. 이 조에 따른 통보는 자국과 관련하여 위원회의 권한을 인정하는 선언을 한 당사국이 제출한 경우에만 접수되고 심의될 수 있다. 위원회는 그러한 선언을 하지 않은 당사국에 관한 통보는 접수하지 않는다. 이 조에 따라 접수된 통보는 다음 절차에 따라 처리된다.

가. 이 규약 당사국은 다른 당사국이 이 규약의 규정을 이행하고 있지 않다고 판단할 경우, 서면통보로 이 문제에 관하여 그 당사국의 주의를 환기할 수 있다. 통보를 접수한 국가는 접수 후 3개월 이내에 해당 사안을 해명하는 설명서 또는 그 밖의 진술을 서면으로 통보국에 제공한다. 해당 해명서에는 가능한 그리고 관련된 범위 내에서, 그 국가가 해당 문제에 대하여 취하였거나, 진행 중이거나 이용 가능한 국내절차와 구제조치에 관한 언급이 포함되어야 한다.

나. 접수국이 최초 통보를 접수한 후 6개월 이내에 해당 문제가 양 관련 당사국에게 만족스럽게 조정되지 않을 경우, 어느 한 당사국은 위원회 및 다른 당사국에 대한 통보로 해당 문제를 위원회에 회부할 권리를 가진다.

다. 위원회는 회부된 문제를, 일반적으로 승인된 국제법 원칙에 따라, 모든 이용 가능한 국내 구제절차가 원용되고 완료되었음을 확인한 이후에만 처리한다. 다만, 구제절차의 적용이 불합리하게 지연되고 있을 경우에는 그렇지 않다.

라. 위원회가 이 조에 따라 통보를 심사할 경우 비공개 회의를 개최한다.

마. 다호의 규정에 따를 것을 조건으로, 위원회는 이 규약에서 인정된 인권과 기본적 자유에 대한 존중에 기초하여 문제를 우호적으로 해결하기 위하여 관련 당사국에게 주선을 제공한다.

바. 위원회는 회부받은 어떠한 문제에 관하여도 나호에 언급된 관련 당사국들에게 관련 정보는 어떤 것이든지 제공하도록 요청할 수 있다.

사. 나호에 언급된 관련 당사국은 해당 문제가 위원회에서 심의되고 있는 동안 자국의 대표를 참석시키고 구두 및/또는 서면으로 의견을 제출할 권리를 가진다.

아. 위원회는 나호에 따른 통보 접수일 후 12개월 이내에 보고서를 제출한다.
1) 마호 규정에 따른 해결에 도달한 경우, 위원회는 보고서에 사실관계 및 도달된 해결에 관해서만 간략히 기술한다.
2) 마호 규정에 따른 해결에 도달하지 못한 경우, 위원회는 보고서에 사실관계에 관해서만 간략히 기술하고 관련 당사국이 제출한 서면 의견서 및 구술 의견 기록서를 첨부한다. 모든 경우에 보고서는 관련 당사국에 통보된다.

2. 이 조의 규정은 이 규약의 10개 당사국이 이 조 제1항에 따른 선언을 하였을 때 발효된다. 당사국은 해당 선언문을 국제연합 사무총장에게 기탁하며, 사무총장은 선언문의 사본을 다른 당사국에 송부한다. 선언은 사무총장에 대한 통보로 언제든지 철회될 수 있다. 해당 철회는 이 조에 따라 이미 송부된 통보의 대상이 되는 사안을 심의하는 것을 방해하지 않는다. 사무총장이 선언 철회의 통보를 접수한 후에는, 관련 당사국이 새로운 선언을 하는 경우를 제외하고, 당사국에 의한 통보는 더 이상 접수되지 않는다.

제42조

1. 가. 제41조에 따라 위원회에 회부된 문제가 관련 당사국들에게 만족스럽게 해결되지 않은 경우, 위원회는 관련 당사국의 사전 동의를 얻어 특별조정위원회(이하 조정위원회라 한다)를 임명할 수 있다. 조정위원회는 이 규약에 대한 존중에 기초하여 해당 문제를 우호적으로 해결하기 위하여 관련 당사국에게 주선을 제공한다.

나. 조정위원회는 관련 당사국이 수락하는 5인으로 구성된다. 관련 당사국이 3개월 이내에 조정위원회의 전부 또는 일부의 구성에 관하여 합의에 이르지 못한 경우, 합의에 이르지 못한 해당 위원은 비밀투표를 통해 위원회 위원 중에서 위원회 위원 3분의 2의 다수결로 선출된다.

2. 조정위원회의 위원은 개인자격으로 직무를 수행한다. 위원은 관련 당사국, 이 규약의 비당사국 또는 제41조에 따른 선언을 행하지 않은 당사국의 국민이어서는 안 된다.

3. 조정위원회는 자체적으로 의장을 선출하고 절차규칙을 채택한다.

4. 조정위원회의 회의는 통상 국제연합 본부 또는 제네바 소재 국제연합 사무소에서 개최된다. 그러나, 이 회의는 조정위원회가 국제연합 사무총장 및 관련 당사국과 협의하여 결정하는 그 밖의 편리한 장소에서도 개최될 수 있다.

5. 제36조에 따라 설치된 사무국은 이 조에 따라 임명된 조정위원회도 지원한다.

6. 위원회가 접수하여 정리한 정보는 조정위원회가 이용할 수 있으며, 조정위원회는 관련 당사국에게 그 밖의 관련 정보의 제공을 요구할 수 있다.

7. 조정위원회는 사안을 충분히 심의한 후, 그러나 어떠한 경우에도 해당 사안을 접수한 후 12개월 이내에, 관련 당사국에 통보하기 위하여 위원회의 위원장에게 보고서를 제출한다.

가. 조정위원회가 12개월 이내에 해당 사안에 대한 심의를 완료할 수 없을 경

우, 조정위원회는 보고서에 해당 사안의 심의현황에 관해서만 간략히 기술한다.

나. 이 규약에서 인정된 인권에 대한 존중에 기초하여 해당 사안이 우호적인 해결에 도달된 경우, 조정위원회는 보고서에 사실관계와 도달된 해결에 관해서만 간략히 기술한다.

다. 나호의 규정에 따른 해결에 도달하지 못한 경우, 조정위원회의 보고서에는 관련 당사국 간의 쟁점과 관련된 모든 사실관계 문제에 대한 자체의 조사 결과 및 해당 사안의 우호적인 해결 가능성에 관한 견해를 기술한다. 이 보고서는 관련 당사국이 제출한 서면 의견서와 구술의견 기록서도 포함한다.

라. 다호에 따라서 조정위원회의 보고서가 제출되는 경우, 관련 당사국은 그 보고서를 접수한 후 3개월 이내에 위원회의 위원장에게 보고서 내용의 수락 여부를 통보한다.

8. 이 조의 규정은 제41조에 따른 위원회의 책임에 영향을 주지 않는다.

9. 관련 당사국은 국제연합 사무총장이 제출하는 견적에 따라 조정위원회 위원의 모든 경비를 균등히 분담한다.

10. 국제연합 사무총장은 필요한 경우, 이 조 제9항에 의하여 관련 당사국이 분담금을 납입하기 전에 조정위원회 위원의 경비를 지급할 수 있다.

제43조 위원회의 위원과 제42조에 따라 임명되는 특별조정위원회의 위원은 「국제연합의 특권과 면제에 관한 협약」의 관련 조항에 규정된 바에 따라 국제연합을 위하여 임무를 수행하는 전문가의 편의, 특권 및 면제를 향유한다.

제44조 이 규약의 이행규정은 국제연합과 그 전문기구의 설립문서 및 협약에 의하여 또는 그에 따라 인권분야에 규정된 절차의 적용에 영향을 주지 않으며, 이 규약 당사국이 당사국간에 발효 중인 일반 또는 특별 국제협정에 따라 분쟁을 해결하기 위하여 다른 절차를 이용하는 것을 방해하지 않는다.

제45조 위원회는 그 활동에 관한 연례보고서를 경제사회이사회를 통하여 국제연합총회에 제출한다.

제 5 부

제46조 이 규약의 어떠한 규정도 이 규약에서 다뤄지는 사안에 관하여 국제연합의 여러 기관과 전문기구 각각의 책임을 명시하고 있는 「국제연합헌장」 및 전문기구헌장의 규정을 해치는 것으로 해석되지 않는다.

제47조 이 규약의 어떠한 규정도 모든 사람이 그들의 천연의 부와 자원을 충분히 그리고 자유로이 향유하고 이용할 수 있는 고유의 권리를 해치는 것으로 해석되지 않는다.

제 6 부

제48조
　1. 국제연합의 모든 회원국 또는 전문기구의 모든 회원국, 「국제사법재판소규정」의 모든 당사국 그리고 국제연합총회가 이 규약 당사국이 되도록 초청한 그 밖의 어느 국가든지 이 규약에 서명할 수 있다.
　2. 이 규약은 비준의 대상이다. 비준서는 국제연합 사무총장에게 기탁된다.
　3. 이 조 제1항에 언급된 어느 국가든지 이 규약에 가입할 수 있다.
　4. 가입은 가입서를 국제연합 사무총장에게 기탁함으로써 효력이 생긴다.
　5. 국제연합 사무총장은 이 규약에 서명 또는 가입한 모든 국가에게 각 비준서 또는 가입서의 기탁을 통지한다.

제49조
　1. 이 규약은 35번째 비준서 또는 가입서가 국제연합 사무총장에게 기탁된 날 후 3개월째 되는 날에 발효한다.
　2. 35번째 비준서 또는 가입서가 기탁된 후에 이 규약을 비준하거나 이에 가입하는 각 국가에 대하여, 이 규약은 그 국가의 비준서 또는 가입서가 기탁되는 날 후 3개월째 되는 날에 발효한다.

제50조　이 규약의 규정은 어떠한 제한이나 예외 없이 연방국가의 모든 지역에 적용된다.

제51조
　1. 이 규약 당사국은 개정을 제안하고 이를 국제연합 사무총장에게 제출할 수 있다. 사무총장은 이 규약 당사국에게 개정안을 통보하면서 그 제안에 대해 심의하고 표결하기 위한 당사국회의 개최에 찬성하는지 여부를 사무총장에게 알리도록 요청한다. 당사국 중 최소 3분의 1이 당사국회의 개최에 찬성하는 경우, 사무총장은 국제연합의 주관하에 회의를 소집한다. 당사국회의에 출석하고 표결한 당사국의 과반수로 채택된 개정은 승인을 위하여 국제연합총회에 제출된다.
　2. 개정은 국제연합총회가 이를 승인하고 각기 자국의 헌법 절차에 따라 이 규약 당사국 3분의 2의 다수가 수락하는 때 발효한다.
　3. 개정은 발효시 이를 수락한 당사국을 구속하고, 그 밖의 당사국은 계속하여 이 규약의 규정 및 그 당사국이 수락한 이전의 모든 개정에 구속된다.

제52조　제48조 제5항에 따른 통보와 관계없이, 국제연합 사무총장은 그 조 제1항에 언급된 모든 국가에 다음의 세부사항을 통지한다.
　가. 제48조에 따른 서명, 비준 및 가입
　나. 제49조에 따른 이 규약의 발효일 및 제51조에 따른 모든 개정의 발효일

제53조
　1. 이 규약은 중국어, 영어, 프랑스어, 러시아어 및 스페인어본이 동등하게 정본이며 국제연합 문서보관소에 기탁된다.
　2. 국제연합 사무총장은 제48조에 언급된 모든 국가에 이 규약의 인증등본을

송부한다.

이상의 증거로, 아래 서명자들은 각자의 정부로부터 정당하게 권한을 위임받아 1966년 12월 19일 뉴욕에서 서명을 위하여 개방된 이 규약에 서명하였다.

10. 시민적 및 정치적 권리에 관한 국제규약 선택의정서*

(Optional Protocol to the International Covenant on Civil and Political Rights)

이 의정서의 당사국은, 「시민적 및 정치적 권리에 관한 규약」(이하 "규약"이라 한다)의 목적 및 그 규정의 이행을 더욱 잘 달성하기 위하여 규약 제4부에 따라 설치된 인권위원회(이하 "위원회"라 한다)가 규약에 규정된 권리에 대한 침해의 피해자라고 주장하는 개인의 통보를 이 의정서의 규정에 따라 접수하고 심리할 수 있도록 하는 것이 적절함을 고려하여

다음과 같이 합의하였다.

제1조　이 의정서의 당사국이 된 규약 당사국은 그 관할권에 속하고 규약에 규정된 권리를 그 당사국에 의해 침해당한 피해자라고 주장하는 개인의 통보를 접수하고 심리하는 위원회의 권한을 인정한다. 위원회는 이 의정서의 당사국이 아닌 규약 당사국에 관한 어떠한 통보도 접수하지 않는다.

제2조　제1조의 규정을 따른다는 조건 아래, 규약에 열거된 어떤 권리가 침해되었다고 주장하는 개인은 모든 이용 가능한 국내 구제절차를 완료한 경우, 위원회에 심리를 위한 서면통보를 제출할 수 있다.

제3조　위원회는 이 의정서에 따른 통보가 익명이거나 통보를 제출할 권리의 남용이거나 규약 규정과 양립할 수 없다고 간주할 경우에는 그러한 통보를 허용할 수 없다고 간주한다.

제4조

　1. 제3조의 규정을 따른다는 조건 아래, 위원회는 이 의정서에 따라 제출되는 통보에 관하여 규약의 어떤 규정을 위반하고 있다고 지목된 당사국의 주의를 환기한다.

　2. 주의를 환기받은 국가는 6개월 이내에 그 사안 및 취하여진 구제조치가 있는 경우 이를 해명하는 설명서 또는 진술서를 위원회에 제출한다.

제5조

　1. 위원회는 개인 및 관련 당사국으로부터 입수된 모든 서면정보를 고려하여, 이 의정서에 따라 접수된 통보를 심리한다.

　2. 위원회는 다음 사항을 확인한 경우가 아니면, 개인으로부터의 어떠한 통보

---

* 1966. 12. 19 체결. 1976. 3. 23 발효. 1990. 7. 10 대한민국 적용(조약 제1008호). 2023. 6. 9. 외교부 번역정정 관보 공고.

도 심리하지 않는다.

　가. 동일 사안이 다른 국제조사 또는 해결 절차에 따라 심사되고 있지 않을 것

　나. 개인이 모든 이용 가능한 국내 구제절차를 완료하였을 것. 다만, 구제절차
가 불합리하게 지연되고 있을 경우에는 그렇지 않다.

　3. 위원회가 이 의정서에 따라 통보를 심사하는 회의는 비공개로 한다.

　4. 위원회는 관련 당사국과 개인에게 위원회의 견해를 송부한다.

제6조　위원회는 규약 제45조에 따른 연례보고서에 이 의정서에 따른 위원회 활
동개요를 포함한다.

제7조　이 의정서의 규정은 1960년 12월 14일 국제연합총회가 채택한「식민지와
그 인민에 대한 독립부여 선언」에 관한 결의 1514(XV)의 목적이 달성될 때까지
「국제연합헌장」과 국제연합 및 그 전문기구하에서 체결된 그 밖의 국제협약과 문
서로 이들에게 부여된 청원권을 어떠한 경우에도 제한하지 않는다.

제8조

　1. 규약에 서명한 어느 국가든지 이 의정서에 서명할 수 있다.

　2. 이 의정서는 규약을 비준하였거나 이에 가입한 국가의 비준 대상이다. 비
준서는 국제연합 사무총장에게 기탁된다.

　3. 규약을 비준하였거나 이에 가입한 어느 국가든지 이 의정서에 가입할 수
있다.

　4. 가입은 가입서를 국제연합 사무총장에게 기탁함으로써 효력이 생긴다.

　5. 국제연합 사무총장은 이 의정서에 서명 또는 가입한 모든 국가에게 각 비
준서 또는 가입서의 기탁을 통지한다.

제9조

　1. 규약의 발효를 조건으로, 이 의정서는 10번째 비준서 또는 가입서가 국제
연합 사무총장에게 기탁된 날 후 3개월째 되는 날에 발효한다.

　2. 10번째 비준서 또는 가입서가 기탁된 후에 이 의정서를 비준하거나 이에
가입하는 각 국가에 대하여, 이 의정서는 그 국가의 비준서 또는 가입서가 기탁되
는 날 후 3개월째 되는 날에 발효한다.

제10조　이 의정서의 규정은 어떠한 제한이나 예외 없이 연방국가의 모든 지역
에 적용된다.

제11조

　1. 이 의정서 당사국은 개정을 제안하고 이를 국제연합 사무총장에게 제출할
수 있다. 사무총장은 이 규약 당사국에게 개정안을 통보하면서 그 제안에 대해 심
의하고 표결하기 위한 당사국회의 개최에 찬성하는지 여부를 사무총장에게 알리도
록 요청한다. 당사국 중 최소 3분의 1이 당사국회의 개최에 찬성하는 경우, 사무
총장은 국제연합의 주관하에 회의를 소집한다. 당사국회의에 출석하고 표결한 당
사국의 과반수로 채택된 개정은 승인을 위하여 국제연합총회에 제출된다.

　2. 개정은 국제연합총회가 이를 승인하고 각기 자국의 헌법 절차에 따라 이
의정서 당사국 3분의 2의 다수가 수락하는 때 발효한다.

3. 개정은 발효시 이를 수락한 당사국을 구속하고, 그 밖의 당사국은 계속하여 이 의정서의 규정 및 그 당사국이 수락한 이전의 모든 개정에 의하여 구속된다.

제12조

1. 당사국은 언제든지 국제연합 사무총장에 대한 서면통보로 이 의정서를 폐기할 수 있다. 폐기는 사무총장이 통보를 접수한 날 후 3개월째 되는 날에 효력이 발생된다.

2. 폐기는 그 효력이 발생하기 전에는 제2조에 따라 제출된 통보에 대하여 이 의정서의 규정이 계속적으로 적용되는 것에 영향을 주지 않는다.

제13조　이 의정서 제8조 제5항에 따른 통보와 관계없이, 국제연합 사무총장은 규약 제48조 제1항에 언급된 모든 국가에 다음의 세부사항을 통지한다.

가. 제8조에 따른 서명, 비준 및 가입

나. 제9조에 따른 이 의정서의 발효일 및 제11조에 따른 모든 개정의 발효일

다. 제12조에 따른 폐기

제14조

1. 이 의정서는 중국어, 영어, 프랑스어, 러시아어 및 스페인어본이 동등하게 정본이며 국제연합 문서보관소에 기탁된다.

2. 국제연합 사무총장은 규약 제48조에서 언급된 모든 국가에 이 의정서의 인증등본을 송부한다.

11. 난민의 지위에 관한 협약*
(Convention Relating to the Status of Refugees)

체약국은,

국제연합헌장과 1948년 12월 10일 국제연합총회에 의하여 승인된 세계인권선언이, 인간은 차별 없이 기본적인 권리와 자유를 향유한다는 원칙을 확인하였음을 고려하고,

국제연합이 수차에 걸쳐 난민에 대한 깊은 관심을 표명하였고, 또한 난민에게 이러한 기본적인 권리와 자유의 가능한 한 광범위한 행사를 보장하려고 노력하였음을 고려하며,

난민의 지위에 관한 종전의 국제협정들을 개정하고 통합하고, 또한 그러한 문서의 적용 범위와 그러한 문서에서 정하여진 보호를 새로운 협정에서 확대하는 것이 바람직함을 고려하며,

난민에 대한 비호의 부여가 특정 국가에 부당하게 과중한 부담이 될 가능성이 있고, 또한 국제적 범위와 성격을 가진다고 국제연합이 인정하는 문제에 관한 만족할 만한 해결은 국제협력이 없이는 성취될 수 없다는 것을 고려하며,

모든 국가가 난민문제의 사회적, 인도적 성격을 인식하고, 이 문제가 국가간의 긴장의 원인이 되는 것을 방지하기 위하여 가능한 모든 조치를 취할 것을 희망하며,

국제연합 난민고등판무관이 난민의 보호에 관하여 정하는 국제협약의 적용을 감독하는 임무를 가지고 있다는 것을 유의하고, 또한 각국과 국제연합 난민고등판무관과의 협력에 의하여 난민문제를 다루기 위하여 취하여진 조치의 효과적인 조정이 가능하게 될 것임을 인정하며,

다음과 같이 합의하였다.

제 1 장   일반 규정

제1조("난민"이라는 용어의 정의)

　　A. 이 협약의 적용상, "난민"이라는 용어는 다음과 같은 자에게 적용된다.

　　(1) 1926년 5월 12일 및 1928년 6월 30일의 약정 또는 1933년 10월 28일 및

---

　* 1951. 7. 28 체결. 1954. 4. 22 발효. 1993. 3. 3 대한민국 적용(조약 제1166호).

　선언: "대한민국은 제1조 A에 규정된 "1951년 1월 1일 이전에 발생한 사건"이라는 용어가 "1951년 1월 1일 이전에 유럽 또는 기타 지역에서 발생한 사건"을 의미하는 것으로 해석된다는 것을 이 협약 제1조 B에 따라 선언한다."

　대한민국은 가입 당시 제7조를 유보했으나, 2009. 9. 8 조약 제1970호로써 이를 철회했다.

2월 10일의 협약, 1939년 9월 14일의 의정서 또는 국제난민기구 헌장에 의하여 난민으로 인정되고 있는 자. 국제난민기구가 그 활동기간 중에 행한 부적격 결정은 당해 자가 (2)의 조건을 충족시키는 경우 당해자가 난민의 지위를 부여하는 것을 방해하지 아니한다.

(2) 1951년 1월 1일 이전에 발생한 사건의 결과로서, 또한 인종, 종교, 국적 또는 특정 사회 집단의 구성원 신분 또는 정치적 의견을 이유로 박해를 받을 우려가 있다는 충분한 이유가 있는 공포로 인하여 국적국 밖에 있는 자로서 그 국적국의 보호를 받을 수 없거나 또는 그러한 공포로 인하여 그 국적국의 보호를 받는 것을 원하지 아니하는 자 및 이들 사건의 결과로서 상주국가 밖에 있는 무국적자로서 종전의 상주국가로 돌아갈 수 없거나 또는 그러한 공포로 인하여 종전의 상주국가로 돌아가는 것을 원하지 아니하는 자.

둘 이상의 국적을 가진 자의 경우에, "국적국"이라 함은 그가 국적을 가지고 있는 국가 각각을 말하며, 충분한 이유가 있는 공포에 기초한 정당한 이유 없이 어느 하나의 국적국의 보호를 받지 않았다면 당해자에게 국적국의 보호가 없는 것으로 인정되지 아니한다.

(As a result of events occurring before 1 January 1951 and owing to well-founded fear of being persecuted for reasons of race, religion, nationality, membership of a particular social group or political opinion, is outside the country of his nationality and is unable or, owing to such fear, is unwilling to avail himself of the protection of that country; or who, not having a nationality and being outside the country of his former habitual residence as a result of such events, is unable or, owing to such fear, is unwilling to return to it.
In the case of a person who has more than one nationality, the term "the country of his nationality" shall mean each of the countries of which he is a national, and a person shall not be deemed to be lacking the protection of the country of his nationality if, without any valid reason based on well-founded fear, he has not availed himself of the protection of one of the countries of which he is a national.)

B.
(1) 이 협약의 적용상 제1조 A의 "1951년 1월 1일 이전에 발생한 사건"이라는 용어는 다음 중 어느 하나를 의미하는 것으로 이해된다.
(a) "1951년 1월 1일 이전에 유럽에서 발생한 사건" 또는,
(b) "1951년 1월 1일 이전에 유럽 또는 기타 지역에서 발생한 사건"
각 체약국은 서명, 비준 또는 가입시에 이 협약상의 의무를 이행함에 있어서 상기 중 어느 규정을 적용할 것인가를 선택하는 선언을 행한다.
(2) (a)규정을 적용할 것을 선택한 체약국은 언제든지 (b)규정을 적용할 것을 선택한다는 것을 국제연합 사무총장에게 통고함으로써 그 의무를 확대할 수 있다.
C. 이 협약은 A의 요건에 해당하는 자에게 다음의 어느 것에 해당하는 경우 적용이 종지된다.
(1) 임의로 국적국의 보호를 다시 받고 있는 경우. 또는,
(2) 국적을 상실한 후 임의로 국적을 회복한 경우. 또는,

(3) 새로운 국적을 취득하고, 또한 새로운 국적국의 보호를 받고 있는 경우. 또는,

(4) 박해를 받을 우려가 있다고 하는 공포 때문에 정주하고 있는 국가를 떠나거나 또는 그 국가 밖에 체류하고 있었으나 그 국가에서 임의로 다시 정주하게 된 경우. 또는,

(5) 난민으로 인정되어 온 근거사유가 소멸되었기 때문에 국적국의 보호를 받는 깃을 거부할 수 없게 된 경우. 다만, 이 조항은 이 조 A(1)에 해당하는 난민으로서 국적국의 보호를 받는 것을 거부한 이유로서 과거의 박해에 기인하는 어쩔 수 없는 사정을 원용할 수 있는 자에게는 적용하지 아니한다.

(6) 국적이 없는 자로서, 난민으로 인정되어 온 근거사유가 소멸되었기 때문에 종전의 상주국가에 되돌아올 수 있을 경우. 다만 이 조항은 이 조 A(1)에 해당하는 난민으로서 종전의 상주국가에 돌아오기를 거부한 이유로서 과거의 박해에 기인하는 어쩔 수 없는 사정을 원용할 수 있는 자에게는 적용하지 아니한다.

D. 이 협약은 국제연합 난민고등판무관 외에 국제연합의 기관이나 또는 기구로부터 보호 또는 원조를 현재 받고 있는 자에게는 적용하지 아니한다.

그러한 보호 또는 원조를 현재 받고 있는 자의 지위에 관한 문제가 국제연합 총회에 의하여 채택된 관련 결의에 따라 최종적으로 해결됨이 없이 그러한 보호 또는 원조의 부여가 종지되는 경우 그 자는 그 사실에 의하여 이 협약에 의하여 부여되는 이익을 받을 자격이 있다.

E. 이 협약은 거주국의 권한 있는 기관에 의하여 그 국가의 국적을 보유하는 데에 따른 권리 및 의무를 가진 것으로 인정되는 자에게는 적용하지 아니한다.

F. 이 협약의 규정은 다음의 어느 것에 해당한다고 간주될 상당한 이유가 있는 자에게는 적용하지 아니한다.

(a) 평화에 대한 범죄, 전쟁범죄 또는 인도에 대한 범죄에 관하여 규정하는 국제문서에 정하여진 그러한 범죄를 범한 자.

(b) 난민으로서 피난국에 입국하는 것이 허가되기 전에 그 국가 밖에서 중대한 비정치적 범죄를 범한 자.

(c) 국제연합의 목적과 원칙에 반하는 행위를 행한 자.

제2조(일반적 의무) 모든 난민은 자신이 체재하는 국가에 대하여 특히 그 국가의 법령을 준수할 의무 및 공공질서를 유지하기 위한 조치에 따를 의무를 진다.

제3조(무차별) 체약국은 난민에게 인종, 종교 또는 출신국에 의한 차별 없이 이 협약의 규정을 적용한다.

제4조(종교) 체약국은 그 영역내의 난민에게 종교를 실천하는 자유 및 자녀의 종교적 교육에 관한 자유에 대하여 적어도 자국민에게 부여하는 대우와 동등한 호의적 대우를 부여한다.

제5조(이 협약과는 관계없이 부여되는 권리) 이 협약의 어떠한 규정도 체약국이 이 협약과는 관계없이 난민에게 부여하는 권리와 이익을 저해하는 것으로 해석되지

아니한다.

제6조("동일한 사정하에서"라는 용어) 이 협약의 적용상, "동일한 사정하에서"라는 용어는, 그 성격상 난민이 충족시킬 수 없는 요건을 제외하고, 특정 개인이 그가 난민이 아니라고 할 경우에 특정 권리를 향유하기 위하여 충족시켜야 하는 요건(체재 또는 거주의 기간과 조건에 관한 요건을 포함한다)이 충족되어야 한다는 것을 의미한다.

제7조(상호주의로부터의 면제)

1. 체약국은 난민에게 이 협약이 더 유리한 규정을 두고 있는 경우를 제외하고, 일반적으로 외국인에게 부여하는 대우와 동등한 대우를 부여한다.

2. 모든 난민은 어떠한 체약국의 영역 내에서 3년간 거주한 후 그 체약국의 영역 내에서 입법상의 상호주의로부터의 면제를 받는다.

3. 각 체약국은 자국에 관하여 이 협약이 발효하는 날에 상호주의의 적용 없이 난민에게 이미 인정되고 있는 권리와 이익이 존재하는 경우 그 권리와 이익을 계속 부여한다.

4. 체약국은 제2항 및 제3항에 따라 인정되고 있는 권리와 이익 이외의 권리와 이익을 상호주의의 적용 없이 난민에게 부여할 가능성과 제2항에 규정하는 거주의 조건을 충족시키지 못하고 있는 난민과 제3항에 규정하는 권리와 이익이 인정되고 있지 아니한 난민에게도 상호주의로부터의 면제를 적용할 가능성을 호의적으로 고려한다.

5. 제2항 및 제3항의 규정은 이 협약의 제13조, 제18조, 제19조, 제21조 및 제22조에 규정하는 권리와 이익 및 이 협약에서 규정하고 있지 아니하는 권리와 이익에 관하여서도 적용한다.

제8조(예외적 조치의 면제) 체약국은 특정한 외국 국민의 신체, 재산 또는 이익에 대하여 취하여지는 예외적 조치에 관하여, 형식상 당해 외국의 국민인 난민에 대하여 단순히 그의 국적만을 이유로 그 조치를 적용하여서는 아니된다. 법제상 이 조에 명시된 일반원칙을 적용할 수 없는 체약국은 적당한 경우 그러한 난민을 위하여 그 예외적 조치를 한다.

제9조(잠정조치) 이 협약의 어떠한 규정도 체약국이 전시 또는 기타 중대하고 예외적인 상황에 처하여, 특정 개인에 관하여 국가안보를 위하여 불가결하다고 인정되는 조치를 잠정적으로 취하는 것을 방해하는 것은 아니다. 다만, 그 조치는 특정 개인이 사실상 난민인가의 여부, 또한 그 특정 개인에 관하여 불가결하다고 인정되는 조치를 계속 적용하는 것이 국가안보를 위하여 필요한 것인가의 여부를 체약국이 결정할 때까지에 한한다.

제10조(거주의 계속)

1. 제2차 세계대전중에 강제로 퇴거되어 어느 체약국의 영역으로 이동되어서 그 영역 내에 거주하고 있는 난민은 그러한 강제체류기간은 합법적으로 그 영역 내에서 거주한 것으로 본다.

2. 난민이 제2차 세계대전 중에 어느 체약국의 영역으로부터 강제로 퇴거되었

다가 이 협약의 발효일 이전에 거주를 위하여 그 영역 내로 귀환한 경우 그러한 강제퇴거 전후의 거주기간은 계속적인 거주가 요건이 되는 어떠한 경우에 있어서도 계속된 하나의 기간으로 본다.

제11조(난민선원) 체약국은 자국을 기국으로 하는 선박에 승선하고 있는 선원으로서 정규적으로 근무 중인 난민에 관하여서는 자국의 영역에서 정주하는 것에 관하여 호의적으로 고려하고, 특히 타국에서의 정주를 용이하게 하기 위한 여행증명서를 발급하거나 또는 자국의 영역에 일시적으로 입국하는 것을 허락하는 것에 관하여 호의적으로 고려한다.

제 2 장 법적 지위

제12조(개인적 지위)

　1. 난민의 개인적 지위는 주소지 국가의 법률에 의하거나 또는 주소가 없는 경우에는 거소지 국가의 법률에 의하여 규율된다.

　2. 난민이 이미 취득한 권리로서 개인적 지위에 따르는 것, 특히 혼인에 따르는 권리는 난민이 체약국의 법률에 정하여진 절차에 따르는 것이 필요한 경우 이들에 따를 것을 조건으로 하여 그 체약국에 의하여 존중된다. 다만, 문제의 권리는 난민이 난민이 되지 않았을 경우일지라도 그 체약국의 법률에 의하여 인정된 것이어야 한다.

제13조(동산 및 부동산) 체약국은 난민에게 동산 및 부동산의 소유권과 이에 관한 기타 권리의 취득 및 동산과 부동산에 관한 임대차 및 기타의 계약에 관하여 가능한 한 유리한 대우를 부여하고, 어떠한 경우에 있어서도, 동일한 사정하에서 일반적으로 외국인에게 부여되는 대우보다 불리하지 아니한 대우를 부여한다.

제14조(저작권 및 공업소유권) 난민은 발명, 의장, 상표, 상호 등의 공업소유권의 보호 및 문학적, 예술적 및 학술적 저작물에 대한 권리의 보호에 관하여, 상거소를 가지는 국가에서 그 국가의 국민에게 부여되는 보호와 동일한 보호를 부여받는다. 기타 체약국의 영역에 있어서도 그 난민이 상거소를 가지는 국가의 국민에게 그 체약국의 영역에서 부여되는 보호와 동일한 보호를 부여받는다.

제15조(결사의 권리) 체약국은 합법적으로 그 영역 내에 체재하는 난민에게 비정치적이고 비영리적인 단체와 노동조합에 관한 사항에 관하여 동일한 사정하에서 외국 국민에게 부여하는 대우 중 가장 유리한 대우를 부여한다.

제16조(재판을 받을 권리)

　1. 난민은 모든 체약국의 영역에서 자유로이 재판을 받을 권리를 가진다.

　2. 난민은 상거소를 가지는 체약국에서 법률구조와 소송비용의 담보 면제를 포함하여 재판을 받을 권리에 관한 사항에 있어서 그 체약국의 국민에게 부여되는 대우와 동일한 대우를 부여받는다.

　3. 난민은 상거소를 가지는 체약국 이외의 체약국에서 제2항에 규정하는 사항

에 관하여 그 상거소를 가지는 체약국의 국민에게 부여되는 대우와 동일한 대우
를 부여받는다.

제 3 장 유급직업

제17조(임금이 지급되는 직업)
 1. 체약국은 합법적으로 그 영역 내에 체재하는 난민에게, 임금이 지급되는
직업에 종사할 권리에 관하여, 동일한 사정하에서 외국 국민에게 부여되는 대우
중 가장 유리한 대우를 부여한다.
 2. 어떠한 경우에 있어서도, 체약국이 국내 노동시장의 보호를 위하여 외국인
또는 외국인의 고용에 관하여 취하는 제한적 조치는 그 체약국에 대하여 이 협약
이 발효하는 날에 이미 그 조치로부터 면제된 난민이나, 또는 다음의 조건 중 어
느 하나를 충족시키는 난민에게는 적용되지 아니한다.
 (a) 그 체약국에서 3년 이상 거주하고 있는 자.
 (b) 그 난민이 거주하고 있는 체약국의 국적을 가진 배우자가 있는 자. 난민
이 그 배우자를 유기한 경우에는 이 조항에 의한 이익을 원용하지 못한다.
 (c) 그 난민이 거주하고 있는 체약국의 국적을 가진 1명 또는 그 이상의 자녀
를 가진 자.
 3. 체약국은 임금이 지급되는 직업에 관하여 모든 난민, 특히 노동자 모집계
획 또는 이주민계획에 따라 그 영역 내에 입국한 난민의 권리를 자국민의 권리와
동일하게 할 것을 호의적으로 고려한다.
제18조(자영업) 체약국은 합법적으로 그 영역 내에 있는 난민에게 독립하여 농
업, 공업, 수공업 및 상업에 종사하는 권리 및 상업상, 산업상 회사를 설립할 권리
에 관하여 가능한 한 유리한 대우를 부여하고, 어떠한 경우에 있어서도 동일한 사
정하에서 일반적으로 외국인에게 부여하는 대우보다 불리하지 아니한 대우를 부여
한다.
제19조(자유업)
 1. 각 체약국은 합법적으로 그 영역 내에 체재하는 난민으로서 그 체약국의
권한 있는 기관이 승인한 자격증서를 가지고 자유업에 종사할 것을 희망하는 자에
게 가능한 한 유리한 대우를 부여하고, 어떠한 경우에 있어서도 동일한 사정하에서
일반적으로 외국인에게 부여하는 대우보다 불리하지 아니한 대우를 부여한다.
 2. 체약국은 본토 지역 이외에 자국이 국제관계에서 책임을 가지는 영역 내에
서 상기한 난민이 정주하는 것을 확보하기 위하여 자국의 헌법과 법률에 따라 최
선의 노력을 한다.

제 4 장 복　지

제20조(배급)　공급이 부족한 물자의 분배를 규제하는 것으로서 주민 전체에 적용되는 배급제도가 존재하는 경우, 난민은 그 배급제도의 적용에 있어서 내국민에게 부여되는 대우와 동일한 대우를 부여받는다.

제21조(주거)　체약국은 주거에 관한 사항이 법령의 규제를 받거나 또는 공공기관의 관리하에 있는 경우 합법적으로 그 영역 내에 체재하는 난민에게 주거에 관하여 가능한 한 유리한 대우를 부여하고, 어떠한 경우에 있어서도 동일한 사정하에서 일반적으로 외국인에게 부여하는 대우보다 불리하지 아니한 대우를 부여한다.

제22조(공공교육)

　　1. 체약국은 난민에게 초등교육에 대하여 자국민에게 부여하는 대우와 동일한 대우를 부여한다.

　　2. 체약국은 난민에게 초등교육 이외의 교육, 특히 수학의 기회, 학업에 관한 증명서, 자격증서 및 학위로서 외국에서 수여된 것의 승인, 수업료 기타 납부금의 감면 및 장학금의 급여에 관하여 가능한 한 유리한 대우를 부여하고, 어떠한 경우에 있어서도 동일한 사정하에서 일반적으로 외국인에게 부여하는 대우보다 불리하지 아니한 대우를 부여한다.

제23조(공공구제)　체약국은 합법적으로 그 영역 내에 체재하는 난민에게, 공공구제와 공적 원조에 관하여 자국민에게 부여하는 대우와 동일한 대우를 부여한다.

제24조(노동법제와 사회보장)

　　1. 체약국은 합법적으로 그 영역 내에 체재하는 난민에게, 다음 사항에 관하여 자국민에게 부여하는 대우와 동일한 대우를 부여한다.

　　(a) 보수의 일부를 구성하는 가족수당을 포함한 보수, 노동시간, 시간외 노동, 유급휴가, 가내노동에 관한 제한, 최저고용연령, 견습과 훈련, 여성과 연소자의 노동 및 단체교섭의 이익향유에 관한 사항으로서 법령의 규율을 받거나 또는 행정기관의 관리하에 있는 것.

　　(b) 사회보장(산업재해, 직업병, 출산, 질병, 폐질, 노령, 사망, 실업, 가족부양 기타 국내법령에 따라 사회보장제도의 대상이 되는 급부사유에 관한 법규). 다만, 다음의 조치를 취하는 것을 방해하지 아니한다.

　　(i) 취득한 권리와 취득과정 중에 있는 권리의 유지를 위하여 적절한 조치를 취하는 것.

　　(ii) 거주하고 있는 체약국의 국내법령이 공공자금에서 전액 지급되는 급부의 전부 또는 일부에 관하여, 또한 통상의 연금의 수급을 위하여 필요한 기여조건을 충족시키지 못하는 자에게 지급되는 수당에 관하여 특별한 조치를 정하는 것.

　　2. 산업재해 또는 직업병에서 기인하는 난민의 사망에 대한 보상을 받을 권리는 그의 권리를 취득하는 자가 체약국의 영역 밖에 거주하고 있다는 사실로 인하여 영향을 받지 아니한다.

3. 체약국은 취득되거나 또는 취득의 과정 중에 있는 사회보장에 관한 권리의 유지에 관하여 다른 체약국간에 이미 체결한 협정 또는 장차 체결할 문제의 협정의 서명국의 국민에게 적용될 조건을 난민이 충족시키고 있는 한 그 협정에 의한 이익과 동일한 이익을 그 난민에게 부여한다.

4. 체약국은 상기한 체약국과 비체약국간에 현재 유효하거나 장래 유효하게 될 유사한 협정에 의한 이익과 동일한 이익을 가능한 한 난민에게 부여하는 것을 호의적으로 고려한다.

제 5 장   행정적 조치

제25조(행정적 원조)

1. 난민이 그의 권리를 행사함에 있어서 통상적으로 외국기관의 원조를 필요로 하는 경우 그 기관의 원조를 구할 수 없을 때에는 그 난민이 거주하고 있는 체약국은 자국의 기관 또는 국제기관에 의하여 그러한 원조가 난민에게 부여되도록 조치한다.

2. 제1항에서 말하는 자국의 기관 또는 국제기관은 난민에게 외국인이 통상적으로 본국의 기관으로부터 또는 이를 통하여 발급받은 문서 또는 증명서를 발급하거나 또는 그 감독하에 이들 문서 또는 증명서를 발급받도록 한다.

3. 상기와 같이 발급된 문서 또는 증명서는 외국인이 본국의 기관으로부터 또는 이를 통하여 발급받은 공문서에 대신하는 것으로 하고, 반증이 없는 한 신빙성을 가진다.

4. 궁핍한 자에 대한 예외적인 대우를 하는 경우 이에 따를 것을 조건으로 하여, 이 조에 규정하는 사무에 대하여 수수료를 징수할 수 있다. 그러나 그러한 수수료는 타당하고 또한 동종의 사무에 대하여 자국민에게 징수하는 수수료에 상응하는 것이어야 한다.

5. 이 조의 규정은 제27조 및 제28조의 적용을 방해하지 아니한다.

제26조(이동의 자유)

각 체약국은 합법적으로 그 영역 내에 있는 난민에게 그 난민이 동일한 사정하에서 일반적으로 외국인에게 적용되는 규제에 따를 것을 조건으로 하여 거주지를 선택할 권리 및 그 체약국의 영역 내에서 자유로이 이동할 권리를 부여한다.

제27조(신분증명서) 체약국은 그 영역 내에 있는 난민으로서 유효한 여행증명서를 소지하고 있지 아니한 자에게 신분증명서를 발급한다.

제28조(여행증명서)

1. 체약국은 합법적으로 그 영역 내에 체재하는 난민에게 국가안보 또는 공공질서를 위하여 어쩔 수 없는 이유가 있는 경우를 제외하고는, 그 영역 외로의 여행을 위한 여행증명서를 발급하고, 이 여행증명서에 관하여서는 이 협정 부속서의 규정을 적용한다. 체약국은 그 영역 내에 있는 다른 난민에게도 이러한 여행증명

서를 발급할 수 있으며, 또한 체약국은 특히 그 영역 내에 있는 난민으로서 합법적으로 거주하고 있는 국가로부터 여행증명서를 받을 수 없는 자에게 이러한 여행증명서의 발급에 관하여 호의적으로 고려한다.

2. 종전의 국제협정의 체약국이 국제협정이 정한 바에 따라 난민에게 발급한 여행증명서는 이 협약의 체약국에 의하여 유효한 것으로 인정되고 또한 이 조에 따라 발급된 것으로 취급된다.

제29조(새정상의 부과금)

1. 체약국은 난민에게 유사한 상태에 있는 자국민에게 과하고 있거나 또는 과해질 조세 기타 공과금(명칭 여하를 불문한다) 이외의 공과금을 과하지 아니한다. 또한 조세 기타 공과금에 대하여 유사한 상태에 있는 자국민에게 과하는 금액보다도 고액의 것을 과하지 아니한다.

2. 전항의 규정은 행정기관이 외국인에게 발급하는 신분증명서를 포함한 문서의 발급에 대한 수수료에 관한 법령을 난민에게 적용하는 것을 방해하지 아니한다.

제30조(자산의 이전)

1. 체약국은 자국의 법령에 따라 난민이 그 영역 내로 반입한 자산을 정주하기 위하여 입국허가를 받은 다른 국가로 이전하는 것을 허가한다.

2. 체약국은 난민이 입국 허가된 타국에서 정주하기 위하여 필요한 자산에 대하여 그 소재지를 불문하고 그 난민으로부터 그 자산의 이전허가 신청이 있는 경우 그 신청을 호의적으로 고려한다.

제31조(피난국에 불법으로 있는 난민)

1. 체약국은 그 생명 또는 자유가 제1조의 의미에 있어서 위협되고 있는 영역으로부터 직접 온 난민으로서 허가없이 그 영역에 입국하거나 또는 그 영역 내에 있는 자에 대하여 불법으로 입국하거나 또는 불법으로 있는 것을 이유로 형벌을 과하여서는 아니된다. 다만, 그 난민이 지체없이 당국에 출두하고 또한 불법으로 입국하거나 또는 불법으로 있는 것에 대한 상당한 이유를 제시할 것을 조건으로 한다.

2. 체약국은 상기한 난민의 이동에 대하여 필요한 제한 이외의 제한을 과하지 아니하며 또한 그러한 제한은 그 난민의 체약국에 있어서의 체재가 합법적인 것이 될 때까지 또는 그 난민이 타국에의 입국허가를 획득할 때까지만 적용된다. 체약국은 그러한 난민에게 타국에의 입국허가를 획득하기 위하여 타당하다고 인정되는 기간과 이를 위하여 필요한 모든 편의를 부여한다.

제32조(추방)

1. 체약국은 국가안보 또는 공공질서를 이유로 하는 경우를 제외하고 합법적으로 그 영역에 있는 난민을 추방하여서는 아니된다.

2. 이러한 난민의 추방은 법률에 정하여진 절차에 따라 이루어진 결정에 의하여서만 행하여진다. 국가안보를 위하여 불가피한 이유가 있는 경우를 제외하고 그 난민은 추방될 이유가 없다는 것을 밝히는 증거를 제출하고, 또한 권한 있는 기관 또는 그 기관이 특별히 지명하는 자에게 이의를 신청하고 이 목적을 위한 대리인

을 세우는 것이 인정된다.

3. 체약국은 상기 난민에게 타 국가에의 합법적인 입국허가를 구하기 위하여 타당하다고 인정되는 기간을 부여한다. 체약국은 그 기간 동안 동국이 필요하다고 인정하는 국내 조치를 취할 권리를 유보한다.

제33조(추방 또는 송환의 금지)

1. 체약국은 난민을 어떠한 방법으로도 인종, 종교, 국적, 특정 사회집단의 구성원 신분 또는 정치적 의견을 이유로 그 생명이나 자유가 위협받을 우려가 있는 영역의 국경으로 추방하거나 송환하여서는 아니된다.

2. 체약국에 있는 난민으로서 그 국가의 안보에 위험하다고 인정되기에 충분한 상당한 이유가 있는 자 또는 특히 중대한 범죄에 관하여 유죄의 판결이 확정되고 그 국가공동체에 대하여 위험한 존재가 된 자는 이 규정의 이익을 요구하지 못한다.

제34조(귀화) 체약국은 난민의 동화 및 귀화를 가능한 한 장려한다. 체약국은 특히 귀화절차를 신속히 행하기 위하여 또한 이러한 절차에 따른 수수료 및 비용을 가능한 한 경감시키기 위하여 모든 노력을 다한다.

제 6 장 실시 및 경과 규정

제35조(국내 당국과 국제연합과의 협력)

1. 체약국은 국제연합 난민고등판무관 사무국 또는 그를 승계하는 국제연합의 다른 기관의 임무의 수행에 있어서 이들 기관과 협력할 것을 약속하고, 특히 이들 기관이 이 협약의 규정을 적용하는 것을 감독하는 책무의 수행에 있어서 이들 기관에게 편의를 제공한다.

2. 체약국은 국제연합 난민고등판무관 사무국 또는 그를 승계하는 국제연합의 다른 기관이 국제연합의 관할기관에 보고하는 것을 용이하게 하기 위하여 요청에 따라 다음 사항에 관한 정보와 통계를 적당한 양식으로 제공할 것을 약속한다.

(a) 난민의 상태.
(b) 이 협약의 실시상황.
(c) 난민에 관한 현행법령 및 장차 시행될 법령.

제36조(국내법령에 관한 정보) 체약국은 국제연합 사무총장에게 이 협약의 적용을 확보하기 위하여 제정하는 법령을 송부한다.

제37조(종전의 협약과의 관계) 이 협약의 제28조 제2항을 침해함이 없이, 이 협약은 체약국 사이에서 1922년 7월 5일, 1924년 5월 31일, 1926년 5월 12일, 1928년 6월 30일 및 1935년 7월 30일의 협약, 1933년 10월 28일 및 1938년 2월 10일의 협약, 1939년 9월 14일의 의정서 및 1946년 10월 15일의 협약을 대신한다.

제 7 장   최종 조항

제38조(분쟁의 해결)   이 협약의 해석 또는 적용에 관한 협약 당사국간의 분쟁으로서 다른 방법에 의하여 해결될 수 없는 것은 분쟁당사국 중 어느 일당사국의 요청에 의하여 국제사법재판소에 부탁된다.

제39조(서명, 비준 및 가입)

1. 이 협약은 1951년 7월 28일에 제네바에서 서명을 위하여 개방되고, 그 후 국제연합 사무총장에게 기탁된다. 이 협약은 1951년 7월 28일부터 동년 8월 31일까지 국제연합 구주사무국에서, 동년 9월 17일부터 1952년 12월 31일까지 국제연합본부에서 서명을 위하여 다시 개방된다.

2. 이 협약은 국제연합의 모든 회원국과 난민 및 무국적자의 지위에 관한 전권회의에 참석하도록 초청된 국가 또는 총회에 의하여 서명하도록 초청받은 국가의 서명을 위하여 개방된다. 이 협약은 비준되어야 하고, 비준서는 국제연합 사무총장에게 기탁된다.

3. 이 협약은 본조 제2항에 언급된 국가들의 가입을 위해 1951년 7월 28일부터 개방된다. 가입은 국제연합 사무총장에게 가입서를 기탁함으로써 효력을 발생한다.

제40조(적용지역 조항)

1. 어떠한 국가도 서명, 비준 또는 가입시에 자국이 국제관계에 책임을 지는 영역의 전부 또는 일부에 관하여 이 협약을 적용한다는 것을 선언할 수 있다. 이러한 선언은 이 협약이 그 국가에 대하여 발효할 때 효력을 발생한다.

2. 그 후에는 국제연합 사무총장에게 언제든지 통고함으로써 그러한 적용을 행하고 또한 그 적용은 국제연합 사무총장이 통고를 수령한 날로부터 90일 후 또는 그 국가에 대하여 이 협약이 발효하는 날의 양자 중 늦은 날로부터 효력을 발생한다.

3. 관계국가는 서명, 비준 또는 가입시에 이 협약이 적용되지 아니하는 영역에 관하여 이 협약을 적용시키기 위하여 헌법상의 이유로 필요한 경우 그러한 영역의 정부의 동의를 조건으로 하여 필요한 조치를 취할 가능성을 검토한다.

제41조(연방조항)

체약국이 연방제 또는 비단일제 국가인 경우에는 다음 규정을 적용한다.

(a) 이 협약의 규정으로서 그 실시가 연방의 입법기관의 입법권의 범위 내에 속하는 것에 관하여서는, 연방정부의 의무는 연방제 국가가 아닌 체약국의 의무와 동일한 것으로 한다.

(b) 이 협약의 규정으로서 그 실시가 연방구성국, 주 또는 현의 입법권의 범위 내에 속하고 또한 연방의 헌법제도상 구성국, 주 또는 현이 입법조치를 취할 의무가 없는 것에 관하여서는 연방정부는 구성국, 주 또는 현의 적당한 기관에 대하여 가능한 한 빨리 호의적인 권고와 함께 그 규정을 통보한다.

(c) 이 협약의 체약국인 연방제 국가는 국제연합 사무총장을 통하여 이 협약

의 다른 체약국으로부터 요청이 있는 경우, 이 협약의 규정의 실시에 관한 연방과 그 구성단위의 법령 및 관행에 관한 설명을 제시하고, 또한 입법 기타의 조치에 의하여 이 협약의 규정이 실시되고 있는 정도를 보여준다.

제42조(유보)

1. 어떠한 국가도 서명, 비준 또는 가입시에 이 협약의 제1조, 제3조, 제16조(1), 제33조, 제36조 내지 제46조 규정 외에는 협약규정의 적용에 관하여 유보할 수 있다.

2. 이 조 제1항에 따라 유보를 행한 국가는 국제연합 사무총장에 대한 통고로써 당해 유보를 언제든지 철회할 수 있다.

제43조(발효)

1. 이 협약은 여섯 번째의 비준서 또는 가입서가 기탁된 날로부터 90일 후에 발효한다.

2. 이 협약은 여섯 번째의 비준서 또는 가입서가 기탁된 후 비준 또는 가입하는 국가에 대하여는 그 비준서 또는 가입서가 기탁된 날로부터 90일 후에 발효한다.

제44조(폐기)

1. 어떠한 체약국도 국제연합 사무총장에 대한 통고로써 이 협약을 언제든지 폐기할 수 있다.

2. 폐기는 국제연합 사무총장이 통고를 접수한 날로부터 1년 후에 당해 체약국에 대하여 효력을 발생한다.

3. 제40조에 따라 선언 또는 통고를 행한 국가는 그 후 언제든지 국제연합 사무총장에 대한 통고로써 상기한 영역에 이 협약의 적용을 종지한다는 선언을 할 수 있다. 그 선언은 국제연합 사무총장이 통고를 접수한 날로부터 1년 후에 효력을 발생한다.

제45조(개정)

1. 어떠한 체약국도 국제연합 사무총장에 대한 통고로써 언제든지 이 협약의 개정을 요청할 수 있다.

2. 국제연합총회는 상기 요청에 관하여 조치가 필요한 경우 이를 권고한다.

제46조(국제연합 사무총장에 의한 통보) 국제연합 사무총장은 국제연합의 모든 회원국과 제39조에 규정한 비회원국에 대하여 다음 사항을 통보한다.

  (a) 제1조 B에 의한 선언 및 통고.
  (b) 제39조에 의한 서명, 비준 및 가입.
  (c) 제40조에 의한 선언 및 통고.
  (d) 제42조에 의한 유보 및 철회.
  (e) 제43조에 의한 이 협약의 발효일.
  (f) 제44조에 의한 폐기 및 통고.
  (g) 제45조에 의한 개정의 요청.

이상의 증거로서 하기 서명자는 각자의 정부로부터 정당하게 위임을 받아 이 협약에 서명하였다.

1951년 7월 28일 제네바에서 모두 정본인 영어, 불란서어로 본서 1통을 작성하였다. 본서는 국제연합 문서보존소에 기탁되고, 그 인증등본은 국제연합의 모든 회원국과 제39조에 규정된 비회원국에 송부된다.

부 속 서

제1항
    1. 이 협약 제28조에 규정하는 여행증명서의 양식은 부록에 첨부된 견본과 유사한 것으로 한다.
    2. 증명서는 적어도 2개 언어로 작성되고, 그중 하나의 언어는 영어 또는 불어로 한다.
제2항 여행증명서를 발급하는 국가의 규칙에 달리 정하는 경우를 제외하고, 자녀는 양친의 어느 일방 또는 예외적인 경우 다른 성인 난민의 여행증명서를 병기할 수 있다.
제3항 증명서의 발급에 대하여 징수하는 수수료는 자국민의 여권에 대한 수수료의 최저액을 초과하여서는 아니된다.
제4항 특별한 경우 또는 예외적인 경우를 제외하고 증명서는 가능한 한 다수의 국가에 대하여 유효한 것으로 발급한다.
제5항 증명서는 발급기관의 재량에 따라 1년 또는 2년의 유효기간을 가진다.
제6항
    1. 증명서의 유효기간의 갱신 또는 연장은 그 증명서의 명의인이 합법적으로 타국의 영역 내에 거주를 정하지 아니하고, 또한 증명서의 발급기관이 있는 국가의 영역 내에 합법적으로 거주하고 있는 한 그 발급기관의 권한에 속한다.
    2. 외교기관 또는 영사기관으로서 특히 그 권한을 부여받고 있는 기관은 자국정부가 발급한 여행증명서의 유효기간을 6개월을 초과하지 아니하는 범위 이내에서 연장할 수 있는 권한을 가진다.
    3. 체약국은 이미 그 영역 내에 합법적으로 거주하고 있지 아니하는 난민으로서 합법적으로 거주하고 있는 국가로부터 여행증명서를 취득할 수 없는 자에 대하여 여행증명서의 유효기간의 갱신, 연장 또는 새로운 증명서의 발급에 대하여 호의적으로 고려한다.
제7항 체약국은 이 협약 제28조의 규정에 따라 발급된 증명서의 효력을 인정한다.
제8항 난민이 가려고 희망하는 국가의 권한 있는 기관은 그의 입국을 인정할 용의가 있고 또한 사증이 필요한 경우에 그 난민이 소지한 증명서에 사증을 부여한다.

제9항

1. 체약국은 최종 목적지 영역의 사증을 취득한 난민에게 통과사증을 발급할 것을 약속한다.

2. 상기한 사증의 발급은 외국인에 대한 사증의 발급을 거부할 수 있는 정당한 사유에 의하여 거부할 수 있다.

제10항 출국사증, 입국사증 또는 통과사증에 대한 수수료는 외국의 여권에 사증을 부여하는 경우의 수수료의 최저액을 초과하여서는 아니된다.

제11항 난민이 다른 체약국의 영역 내에 합법적으로 거주를 정한 경우에 새로운 증명서를 발급하는 책임은 제28조의 규정에 따라 그 영역의 권한 있는 기관에 있고, 그 난민은 그 기관에 발급을 신청할 수 있다.

제12항 새로운 증명서를 발급하는 기관은 종전의 증명서를 회수하고, 그 증명서를 발급국에 반송하도록 기재되어 있는 경우에는 그 발급국에 이를 반송한다. 그와 같은 기재가 없는 경우 그 발급기관은 회수한 증명서를 무효로 한다.

제13항

1. 각 체약국은 이 협약 제28조에 따라 발급한 여행증명서의 명의인에 대하여 그 증명서의 유효기간 동안 언제라도 그 영역에 돌아오는 것을 허가할 것을 약속한다.

2. 체약국은 전항의 규정을 따를 것을 조건으로 하여, 증명서의 명의인에게 출입국에 관하여 정하여진 절차에 따를 것을 요구할 수 있다.

3. 체약국은 예외적인 경우 또는 난민의 체재가 일정기간에 한하여 허가된 경우 그 난민이 체약국의 영역에 돌아올 수 있는 기간을 증명서를 발급할 때에 3개월을 미달하지 아니하는 기간으로 제한할 수 있는 권리를 유보한다.

제14항 제13항의 규정만을 예외로 하고, 이 부속서의 규정은 체약국의 영역에의 입국, 통과, 체재, 정주 및 출국에 관한 조건을 규율하는 법령에 어떠한 영향도 미치지 아니한다.

제15항 증명서의 발급 또는 이의 기재사항은 그 명의인의 자유 특히 국적을 결정하거나 이에 영향을 미치지 아니한다.

제16항 증명서의 발급은 그 명의인에게 발급국의 외교기관 또는 영사기관에 의한 보호를 받을 권리를 결코 부여하는 것이 아니며, 또한 이들 기관에 대하여 보호의 권리를 부여하는 것도 아니다.

11-1. 난민의 지위에 관한 1967년 의정서*
(Protocol Relating to the Status of Refugees)

이 의정서의 당사국은,

1951년 7월 28일 제네바에서 작성된 난민의 지위에 관한 협약(이하 "협약"이라 한다)이 1951년 1월 1일 전에 발생한 사건의 결과로서 난민이 된 자에게만 적용된다는 것을 고려하고,

협약이 채택된 후 새로운 사태에 의하여 난민이 발생하였으며, 따라서 이들 난민은 협약의 적용을 받을 수 없음을 고려하며,

1951년 1월 1일 이전이라는 제한에 관계없이 협약의 정의에 해당되는 모든 난민이 동등한 지위를 향유함이 바람직하다고 고려하여,

다음과 같이 합의하였다.

제1조(총칙)

1. 이 의정서의 당사국은 이하에서 정의된 난민에 대하여 협약의 제2조에서 제34조까지를 적용할 것을 약속한다.

2. 이 의정서의 적용상, "난민"이라는 용어는, 이 조 제3항의 적용에 관한 것을 제외하고, 협약 제1조 A(2)에서 "1951년 1월 1일 전에 발생한 사건의 결과로서 또한…"이라는 표현과 "…그러한 사건의 결과로서"라는 표현이 생략되어 있는 것으로 볼 경우 협약 제1조의 정의에 해당하는 모든 자를 말한다.

3. 이 의정서는 이 의정서의 당사국에 의하여 어떠한 지리적 제한도 없이 적용된다. 다만, 이미 협약의 당사국이 된 국가로서 협약 제1조 B(1) (a)를 적용한다는 선언을 행하고 있는 경우에 그 선언은 동 조 B(2)에 따라 그 국가의 의무가 확대되지 아니하는 한, 이 의정서하에서도 적용된다.

제2조(국내 당국과 국제연합과의 협력)

1. 이 의정서의 당사국은 국제연합 난민고등판무관 사무국 또는 이를 승계하는 국제연합의 다른 기관의 임무 수행에 있어서 이들 기관과 협력할 것을 약속하고, 특히 이들 기관이 이 의정서 규정의 적용을 감독하는 책무의 수행에 있어서 이들 기관에 편의를 제공한다.

2. 이 의정서의 당사국은 국제연합 난민고등판무관 사무국 또는 이를 승계하는 국제연합의 다른 기관이 국제연합의 관할기관에 보고하는 것을 용이하게 하기

---

* 1967. 1. 31 체결. 1967. 10. 4 발효. 1992. 12. 3 대한민국 적용(조약 제1115호).

　　가입 당시 "대한민국은 체약국의 영역에서 3년 거주요건을 충족한 난민에게 입법상 상호주의를 면제한다고 규정한 난민의 지위에 관한 협약 제7조에 기속되지 아니함을 이 의정서 제3조에 따라 선언한다"는 유보를 첨부했으나, 2009. 9. 8 조약 제1971호로써 이를 철회했다.

위하여 요청에 따라 다음 사항에 관한 정보와 통계자료를 적당한 양식으로 제공할 것을 약속한다.

    (a) 난민의 상태.

    (b) 이 의정서의 실시상황.

    (c) 난민에 관한 현행법령 및 장래 시행될 법령.

제3조(국내 법령에 관한 정보) 이 의정서의 당사국은 국제연합 사무총장에게 이 의정서의 적용을 확보하기 위하여 제정하는 법령을 송부한다.

제4조(분쟁의 해결) 이 의정서의 해석 또는 적용에 관한 이 의정서 당사국간의 분쟁으로서 다른 방법에 의하여 해결될 수 없는 것은 분쟁당사국 중 어느 일 당사국의 요청에 의하여 국제사법재판소에 부탁된다.

제5조(가입) 이 의정서는 협약의 모든 당사국과 이들 당사국 이외의 국가로서 국제연합 또는 국제연합 전문기구의 회원국 또는 국제연합총회에 의하여 이 의정서에 가입하도록 초청받은 국가에 의한 가입을 위하여 개방된다. 가입은 가입서를 국제연합 사무총장에게 기탁함으로써 이루어진다.

제6조(연방조항) 연방제 또는 비단일제 국가인 경우에는 다음 규정을 적용한다.

    (a) 이 의정서의 제1조 제1항에 따라 적용되는 협약의 규정으로서 이들 규정의 실시가 연방의 입법기관의 입법권의 범위 내에 속하는 것에 관하여서는, 연방정부의 의무는 연방제를 취하고 있지 아니하고 있는 이 의정서의 당사국의 의무와 동일한 것으로 한다.

    (b) 이 의정서의 제1조 제1항에 따라 적용되는 협약의 규정으로서 이들 규정의 실시가 구성국, 주 또는 현의 입법권의 범위 내에 속하고 또한 연방의 헌법제도상 구성국, 주 또는 현이 입법조치를 취할 의무가 없는 것에 관하여, 연방정부는 구성국, 주 또는 현의 적당한 기관에 대하여 가능한 한 빠른 시기에 호의적인 권고와 함께 그 규정을 통보한다.

    (c) 이 의정서의 당사국인 연방제 국가는, 이 의정서의 기타 당사국으로부터 국제연합 사무총장을 통한 요청이 있는 경우, 제1조 제1항에 따라 적용되는 협약 규정의 실시에 관한 연방과 그 구성단위의 법령 및 관행에 관한 설명을 제공하고, 입법 기타의 조치에 의하여 이들 규정이 실시되고 있는 정도를 제시한다.

제7조(유보와 선언)

    1. 어떠한 국가도 이 의정서에 가입시 이 의정서 제4조에 관하여, 또한 협약의 제1조, 제3조, 제4조, 제16조 제1항 및 제33조 규정을 제외하고 이 의정서의 제1조에 따를 협약 규정의 적용에 관하여 유보할 수 있다. 다만, 협약의 당사국이 이 조에 따라 행한 유보는 협약의 적용을 받는 난민에게는 미치지 아니한다.

    2. 협약 제42조에 따라 협약의 당사국이 협약에 대하여 행한 유보는 철회되지 아니하는 한 이 의정서에 따른 의무에 관하여서도 적용된다.

    3. 이 조 제1항에 따라 유보를 행한 국가는 국제연합 사무총장에 대한 통고로써 당해 유보를 언제든지 철회할 수 있다.

4. 협약의 당사국으로서 이 의정서에 가입한 국가가 협약 제40조 제1항 또는 제2항에 따라 행한 선언은, 가입시 당해 당사국이 국제연합 사무총장에게 반대의 통고를 하지 아니하는 한, 이 의정서에 관하여도 적용되는 것으로 간주된다. 협약 제40조 제2항과 제3항 및 제44조 제3항의 규정은 이 의정서에 준용된다.

제8조(발효)

1. 이 의정서는 여섯 번째의 가입서가 기탁된 날에 발효한다.

2. 이 의정서는 여섯 번째의 가입서가 기탁된 후 가입하는 국가에 대하여는 그 가입서가 기탁된 날에 발효한다.

제9조(폐기)

1. 이 의정서의 어떠한 당사국도 국제연합 사무총장에 대한 통고로써 이 의정서를 언제든지 폐기할 수 있다.

2. 폐기는 국제연합 사무총장이 통고를 접수한 날로부터 1년 후에 관계당사국에 대하여 효력을 발생한다.

제10조(국제연합 사무총장에 의한 통보)

국제연합 사무총장은 상기 제5조에 규정하는 국가에 대하여 이 의정서의 발효일자, 가입, 유보, 유보의 철회, 폐기 및 이에 관계된 선언 및 통고를 통보한다.

제11조(국제연합 사무국 문서보존소에의 기탁) 중국어, 영어, 불란서어, 러시아어 및 서반아어본이 동등히 정본인 이 의정서의 본서는, 국제연합총회 의장과 사무총장이 서명한 후 국제연합 사무국 문서보존소에 기탁된다. 사무총장은 그 인증등본을 국제연합의 모든 회원국과 상기 제5조에 규정하는 기타 국가들에게 송부한다.

12. 국제형사재판소에 관한 로마규정(발췌)*

제5조(재판소의 관할범죄)
 1. 재판소의 관할권은 국제공동체 전체의 관심사인 가장 중대한 범죄에 한정된다. 재판소는 이 규정에 따라 다음의 범죄에 대하여 관할권을 가진다.
 가. 집단살해죄
 나. 인도에 반한 죄
 다. 전쟁범죄
 라. 침략범죄
제6조(집단살해죄)
 이 규정의 목적상 "집단살해죄"라 함은 국민적, 민족적, 인종적 또는 종교적 집단의 전부 또는 일부를 그 자체로서 파괴할 의도를 가지고 범하여진 다음의 행위를 말한다.
 가. 집단 구성원의 살해
 나. 집단 구성원에 대한 중대한 신체적 또는 정신적 위해의 야기
 다. 전부 또는 부분적인 육체적 파괴를 초래할 목적으로 계산된 생활조건을 집단에게 고의적으로 부과
 라. 집단내의 출생을 방지하기 위하여 의도된 조치의 부과
 마. 집단의 아동을 타집단으로 강제 이주
제7조(인도에 반한 죄)
 1. 이 규정의 목적상 "인도에 반한 죄"라 함은 민간인 주민에 대한 광범위하거나 체계적인 공격의 일부로서 그 공격에 대한 인식을 가지고 범하여진 다음의 행위를 말한다.
 가. 살해
 나. 절멸
 다. 노예화
 라. 주민의 추방 또는 강제이주
 마. 국제법의 근본원칙을 위반한 구금 또는 신체적 자유의 다른 심각한 박탈
 바. 고문
 사. 강간, 성적 노예화, 강제매춘, 강제임신, 강제불임 또는 이에 상당하는 기타 중대한 성폭력
 아. 이 항에 규정된 어떠한 행위나 재판소 관할범죄와 관련하여, 정치적·

---

* 1998. 7. 17 채택. 2002. 7. 1 발효. 2003. 2. 1 대한민국 적용.

인종적·국민적·민족적·문화적 및 종교적 사유, 제3항에 정의된 성별 또는 국제법상 허용되지 않는 것으로 보편적으로 인정되는 다른 사유에 근거하여 어떠한 동일시될 수 있는 집단이나 집합체에 대한 박해

자. 사람들의 강제실종

차. 인종차별범죄

카. 신체 또는 정신적·육체적 건강에 대하여 중대한 고통이나 심각한 피해를 고의적으로 야기하는 유사한 성격의 다른 비인도적 행위

2. 제1항의 목적상,

가. "민간인 주민에 대한 공격"이라 함은 그러한 공격을 행하려는 국가나 조직의 정책에 따르거나 이를 조장하기 위하여 민간인 주민에 대하여 제1항에 규정된 행위를 다수 범하는 것에 관련된 일련의 행위를 말한다.

나. "절멸"이라 함은 주민의 일부를 말살하기 위하여 계산된, 식량과 의약품에 대한 접근 박탈과 같이 생활조건에 대한 고의적 타격을 말한다.

다. "노예화"라 함은 사람에 대한 소유권에 부속된 어떠한 또는 모든 권한의 행사를 말하며, 사람 특히 여성과 아동을 거래하는 과정에서 그러한 권한을 행사하는 것을 포함한다.

라. "주민의 추방 또는 강제이주"라 함은 국제법상 허용되는 근거없이 주민을 추방하거나 또는 다른 강요적 행위에 의하여 그들이 합법적으로 거주하는 지역으로부터 강제적으로 퇴거시키는 것을 말한다.

마. "고문"이라 함은 자신의 구금하에 있거나 통제하에 있는 자에게 고의적으로 신체적 또는 정신적으로 고통이나 괴로움을 가하는 것을 말한다. 다만, 오로지 합법적 제재로부터 발생하거나, 이에 내재되어 있거나 또는 이에 부수하는 고통이나 괴로움은 포함되지 아니한다.

바. "강제임신"이라 함은 주민의 민족적 구성에 영향을 미치거나 또는 국제법의 다른 중대한 위반을 실행할 의도로 강제적으로 임신시킨 여성의 불법적 감금을 말한다. 이러한 정의는 임신과 관련된 각 국의 국내법에 어떠한 영향을 미치는 것으로 해석되지 아니한다.

사. "박해"라 함은 집단 또는 집합체와의 동일성을 이유로 국제법에 반하는 기본권의 의도적이고 심각한 박탈을 말한다.

아. "인종차별범죄"라 함은 한 인종집단의 다른 인종집단에 대한 조직적 억압과 지배의 제도화된 체제의 맥락에서 그러한 체제를 유지시킬 의도로 범하여진, 제1항에서 언급된 행위들과 유사한 성격의 비인도적인 행위를 말한다.

자. "사람들의 강제실종"이라 함은 국가 또는 정치조직에 의하여 또는 이들의 허가·지원 또는 묵인을 받아 사람들을 체포·구금 또는 유괴한 후, 그들을 법의 보호로부터 장기간 배제시키려는 의도하에 그러한 자유의 박탈을 인정하기를 거절하거나 또는 그들의 운명이나 행방에 대한 정보의 제공을 거절하는 것을 말한다.

3. 이 규정의 목적상, "성별"이라는 용어는 사회적 상황에서 남성과 여성의

양성을 지칭하는 것으로 이해된다. "성별"이라는 용어는 위와 다른 어떠한 의미도 표시하지 아니한다.

제8조(전쟁범죄)

　　1. 재판소는 특히 계획이나 정책의 일부로서 또는 그러한 범죄의 대규모 실행의 일부로서 범하여진 전쟁범죄에 대하여 관할권을 가진다. […]

제12조(관할권 행사의 전제조건)

　　1. 이 규정의 당사국이 된 국가는 이에 의하여 제5조에 규정된 범죄에 대하여 재판소의 관할권을 수락한다.

　　2. 제13조 가호 또는 다호의 경우, 다음 중 1개국 또는 그 이상의 국가가 이 규정의 당사국이거나 또는 제3항에 따라 재판소의 관할권을 수락하였다면 재판소는 관할권을 행사할 수 있다.

　　가. 당해 행위가 발생한 영역국, 또는 범죄가 선박이나 항공기에서 범하여진 경우에는 그 선박이나 항공기의 등록국

　　나. 그 범죄 혐의자의 국적국

　　3. 제2항에 따라 이 규정의 당사국이 아닌 국가의 수락이 요구되는 경우, 그 국가는 사무국장에게 제출되는 선언에 의하여 당해 범죄에 대한 재판소의 관할권 행사를 수락할 수 있다. 그 수락국은 제9부에 따라 어떠한 지체나 예외도 없이 재판소와 협력한다.

제13조(관할권의 행사)

　　재판소는 다음의 경우 이 규정이 정한 바에 따라 제5조에 규정된 범죄에 대하여 관할권을 행사할 수 있다.

　　가. 1개 또는 그 이상의 범죄가 범하여진 것으로 보이는 사태가 제14조에 따라 당사국에 의하여 소추관에게 회부된 경우

　　나. 1개 또는 그 이상의 범죄가 범하여진 것으로 보이는 사태가 국제연합헌장 제7장에 따라 행동하는 안전보장이사회에 의하여 소추관에게 회부된 경우

　　다. 소추관이 제15조에 따라 그러한 범죄에 대하여 수사를 개시한 경우

제14조(당사국에 의한 사태의 회부)

　　1. 당사국은 재판소 관할권에 속하는 하나 또는 그 이상의 범죄의 범행에 대하여 1인 또는 그 이상의 특정인이 책임이 있는지 여부를 결정하기 위하여 그러한 범죄가 범하여진 것으로 보이는 사태를 수사하도록 소추관에게 요청하여, 재판소 관할권에 속하는 하나 또는 그 이상의 범죄가 범하여진 것으로 보이는 사태를 소추관에게 회부할 수 있다.

　　2. 회부시에는 가능한 한 관련 정황을 명시하고 그 사태를 회부한 국가가 입수할 수 있는 증빙문서를 첨부한다.

제15조(소추관)

　　1. 소추관은 재판소 관할범죄에 관한 정보에 근거하여 독자적으로 수사를 개시할 수 있다.

2. 소추관은 접수된 정보의 중대성을 분석한다. 이러한 목적을 위하여 소추관은 국가, 국제연합의 기관, 정부간 또는 비정부간 기구, 또는 소추관이 적절하다고 여기는 다른 믿을 만한 출처로부터 추가 정보를 구할 수 있으며, 재판소의 소재지에서 서면 또는 구두의 증언을 접수할 수 있다.

3. 소추관이 수사를 진행시킬 만한 합리적인 근거가 있다고 판단하는 경우, 수집된 증빙자료와 함께 수사허가요청서를 전심재판부에 제출한다. 피해자는 절차 및증거규칙에 따라 전심재판부에서 진술할 수 있다.

4. 전심재판부가 수사허가요청서와 증빙자료를 검토한 후, 수사를 진행시킬만한 합리적인 근거가 있고 당해 사건이 재판소의 관할권에 속한다고 판단하는 경우, 동 재판부는 수사의 개시를 허가한다. 다만, 이 허가는 사건의 관할권과 재판적격성에 관한 재판소의 추후 결정에 영향을 미치지 아니한다.

5. 전심재판부의 수사허가 거부는 소추관이 동일한 사태에 관한 새로운 사실이나 증거에 근거하여 추후 요청서를 제출하는 것을 배제하지 아니한다.

6. 제1항과 제2항에 규정된 예비조사 후 제공된 정보가 수사를 위한 합리적인 근거를 구성하지 않는다고 결론짓는 경우, 소추관은 정보를 제공한 자에게 이를 통지한다. 이는 소추관이 동일한 사태에 관하여 자신에게 제출된 추가 정보를 새로운 사실이나 증거로 검토하는 것을 배제하지 아니한다.

제16조(수사 또는 기소의 연기)

안전보장이사회가 국제연합헌장 제7장에 따라 채택하는 결의로 재판소에 수사 또는 기소의 연기를 요청하는 경우 12개월의 기간 동안은 이 규정에 따른 어떠한 수사나 기소도 개시되거나 진행되지 아니한다. 그러한 요청은 동일한 조건하에서 안전보장이사회에 의하여 갱신될 수 있다.

제17조(재판적격성의 문제)

1. 전문 제10항과 제1조를 고려하여 재판소는 다음의 경우 사건의 재판적격성이 없다고 결정한다.

가. 사건이 그 사건에 대하여 관할권을 가지는 국가에 의하여 수사되고 있거나 또는 기소된 경우. 단, 그 국가가 진정으로 수사 또는 기소를 할 의사가 없거나 능력이 없는 경우에는 그러하지 아니하다.

나. 사건이 그 사건에 대하여 관할권을 가지는 국가에 의하여 수사되었고, 그 국가가 당해인을 기소하지 아니하기로 결정한 경우. 단, 그 결정이 진정으로 기소하려는 의사 또는 능력의 부재에 따른 결과인 경우에는 그러하지 아니하다.

다. 당해인이 제소의 대상인 행위에 대하여 이미 재판을 받았고, 제20조 제3항에 따라 재판소의 재판이 허용되지 않는 경우

라. 사건이 재판소의 추가적 조치를 정당화하기에 충분한 중대성이 없는 경우

2. 특정 사건에서의 의사부재를 결정하기 위하여, 재판소는 국제법에 의하여 인정되는 적법절차의 원칙에 비추어 적용 가능한 다음 중 어느 하나 또는 그 이상의 경우가 존재하는지 여부를 고려한다.

가. 제5조에 규정된 재판소 관할범죄에 대한 형사책임으로부터 당해인을 보호할

목적으로 절차가 취해졌거나, 진행중이거나 또는 국내적 결정이 내려진 경우

나. 상황에 비추어, 당해인을 처벌하려는 의도와 부합되지 않게 절차의 부당한 지연이 있었던 경우

다. 절차가 독립적이거나 공정하게 수행되지 않았거나 수행되지 않고 있으며, 상황에 비추어 당해인을 처벌하려는 의도와 부합되지 않는 방식으로 절차가 진행되었거나 또는 진행중인 경우

3. 특정 사건에서의 능력부재를 결정하기 위하여, 재판소는 당해 국가가 그 국가의 사법제도의 전반적 또는 실질적 붕괴나 이용불능으로 인하여 피의자나 필요한 증거 및 증언을 확보할 수 없는지 여부 또는 달리 절차를 진행할 수 없는지 여부를 고려한다.

○ **제8조의 2**(침략범죄)*

이 규정의 목적상 "침략범죄"는 한 국가의 정치적 또는 군사적 행동을 실효적으로 통제하거나 지시할 수 있는 지위에 있는 사람이 그 성격, 중대성 및 규모에 의해 국제연합 헌장에 명백한 위반에 해당하는 침략행위를 계획, 준비, 개시 또는 실행하는 것을 의미한다.

제1항의 목적상 "침략행위"는 한 국가가 타국의 주권, 영토보전 또는 정치적 독립을 저해하거나 국제연합 헌장과 양립하지 아니하는 어떠한 다른 방식으로 무력을 사용함을 의미한다. 선전포고 여부와 관계없이 1974년 12월 14일 국제연합 총회 결의 제3314호(XXIX)에 따라 다음의 모든 행위는 침략행위에 해당한다.

(a) 한 국가의 무력에 의한 타국 영토에 대한 침공이나 공격, 아무리 일시적일지라도 그러한 침공이나 공격에 따른 군사점령, 무력 사용에 의한 타국 영토 또는 그 일부의 병합;

(b) 한 국가의 무력에 의한 타국 영토에 대한 폭격 또는 타국 영토에 대한 한 국가의 무기 사용;

(c) 타국의 무력에 의한 한 국가의 항구나 연안의 봉쇄;

(d) 한 국가의 무력에 의한 타국의 육군, 해군, 공군이나 함대와 항공편대에 대한 공격

(e) 접수국과의 합의에 의해 타국 영토 내에 주둔하는 군사력을 합의된 조건에 위반되게 사용하거나 또는 합의 종료 이후에도 그 영토에 계속 주둔하는 행위;

(f) 타국의 처분에 맡겨진 자국 영토를 그 타국에 의해 제3국 대한 침략행위를 수행하는데 이용되도록 허용하는 행위;

(g) 한 국가에 의하거나 그 국가를 대신해 위에 열거된 행위에 해당할 정도로 타국에 대한 무력행위를 수행하는 무장한 집단, 단체, 비정규군, 용병의 파견 또는 그에 대한 실질적 관여행위.

* 2010. 6. 11 채택. 개정을 비준·수락 후 1년 이후의 침략범죄에 대해 관할권 행사 가능. 대한민국 미비준. 비공식 번역임.

13. 세계무역기구설립을 위한 마라케쉬협정[*]
(Marrakesh Agreement Establishing the World Trade Organization)

이 협정의 당사자들은,

상이한 경제발전단계에서의 각각의 필요와 관심에 일치하는 방법으로 환경을 보호하고 보존하며 이를 위한 수단의 강화를 모색하면서, 지속 가능한 개발이라는 목적에 일치하는 세계자원의 최적 이용을 고려하는 한편, 생활수준의 향상, 완전고용의 달성, 높은 수준의 실질소득과 유효수요의 지속적인 양적 증대 및 상품과 서비스의 생산 및 무역의 증대를 목적으로 무역 및 경제활동 분야에서의 상호관계가 이루어져야 한다는 점을 인식하고,

개발도상국, 그리고 특히 그중 최빈개도국이 국제무역의 성장에서 자기나라의 경제를 발전시키는 데 필요한 만큼의 몫을 확보하는 것을 보장하기 위하여 적극적인 노력을 기울여야 할 필요성이 있다는 점을 인식하고,

관세 및 그 밖의 무역장벽의 실질적인 삭감과 국제무역 관계에 있어서의 차별대우의 폐지를 지향하는 상호 호혜적인 약정의 체결을 통하여 이러한 목적에 기여하기를 희망하며,

따라서 관세및무역에관한일반협정, 과거의 무역자유화 노력의 결과 및 모든 우루과이라운드 다자간무역협상 결과 전체를 포괄하는 통합되고 보다 존속 가능하고 항구적인 다자간무역체제를 발전시켜 나갈 것을 결의하고,

이러한 다자간무역체제의 기초가 되는 기본원칙을 보존하고 목적을 증진하기로 결정하여,

다음과 같이 합의한다.

제1조(기구의 설립) 이 협정에 따라 세계무역기구가 설립된다.
제2조(세계무역기구의 범위)

1. 세계무역기구는 이 협정의 부속서에 포함된 협정 및 관련 법적 문서와 관련된 사항에 있어서 회원국간의 무역관계의 수행을 위한 공동의 제도적인 틀을 제공한다.

2. 부속서 1, 2 및 3에 포함된 협정 및 관련 법적 문서(이하 "다자간무역협정"이라 한다)는 이 협정의 불가분의 일부를 구성하며, 모든 회원국에 대하여 구속력을 갖는다.

3. 또한 부속서 4에 포함된 협정 및 관련 법적 문서(이하 "복수국간무역협정"

---

[*] 1994. 4. 15 채택. 1995. 1. 1 발효. 1995. 1. 1 대한민국 적용(조약 제1265호).

이라 한다)는 이를 수락한 회원국에 대하여 이 협정의 일부를 구성하며 이를 수락한 회원국에 대하여 구속력을 갖는다. 복수국간무역협정은 이를 수락하지 아니한 회원국에게 의무를 지우거나 권리를 부여하지 아니한다.

4. 부속서 1가에 명시된 1994년도 관세및무역에관한일반협정(이하 "1994년도 GATT"라 한다)은 국제연합 무역과 고용회의 준비위원회 제2차회의 종결시 채택된 최종의정서에 부속된 1947년 10월 30일자 관세및무역에관한일반협정이 그 이후 정정, 개정 또는 수정된 일반협정(이하 "1947년도 GATT"라 한다)과 법적으로 구별된다.

제3조(세계무역기구의 기능)

1. 세계무역기구는 이 협정 및 다자간무역협정의 이행, 관리 및 운영을 촉진하고 그 목적을 증진하며 또한 복수국간무역협정의 이행, 관리 및 운영을 위한 틀을 제공한다.

2. 세계무역기구는 이 협정의 부속서에 포함된 협정에서 다루어지는 사안과 관련된 회원국간의 다자간무역관계에 관하여 그들간의 협상을 위한 장을 제공한다. 세계무역기구는 또한 각료회의에 의하여 결정되는 바에 따라 회원국간의 다자간무역관계에 관한 추가적인 협상을 위한 토론의 장 및 이러한 협상결과의 이행을 위한 틀을 제공한다.

3. 세계무역기구는 이 협정 부속서 2의 분쟁해결규칙및절차에관한양해(이하 "분쟁해결양해"라 한다)를 시행한다.

4. 세계무역기구는 이 협정 부속서 3에 규정된 무역정책검토제도를 시행한다.

5. 세계무역기구는 세계경제 정책결정에 있어서의 일관성 제고를 위하여 적절히 국제통화기금과 국제부흥개발은행 및 관련 산하기구들과 협력한다.

제4조(세계무역기구의 구조)

1. 모든 회원국 대표로 구성되며 최소 2년에 1회 개최되는 각료회의가 설치된다. 각료회의는 세계무역기구의 기능을 수행하며 이를 위하여 필요한 조치를 취한다. 각료회의는 회원국이 요청하는 경우, 이 협정과 다자간무역협정의 구체적인 의사결정 요건에 따라 다자간무역협정의 모든 사항에 대하여 결정을 내릴 권한을 갖는다.

2. 모든 회원국 대표로 구성되며 필요에 따라 개최되는 일반이사회가 설치된다. 일반이사회는 각료회의 비회기중에 각료회의의 기능을 수행한다. 일반이사회는 또한 이 협정에 의하여 부여된 기능을 수행한다. 일반이사회는 자체적인 의사규칙을 제정하고 제7항에 규정된 위원회의 의사규칙을 승인한다.

3. 일반이사회는 분쟁해결양해에 규정된 분쟁해결기구의 임무를 이행하기 위하여 적절히 개최된다. 분쟁해결기구는 자체적인 의장을 둘 수 있으며 동 임무이행을 위하여 필요하다고 판단하는 의사규칙을 제정한다.

4. 일반이사회는 무역정책검토제도에 규정된 무역정책검토기구의 임무를 이행하기 위하여 적절히 개최된다. 무역정책검토기구는 자체적인 의장을 둘 수 있으며 동 임무이행을 위하여 필요하다고 판단되는 의사규칙을 제정한다.

5. 일반이사회의 일반적인 지도에 따라 운영되는 상품무역이사회, 서비스무역이사회 및 무역관련지적재산권이사회가 설치된다. 상품무역이사회는 부속서 1가의 다자간무역협정의 운영을 감독한다. 서비스무역이사회는 서비스무역에관한일반협정의 운영을 감독한다. 무역관련지적재산권이사회는 무역관련지적재산권에관한협정의 운영을 감독한다. 이들 이사회는 각각의 협정과 일반이사회에 이하여 부여된 기능을 수행한다. 이들 이사회는 일반이사회의 승인에 따라 각각의 의사규칙을 제정한다. 이들 이사회에의 가입은 모든 회원국 대표에게 개방된다. 이들 이사회는 자신의 기능을 수행하기 위하여 필요할 때마다 회합한다.

6. 상품무역이사회, 서비스무역이사회 및 무역관련지적재산권이사회는 필요에 따라 보조기구를 설치한다. 이들 보조기구는 각각의 이사회의 승인에 따라 각각의 의사규칙을 제정한다.

7. 각료회의는 무역개발위원회, 국제수지제한위원회 및 예산·재정·관리위원회를 설치하며 이들은 이 협정 및 다자간무역협정에 의하여 자신에게 부여된 기능 및 일반이사회가 자신에게 부여하는 추가적인 기능을 수행하며, 적절하다고 판단되는 기능을 갖는 추가적인 위원회를 설치할 수 있다. 무역개발위원회는 자신의 기능의 일부로서 최빈개도국 회원국을 위한 다자간무역협정의 특별조항을 정기적으로 검토하고 적절한 조치를 위하여 일반이사회에 보고한다. 이러한 위원회에의 가입은 모든 회원국에게 개방된다.

8. 복수국간무역협정에 규정된 기구는 동 협정에 의하여 자신에게 부여되는 기능을 수행하며 세계무역기구의 제도적인 틀 안에서 운용된다. 이들 기구는 일반이사회에 자신의 활동상황을 정기적으로 통보한다.

제5조(그 밖의 국제기구와의 관계)

1. 일반이사회는 세계무역기구의 책임과 관련된 책임을 갖는 그 밖의 정부간 기구와의 효과적인 협력을 위하여 적절한 조치를 취한다.

2. 일반이사회는 세계무역기구의 소관사항과 관련된 사항과 관계가 있는 비정부간 기구와의 협의 및 협력을 위하여 적절한 조치를 취할 수 있다.

제6조(사무국)

1. 사무총장을 최고책임자로 하는 세계무역기구 사무국(이하 "사무국"이라 한다)이 설치된다.

2. 각료회의는 사무총장을 임명하고 사무총장의 권한, 의무, 근무조건 및 임기를 명시하는 규정을 채택한다.

3. 사무총장은 각료회의가 채택하는 규정에 따라 사무국 직원을 임명하고 이들의 의무와 근무조건을 결정한다.

4. 사무총장 및 사무국 직원의 임무는 전적으로 국제적인 성격을 갖는다. 사무총장과 사무국 직원은 자신의 의무를 수행하는데 있어서 어떠한 정부나 세계무역기구 밖의 당국으로부터 지시를 구하거나 받아서는 아니된다. 이들은 국제관리로서 자신의 지위를 손상시킬 어떠한 행위도 삼가한다. 세계무역기구 회원국은 사무총장 및 사무국 직원의 임무의 국제적인 성격을 존중하며, 이들이 의무를 수행

하는데 있어서 영향력을 행사하려고 하지 아니한다.

제7조(예산 및 분담금)

　1. 사무총장은 예산·재정·관리위원회에 세계무역기구의 연간예산안 및 재정보고서를 제출한다. 예산·재정·관리위원회는 사무총장이 제출하는 연간예산안 및 재정보고서를 검토하고 이에 대하여 일반이사회에 권고한다. 연간예산안은 일반이사회의 승인을 받아야 한다.

　2. 예산·재정·관리위원회는 아래 사항을 포함하는 재정규정을 일반이사회에 제안한다.

　가. 세계무역기구의 지출경비를 회원국간에 배분하는 분담금의 비율. 그리고,

　나. 분담금 체납회원국에 대하여 취하여야 할 조치.

　재정규정은 실행 가능한 한 1947년도 GATT의 규정 및 관행에 기초한다.

　3. 일반이사회는 재정규정 및 연간예산안을 세계무역기구 회원국의 반 이상을 포함하는 3분의 2 다수결에 의하여 채택한다.

　4. 회원국은 일반이사회에서 채택되는 재정규정에 따라 세계무역기구의 지출경비 중 자기나라의 분담금을 세계무역기구에 신속하게 납부한다.

제8조(세계무역기구의 지위)

　1. 세계무역기구는 법인격을 가지며 각 회원국은 세계무역기구에 대하여 이 기구가 자신의 기능을 수행하는 데 필요한 법적 능력을 부여한다.

　2. 각 회원국은 세계무역기구에 대하여 이 기구가 자신의 기능을 수행하는 데 필요한 특권과 면제를 부여한다.

　3. 각 회원국은 또한 세계무역기구의 관리와 이 기구의 회원국 대표에 대하여도 이들이 세계무역기구와 관련하여 자신의 기능을 독자적으로 수행하는 데 필요한 특권과 면제를 부여한다.

　4. 회원국이 세계무역기구, 이 기구의 관리 및 이 기구 회원국 대표에게 부여하는 특권과 면제는 1947년 11월 21일 국제연합총회에서 승인된 전문기구의특권과면제에관한협약에 규정된 특권과 면제와 유사하여야 한다.

　5. 세계무역기구는 본부 협정을 체결할 수 있다.

제9조(의사결정)

　1. 세계무역기구는 1947년도 GATT에서 지켜졌던 컨센서스에 의한 결정의 관행을 계속 유지한다.[1] 달리 규정되지 아니하는 한, 컨센서스에 의하여 결정이 이루어지지 아니하는 경우에는 문제가 된 사안은 표결에 의한다. 각료회의와 일반이사회에서 세계무역기구 각 회원국은 하나의 투표권을 갖는다. 구주공동체가 투표권을 행사할 때는, 세계무역기구의 회원국인 구주공동체 회원국 수와 동일한 수의 투표권을 갖는다.[2] 이 협정 또는 다자간무역협정에 달리 규정되어 있는 경우를 제외하고는, 각료회의와 일반이사회의 결정은 투표과반수에 의한다.[3]

　2. 각료회의와 일반이사회는 이 협정과 다자간무역협정의 해석을 채택하는 독점적인 권한을 갖는다. 부속서 1의 다자간무역협정의 해석의 경우 이들은 동 협정의 운영을 감독하는 이사회의 권고사항에 기초하여 자신의 권한을 행사한다. 해석

의 채택에 대한 결정은 회원국 4분의 3 다수결에 의한다. 이 항은 제10조의 개정규정을 저해하는 방법으로 사용되지 아니한다.

3. 예외적인 상황에서 각료회의는 이 협정이나 다자간무역협정이 회원국에게 지우는 의무를 면제하기로 결정할 수 있다. 다만, 이러한 결정은 이 항에 달리 규정되어 있는 경우를 제외하고는 세계무역기구 회원국 4분의 3 다수결에 의한다.[4)

　가. 이 협정과 관련한 면제요청은 컨센서스에 의한 결정의 관행에 따라 각료회의에 검토를 위하여 제출한다. 각료회의는 동 요청을 검토하기 위하여 90일을 초과하지 아니하는 기간을 설정한다. 동 기간 동안 컨센서스가 도출되지 아니하는 경우, 면제부여는 회원국의 4분의 3 다수결로 결정한다.

　나. 부속서 1가, 1나 또는 1다의 다자간무역협정과 그들의 부속서와 관련한 면제요청은 90일 이내의 기간 동안의 검토를 위하여 상품무역이사회, 서비스무역이사회 또는 무역관련지적재산권이사회에 각각 제출된다. 동 기간의 만료시 관련이사회는 각료회의에 보고서를 제출한다.

4. 면제를 부여하는 각료회의의 결정은 동 결정을 정당화하는 예외적인 상황, 면제의 적용을 규율하는 제반조건 및 면제 종료일자를 명시한다. 1년보다 긴 기간 동안 부여되는 면제의 경우 각료회의는 면제 부여 후 1년이내 및 그 이후 면제 종료시까지 매년 면제를 검토한다. 각료회의는 매 검토시마다 의무면제 부여를 정당화하는 예외적인 상황이 계속 존재하는지 여부 및 면제에 첨부된 조건이 충족되었는 지 여부를 조사한다. 각료회의는 연례검토를 기초로 면제를 연장, 수정 또는 종료할 수 있다.

5. 해석 및 면제에 관한 모든 결정을 포함하여, 복수국간무역협정에 의한 결정은 동 협정의 규정에 따른다.

제10조(개정)

1. 세계무역기구 회원국은 각료회의에 개정안을 제출함으로써 이 협정 또는 부속서 1의 다자간무역협정에 대한 개정을 발의할 수 있다. 제4조 제5항에 열거된 이사회도 자신이 그 운영을 감독하는 부속서 1의 다자간무역협정의 규정에 대한 개정안을 각료회의에 제출할 수 있다. 각료회의가 보다 긴 기간을 결정하지 아니하는 한, 각료회의에 개정안이 공식적으로 상정된 날로부터 90일 동안에 각료회의는 개정안을 회원국의 수락을 위하여 회원국에게 제출할 것인지 여부에 관하여 컨센서스에 의하여 결정한다. 제2항, 제5항 또는 제6항이 적용되지 아니하는 경우, 동 결정은 제3항 또는 제4항의 규정 중 어느 것이 적용될 것인지 명시한다. 컨센서스가 이루어지는 경우, 각료회의는 즉시 동 개정안을 회원국의 수락을 위하여 회원국에게 제출한다. 정해진 기간내에 각료회의에서 컨센서스가 이루어지지 아니할 경우, 각료회의는 동 개정안을 회원국의 수락을 위하여 회원국에 제출할 것인지 여부를 회원국 3분의 2 다수결로 결정한다. 각료회의가 회원국 4분의 3 다수결로 제4항의 규정이 적용된다고 결정하지 아니하는 한, 제2항, 제5항 및 제6항에 규정된 경우를 제외하고는 제3항의 규정이 동 개정안에 적용된다.

2. 이 규정과 아래 열거된 규정에 대한 개정은 모든 회원국이 수락하는 경우

에만 발효한다.

이 협정 제9조,

1994년도 GATT 제1조 및 제2조,

서비스무역에관한일반협정 제2조 제1항,

무역관련지적재산권에관한협정 제4조.

3. 제2항 및 제6항에 열거된 규정을 제외하고, 이 협정이나 부속서 1가 및 부속서 1다의 다자간무역협정의 규정에 대한 개정으로서 회원국의 권리와 의무를 변경시키는 성격의 개정은 회원국 3분의 2 수락으로 수락회원국에 대하여만 발효하며, 그 이후 수락하는 회원국에 대하여는 수락한 때부터 발효한다. 각료회의는 이 항에 따라 발효된 개정의 성격상 각료회의가 각각의 경우에 명시한 기간내에 이를 수락하지 아니한 회원국이 자유로이 세계무역기구를 탈퇴하거나 또는 각료회의의 동의를 얻어 회원국으로 남아 있을 수 있다고 회원국 4분의 3 다수결로 결정할 수 있다.

4. 제2항 및 제6항에 열거된 규정을 제외하고 이 협정이나 부속서 1가 및 1다의 다자간무역협정의 규정에 대한 개정으로서 회원국의 권리와 의무를 변경시키지 아니하는 성격의 개정은 회원국 3분의 2 수락으로 모든 회원국에 대하여 발효한다.

5. 제2항에 규정된 것을 제외하고, 서비스무역에관한일반협정의 제1부, 제2부 및 제3부와 각 부속서에 대한 개정은 회원국 3분의 2 수락으로 수락회원국에 대하여만 발효하며, 그 이후 수락하는 회원국에 대하여는 수락한 때부터 발효한다. 각료회의는 선행규정에 따라 발효된 개정의 성격상 각료회의가 각각의 경우에 명시한 기간내에 이를 수락하지 아니한 회원국이 자유로이 세계무역기구를 탈퇴하거나 또는 각료회의의 동의를 얻어 회원국으로 남아 있을 수 있다고 회원국 4분의 3 다수결로 결정할 수 있다. 서비스무역에관한일반협정 제4부, 제5부 및 제6부와 각 부속서에 대한 개정은 회원국 3분의 2 수락으로 모든 회원국에 대하여 발효한다.

6. 이 조의 그 밖의 규정에도 불구하고, 무역관련지적재산권에관한협정에 대한 개정은 동 협정 제71조 제2항의 요건에 합치하는 경우 추가적인 공식 수락절차없이 각료회의에서 채택될 수 있다.

7. 이 협정 또는 부속서 1의 다자간무역협정에 대한 개정을 수락하는 회원국은 각료회의가 명시한 수락기간내에 세계무역기구 사무총장에게 수락서를 기탁한다.

8. 세계무역기구 회원국은 각료회의에 개정안을 제출함으로써 부속서 2와 3의 다자간무역협정에 대한 개정을 발의할 수 있다. 부속서 2의 다자간무역협정에 대한 개정의 승인은 컨센서스에 의하여 결정되며, 이러한 개정은 각료회의의 승인에 따라 모든 회원국에 대하여 발효한다. 부속서 3의 다자간무역협정에 대한 개정의 승인결정은 각료회의의 승인에 따라 모든 회원국에 대하여 발효한다.

9. 각료회의는 특정 무역협정의 당사자인 회원국들의 요청에 따라 전적으로 컨센서스에 의해서만 동 협정을 부속서 4에 추가하도록 결정할 수 있다. 각료회의는 복수국간무역협정의 당사자인 회원국들의 요청에 따라 동 협정을 부속서 4로부터 삭제할 수 있다.

10. 복수국간무역협정에 대한 개정은 동 협정의 규정에 따른다.

제11조(원회원국)

1. 이 협정 및 다자간무역협정을 수락하고, 자기나라의 양허 및 약속표가 1994년도 GATT에 부속되며 서비스무역에관한일반협정에 자기나라의 구체적 약속표가 부속된 국가로서 이 협정 발효일 당시 1947년도 GATT 체약당사자와 구주공동체는 세계무역기구의 원회원국이 된다.

2. 국제연합의 최빈개도국으로 인정한 국가는 자기나라의 개별적인 개발, 금융 및 무역의 필요나 행정 및 제도적인 능력에 합치하는 범위내에서 약속 및 양허를 하도록 요구된다.

제12조(가입)

1. 국가 또는 자신의 대외무역관계 및 이 협정과 다자간무역협정에 규정된 그밖의 사항을 수행하는 데에 있어서 완전한 자치권을 보유하는 독자적 관세영역은 자신과 세계무역기구 사이에 합의되는 조건에 따라 이 협정에 가입할 수 있다. 이러한 가입은 이 협정 및 이 협정에 부속된 다자간무역협정에 대하여 적용된다.

2. 가입은 각료회의가 결정한다. 각료회의는 세계무역기구 회원국 3분의 2 다수결에 의하여 가입조건에 관한 합의를 승인한다.

3. 복수국간무역협정에의 가입은 동 협정의 규정에 따른다.

제13조(특정 회원국간의 다자간무역협정 비적용)

1. 특정 회원국이 세계무역기구 회원국이 되는 때에 다른 특정 회원국에 대한 적용에 동의하지 아니하는 경우, 이 협정 및 부속서 1과 2의 다자간무역협정은 이들 양회원국간에 적용되지 아니한다.

2. 제1항은 1947년도 GATT 체약당사자였던 세계무역기구의 원회원국간에 있어서는 1947년도 GATT 제35조가 이미 원용되었고, 또한 이 협정 발효시에 동 체약당사자에게 효력이 있었던 경우에 한하여 원용될 수 있다.

3. 특정 회원국과 제12조에 따라 가입한 다른 회원국간의 관계에 있어서 제1항은 적용에 동의하지 않는 회원국이 각료회의가 가입조건에 관한 합의사항을 승인하기 이전에 각료회의에 협정 비적용 의사를 통보한 경우에만 적용된다.

4. 각료회의는 회원국의 요청에 따라 특수한 경우에 있어서 이 조의 운영을 검토하고 적절한 권고를 할 수 있다.

5. 복수국간무역협정의 당사자간의 동 협정 비적용은 동 협정의 규정에 따른다.

제14조(수락, 발효 및 기탁)

1. 이 협정은 서명 또는 다른 방법에 의하여 이 협정 제11조에 따라 세계무역기구의 원회원국이 될 자격이 있는 1947년도 GATT 체약당사자 및 구주공동체의 수락을 위하여 개방된다. 이러한 수락은 이 협정 및 이 협정에 부속된 다자간무역협정에 적용된다. 이 협정과 이 협정에 부속된 다자간무역협정은 우루과이라운드 다자간무역협상 결과를 구현하는 최종의정서 제3항에 따라 각료들이 결정하는 날 발효하며, 각료들이 달리 결정하지 아니하는 한 그날로부터 2년의 기간동안 수락을 위하여 개방된다. 이 협정 발효 이후의 수락은 수락한 날로부터 30일째 되는

날 발효한다.

2. 이 협정 발효 이후 이 협정을 수락하는 회원국은 이 협정 발효와 함께 개시되는 기간에 걸쳐 이행하여야 하는 다자간무역협정의 양허 및 의무를 이 협정 발효일에 이 협정을 수락한 것처럼 이행한다.

3. 이 협정 발효시까지 이 협정문 및 다자간무역협정은 1947년 GATT 체약당사자단의 사무총장에게 기탁된다. 동 사무총장은 신속하게 이 협정 및 다자간무역협정의 인증등본 및 각 수락 통보문을 이 협정을 수락한 각국 정부와 구주공동체에 송부한다. 이 협정 및 다자간무역협정과 이에 대한 모든 개정은 이 협정 발효시 세계무역기구 사무총장에게 기탁된다.

4. 복수국간무역협정의 수락 및 발효는 동 협정의 규정에 따른다. 이러한 협정은 1947년도 GATT 체약당사자단의 사무총장에게 기탁된다. 이러한 협정은 이 협정 발효시 세계무역기구 사무총장에게 기탁된다.

제15조(탈퇴)

1. 회원국은 이 협정으로부터 탈퇴할 수 있다. 이러한 탈퇴는 이 협정 및 다자간무역협정에 대하여 적용되며, 서면 탈퇴통보가 세계무역기구 사무총장에게 접수된 날로부터 6월이 경과한 날 발효한다.

2. 복수국간무역협정으로부터의 탈퇴는 동 협정의 규정에 따른다.

제16조(기타조항)

1. 이 협정 또는 다자간무역협정에 달리 규정되지 아니하는 한, 세계무역기구는 1947년도 GATT 체약국단 및 1947년도 GATT의 틀 내에서 설립된 기구의 결정, 절차 및 통상적인 관행에 따른다.

2. 실행 가능한 범위내에서, 1947년도 GATT 사무국이 세계무역기구의 사무국이 되며 이 협정 제6조 제2항에 따라 각료회의가 사무총장을 임명할 때까지 1947년도 GATT 사무총장이 세계무역기구 사무총장이 된다.

3. 이 협정의 규정과 다자간무역협정의 규정이 상충하는 경우 상충의 범위내에서 이 협정의 규정이 우선한다.

4. 각 회원국은 자기나라의 법률, 규정 및 행정절차가 부속 협정에 규정된 자기나라의 의무에 합치될 것을 보장한다.

5. 이 협정의 어느 규정에 대하여서도 유보를 할 수 없다. 다자간무역협정의 규정에 대한 유보는 동 협정에 명시된 범위내에서만 할 수 있다. 복수국간무역협정의 규정에 대한 유보는 동 협정의 규정에 따른다.

6. 이 협정은 국제연합헌장 제102조의 규정에 따라 등록된다.

1994년 4월 15일 마라케쉬에서 동등하게 정본인 영어, 불어 및 스페인어로 각 한 부씩 작성하였다.

주석:

   이 협정과 다자간무역협정에 사용된 "국가"나 "국가들"은 세계무역기구의 독자적 관세영역 회원국을 포함하는 것으로 양해된다.

   세계무역기구의 독자적 관세영역 회원국의 경우, 이 협정이나 다자간무역협정에서의 표현이 "국가"라는 용어로 수식되는 경우 이는 특별히 달리 명시되어 있지 않는 한 동 관세영역에 관한 것으로 해석되어야 한다.

부속서 목록(생략)

---

   1) 관련 기구는 결정을 하는 회의에 참석한 회원국 중 어느 회원국도 공식적으로 반대하지 않는 한 검토를 위하여 제출된 사항에 대하여 컨센서스에 의하여 결정되었다고 간주된다.

   2) 구주공동체와 그 회원국의 투표수는 어떠한 경우에도 구주공동체의 회원국 수를 초과할 수 없다.

   3) 분쟁해결기구로서 개최된 일반이사회의 결정은 분쟁해결양해 제2조 제4항에 따라서만 이루어진다.

   4) (과도기간이나 단계별 이행기간을 조건으로 하는 의무로서 의무면제 요청회원국이 관련기간의 종료시까지 이행하지 못한 의무에 대한 면제 부여는 컨센서스에 의하여서만 결정된다.

14. WTO 분쟁해결규칙 및 절차에 관한 양해*
(Understanding on Rules and Procedures Governing the Settlement on Disputes)

회원국은 다음과 같이 합의한다.

제1조(대상범위 및 적용)

1. 이 양해의 규칙 및 절차는 이 양해의 부록 1에 연결된 협정(이하 "대상협정"이라 한다)의 협의 및 분쟁해결규정에 따라 제기된 분쟁에 적용된다. 또한 이 양해의 규칙 및 절차는 세계무역기구설립을 위한협정(이하 "세계무역기구협정"이라 한다) 및 이 양해만을 고려하거나 동 협정 및 양해를 다른 대상협정과 함께 고려하여 세계무역기구협정 및 이 양해의 규정에 따른 회원국의 권리·의무에 관한 회원국간의 협의 및 분쟁해결에 적용된다.

2. 이 양해의 규칙 및 절차는 이 양해의 부록 2에 명시된 대상협정에 포함된 분쟁해결에 관한 특별 또는 추가적인 규칙과 절차에 따를 것을 조건으로 하여 적용된다. 이 양해의 규칙 및 절차가 부록 2에 명시된 대상협정의 특별 또는 추가적인 규칙 및 절차와 상이한 경우 부록 2의 특별 또는 추가적인 규칙 및 절차가 우선한다. 2개 이상의 대상협정상의 규칙 및 절차가 관련되는 분쟁에 있어서, 검토대상이 되고 있는 이러한 대상협정들의 특별 또는 추가적인 규칙 및 절차가 서로 상충하고, 분쟁당사자가 패널설치로부터 20일 이내에 적용할 규칙 및 절차에 대하여 합의에 이르지 못하는 경우, 제2조 제1항에 규정된 분쟁해결기구의 의장은 분쟁당사자와 협의하여 일방 분쟁당사자의 요청 후 10일 이내에 적용할 규칙 및 절차를 확정한다. 분쟁해결기구 의장은 가능한 한 특별 또는 추가적인 규칙 및 절차를 이용해야 하며, 이 양해의 규칙 및 절차는 상충을 피하기 위하여 필요한 범위 안에서 이용해야 한다는 원칙에 따른다.

제2조(실시)

1. 이 규칙과 절차를 실시하기 위하여, 그리고 대상협정에 달리 규정되어 있지 아니하는 한, 대상협정의 협의 및 분쟁해결규정을 실시하기 위하여 분쟁해결기구가 설치된다. 이에 따라 분쟁해결기구는 패널을 설치하고, 패널 및 상소기구보고서를 채택하며, 판정 및 권고의 이행상황을 감독하고, 대상협정에 따른 양허 및 그 밖의 의무의 정지를 허가하는 권한을 갖는다. 복수국간무역협정인 대상협정에 따라 발생하는 분쟁과 관련, 이 양해에서 회원국이라는 용어는 당해 복수국간무역협정의 당사자인 회원국만을 지칭한다. 분쟁해결기구가 복수간 무역협정의 분쟁해

* WTO 협정 Annex 2. 1994. 4. 15 채택. 1995. 1. 1 발효. 1995. 1. 1 대한민국 적용.

180

결규정을 집행하는 경우 오직 그 협정의 당사자인 회원국만이 그 분쟁에 관하여 분쟁해결기구가 취하는 결정이나 조치에 참여할 수 있다.

2. 분쟁해결기구는 세계무역기구의 관련 이사회 및 위원회에 각각의 소관 대상협정의 규정과 관련된 분쟁의 진전상황을 통보한다.

3. 분쟁해결기구는 이 양해에 규정된 시한 내에 자신의 기능을 수행하기 위하여 필요할 때마다 회의를 개최한다.

4. 이 양해의 규칙 및 절차에 따라 분쟁해결기구가 결정을 하여야 하는 경우 컨센서스에 의한다.[1]

제3조(일반규정)

1. 회원국은 지금까지 1947년도 관세및무역에관한일반협정 제22조와 제23조에 따라 적용되어 온 분쟁관리원칙과 이 양해에 의하여 더욱 발전되고 수정된 규칙 및 절차를 준수할 것을 확인한다.

2. 세계무역기구의 분쟁해결제도는 다자간무역체제에 안전과 예견가능성을 부여하는 데 있어서 중심적인 요소이다. 세계무역기구의 회원국은 이 제도가 대상협정에 따른 회원국의 권리와 의무를 보호하고 국제공법의 해석에 관한 관례적인 규칙에 따라 대상협정의 현존 조항을 명확히 하는 데 기여함을 인정한다. 분쟁해결기구의 권고와 판정은 대상협정에 규정된 권리와 의무를 증가시키거나 축소시킬 수 없다.

3. 회원국이 대상협정에 따라 직접적 또는 간접적으로 자신에게 발생하는 이익이 다른 회원국의 조치로 인하여 침해되고 있다고 간주하는 상황을 신속히 해결하는 것이 세계무역기구의 효과적인 기능수행과 회원국의 권리와 의무간의 적절한 균형의 유지에 필수적이다.

4. 분쟁해결기구의 권고나 판정은 이 양해 및 대상협정상의 권리와 의무에 따라 사안의 만족스러운 해결을 달성하는 것을 목표로 한다.

5. 중재판정을 포함하여 대상협정의 협의 및 분쟁해결규정에 따라 공식적으로 제기된 사안에 대한 모든 해결책은 그 대상협정에 합치되어야 하며, 그 협정에 따라 회원국에게 발생하는 이익을 무효화 또는 침해하거나 그 협정의 목적달성을 저해하여서는 아니된다.

6. 대상협정의 협의 및 분쟁해결규정에 따라 공식적으로 제기된 사안에 대하여 상호 합의된 해결책은 분쟁해결기구, 관련 이사회 및 위원회에 통지되며, 여기에서 회원국은 그 해결책과 관련된 문제점을 제기할 수 있다.

7. 제소하기 전에 회원국은 이 절차에 따른 제소가 유익할 것인지에 대하여 스스로 판단한다. 분쟁해결제도의 목표는 분쟁에 대한 긍정적인 해결책을 확보하는 것이다. 분쟁당사자가 상호 수락할 수 있으며 대상협정과 합치하는 해결책이 명백히 선호되어야 한다. 상호 합의된 해결책이 없을 때에는 분쟁해결제도의 첫번째 목표는 통상 그 조치가 대상협정에 대한 위반으로 판정이 내려진 경우 동 조

---

[1] 결정 채택시 분쟁해결기구 회의에 참석한 회원국 중 어떠한 회원국도 그 결정에 대하여 공식적인 반대를 하지 않을 경우, 분쟁해결기구는 검토를 위해 제출된 사안에 대하여 컨센서스로 결정하였다고 간주된다.

치의 철회를 확보하는 것이다. 그러한 조치의 즉각적인 철회가 비현실적일 경우에만 대상협정에 대한 위반조치의 철회시까지 잠정조치로서 보상의 제공에 의지할 수 있다. 이 양해가 분쟁해결절차에 호소하는 회원국에게 부여하는 최후의 구제수단은 분쟁해결기구의 승인에 따르는 것을 조건으로 다른 회원국에 대하여 차별적으로 대상협정상의 양허 또는 그 밖의 의무의 적용을 정지할 수 있다는 것이다.

8. 대상협정에 따라 부담해야 하는 의무에 대한 위반이 있는 경우, 이러한 행위는 일견 명백한 무효화 또는 침해 사례를 구성하는 것으로 간주된다. 이는 일반적으로 규칙위반이 동 대상협정의 당사국인 다른 회원국에 대하여 부정적인 영향을 미친다고 추정됨을 의미하며, 이 경우 피소국이 제소국의 협정의무 위반주장에 대하여 반박하여야 한다.

9. 이 양해의 규정은 세계무역기구협정 또는 복수국간무역협정인 대상협정에 따른 결정을 통하여 대상협정의 규정에 대한 유권해석을 구할 수 있는 회원국의 권리를 저해하지 아니한다.

10. 조정의 요청 및 분쟁해결절차의 활용이 투쟁적인 행위로 의도되거나 간주되어서는 아니되며, 또한 분쟁이 발생하는 경우 모든 회원국은 분쟁해결을 위하여 성실하게 이 절차에 참여하는 것으로 양해된다. 또한 별개의 사안에 대한 제소 및 반소는 연계되어서는 아니 되는 것으로 양해된다.

11. 이 양해는 대상협정의 협의규정에 따라 세계무역기구협정의 발효일 또는 그 이후에 이루어진 새로운 협의요청에 대해서만 적용된다. 세계무역기구협정의 발효일 이전에 1947년도 관세및무역에관한일반협정이나 대상협정의 선행협정에 따라 협의요청이 이루어진 분쟁의 경우 세계무역기구협정의 발효일 직전에 유효한 관련 분쟁해결규칙 및 절차가 계속 적용된다.[2]

12. 제11항에도 불구하고 대상협정에 기초하여 개발도상회원국이 선진국회원국에 대하여 제소하는 경우, 이러한 제소국은 이 양해의 제4조, 제5조, 제6조, 및 제12조에 포함된 규정 대신 1966년 4월 5일자 결정(BISD 14S/18)의 상응하는 규정에 호소할 수 있는 권리를 갖는다. 다만, 패널이 그 결정 제7항에 규정된 시한이 보고서를 마련하는 데 부족하다고 판단하고 또한 제소국과 합의된 경우 그 시한은 연장될 수 있다. 제4조, 제5조, 제6조 및 제12조의 규칙 및 절차와 동 결정의 상응하는 규칙 및 절차간에 차이가 있는 경우 후자가 우선한다.

제4조(협의)

1. 회원국은 회원국이 활용하는 협의절차의 효율성을 강화하고 개선하려는 결의를 확인한다.

2. 각 회원국은 자기나라의 영토 안에서 취하여진 조치로서 대상협정의 운영에 영향을 미치는 조치에 관하여 다른 회원국이 표명한 입장에 대하여 호의적인 고려를 할 것과 적절한 협의기회를 부여할 것을 약속한다.[3]

---

2) 이 항은 그 분쟁에 대한 패널보고서가 채택되지 못하거나 완전히 집행되지 못한 분쟁에도 적용된다.

3) 회원국의 영토 안에서 지역 또는 지방정부나 당국에 의하여 취해진 조치와 관련하여 다른

182

3. 협의요청이 대상협정에 따라 이루어지는 경우 그 요청을 접수한 회원국은 달리 상호 합의하지 아니하는 한 요청접수일로부터 10일 이내에 답변하며, 요청접수일로부터 30일 이내의 기간내에 상호 만족할 만한 해결책에 도달하기 위하여 성실하게 협의에 응한다. 회원국이 요청접수일로부터 10일 내에 답변하지 아니하거나 30일 이내의 기간 내에 또는 달리 상호 합의한 기간내에 협의에 응하지 아니하는 경우, 협의개최를 요청한 회원국은 직접 패널의 설치를 요구 할 수 있다.

4. 이러한 모든 협의요청은 협의요청회원국에 의하여 분쟁해결기구 및 관련 이사회와 위원회에 통보된다. 모든 협의요청은 서면으로 제출되며, 협의요청시 문제가 되고 있는 조치의 명시 및 제소에 대한 법적 근거의 제시를 포함한 협의요청사유를 제시한다.

5. 대상협정의 규정에 따른 협의과정에서 이 양해에 의거하여 다음 단계의 조치를 취하기 전에 회원국은 사안의 만족할 만한 조정을 시도하여야 한다.

6. 협의는 비공개이며 다음 단계에서의 당사국의 권리를 저해하지 아니한다.

7. 협의요청접수일로부터 60일 이내에 협의를 통한 분쟁해결에 실패하는 경우, 제소국은 패널의 설치를 요청할 수 있다. 협의당사자가 협의를 통한 분쟁해결에 실패했다고 공동으로 간주하는 경우, 제소국은 위의 60일 기간 중에 패널의 설치를 요청할 수 있다.

8. 부패성 상품에 관한 분쟁을 포함하여 긴급한 경우, 회원국은 요청접수일로부터 10일 이내에 협의를 개시한다. 협의요청접수일로부터 20일 이내에 협의를 통하여 분쟁이 해결되지 아니하는 경우 제소국은 패널의 설치를 요청할 수 있다.

9. 부패성 상품에 관한 분쟁을 포함하여 긴급한 경우, 분쟁당사자와 패널 및 상소기구는 가능한 한 최대한 절차의 진행을 가속화하기 위하여 모든 노력을 기울인다.

10. 협의과정에서 회원국은 개발도상회원국의 특별한 문제점과 이익에 대하여 특별한 고려를 하여야 한다.

11. 협의회원국이 아닌 회원국이 1994년 GATT 제22조 제1항, 서비스무역에관한일반협정 제22조 제1항 또는 그 밖의 대상협정의 상응하는 규정4)에 따라 개최되는 협의에 대하여 실질적인 무역상의 이해관계를 갖고 있다고 간주하는 경우, 그러한 회원국은 위의 조항에 따른 협의요청 문서가 배포된 날로부터 10일 이내에 협의회원국 및 분쟁해결기구에 협의에 참여할 의사를 통보할 수 있다. 이러한

대상협정의 규정이 이 항의 규정과 상이한 규정을 포함하고 있는 경우, 그러한 다른 대상협정의 규정이 우선한다.

4) 대상협정의 상응하는 협의규정은 다음과 같다.

농업에관한협정 제19조, 위생및식물위생조치의적용에관한협정 제11조 제1항, 섬유및의류에관한협정 제8조 제4항, 무역에대한 기술장벽에관한협정 제14조 제1항, 무역관련투자조치에관한협정 제8조, 1994년도 GATT 제6조의이행에관한협정 제17조 제2항, 1994년도 GATT 제7조의이행에관한협정 제19조 제2항, 선적전검사에관한협정 제7조, 원산지규정에관한협정 제7조, 수입허가 절차에관한협정 제6조, 보조금및상계조치에관한협정 제30조, 긴급수입제한조치에관한협정 제14조, 무역관련지적재산권에 관한협정 제64조 제1항, 그리고 각 협정의 소관기구가 결정하고 분쟁해결기구에 통보되는 모든 복수국간 무역협정상의 상응하는 협의조항.

회원국은, 협의요청을 받은 회원국이 실질적인 이해관계에 대한 주장에 충분한 근거가 있다고 동의하는 경우, 협의에 동참한다. 이 경우 이들은 동 사실을 분쟁해결기구에 통보한다. 협의에 동참하기 위한 요청이 수락되지 아니하는 경우, 협의 참여를 요청한 회원국은 1994년도 GATT 제22조 제1항 또는 제23조 제1항, 서비스무역에관한일반협정 제22조 제1항 또는 제23조 제1항, 또는 그 밖의 대상협정의 상응하는 규정에 따라 협의를 요청할 수 있다.

제5조(주선, 조정 및 중개)

1. 주선, 조정 및 중개는 분쟁당사자가 합의하는 경우 자발적으로 취해지는 절차이다.

2. 주선, 조정 및 중개의 절차, 특히 이러한 절차의 과정에서 분쟁당사자가 취한 입장은 공개되지 아니하며, 이러한 절차에 따른 다음 단계의 과정에서의 분쟁당사자의 권리를 저해하지 아니한다.

3. 분쟁당사자는 언제든지 주선, 조정 또는 중개를 요청할 수 있다. 주선, 조정 또는 중개는 언제든지 개시되고 종료될 수 있다. 일단 주선, 조정 또는 중개절차가 종료되면 제소국은 패널의 설치를 요청할 수 있다.

4. 협의요청 접수일로부터 60일 이내에 주선, 조정 또는 중개절차가 개시되는 경우, 제소국은 협의요청 접수일로부터 60일의 기간을 허용한 후에 패널의 설치를 요청할 수 있다. 분쟁당사자가 공동으로 주선, 조정 또는 중개과정이 분쟁을 해결하는데 실패하였다고 판단하는 경우, 제소국은 위의 60일의 기간 중에 패널의 설치를 요청할 수 있다.

5. 분쟁당사자가 합의하는 경우, 주선, 조정 또는 중개절차는 패널과정이 진행되는 동안 계속될 수 있다.

6. 사무총장은 회원국이 분쟁을 해결하는 것을 돕기 위하여 직권으로 주선, 조정 또는 중개를 제공할 수 있다.

제6조(패널설치)

1. 제소국이 요청하는 경우, 패널설치요청이 의제로 상정되는 첫번째 분쟁해결기구 회의에서 컨센서스로 패널을 설치하지 아니하기로 결정하지 아니하는 한, 늦어도 그 분쟁해결기구 회의의 다음번에 개최되는 분쟁해결기구 회의에서 패널이 설치된다.[5]

2. 패널설치는 서면으로 요청된다. 이러한 요청은 협의가 개최되었는지 여부를 명시하고, 문제가 된 특정 조치를 명시하며, 문제를 분명하게 제시하는 데 충분한 제소의 법적 근거에 대한 간략한 요약문을 제시한다. 제소국이 표준위임사항과 상이한 위임사항을 갖는 패널의 설치를 요청하는 경우, 서면 요청서에는 제안하고자 하는 특별위임사항의 문안이 포함한다.

제7조(패널의 위임사항)

1. 패널은 분쟁당사자가 패널설치로부터 20일 이내에 달리 합의하지 아니하는

---

5) 제소국이 요청시, 최소한 10일의 사전공고 후, 요청으로부터 15일 이내에 분쟁해결기구 회의가 동 목적을 위하여 개최된다.

184

한, 다음의 위임사항을 부여받는다.

"(분쟁당사자가 인용하는 대상협정명)의 관련 규정에 따라 (당사자 국명)이 문서번호 ...... 으로 분쟁해결기구에 제기한 문제를 조사하고, 분쟁해결기구가 동 협정에 규정된 권고나 판정을 내리는 데 도움이 되는 조사결과를 작성한다."

2. 패널은 분쟁당사자가 인용하는 모든 대상협정의 관련 규정을 검토한다.

3. 패널 설치시 분쟁해결기구는 분쟁해결기구 의장에게 제1항의 규정에 따를 것을 조건으로 분쟁당사자와의 협의를 거쳐 패널의 위임사항을 작성하는 권한을 부여할 수 있다. 이와 같이 작성된 패널의 위임사항은 모든 회원국에게 배포된다. 표준위임사항이 아닌 다른 위임사항에 대한 합의가 이루어지는 경우, 회원국은 분쟁해결기구에서 이와 관련된 모든 문제를 제기할 수 있다.

제8조(패널구성)

1. 패널은 패널에서 일한 경력이 있거나 패널에 자기나라의 입장을 개진한 경력이 있는자, 세계무역기구 회원국의 대표나 1947년도 GATT 체약당사자의 대표로 근무한 경력이 있는 자, 또는 대상협정이나 그 협정의 선행협정의 이사회나 위원회에서 대표로 근무한 경력이 있는 자, 사무국에서 근무한 경력이 있는 자, 국제무역법이나 국제무역정책에 대하여 가르치거나 저술한 경력이 있는 자, 또는 회원국의 고위급 무역정책 관리로서 근무한 경력이 있는 자 등 충분한 자격을 갖춘 정부 및/또는 비정부인사로 구성된다.

2. 패널위원은 패널위원의 독립성과 충분히 다양한 배경 및 광범위한 경험이 확보될 수 있도록 선정되어야 한다.

3. 자기나라 정부가 분쟁당사자인[6] 회원국의 국민 또는 제10조 제2항에 규정된 제3자의 국민은 분쟁당사자가 달리 합의하지 아니하는 한 그 분쟁을 담당하는 패널의 위원이 되지 아니한다.

4. 패널위원의 선정을 돕기 위하여 사무국은 제1항에 기술된 자격요건을 갖춘 정부 및 비정부인사의 명부를 유지하며, 동 명부로부터 적절히 패널위원이 선정될 수 있다. 명부는 1984년 11월 30일 작성된 비정부패널위원명부(BISD 31S/9) 및 대상협정에 따라 작성된 그 밖의 명부 및 목록을 포함하며, 세계무역기구협정의 발효시의 명부 및 목록에 등재된 인사들의 이름을 유지한다. 회원국은 명부에 포함시킬 정부 및 비정부인사의 이름을 이들의 국제무역에 대한 지식 및 대상협정의 분야 또는 주제에 대한 지식에 관한 정보와 함께 정기적으로 제시할 수 있으며, 이들의 이름은 분쟁해결기구의 승인을 얻은 후 명부에 추가로 등재된다. 명부에는 등재된 각 인사별로 구체적인 경험분야 또는 대상협정의 분야나 주제에 관한 전문지식이 명시된다.

5. 패널은 분쟁당사자가 패널설치로부터 10일 이내에 5인의 패널위원으로 패널을 구성하는 데 합의하지 아니하는 한 3인의 패널위원으로 구성된다. 패널구성은 회원국에게 신속히 통보된다.

---

6) 관세동맹이나 공동시장이 분쟁의 일방당사자인 경우, 이 조항은 관세동맹이나 공동시장의 모든 회원국의 국민에게 적용된다.

6. 사무국은 분쟁당사자에게 패널위원 후보자를 제의한다. 분쟁당사자는 불가피한 사유를 제외하고는 동 패널위원 후보자를 거부하지 아니한다.

7. 패널설치일로부터 20일 이내에 패널위원 구성에 대한 합의가 이루어지지 아니하는 경우, 사무총장은 일방 분쟁당사자의 요청에 따라 분쟁해결기구 의장 및 관련 위원회 또는 이사회의 의장과의 협의를 거쳐 분쟁에서 문제가 되고 있는 대상협정의 특별 또는 추가적인 규칙이나 절차에 따라 분쟁당사국과 협의 후 가장 적합하다고 생각되는 패널위원을 임명함으로써 패널의 구성을 확정한다. 분쟁해결기구 의장은 이러한 요청을 받은 날로부터 10일 이내에 회원국에게 이와 같이 이루어진 패널의 구성을 통보한다.

8. 회원국은 일반적으로 자기나라의 관리가 패널위원으로 임명되는 것을 허가할 것을 약속한다.

9. 패널위원은 정부대표나 기구대표가 아닌 개인자격으로 임무를 수행한다. 따라서 회원국은 패널에 계류중인 사안과 관련하여 패널위원에게 지시를 내리지 아니하며, 개인자격인 패널위원에 대하여 영향력을 행사하지 아니한다.

10. 선진국회원국과 개발도상회원국간의 분쟁시 개발도상회원국이 요청하는 경우, 패널위원 중 적어도 1인은 개발도상회원국의 인사를 포함하여야 한다.

11. 여행경비 및 일당을 포함한 패널위원의 경비는 세계무역기구 일반이사회가 예산, 재정 및 관리위원회의 권고에 기초하여 채택한 기준에 따라 세계무역기구의 예산으로 충당된다.

제9조(복수제소자를 위한 절차)

1. 2개 이상의 회원국이 동일한 사안과 관련된 패널의 설치를 요청하는 경우, 이러한 복수의 제소내용을 조사하기 위하여 모든 관련 회원국의 권리를 고려하여 단일 패널을 설치할 수 있다. 이러한 복수의 제소내용을 조사하기 위하여 가능할 경우에는 언제나 단일 패널이 설치되어야 한다.

2. 단일 패널은 별도의 패널이 설치되어 제소내용을 조사하였을 경우에 분쟁당사국이 향유하였을 권리가 침해되지 아니하도록 조사작업을 체계화하고 조사결과를 분쟁해결기구에 제시한다. 일방 분쟁당사자가 요청하는 경우, 패널은 관련 분쟁에 관한 별도의 보고서를 제출한다. 각 제소국은 다른 제소국의 서면입장을 입수할 수 있으며, 각 제소국은 다른 제소국이 패널에 자기나라의 입장을 제시하는 때 참석할 권리를 갖는다.

3. 동일한 사안과 관련된 복수의 제소내용을 조사하기 위하여 2개 이상의 패널이 구성되는 경우, 가능한 한 최대한도로 동일한 패널위원이 각각의 패널에서 패널위원이 되며 이러한 분쟁에서의 패널과정을 위한 일정은 조화된다.

제10조(제3자)

1. 분쟁당사자의 이해관계와 분쟁에서 문제가 되고 있는 대상협정상의 다른 회원국의 이해관계는 패널과정에서 충분히 고려된다.

2. 패널에 회부된 사안에 실질적인 이해관계를 갖고 있으며 자기나라의 이해관계를 분쟁해결기구에 통보한 회원국(이하 "제3자"라 한다)은 패널에 대하여 자

신의 입장을 개진하고 서면입장을 패널에 제출할 기회를 갖는다. 이러한 서면입장은 분쟁당사자에게 전달되며 패널보고서에 반영된다.

3. 제3자는 제1차 패널회의에 제출되는 분쟁당사자의 서면입장을 입수한다.

4. 만일 제3자가 이미 패널과정의 대상이 되는 조치로 인하여 대상협정에 따라 자기나라에 발생하는 이익이 무효화 또는 침해되었다고 간주하는 경우, 그 회원국은 이 양해에 따른 정상적인 분쟁해결절차에 호소할 수 있다. 이러한 분쟁은 가능할 경우에는 언제나 원패널에 회부된다.

제11조(패널의 기능) 패널의 기능은 분쟁해결기구가 이 양해 및 대상협정에 따른 책임을 수행하는 것을 지원하는 것이다. 따라서 패널은 분쟁의 사실부분에 대한 객관적인 평가, 관련 대상협정의 적용가능성 및 그 협정과의 합치성을 포함하여 자신에게 회부된 사안에 대하여 객관적인 평가를 내려야 하며, 분쟁해결기구가 대상협정에 규정되어 있는 권고를 행하거나 판정을 내리는 데 도움이 되는 그 밖의 조사결과를 작성한다. 패널은 분쟁당사자와 정기적으로 협의하고 분쟁당사자에게 상호 만족할 만한 해결책을 찾기 위한 적절한 기회를 제공하여야 한다.

제12조(패널절차)

1. 패널은 분쟁당사자와의 협의 후 달리 결정하지 아니하는 한 부록 3의 작업절차를 따른다.

2. 패널절차는 패널과정을 부당하게 지연시키지 아니하면서 질이 높은 패널보고서를 보장할 수 있도록 충분한 융통성을 부여하여야 한다.

3. 분쟁당사자와의 협의 후 패널위원은 현실적으로 가장 빠른 시일 내에, 그리고 가능한 언제나 패널의 구성 및 위임사항에 대하여 합의가 이루어진 후로부터 일주일 이내에 관련이 있는 경우 제4조 제9항의 규정을 고려하여 패널과정에 관한 일정을 확정한다.

4. 패널과정에 관한 일정 결정시 패널은 분쟁당사자에게 자신의 입장을 준비하는 데 필요한 충분한 시간을 부여한다.

5. 패널은 분쟁당사자가 서면입장을 제출하여야 하는 정확한 마감시한을 설정해야 하며, 분쟁당사자는 동 마감시한을 준수하여야 한다.

6. 각 분쟁당사자는 패널과 그 밖의 분쟁당사자에게 즉시 전달되도록 자기나라의 서면입장을 사무국에 제출한다. 패널이 제3항에 언급된 일정 확정시 분쟁당사자와 협의 후 분쟁당사자가 제1차 서면입장을 동시에 제출하여야 한다고 결정하지 아니하는 한 제소국은 피소국보다 먼저 제1차 서면입장을 제출한다. 제1차 서면입장을 순차적으로 기탁하기로 한 경우, 패널은 피소국의 입장 접수시한을 확고하게 설정한다. 그 후에 제출되는 모든 서면입장은 동시에 제출된다.

7. 분쟁당사자가 상호 만족할 만한 해결책을 강구하는 데 실패하는 경우, 패널은 서면보고서 형식으로 자신의 조사결과를 분쟁해결기구에 제출한다. 이 경우 패널보고서는 사실에 관한 조사결과, 관련 규정의 적용가능성 및 자신이 내린 조사결과와 권고에 대한 근본적인 이유를 명시하여야 한다. 분쟁당사자간에 해결책이 발견된 경우 패널보고서는 사안의 간략한 서술과 해결책이 도달되었다는 사실

을 보고하는 데 국한된다.

8. 절차를 보다 더 효율적으로 하기 위하여, 패널의 구성 및 위임사항에 대하여 합의가 이루어진 날로부터 최종보고서가 분쟁당사자에게 제시되는 날까지의 패널이 자신의 검토를 수행하는 기간은 일반적인 규칙으로서 6월을 초과하지 아니한다. 부패성 상품에 관한 분쟁을 포함하여 긴급한 경우, 패널은 3월 이내에 패널보고서를 분쟁당사자에게 제시하는 것을 목표로 한다.

9. 패널이 6월 이내에 또는 긴급한 경우 3월 이내에 자신의 보고서를 제출하지 못할 것이라고 간주하는 경우, 패널은 지연사유를 패널보고서를 제출할 때까지 소요될 것으로 예상되는 기간과 함께 분쟁해결기구에 서면으로 통보한다. 어떠한 경우에도 패널설치로부터 회원국에게 보고서를 배포할 때까지의 기간이 9월을 초과하여서는 아니된다.

10. 개발도상회원국이 취한 조치와 관련된 협의의 경우 분쟁당사자는 제4조 제7항 및 제8항에 설정된 기간을 연장하는 데 합의할 수 있다. 만일 관련기간이 경과한 후에도 협의당사자가 협의종료에 대하여 합의할 수 없는 경우, 분쟁해결기구 의장은 분쟁당사자와의 협의 후 관련 기간을 연장할 것인 지 여부 및 연장할 경우 얼마만큼 연장할 것인 지를 결정한다. 또한 개발도상회원국에 대한 제소를 검토하는 데 있어서, 패널은 동 개발도상회원국이 자기나라의 논거를 준비하고 제시하는 데 충분한 시간을 부여한다. 제20조 제1항 및 제21조 제4항의 규정은 이 항에 따른 어떠한 조치에 의해서도 영향을 받지 아니한다.

11. 하나 또는 둘 이상의 당사자가 개발도상회원국인 경우, 패널보고서는 분쟁해결절차의 과정에서 개발도상회원국이 제기한 대상협정의 일부를 구성하는 개발도상회원국을 위한 차등적이고 보다 유리한 대우에 관한 관련 규정을 어떤 형태로 고려하였는지를 명시적으로 적시한다.

12. 패널은 제소국이 요청하는 경우 언제라도 12월을 초과하지 아니하는 기간 동안 자신의 작업을 정지할 수 있다. 이와 같이 정지하는 경우, 이 조의 제8항 및 제9항, 제20조 제1항 및 제21조 제4항에 명시된 시한은 작업이 정지되는 기간만큼 연장된다. 패널의 작업이 12월 이상 정지되는 경우에는 동 패널설치 권한이 소멸된다.

제13조(정보요청권리)

1. 각 패널은 자신이 적절하다고 판단하는 모든 개인 또는 기관으로부터 정보 및 기술적 자문을 구할 권리를 갖는다. 그러나 패널은 회원국의 관할권 아래에 있는 개인이나 기관으로부터 이러한 정보나 자문을 구하기 전에 동 회원국의 당국에 통보한다. 패널이 필요하고 적절하다고 간주하는 정보를 요청하는 경우, 회원국은 언제나 신속히 그리고 충실하게 이에 응하여야 한다. 비밀정보가 제공되는 경우, 동 정보는 이를 제공하는 회원국의 개인, 기관 또는 당국으로부터의 공식적인 승인 없이는 공개되지 아니한다.

2. 패널은 모든 관련 출처로부터 정보를 구할 수 있으며, 사안의 특정 측면에 대한 의견을 구하기 위하여 전문가와 협의할 수 있다. 패널은 일방 분쟁당사자가

제기하는 과학적 또는 그 밖의 기술적 사항과 관련된 사실문제에 관하여 전문가 검토단에게 서면 자문보고서를 요청할 수 있다. 이러한 검토단의 설치에 관한 규칙 및 검토단의 절차는 부록 4에 규정되어 있다.

제14조(비공개성)

1. 패널의 심의는 공개되지 아니한다.

2. 패널보고서는 제공된 정보 및 행하여진 진술내용에 비추어 분쟁당사자의 참석없이 작성된다.

3. 개별 패널위원이 패널보고서에서 표명한 의견은 익명으로 한다.

제15조(잠정검토단계)

1. 패널은 반박 서면입장 및 구두주장을 심리한 후 자신의 보고서 초안중 서술적인 부분(사실 및 주장)을 분쟁당사자에게 제시한다. 패널이 설정한 기간 내에 분쟁당사자는 서면으로 논평을 제출한다.

2. 분쟁당사자로부터 논평을 접수하기 위하여 정해진 기간이 경과한 후 패널은 서술부분과 패널의 조사결과 및 결론을 모두 포함하는 잠정보고서를 분쟁당사자에게 제시한다. 분쟁당사자는 패널이 정한 기간 내에 잠정보고서의 특정 부분을 최종보고서가 회원국에게 배포되기 전에 잠정검토하여 줄 것을 서면으로 요청할 수 있다. 일방 분쟁당사자가 요청하는 경우, 패널은 분쟁당사자와 서면 논평에 명시된 문제에 관하여 추가적인 회의를 개최한다. 논평기간 내에 어떤 분쟁당사자도 논평을 제출하지 아니하는 경우 잠정보고서는 최종 패널보고서로 간주되며 신속히 회원국에게 배포된다.

3. 최종 패널보고서의 조사결과는 잠정검토단계에서 이루어진 주장에 대한 토의를 포함한다. 잠정검토단계는 제12조 제8항에 명시된 기간 내에서 진행된다.

제16조(패널보고서의 채택)

1. 회원국에게 패널보고서를 검토할 충분한 시간을 부여하기 위하여 동 보고서는 회원국에게 배포된 날로부터 20일 이내에는 분쟁해결기구에서 채택을 위한 심의의 대상이 되지 아니한다.

2. 패널보고서에 이의가 있는 회원국은 적어도 동 패널보고서가 심의되는 분쟁해결기구 회의가 개최되기 10일 이전에 회원국에게 배포되도록 자신의 이의를 설명하는 이유를 서면으로 제출한다.

3. 분쟁당사자는 분쟁해결기구의 패널보고서에 대한 심의과정에 충분히 참여할 권리를 가지며 그들의 견해는 충실히 기록된다.

4. 일방 분쟁당사자가 정식으로 분쟁해결기구에 자기나라의 상소결정을 통지하지 아니하거나, 분쟁해결기구가 컨센서스로 패널보고서를 채택하지 아니하기로 결정하지 아니하는 한, 패널보고서는 회원국에게 배포된 날로부터 60일 이내에 분쟁해결기구 회의[7]에서 채택된다. 일방 분쟁당사자가 자기나라의 상소결정을 통지하는 경우, 패널보고서는 상소절차 종료 후까지 분쟁해결기구에서 채택을 위한 논

---

7) 분쟁해결기구의 회의가 이 기간 내에 제16조 제1항 및 제4항의 요건을 충족시킬수 있는 시기에 계획되어 있지 아니한 경우, 분쟁해결기구의 회의가 동 목적을 위하여 소집된다.

의의 대상이 되지 아니한다. 이러한 채택절차는 회원국이 패널보고서에 대하여 자기나라의 견해를 표명할 수 있는 권리에 아무런 영향을 미치지 아니한다.

제17조(상소심의)

• 상설상소기구

1. 분쟁해결기구는 상설상소기구를 설치한다. 상소기구는 패널사안으로부터의 상소를 심의한다. 동 기구는 7인으로 구성되며, 이들중 3인이 하나의 사건을 담당한다. 상소기구 위원은 교대로 업무를 담당한다. 이러한 교대는 상소기구의 작업절차에 정해진다.

2. 분쟁해결기구는 4년 임기의 상소기구위원을 임명하며 각 상소기구위원은 1차에 한하여 연임할 수 있다. 다만, 세계무역기구협정 발효직후 임명되는 7인중 3인의 임기는 2년 후 만료되며, 이는 추첨으로 결정한다. 결원은 발생할 때마다 충원된다. 임기가 만료되지 아니한 상소기구위원을 교체하기 위하여 임명된 위원은 전임자의 잔여임기동안 상소기구위원의 직을 수행한다.

3. 상소기구는 법률, 국제무역 및 대상협정 전반의 주제에 대하여 입증된 전문지식을 갖춘 인정된 권위자로 구성된다. 상소기구위원은 어느 정부와도 연관되지 아니한다. 상소기구위원은 세계무역기구 회원국을 폭넓게 대표한다. 모든 상소기구위원은 어느 때라도 단기간의 통지로 이용가능 해야 하며 세계무역기구의 분쟁해결활동 및 그 밖의 관련 활동을 계속 숙지하고 있어야 한다. 상소기구위원은 직접 또는 간접적인 이해의 충돌을 이야기할 수 있는 분쟁의 심의에 참여하지 아니한다.

4. 분쟁당사자만이 패널보고서에 대하여 상소할 수 있으며 제3자는 상소할 수 없다. 제10조 제2항에 따라 사안에 대한 실질적인 이해관계가 있음을 분쟁해결기구에 통지한 제3자는 상소기구에 서면입장을 제출하고 상소기구에서 자신의 입장을 개진할 기회를 가질 수 있다.

5. 일반적으로 일방 분쟁당사자가 자기나라의 상소결정을 공식적으로 통지한 날로부터 상소기구가 자신의 보고서를 배포하는 날까지의 절차는 60일을 초과하지 아니한다. 자신의 일정 확정시 상소기구는 관련되는 경우 제4조 제9항의 규정을 고려한다. 상소기구는 60일 이내에 자신의 보고서를 제출하지 못할 것이라고 간주하는 경우, 지연사유를 보고서 제출에 소요될 것으로 예상되는 기간과 함께 서면으로 분쟁해결기구에 통보한다. 어떠한 경우에도 그 절차는 90일을 초과할 수 없다.

6. 상소는 패널보고서에서 다루어진 법률문제 및 패널이 행한 법률해석에만 국한된다.

7. 상소기구는 자신이 필요로 하는 적절한 행정적 및 법률적 지원을 제공받는다.

8. 여행경비 및 수당을 포함하여 상소기구위원이 업무를 수행하는 데 소요되는 비용은 예산·재정 및 관리위원회의 권고에 근거하여 일반이사회가 채택하는 기준에 따라 세계무역기구의 예산으로 충당한다.

• 상소절차

9. 상소기구는 분쟁해결기구 의장 및 사무총장과의 협의를 거쳐 작업절차를

작성하며, 동 작업절차는 회원국들이 알 수 있도록 통보된다.

　　10. 상소기구의 심의과정은 공개되지 아니한다. 상소기구보고서는 제공된 정보 및 행하여진 진술내용에 비추어 분쟁당사자의 참석 없이 작성된다.

　　11. 상소기구보고서에 표명된 개별상소기구위원의 견해는 익명으로 한다.

　　12. 상소기구는 제6항에 따라 제기된 각각의 문제를 상소심의과정에서 검토한다.

　　13. 상소기구는 패널의 법률적인 조사결과와 결론을 확정, 변경 또는 파기할 수 있다.

- **상소기구보고서의 채택**

　　14. 상소기구보고서가 회원국에게 배포된 후 30일 이내에 분쟁해결기구가 컨센서스로 동 보고서를 채택하지 아니하기로 결정하지 아니하는 한, 분쟁해결기구는 이를 채택하며 분쟁당사자는 동 보고서를 무조건 수락한다.[8] 동 채택절차는 회원국이 상소기구보고서에 대하여 자기나라의 견해를 표명할 수 있는 권리를 저해하지 아니한다.

제18조(패널 또는 상소기구와의 의사소통)

　　1. 패널 또는 상소기구가 심의중인 사안과 관련하여 패널 또는 상소기구와 일방 분쟁 당사자만의 의사소통이 있어서는 아니된다.

　　2. 패널이나 상소기구에 제출되는 서면입장은 비밀로서 취급되나 분쟁당사자는 이를 입수할 수 있다. 이 양해의 어느 규정도 분쟁당사자가 자기나라의 입장에 관한 진술을 공개하는 것을 금지하지 아니한다. 회원국은 다른 회원국이 패널이나 상소기구에 제출한 정보로서 비밀이라고 지정한 경우 이를 비밀로 취급한다. 또한 분쟁당사자는 회원국이 요청하는 경우 서면입장에 포함된 공개가능한 정보의 평문 요약문을 제공한다.

제19조(패널 및 상소기구의 권고)

　　1. 패널 또는 상소기구는 조치가 대상협정에 일치하지 않는다고 결론짓는 경우, 관련 회원국[9]에게 동 조치를 동 대상협정에 합치시키도록 권고한다.[10] 자신의 권고에 추가하여 패널 또는 상소기구는 관련 회원국이 권고를 이행할 수 있는 방법을 제시할 수 있다.

　　2. 제3조 제2항에 따라 패널과 상소기구는 자신의 조사결과와 권고에서 대상협정에 규정된 권리와 의무를 증가 또는 감소시킬 수 없다.

제20조(분쟁해결기구의 결정시한)　분쟁당사자가 달리 합의하지 아니하는 한, 일반적으로 분쟁해결기구가 패널을 설치한 날로부터 패널 또는 상소보고서의 채택을 심의하는 날까지의 기간은 패널보고서에 대하여 상소를 제기하지 아니한 경우는 9월을, 상소를 제기한 경우에는 12월을 초과하지 아니한다. 패널이나 상소기구가

---

　　8) 분쟁해결기구의 회의가 동 기간 중 계획되어 있지 않은 경우, 동 목적을 위하여 분쟁해결기구 회의가 소집된다.

　　9) "관련 회원국"은 패널이나 상소기구 권고의 대상이 되는 분쟁당사국이다.

　　10) 1994년도 GATT 또는 다른 대상협정의 위반을 수반하지 아니하는 사건에 대한 권고에 대하여는 제26조를 참조바람.

제12조 제9항 또는 제17조 제5항에 따라 보고서의 제출 기간을 연장하기로 한 경우, 추가로 소요된 시간은 동 기간에 합산된다.

제21조(권고 및 판정의 이행에 대한 감독)

1. 분쟁해결기구의 권고 또는 판정을 신속하게 이행하는 것이 모든 회원국에게 이익이 되도록 분쟁의 효과적인 해결을 확보하는 데 필수적이다.

2. 분쟁해결의 대상이 된 조치와 관련하여 개발도상회원국의 이해관계에 영향을 미치는 문제에 대하여 특별한 주의를 기울여야 한다.

3. 패널 또는 상소보고서가 채택된 날로부터 30일 이내[11])에 개최되는 분쟁해결기구 회의에서 관련 회원국은 분쟁해결기구의 권고 및 판정의 이행에 대한 자기나라의 입장을 분쟁해결기구에 통보한다. 권고 및 판정의 즉각적인 준수가 실현 불가능한 경우, 관련 회원국은 준수를 위한 합리적인 기간을 부여받는다. 합리적인 기간은 다음과 같다.

가. 분쟁해결기구의 승인을 받는 것을 조건으로, 관련 회원국이 제의하는 기간. 또는 이러한 승인이 없는 경우에는,

나. 권고 및 판정이 채택된 날로부터 45일 이내에 분쟁당사자가 상호 합의하는 기간. 또는 이러한 합의가 없을 때에는,

다. 권고 및 판정이 채택된 날로부터 90일 이내에 기속적인 중재를 통하여 확정되는 기간.[12]) 이러한 중재에 있어서 중재인[13])을 위한 지침은 패널 또는 상소기구권고 이행을 위한 합리적인 기간이 패널 또는 상소기구보고서가 채택된 날로부터 15월을 초과하지 아니하여야 한다는 것이다. 그러나 특별한 사정에 따라 동 기간은 단축 되거나 연장될 수 있다.

4. 패널 또는 상소기구가 제12조 제9항 또는 제17조 제5항에 따라 보고서의 제출기간을 연장한 경우를 제외하고는, 분쟁해결기구가 패널을 설치한 날로부터 합리적인 기간 확정일까지의 기간은 분쟁당사자가 달리 합의하지 아니하는 한 15월을 초과하지 아니한다. 패널 또는 상소기구가 보고서 제출기간을 연장하기로 한 경우, 추가적으로 소요된 기간은 동 15월의 기간에 합산된다. 다만, 분쟁당사자가 예외적인 사정이 존재한다고 합의하지 아니하는 한 총 기간은 18월을 초과하지 아니한다.

5. 권고 및 판정의 준수를 위한 조치가 취해지고 있는지 여부 또는 동 조치가 대상협정에 합치하는지 여부에 대하여 의견이 일치하지 아니하는 경우, 이러한 분쟁은 가능한 한 원패널에 회부하는 것을 포함하여 이러한 분쟁해결절차의 이용을 통하여 결정된다. 패널은 사안이 회부된 날로부터 90일 이내에 보고서를 배포한다. 패널이 동 시한내에 보고서를 제출할 수 없다고 판단하는 경우, 지연사유를

---

11) 분쟁해결기구 회의가 이 기간중 계획되어 있지 아니한 경우, 동 목적을 위하여 분쟁해결기구 회의가 소집된다.

12) 사안을 중재에 회부한 날로부터 10일 이내에 분쟁당사자가 중재인에 합의하지 못하는 경우, 사무총장은 당사국과 협의한 후 10일 이내에 중재인을 임명한다.

13) "중재인"이라는 표현은 개인 혹은 집단을 지칭하는 것으로 해석된다.

패널보고서 제출에 필요하다고 예상되는 기간과 함께 서면으로 분쟁해결기구에 통보한다.

6. 분쟁해결기구는 채택된 권고 또는 판정의 이행상황을 지속적으로 감시한다. 모든 회원국은 권고 또는 판정이 채택된 후 언제라도 그 이행문제를 분쟁해결기구에 제기할 수 있다. 분쟁해결기구가 달리 결정하지 아니하는 한, 권고나 판정의 이행문제는 제21조 제3항에 따라 합리적 이행기간이 확정된 날로부터 6월 이후에 분쟁해결기구 회의의 의제에 상정되며, 동 문제가 해결될 때까지 계속 분쟁해결기구의 의제에 남는다. 이러한 분쟁해결기구 회의가 개최되기 최소한 10일 전까지 관련 회원국은 권고 또는 판정의 이행에 있어서의 진전상황에 관한 서면보고서를 분쟁해결기구에 제출한다.

7. 개발도상회원국이 제소국인 경우, 분쟁해결기구는 상황에 비추어 적절한 어떠한 추가적인 조치를 취할 것인지를 검토한다.

8. 개발도상회원국이 제소국인 경우, 분쟁해결기구는 어떠한 적절한 조치를 취할 것인지를 고려할 때 제소대상조치가 무역에 있어서 차지하는 비중뿐만 아니라 동 조치가 관련 개발도상회원국의 경제에 미치는 영향도 고려한다.

제22조(보상 및 양허의 정지)

1. 보상 및 양허 또는 그 밖의 의무의 정지는 권고 및 판정이 합리적인 기간 내에 이행되지 아니하는 경우 취할 수 있는 잠정적인 조치이다. 그러나 보상이나 양허 또는 그 밖의 의무의 정지는 관련 조치를 대상협정에 합치시키도록 하는 권고의 완전한 이행에 우선하지 아니한다. 보상은 자발적인 성격을 띠며, 이를 행하는 경우 대상협정과 합치하여야 한다.

2. 관련 회원국이 제21조 제3항에 의거하여 확정된 합리적인 기간 내에 대상협정위반으로 판정이 난 조치를 동 협정에 합치시키지 아니하거나 달리 권고 및 판정을 이행하지 아니하는 경우, 동 회원국은 요청을 받는 경우 합리적인 기간이 종료되기 전에 분쟁해결절차에 호소한 분쟁당사자와 상호 수락할 수 있는 보상의 마련을 위하여 협상을 개시한다. 합리적인 기간이 종료된 날로부터 20일 이내에 만족할 만한 보상에 대하여 합의가 이루어지지 아니하는 경우, 분쟁해결절차에 호소한 분쟁당사자는 대상협정에 따른 양허 또는 그 밖의 의무를 관련 회원국에 대해 적용을 정지하기 위한 승인을 분쟁해결기구에 요청할 수 있다.

3. 어떠한 양허 또는 그 밖의 의무를 정지할 것인지를 검토하는 데 있어서 제소국은 다음의 원칙과 절차를 적용한다.

가. 일반적인 원칙은 제소국은 패널 또는 상소기구가 위반 또는 그 밖의 무효화 또는 침해가 있었다고 판정을 내린 분야와 동일한 분야에서의 양허 또는 그 밖의 의무의 정지를 우선 추구하여야 한다는 것이다.

나. 동 제소국이 동일 분야에서 양허 또는 그 밖의 의무를 정지하는 것이 비현실적 또는 비효과적이라고 간주하는 경우, 동일 협정상의 다른 분야에서의 양허 또는 그 밖의 의무의 정지를 추구할 수 있다.

다. 동 제소국이 동일 협정상의 다른 분야에서의 양허 또는 그 밖의 의무를 정지하는 것이 비현실적 또는 비효과적이며 상황이 충분히 심각하다고 간주하는 경우, 다른 대상협정상의 양허 또는 그 밖의 의무의 정지를 추구할 수 있다.

라. 위의 원칙을 적용하는 데 있어서 동 제소국은 다음 사항을 고려한다.

(1) 패널 또는 상소기구가 위반 또는 그 밖의 무효화 또는 침해가 있었다고 판정을 내린 분야 또는 협정상의 무역, 그리고 동 무역이 제소국에서 차지하는 중요성.

(2) 무효화 또는 침해에 관련된 보다 더 광범위한 경제적 요소와 양허 또는 그 밖의 의무의 정지가 초래할 보다 더 광범위한 경제적 파급효과.

마. 동 제소국이 나호 또는 다호에 따라 양허 또는 그 밖의 의무를 정지하기 위한 승인을 요청하기로 결정하는 경우, 요청서에 그 사유를 명시한다. 분쟁해결기구에 요청서를 제출함과 동시에 제소국은 관련 이사회, 그리고 또한 나호에 따른 요청의 경우에는 관련 분야기구에도 요청서를 송부한다.

바. 이 항의 목적상 "분야"란 다음을 의미한다.

(1) 상품과 관련, 모든 상품.

(2) 서비스와 관련, 주요 분야를 명시하고 있는 현행 "서비스분야별분류표"에 명시된 이러한 분야.[14]

(3) 무역관련 지적재산권과 관련, 무역관련지적재산권에관한협정 제2부제1절, 또는 제2절, 또는 제3절, 또는 제4절, 또는 제5절, 또는 제6절, 또는 제7절에 규정된 각 지적재산권의 범주, 또는 제3부 또는 제4부상의 의무.

사. 이 항의 목적상 "협정"이란 다음을 의미한다.

(1) 상품과 관련, 세계무역기구협정 부속서 1가에 열거된 협정 전체와 관련 분쟁당사자가 그 회원국인 경우 복수국간무역협정.

(2) 서비스와 관련, 서비스무역에관한일반협정.

(3) 지적재산권과 관련, 무역관련지적재산권에관한협정.

4. 분쟁해결기구가 승인하는 양허 또는 그 밖의 의무의 정지의 수준은 무효화 또는 침해의 수준에 상응한다.

5. 분쟁해결기구는 대상협정이 양허 또는 그 밖의 의무의 정지를 금지하는 경우, 이를 승인하지 아니한다.

6. 제2항에 규정된 상황이 발생할 때에 분쟁해결기구는 요청이 있는 경우, 분쟁해결기구가 콘센서스로 동 요청을 거부하기로 결정하지 아니하는 한, 합리적 기간의 종료로부터 30일 이내에 양허 또는 그 밖의 의무의 정지를 승인한다. 그러나 관련 당사국이 제안된 정지의 수준에 대하여 이의를 제기하거나, 제소국이 제3항 나호 또는 다호에 따라 양허 또는 그 밖의 의무의 정지에 대한 승인을 요청했을 때 제3항에 명시된 원칙 및 절차가 준수되지 아니하였다고 주장하는 경우, 동 사안은 중재에 회부된다. 이러한 중재는 원패널위원의 소집이 가능한 경우 원패널, 또는 사무총장이 임명하는 중재인[15]에 의하여 수행되며 합리적인 기간의 만료일

---

14) MTN.GNS/W/120 문서상의 목록은 11개 분야를 명시하고 있다.

로부터 60일 이내에 완결된다. 양허 또는 그 밖의 의무는 중재의 진행중에는 정지되지 아니한다.

7. 제6항에 따라 행동하는 중재인은[16] 정지의 대상인 양허 또는 그 밖의 의무의 성격을 검토하지 아니하며, 이러한 정지의 수준이 무효화 또는 침해의 수준에 상응하는지를 판정한다. 중재인은 또한 제안된 양허 또는 그 밖의 의무의 정지가 대상협정에 따라 허용되는지 여부를 판정할 수 있다. 그러나 중재에 회부된 사안이 제3항에 명시된 원칙 및 절차가 준수되지 아니하였다는 주장을 포함하는 경우, 중재인은 동 주장을 검토한다. 중재인이 동 원칙 및 절차가 준수되지 아니하였다고 판정하는 경우, 제소국은 제3항에 합치하도록 동 원칙 및 절차를 적용한다. 당사국은 중재인의 판정을 최종적인 것으로 수락하며, 관련 당사자는 제2차 중재를 추구하지 아니한다. 분쟁해결기구는 중재인의 판정을 조속히 통보받으며, 요청이 있는 경우 그 요청이 중재인의 판정에 합치하면 분쟁해결기구가 컨센서스로 동 요청을 거부하기로 결정하기 아니하는 한 양허 또는 그 밖의 의무의 정지를 승인한다.

8. 양허 또는 그 밖의 의무의 정지는 잠정적이며, 대상협정 위반 판정을 받은 조치가 철폐되거나 권고 또는 판정을 이행하여야 하는 회원국이 이익의 무효화 또는 침해에 대한 해결책을 제시하거나 상호 만족할 만한 해결에 도달하는 등의 시점까지만 적용된다. 제21조 제6항에 따라 분쟁해결기구는 보상이 제공되었거나 양허 또는 그 밖의 의무가 정지되었으나 조치를 대상협정에 합치시키도록 한 권고가 이행되지 아니한 경우를 포함하여 채택된 권고 또는 판정의 이행을 계속해서 감독한다.

9. 대상협정의 분쟁해결규정은 회원국 영토 안의 지역 또는 지방 정부나 당국이 취한 조치로서 대상협정의 준수에 영향을 미치는 조치에 대하여 호소될 수 있다. 분쟁해결기구가 대상협정의 규정이 준수되지 아니하였다고 판정을 내리는 경우, 이에 대한 책임이 있는 회원국은 협정준수를 확보하기 위하여 취할 수 있는 합리적인 조치를 취한다. 보상 및 양허 또는 그 밖의 의무의 정지에 관한 대상협정 및 이 양해의 규정은 이러한 준수를 확보하는 것이 불가능한 경우에 적용된다.[17]

제23조(다자간체제의 강화)

1. 회원국은 대상협정상의 의무위반, 이익의 무효화 또는 침해, 또는 대상협정의 목적달성에 대한 장애의 시정을 추구하는 경우 이 양해의 규칙 및 절차에 호소하고 또한 이를 준수한다.

2. 이러한 경우 회원국은 다음과 같이 한다.

가. 이 협정의 규칙 및 절차에 따른 분쟁해결에 호소하지 아니하고는 위반이

---

15) "중재인"이라는 표현은 개인 또는 집단을 지칭하는 것으로 해석된다.

16) "중재인"이라는 표현은 개인 또는 집단, 또는 원패널이 중재인 역할을 맡은 경우 동 패널의 구성원을 지칭하는 것으로 해석된다.

17) 회원국의 영토안의 지역 또는 지방 정부나 당국이 취한 조치와 관련된 대상협정의 규정이 이 항의 규정과 상이한 규정을 포함하고 있는 경우, 대상협정의 규정이 우선 적용된다.

발생하였다거나 이익이 무효화 또는 침해되었다거나 대상협정의 목적달성이 저해되었다는 취지의 판정을 내리지 아니하며, 분쟁해결기구가 채택한 패널보고서나 상소기구보고서에 포함된 조사결과 또는 이 양해에 따라 내려진 중재판정에 합치되도록 그러한 판정을 내린다.

나. 관련 회원국이 권고 및 판정을 이행하기 위한 합리적인 기간을 확정하는 데 있어서 제21조에 명시된 절차를 따른다.

다. 관련 회원국이 합리적인 기간 내에 권고 및 판정을 이행하지 아니하는 데 대한 대응으로서 대상협정상의 양허 또는 그 밖의 의무를 정지하기 전에 양허 또는 그 밖의 의무의 정지의 수준을 정하는 데 있어서 제22조에 명시된 절차를 따르며 동 절차에 따라 분쟁해결기구의 승인을 얻는다.

제24조(최빈개도국회원국에 대한 특별절차)

1. 최빈개도국회원국이 관련된 분쟁의 원인판정 및 분쟁해결절차의 모든 단계에서 최빈개도국 회원국의 특수사정이 특별히 고려된다. 이와 관련하여 회원국은 최빈개도국회원국이 관련되는 분쟁의 해결절차에 따라 문제를 제기함에 있어서 적절히 자제한다. 무효화 또는 침해가 최빈개도국회원국의 조치에 의하여 초래된 것으로 판정이 내려지는 경우, 제소국은 동 절차에 따라 보상을 요청하거나 양허 또는 그 밖의 의무를 정지시키기 위한 승인을 추구함에 있어서 적절히 자제한다.

2. 최빈개도국회원국이 관련된 분쟁의 해결에 있어서 만족할 만한 해결책이 협의과정에서 발견되지 아니하는 경우, 사무총장 또는 분쟁해결기구 의장은 최빈개도국회원국이 요청하는 때에는 당사자가 문제를 해결하는 것을 지원하기 위하여 패널설치요청이 이루어지기 전에 주선, 조정 및 중재를 제의한다. 사무총장 또는 분쟁해결기구 의장은 이러한 지원을 제공함에 있어서 자신이 적절하다고 판단하는 어떠한 출처와도 협의할 수 있다.

제25조(중재)

1. 분쟁해결의 대체적 수단으로서 세계무역기구 안에서의 신속한 중재는 쌍방 당사자가 명백하게 규정한 문제와 관련된 특정 분쟁의 해결을 촉진할 수 있다.

2. 이 양해에 달리 규정되어 있는 경우를 제외하고는, 중재에의 회부는 당사자의 상호 합의에 따르며, 이 경우 당사자는 따라야 할 절차에 합의한다. 중재에 회부하기로 한 합의사항은 중재절차가 실제로 개시되기 전에 충분한 시간을 두고 모든 회원국에게 통지된다.

3. 다른 회원국은 중재에 회부하기로 합의한 당사자의 동의를 얻은 경우에만 중재절차의 당사자가 될 수 있다. 중재절차의 당사자는 중재판정을 준수하기로 합의한다. 중재판정은 분쟁해결기구 및 관련 협정의 이사회 또는 위원회에 통보되며, 회원국은 분쟁해결기구, 이사회 또는 위원회에서 중재판정에 관련된 어떠한 문제도 제기할 수 있다.

4. 이 양해 제21조 및 제22조는 중재판정에 준용된다.

제26조

1. 1994년도 GATT 제23조 제1항(b)에 규정된 형태의 비위반 제소

    1994년도 GATT 제23조 제1항(b)의 규정이 특정 대상협정에 적용될 수 있는 경우, 패널 또는 상소기구는 일방 분쟁당사자가 특정 회원국의 조치의 결과로 인하여 동 조치의 특정 대상협정의 규정에 대한 위반여부에 관계없이, 특정 대상협정에 따라 직접적 또는 간접적으로 자기나라에 발생하는 이익이 무효화 또는 침해되고 있다고 간주하거나 동 대상협정의 목적달성이 저해되고 있다고 간주하는 경우에만 판정 및 권고를 내릴 수 있다. 이러한 당사자가 특정 사안이 1994년도 GATT 제23조 제1항(b)의 규정이 적용될 수 있는 대상협정의 규정과 상충하지 아니하는 조치에 관한 것이라고 간주하고, 또한 패널이나 상소기구가 그렇게 판정하는 경우에 이 양해의 절차가 다음에 따를 것을 조건으로 적용된다.

    가. 제소국은 관련 대상협정과 상충하지 아니하는 조치에 관한 제소를 변호하는 상세한 정당한 사유를 제시한다.

    나. 특정 조치가 관련 대상협정을 위반하지 아니하면서 동 협정에 따른 이익을 무효화 또는 침해하거나 동 협정의 목적달성을 저해한다고 판정이 내려지는 경우, 동 조치를 철회할 의무는 없다. 그러나 이러한 경우 패널 또는 상소기구는 관련 회원국에게 상호 만족할 만한 조정을 행하도록 권고한다.

    다. 제21조의 규정에도 불구하고 제21조 제3항에 규정된 중재는 일방 당사자의 요청이 있는 경우 무효화 또는 침해된 이익의 수준에 대한 결정을 포함할 수 있으며, 또한 상호 만족할 만한 조정에 이르기 위한 수단 및 방법을 제의할 수 있다. 이러한 제의는 분쟁당사자에 대하여 구속력을 갖지 아니한다.

    라. 제22조 제1항의 규정에도 불구하고 보상은 분쟁의 최종적인 해결로서의 상호 만족할 만한 조정의 일부가 될 수 있다.

    2. 1994년도 GATT 제23조 제1항(c)에 규정된 형태의 제소

    1994년도 GATT 제23조 제1항(c)의 규정이 대상협정에 적용될 수 있는 경우, 패널은 1994년도 GATT 제23조 제1항(a) 및 (b)가 적용될 수 있는 상황과 상이한 상황이 존재하는 결과로 인하여 일방 분쟁당사국이 대상협정에 따라 직접적 또는 간접적으로 자기나라에 발생하는 이익이 무효화 또는 침해되고 있다고 간주하거나 동 협정의 목적 달성이 저해되고 있다고 간주하는 경우에만 판정 및 권고를 내릴 수 있다. 이러한 일방 분쟁당사자가 그 사안이 이 항의 적용을 받는다고 간주하고 패널이 그렇게 판정을 내리는 경우에 한하여 이 양해의 절차는 패널보고서가 회원국에게 배포되는 시점을 포함하여 배포된 시점까지 적용된다. 1989년 4월 12일자 결정(BISD 36S/61-67)에 포함된 분쟁해결규칙 및 절차는 보고서의 채택을 위한 논의와 권고와 판정의 감독 및 이행에 적용된다. 아울러 다음 사항이 적용된다.

    가. 제소국은 이 항의 적용대상이 되는 사안에 관하여 행하여진 논거를 변호하는 상세한 정당한 사유를 제시한다.

    나. 이 항의 적용대상이 되는 사안이 관련된 분쟁에 있어서, 패널이 그 분쟁에 이 항의 적용대상이 되는 분쟁해결사항 이외의 사항이 포함되어 있다고 판정을 내리는 경우, 패널은 이러한 사항을 다루는 보고서와 이 항의 적용대

상이 되는 사항에 관한 별도의 보고서를 분쟁해결기구에 배포한다.

제27조(사무국의 책임)

1. 사무국은 특히 패널이 다루는 사안의 법적, 역사적 및 절차적 측면에 관하여 패널을 지원할 책임을 지며, 또한 사무 및 기술지원을 제공할 책임을 진다.

2. 사무국이 회원국의 요청에 따라 분쟁해결에 관하여 회원국을 지원하는 것과 별도로 개발도상회원국에게 분쟁해결과 관련한 추가적인 법률자문 및 지원을 제공할 필요성이 있을 수 있다. 이를 위하여 사무국은 지원을 요청하는 개발도상회원국에게 세계무역기구의 기술협력부서의 유자격 법률전문가의 이용이 가능하도록 한다. 동 전문가는 사무국의 계속적인 불편부당성을 확보하는 방법으로 개발도상회원국을 지원한다.

3. 사무국은 회원국의 전문가가 분쟁해결절차 및 관행을 보다 더 잘 알 수 있도록 하기 위하여 관심있는 회원국을 위해 이에 관한 특별 연수과정을 실시한다.

부록 1. 이 양해의 대상이 되는 협정

가. 세계무역기구설립을 위한 협정
나. 다자간무역협정
 부속서 1가 : 상품무역에관한다자간협정
 부속서 1나 : 서비스무역에관한일반협정
 부속서 1다 : 무역관련지적재산권에관한협정
 부속서 2 : 분쟁해결규칙및절차에관한양해
다. 복수국간무역협정
 부속서 4 : 민간항공기무역에관한협정
        정부조달에관한협정
        국제낙농협정
        국제우유협정

복수국간무역협정에 대한 이 양해의 적용 가능성은 부록 2에 포함되는 모든 특별 또는 추가적인 규칙 또는 절차를 포함하여 이 양해가 개별협정에 적용되기 위한 조건을 명시하는 각 협정 회원국의 결정으로서 분쟁해결기구에 통지되는 결정의 채택에 따른다.

부록 2. 대상협정에 포함된 특별 또는 추가적인 규칙 및 절차

협정/규칙 및 절차
위생및식물위생조치의적용에관한협정/ 제11조 제2항
섬유및의류에관한협정/ 제2조 제14항 및 제21항, 제4조 제14항, 제5조 제2항,

제4항 및 제6항, 제6조 제9항부터 제11항까지, 제8조 제1항부터 제12항까지

무역에대한기술장벽에관한협정/ 제14조 제2항부터 제4항까지, 부속서 2

1994년도 GATT제6조의이행에 관한협정/ 제17조 제4항부터 제7항까지

1994년도 GATT제7조의이행에 관한협정/ 제19조 제3항부터 제5항까지, 부속서 2의 제2항 바호, 제3항, 제9항 및 제21항

보조금및상계조치에관한협정/ 제4조 제2항부터 제12항까지, 제6조 제6항, 제7조 제2항부터 제10항까지, 제8조 제5항 주석35, 제24조 제14항, 제27조 제7항 부속서 5

서비스무역에관한일반협정/ 제22조 제3항, 제23조 제3항

금융서비스에관한부속서/ 제4항

항공운송서비스에관한부속서/ 제4항

서비스무역에관한일반협정을위한 특정분쟁해결절차에관한결정/ 제1항부터 제5항까지

이 부록상의 규칙 및 절차의 목록에는 그 규정의 일부만이 문맥상 적절한 조항들이 포함되어 있다.

복수국간 무역협정에 포함된 특별 또는 추가적인 규칙이나 절차로서 각 협정의 관할 기구에 의하여 결정되고 분쟁해결기구에 통보된 규칙 또는 절차.

부록 3. 작업절차

1. 패널은 그 절차에 있어서 이 양해의 관련 규정을 따른다. 이에 추가하여 다음의 작업 절차가 적용된다.

2. 패널은 비공개회의로 개최된다. 분쟁당사자와 이해당사자는 패널의 출두요청을 받는 경우에 한하여 회의에 참석한다.

3. 패널의 논의와 패널에 제출된 서류는 비밀로 유지된다. 이 양해의 어느 조항도 일방 분쟁당사자가 자신의 입장에 관한 성명을 공표하는 것을 방해하지 아니한다. 회원국은 다른 회원국이 비밀로 지정하여 패널에 제출한 정보를 비밀로 취급한다. 일방 분쟁당사자가 자신의 서면입장을 비밀문서로 패널에 제출하는 경우, 동 분쟁당사자는 또한 회원국의 요청이 있을 때에는 제출문서중 일반에 공개될 수 있는 정보의 평문 요약본을 제공한다.

4. 패널이 당사자와 최초의 실질회의를 개최하기 전에 분쟁당사자는 사안의 사실과 논거를 제시하는 서면입장을 패널에 전달한다.

5. 당사자와의 최초의 실질회의에서 패널은 제소국에게 자신의 입장을 개진하도록 요청한다. 이어서 동일한 회의에서 피소국은 자신의 의견을 제시하도록 요청된다.

6. 분쟁에 대한 자기나라의 이해관계를 분쟁해결기구에 통지한 모든 제3자는

패널의 최초의 실질회의 기간중 제3자의 의견개진을 위하여 별도로 마련된 회의
에서 의견을 제시하도록 서면으로 요청받는다. 이러한 모든 제3자는 동 회의에 처
음부터 끝까지 참석할 수 있다.

7. 공식적인 반박은 패널의 제2차 실질회의에서 행하여진다. 피소국은 제소국
보다 먼저 발언할 권리를 갖는다. 당사자는 동 회의가 개최되기 전에 서면반박서
를 패널에 제출한다.

8. 패널은 언제라도 당사자에게 질문할 수 있으며 당사자와의 회의도중에 또
는 서면으로 설명을 요구할 수 있다.

9. 분쟁당사자와 제10조에 따라 의견제시를 요청받은 제3자는 자신의 구두진
술을 서면으로 패널에 제출한다.

10. 충분한 투명성을 위하여 위의 제5항부터 제9항까지에서 언급된 입장표명,
반박 및 진술은 당사자가 참석한 가운데 행하여진다. 또한 보고서의 서술부분에
대한 논평과 패널의 질문에 대한 답변을 포함한 각 당사자의 서면입장은 다른 당
사자가 입수할 수 있도록 한다.

11. 패널에 특정된 추가적인 절차

12. 패널의 작업을 위한 제안된 일정표

가. 당사자의 제1차 서면 입장의 접수

(1) 제소국: 3-6주

(2) 피소국: 2-3주

나. 당사자와의 최초의 실질 회의 일자, 시간 및 장소, 그리고 제3자를 위한
회의: 1-2주

다. 당사자의 서면반박서 접수: 2-3주

라. 당사자와의 제2차 실질회의 일자, 시간 및 장소: 1-2주

마. 보고서 서술부분의 당사자에 대한 제시: 2-4주

바. 보고서 서술부분에 대한 당사자의 논평 접수: 2주

사. 조사결과와 결론을 포함하는 잠정보고서의 당사자에 대한 제시: 2-4주

아. 보고서 일부에 대한 당사자의 검토요청 마감시한: 1주

자. 분쟁당사국들과의 추가적인 회의 가능성을 포함한 패널의 재검토기간: 2주

차. 분쟁당사국들에 대한 최종보고서 제시: 2주

카. 회원국에 대한 최종보고서의 배포: 3주

위에 제시된 일정은 예측하지 못한 상황에 비추어 변경될 수 있다. 분쟁당사
국들과의 추가회의는 필요시 소집된다.

부록 4. 전문가검토단

다음의 규칙 및 절차는 제13조 제2항의 규정에 따라서 설치된 전문가검토단

에 적용된다.

1. 전문가검토단은 패널의 권한 아래 있다. 동 검토단의 위임사항과 상세한 작업절차는 패널에 의하여 결정되며, 동 검토단은 패널에 보고한다.

2. 전문가검토단에의 참여는 당해 분야에서 전문가로서의 명성과 경험을 가진 사람에 한정된다.

3. 분쟁당사자의 국민은 패널이 전문적 과학지식에 대한 필요가 달리 충족될 수 없다고 간주하는 예외적인 상황을 제외하고는 분쟁당사자의 공동 합의없이는 전문가검토단의 업무를 담당할 수 없다. 분쟁당사자와의 정부관리는 전문가검토단의 업무를 담당할 수 없다. 전문가검토단의 구성원은 정부대표나 기구의 대표로서가 아니고 개인자격으로 참여한다. 따라서 정부나 기구는 전문가검토단에 회부된 사안에 대하여 전문가에게 지시를 내리지 아니한다.

4. 전문가검토단은 적절하다고 판단되는 어떠한 출처와도 협의하고 또한 이로부터 정보 및 기술적 조언을 구할 수 있다. 전문가검토단은 회원국의 관할권 안에 있는 출처로부터 정보 또는 조언을 구하기 전에 그 회원국 정부에 통보한다. 회원국은 전문가검토단이 필요하고 적절하다고 간주하는 정보의 요청에 대하여 신속하고 충분하게 대응한다.

5. 분쟁당사자는 비밀이 아닌 한 전문가검토단에 제공되는 모든 관련 정보에 대해 접근할 수 있다. 전문가검토단에 제공된 비밀정보는 동 정보를 제공한 정부, 기구 또는 사람으로부터 공식 승인을 받지 아니하고서는 공개되지 아니한다. 전문가검토단이 이러한 정보를 요청하였으나 전문가검토단에 의한 동 정보의 공개가 승인되지 아니한 경우, 동 정보를 제공하는 정부, 기구 또는 사람은 동 정보의 평문 요약본을 제공한다.

6. 전문가검토단은 논평을 구하기 위하여 분쟁당사자에게 보고서 초안을 제시하며, 동 논평을 최종보고서에 적절히 고려한 후 최종보고서를 패널에 제출할 때 분쟁당사자에게도 제시한다. 전문가검토단의 최종보고서는 권고적 성격만을 갖는다.

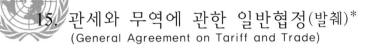

15. 관세와 무역에 관한 일반협정(발췌)*
(General Agreement on Tariff and Trade)

제1조(일반적 최혜국 대우)

1. 수입 또는 수출에 대하여 그리고 수입 또는 수출과 관련하여 부과되거나 또는 수입 또는 수출에 대한 지불의 국제적 이전에 대하여 부과되는 관세 및 모든 종류의 과징금에 관하여, 그리고 이러한 관세 및 과징금의 부과방법에 관하여, 그리고 수입과 수출에 관련한 모든 규칙 및 절차에 관하여, 그리고 제3조 제2항과 제4항에 기재된 모든 사항에 관하여, 체약국이 타국의 원산품 또는 타국에 적송되는 산품에 대하여 허여하는 이익, 특전, 특권 또는 면제는 모든 다른 체약국 영역의 동종 원산품 또는 이러한 영역에 적송되는 동종 산품에 대하여 즉시 그리고 무조건 부여되어야 한다.

2. 본 조 제1항의 규정은 수입세 또는 수입과징금에 관한 특혜로서 본 조 제4항에서 규정한 한도를 초과하지 아니하고 또한 다음 각호에 해당하는 것의 폐지를 요구하는 것은 아니다.

(a) 부속서 A에 기재된 2개 또는 그 이상의 지역간에만 유효한 특혜, 다만, 동 부속서에 규정된 조건에 따를 것을 조건으로 한다.

(b) 1939년 7월 1일 현재 공동의 주권 또는 보호관계, 또는 종주권 관계에 의하여 결합되었으며 부속서 B,C 및 D에 기재된 2 또는 그 이상의 영역간에만 유효한 특혜, 다만, 전기 부속서에 규정된 조건에 따를 것을 조건으로 한다.

(c) 미 합중국과 큐바공화국 간에만 유효한 특혜.

(d) 부속서 E 및 F에 기재된 인접국가에만 유효한 특혜.

3. 제1항의 규정은 전에 오토만 제국의 일부이었으며, 1923년 7월 24일에 동 제국으로 부터 분리된 국가상호간의 특혜에는 적용되지 아니한다. 다만, 이러한 특혜는 이 점에 관하여 제29조 제1항에 비추어 적용되는 제25조 제5항(a)에 의하여 승인되는 경우에 한한다.

4. 본 조 제2항에 의하여 허여된 산품에 대한 특혜의 폭은 본 협정에 부속된 해당 양허표에 특혜의 최고한도가 구체적으로 명시되지 아니한 경우에는 다음의 한도를 초과할 수 없다.

---

* GATT는 1947. 10. 30 처음 채택되었다. 「1947 GATT」는 1967. 4. 14 대한민국 적용(조약 제243호). 그 이후 채택된 각종 합의와 우루과이 라운드 협상에서 타결된 양해사항 그리고 1994년 「GATT에 대한 마라케쉬 의정서」와 함께 「1994 GATT」를 구성한다. 「1994 GATT」는 WTO 협정의 일부를 구성한다.

(a) 전기 양허표에 기재된 산품에 대한 관세 또는 과징금에 관하여서는 동 양허표에 정하여진 최혜국 세율과 특혜세율과의 차이, 특혜세율이 규정되어 있지 아니한 경우의 특혜세율은 본 항의 적용상 1947년 4월 10일 현재 유효한 것으로 하며 또한 최혜국 세율이 규정되어 있지 아니한 경우의 동 한도는 1947년 4월 10일 현재 최혜국 세율과 특혜세율간의 차율을 초과할 수 없다.

b) 해당 양허표에 기재되어 있지 아니한 산품에 대한 관세 또는 과징금에 관하여는 1947년 4월 10일 현재 존재하는 최혜국 세율과 특혜세율의 차율.

부속서 G에 기재된 체약국의 경우에는, 본 항(a) 및 (b)에서 언급한 1947년 4월 10일이라는 일자는 동 부속서에 규정된 각 일자로 대치한다.

(Article I (General Most-Favoured-Nation Treatment)

1. With respect to customs duties and charges of any kind imposed on or in connection with importation or exportation or imposed on the international transfer of payments for imports or exports, and with respect to the method of levying such duties and charges, and with respect to all rules and formalities in connection with importation and exportation, and with respect to all matters referred to in paragraphs 2 and 4 of Article III,* any advantage, favour, privilege or immunity granted by any contracting party to any product originating in or destined for any other country shall be accorded immediately and unconditionally to the like product originating in or destined for the territories of all other contracting parties.

2. The provisions of paragraph 1 of this Article shall not require the elimination of any preferences in respect of import duties or charges which do not exceed the levels provided for in paragraph 4 of this Article and which fall within the following descriptions:

(a) Preferences in force exclusively between two or more of the territories listed in Annex A,

subject to the conditions set forth therein;

(b) Preferences in force exclusively between two or more territories which on July 1, 1939, were connected by common sovereignty or relations of protection or suzerainty and which are listed in Annexes B, C and D, subject to the conditions set forth therein;

(c) Preferences in force exclusively between the United States of America and the Republic of Cuba;

(d) Preferences in force exclusively between neighbouring countries listed in Annexes E and F.

3. The provisions of paragraph 1 shall not apply to preferences between the countries formerly a part of the Ottoman Empire and detached from it on July 24, 1923, provided such preferences are approved under paragraph 51, of Article XXV which shall be applied in this respect in the light of paragraph 1 of Article XXIX.

4. The margin of preference* on any product in respect of which a preference is permitted under paragraph 2 of this Article but is not specifically set forth as a maximum margin of preference in the appropriate Schedule annexed to this Agreement shall not exceed:

(a) in respect of duties or charges on any product described in such Schedule, the difference between the most-favoured-nation and preferential rates provided for therein; if no preferential rate is provided for, the preferential rate shall for the purposes of this paragraph be taken to be that in force on April 10, 1947, and, if no most-favoured-nation rate is provided for, the margin shall not exceed the difference between the most-favoured-nation and preferential rates existing on April 10, 1947;

(b) in respect of duties or charges on any product not described in the appropriate Schedule, the difference between the most-favoured-nation and preferential rates existing on April 10, 1947.

In the case of the contracting parties named in Annex G, the date of April 10, 1947, referred to in subparagraph (a) and (b) of this paragraph shall be replaced by the respective dates set forth in that Annex.)

제2조(양 허 표)

1. (a) 각 체약국은 다른 체약국의 통상에 대하여 본 협정에 부속된 해당 양 허허표의 해당부에 규정된 것보다 불리하지 아니한 대우를 부여하여야 한다.

(b) 어느 체약국에 관한 양허표 제1부에 기재된 산품으로서 다른 체약국 영역의 산품은 동 양허표에 관련된 영역에 수입될 때에는 동 양허표에 규정된 조건 또는 제한에 따라 동 양허표에 규정된 관세를 초과하는 통상의 관세로부터 면제된다. 이러한 산품은 또한 수입에 대하여 또는 수입에 관련하여 부과되는 기타 모든 관세 또는 과징금이 본 협정일자에 부과되는 것 또는 동 일자 현재에 수입 영역에서의 유효한 법률에 의하여 그후 직접적이며, 의무적으로 부과가 요구되는 것을 초과하는 것으로부터 면제된다.

(c) 체약국에 관한 양허표 제2부에 기재된 산품으로서 제1조에 의하여 동 양허표에 관련된 영역에 수입될 경우에는 특혜 대우를 받을 권리가 부여된 영역의 산품은 동 영역에의 수입에 있어서 동 양허표에 규정된 조건 또는 제한에 따라 동 양허표 제2부에 규정된 관세를 초과하는 통상의 관세로부터 면제된다. 본 조의 어떠한 규정도 특혜세율에 의한 물품의 수입적격성에 관하여 체약국이 본 협정일자에 존재하는 요건을 유지하는 것을 방해하지 아니한다.

2. 본 조의 어떠한 규정도 체약국이 상품의 수입에 있어서 다음의 것을 수시로 부과하는 것을 방해하지 아니한다.

(a) 동종의 국내산품에 관하여 또는 당해수입산품의 전부 또는 일부가 그것으로부터 제조 또는 생산된 물품에 관하여 제3조 제2항의 규정에 합치하여 부과하는 내국세에 상당하는 과징금.

(b) 제6조의 규정에 합치하여 부과되는 "덤핑"방지세 또는 상쇄관세.

(c) 제공된 용역의 비용에 상당하는 수수료 및 기타 과징금.

3. 체약국은 관세가격의 결정방법 또는 통화환산방법을 본 협정에 부속된 해당 양허표에 규정된 양허의 가치를 감하도록 변경하여서는 아니된다.

4. 체약국이, 정식으로 또는 사실상으로, 본 협정에 부속된 당해 양허표에 기재된 산품수입의 독점을 설정, 유지 또는 인가할 때에는, 이러한 독점은 동 양허표에 규정한 경우 또는 해당 양허를 최초로 교섭한 당사국간에 별도의 합의가 있는 경우를 제외하고는 평균하여 동 양허표에 규정된 보호량을 초과한 보호를 부여하도록 운영하여서는 아니된다. 본 항의 규정은 체약국이 본 협정의 다른 규정에 의하여 허용된 모든 형태의 원조를 국내 생산자에게 부여하는 것을 제한하지 아니한다.

5. 체약국은 어떠한 산품이 본 협정에 부속된 해당 양허표에 규정된 양허에 의하여 의도되었다고 믿는 대우를 다른 체약국으로부터 받지 아니하고 있다고 생각할 때에는 동 문제에 관하여 직접 다른 체약국의 주의를 환기하여야 한다. 주의를 환기받은 체약국이 의도된 대우가 주의를 환기한 체약국이 요구한 대우라는 점에는 동의하나 동 체약국의 관세법상 본 협정에 의도된 대우를 허용하도록 해

당 산품을 분류할 수 없다고 법원 또는 기타 해당기관이 재정하였기 때문에 그 대우를 부여할 수 없다고 선언하는 경우에는 이들 두 체약국은 실질적인 이해관계가 있는 다른 체약국과 함께 동 문제의 보상 조정을 목적으로 하는 교섭을 즉시 개시하여야 한다.

6. (a) 국제통화기금의 가입국인 체약국에 관한 양허표에 포함된 종량세 및 종량과징금과 동 체약국이 유지하는 종량세 및 종량과징금에 관한 특혜의 한도는 본 협정일자에 동 기금이 수락하거나 또는 잠정적으로 승인한 평가에 의하여 해당 통화로 표시한다. 따라서 동 평가가 국제통화기금 협정에 따라 20%이상 인하될 경우에는 이러한 종량세 및 종량과징금과 특혜의 한도는 동 인하를 고려하여 조정할 수 있다. 다만, 체약국단(제25조의 규정에 의하여 공동으로 행동하는 체약국을 말함)이 이러한 조정의 필요성 또는 긴요성에 영향을 줄지 모를 모든 요인을 고려하고 이러한 조정이 해당 양허표 또는 본 협정의 다른 부분에서 규정한 양허의 가치를 감하지 아니한다는데 의견의 일치를 보는 것을 조건으로 한다.

(b) 동 기금의 가입국이 아닌 체약국에 대하여는, 동 체약국이 동기금의 가입국이 되는 일자 또는 동 체약국이 제15조에 따라 특별 외환협정을 체결하는 일자로부터 동일한 규정이 적용된다.

7. 본 협정에 부속된 양허표는 이로써 본 협정 제1부의 불가분의 일부가 된다.

(Article II (Schedules of Concessions)
1. (a) Each contracting party shall accord to the commerce of the other contracting parties treatment no less favourable than that provided for in the appropriate Part of the appropriate Schedule annexed to this Agreement.
(b) The products described in Part I of the Schedule relating to any contracting party, which are the products of territories of other contracting parties, shall, on their importation into the territory to which the Schedule relates, and subject to the terms, conditions or qualifications set forth in that Schedule, be exempt from ordinary customs duties in excess of those set forth and provided therein. Such products shall also be exempt from all other duties or charges of any kind imposed on or in connection with the importation in excess of those imposed on the date of this Agreement or those directly and mandatorily required to be imposed thereafter by legislation in force in the importing territory on that date.
(c) The products described in Part II of the Schedule relating to any contracting party which are the products of territories entitled under Article I to receive preferential treatment upon importation into the territory to which the Schedule relates shall, on their importation into such territory, and subject to the terms, conditions or qualifications set forth in that Schedule, be exempt from ordinary customs duties in excess of those set forth and provided for in Part II of that Schedule. Such products shall also be exempt from all other duties or charges of any kind imposed on or in connection with importation in excess of those imposed on the date of this Agreement or those directly or mandatorily required to be imposed thereafter by legislation in force in the importing territory on that date. Nothing in this Article shall prevent any contracting party from maintaining its requirements existing on the date of this Agreement as to the eligibility of goods for entry at preferential rates of duty.
2. Nothing in this Article shall prevent any contracting party from imposing at any time on the importation of any product:
(a) a charge equivalent to an internal tax imposed consistently with the provisions of paragraph 2 of Article III* in respect of the like domestic product or in respect of an

article from which the imported product has been manufactured or produced in whole or in part;

(b) any anti-dumping or countervailing duty applied consistently with the provisions of Article VI;*

(c) fees or other charges commensurate with the cost of services rendered.

3. No contracting party shall alter its method of determining dutiable value or of converting currencies so as to impair the value of any of the concessions provided for in the appropriate Schedule annexed to this Agreement.

4. If any contracting party establishes, maintains or authorizes, formally or in effect, a monopoly of the importation of any product described in the appropriate Schedule annexed to this Agreement, such monopoly shall not, except as provided for in that Schedule or as otherwise agreed between the parties which initially negotiated the concession, operate so as to afford protection on the average in excess of the amount of protection provided for in that Schedule. The provisions of this paragraph shall not limit the use by contracting parties of any form of assistance to domestic producers permitted by other provisions of this Agreement.*

5. If any contracting party considers that a product is not receiving from another contracting party the treatment which the first contracting party believes to have been contemplated by a concession provided for in the appropriate Schedule annexed to this Agreement, it shall bring the matter directly to the attention of the other contracting party. If the latter agrees that the treatment contemplated was that claimed by the first contracting party, but declares that such treatment cannot be accorded because a court or other proper authority has ruled to the effect that the product involved cannot be classified under the tariff laws of such contracting party so as to permit the treatment contemplated in this Agreement, the two contracting parties, together with any other contracting parties substantially interested, shall enter promptly into further negotiations with a view to a compensatory adjustment of the matter.

6. (a) The specific duties and charges included in the Schedules relating to contracting parties members of the International Monetary Fund, and margins of preference in specific duties and charges maintained by such contracting parties, are expressed in the appropriate currency at the par value accepted or provisionally recognized by the Fund at the date of this Agreement. Accordingly, in case this par value is reduced consistently with the Articles of Agreement of the International Monetary Fund by more than twenty per centum, such specific duties and charges and margins of preference may be adjusted to take account of such reduction; provided that the CONTRACTING PARTIES (i.e., the contracting parties acting jointly as provided for in Article XXV) concur that such adjustments will not impair the value of the concessions provided for in the appropriate Schedule or elsewhere in this Agreement, due account being taken of all factors which may influence the need for, or urgency of, such adjustments.

(b) Similar provisions shall apply to any contracting party not a member of the Fund, as from the date on which such contracting party becomes a member of the Fund or enters into a special exchange agreement in pursuance of Article XV.

7. The Schedules annexed to this Agreement are hereby made an integral part of Part I of this Agreement.)

제3조(내국과세 및 규칙에 관한 내국민대우)

1. 체약국은 내국세, 기타 내국과징금과 산품의 국내판매, 판매를 위한 제공, 구매, 수송, 분배 또는 사용에 영향을 주는 법률, 규칙 및 요건, 그리고 특정한 수량 또는 비율의 산품의 혼합, 가공 또는 사용을 요구하는 내국의 수량적 규칙은 국내생산을 보호하기 위하여 수입산품 또는 국내산품에 대하여 적용하여서는 아니 된다는 것을 인정한다.

2. 다른 체약국의 영역내에 수입된 체약국 영역의 산품에 대하여는 동종의 내국산품에 직접 또는 간접으로 부과되는 내국세 또는 기타 모든 종류의 내국과징

금을 초과하는 내국세 또는 기타 모든 종류의 내국과징금을 직접 또는 간접으로 부과하여서는 아니된다. 또한, 체약국은 본 조 제1항에 규정된 원칙에 위배되는 방법으로 내국세 또는 기타 내국과징금을 수입산품 또는 국내산품에 부과하여서는 아니된다.

3. 제2항의 규정에는 위배되지마는 1947년 4월 10일에 유효하며 또한 과세산품에 대한 수입세의 인상을 금지하는 무역협정에 의하여 특별히 인정되고 있는 현존 내국세에 관하여 이를 부과하는 체약국은 동 내국세의 보호적 요소를 철폐하는 대가로서 필요한 한도까지 동 수입세를 인상할 수 있도록 하기 위하여 동 무역협정상의 의무로부터 해제될 때까지 동 내국세에 대한 제2항의 규정의 적용을 연기할 수 있다.

4. 체약국 영역의 산품으로서 다른 체약국의 영역에 수입된 산품은 동 국내에서의 판매, 판매를 위한 제공, 구입, 수송, 분배 또는 사용에 관한 모든 법률, 규칙 및 요건에 관하여 국내 원산의 동종 산품에 부여하고 있는 대우보다 불리하지 아니한 대우를 부여하여야 한다. 본 항의 규정은 교통수단의 경제적 운영에 전적으로 입각하였으며 산품의 원산국을 기초로 하지 아니한 차별적 국내 운송요금의 적용을 방해하지 아니한다.

5. 체약국은 특정한 수량 또는 비율에 의한 산품의 혼합, 가공 또는 사용에 관한 내국의 수량적 규칙으로서 그 적용을 받는 산품의 특정한 수량 또는 비율을 국내의 공급원으로부터 공급하여야 함을 직접 또는 간접으로 요구하는 규칙을 설정 또는 유지하여서는 아니된다. 그 외에도, 체약국은 제1항에 규정된 규칙에 위배되는 방법으로 내국의 수량적 규칙을 적용하여서는 아니된다.

6. 제5항의 규정은, 체약국의 선택에 따라 1939년 7월 1일, 1947년 4월 10일 또는 1948년 3월 24일에 체약국영역에서 유효하였던 내국의 수량적 규칙에는 적용되지 아니한다. 다만, 이러한 규칙으로서 제5항의 규정에 위배되는 것은, 수입의 장애가 되도록 수정되어서는 아니되며 또한 교섭의 목적을 위하여서는 관세로서 취급된다.

7. 특정한 수량 또는 비율에 의한 산품의 혼합, 가공 또는 사용에 관한 내국의 수량적 규칙은 동 수량 또는 비율을 국외의 공급원간에 할당하는 방법으로서 적용하여서는 아니된다.

8. (a) 본 조의 규정은 상업적 재 판매를 위하여서나 상업적 판매를 위한 재화의 생산에 사용하지 아니하고 정부기관이 정부용으로 구매하는 산품의 조달을 규제하는 법률, 규칙, 또는 요건에는 적용되지 아니한다.

(b) 본 조의 규정은 본 조의 규정에 합치하여 부과하는 내국세 또는 내국과징금에 의한 수입과 국내상품의 정부구매에 의하여 생기는 보조를 포함하여 국내 생산업자에 한하여 보조금을 지불함을 방해하지 아니한다.

9. 체약국은 내국의 최고가격 통제조치가 본 조의 다른 규정에 합치하드라도 수입산품을 공급하는 체약국의 이익에 불리한 영향을 미칠 수 있다는 사실을 인정한다. 따라서 이러한 조치를 취하는 체약국은 이러한 불리한 영향을 최대한도로

회피하기 위하여 수출체약국의 이익을 고려하여야 한다.

10. 본 조의 규정은 체약국이 노출영화 필림에 관한 내국의 수량적 규칙으로
서 제4조의 요건을 충족하는 규칙을 설정 또는 유지하는 것을 방해하지 아니한다.

(Article III* (National Treatment on Internal Taxation and Regulation)

1. The contracting parties recognize that internal taxes and other internal charges, and laws, regulations and requirements affecting the internal sale, offering for sale, purchase, transportation, distribution or use of products, and internal quantitative regulations requiring the mixture, processing or use of products in specified amounts or proportions, should not be applied to imported or domestic products so as to afford protection to domestic production.*

2. The products of the territory of any contracting party imported into the territory of any other contracting party shall not be subject, directly or indirectly, to internal taxes or other internal charges of any kind in excess of those applied, directly or indirectly, to like domestic products. Moreover, no contracting party shall otherwise apply internal taxes or other internal charges to imported or domestic products in a manner contrary to the principles set forth in paragraph 1.*

3. With respect to any existing internal tax which is inconsistent with the provisions of paragraph 2, but which is specifically authorized under a trade agreement, in force on April 10, 1947, in which the import duty on the taxed product is bound against increase, the contracting party imposing the tax shall be free to postpone the application of the provisions of paragraph 2 to such tax until such time as it can obtain release from the obligations of such trade agreement in order to permit the increase of such duty to the extent necessary to compensate for the elimination of the protective element of the tax.

4. The products of the territory of any contracting party imported into the territory of any other contracting party shall be accorded treatment no less favourable than that accorded to like products of national origin in respect of all laws, regulations and requirements affecting their internal sale, offering for sale, purchase, transportation, distribution or use. The provisions of this paragraph shall not prevent the application of differential internal transportation charges which are based exclusively on the economic operation of the means of transport and not on the nationality of the product.

5. No contracting party shall establish or maintain any internal quantitative regulation relating to the mixture, processing or use of products in specified amounts or proportions which requires, directly or indirectly, that any specified amount or proportion of any product which is the subject of the regulation must be supplied from domestic sources. Moreover, no contracting party shall otherwise apply internal quantitative regulations in a manner contrary to the principles set forth in paragraph 1.*

6. The provisions of paragraph 5 shall not apply to any internal quantitative regulation in force in the territory of any contracting party on July 1, 1939, April 10, 1947, or March 24, 1948, at the option of that contracting party; Provided that any such regulation which is contrary to the provisions of paragraph 5 shall not be modified to the detriment of imports and shall be treated as a customs duty for the purpose of negotiation.

7. No internal quantitative regulation relating to the mixture, processing or use of products in specified amounts or proportions shall be applied in such a manner as to allocate any such amount or proportion among external sources of supply.

8. (a) The provisions of this Article shall not apply to laws, regulations or requirements governing the procurement by governmental agencies of products purchased for governmental purposes and not with a view to commercial resale or with a view to use in the production of goods for commercial sale.

(b) The provisions of this Article shall not prevent the payment of subsidies exclusively to domestic producers, including payments to domestic producers derived from the proceeds of internal taxes or charges applied consistently with the provisions of this Article and subsidies effected through governmental purchases of domestic products.

9. The contracting parties recognize that internal maximum price control measures, even though conforming to the other provisions of this Article, can have effects prejudicial to the interests of contracting parties supplying imported products. Accordingly, contracting parties applying such measures shall take account of the interests of exporting contracting parties with

a view to avoiding to the fullest practicable extent such prejudicial effects.

10. The provisions of this Article shall not prevent any contracting party from establishing or maintaining internal quantitative regulations relating to exposed cinematograph films and meeting the requirements of Article IV.)

제6조(덤핑방지세 및 상쇄관세)

1. 체약국은 일국의 산품을 정상적인 가격 이하로 타국의 상업에 도입하는 덤핑이 체약국 영역에 있어서 확립된 산업에 실질적인 손해를 주거나 또는 손해를 줄 우려가 있고 또는 국내 산업의 확립을 실질적으로 지연시킬 때에는 이 덤핑이 비난되어야 한다는 사실을 인정한다. 본 조의 적용상, 일국에서 타국으로 수출되는 산품의 가격이 다음의 어느 가격보다 낮을 때에는 동 산품은 정상가격보다 낮은 가격으로 수입국의 상업에 도입된 것으로 간주한다.

(a) 수출국에서 소비되는 동종 산품의 통상적인 상거래에서 비교 가능한 가격, 또는,

(b) 전기한 국내가격이 없을 경우에는

(1) 제3국에 수출되는 동종 산품의 통상 상거래에 있어서 비교 가능한 최고 가격.

(2) 원산국에서의 산품의 생산비에 판매경비 및 이윤을 타당하게 가산한 액.

판매조건의 차이, 과세상의 차이 및 가격의 비교에 영향을 주는 기타의 차이에 대하여서도 각각 타당한 고려를 하여야 한다.

2. 체약국은, 덤핑을 상쇄 또는 방지하기 위하여, 덤핑된 산품에 대하여 동산품에 관한 덤핑의 폭을 초과하지 아니하는 금액의 덤핑방지세를 부과할 수 있다. 본 조의 적용상 덤핑의 폭이라 함은 제1항의 규정에 따라 결정되는 가격차를 말한다.

3. 어느 체약국 영역의 산품으로서 다른 체약국의 영역에 수입된 것에 대하여는 특정산품 운송에 대한 특별보조금을 포함한 원산국 또는 수출국에 있어서 그 산품의 제조, 생산 또는 수출에 직접 또는 간접으로 교부되었다고 확정된 장려금 또는 보조금의 추정액과 동일한 금액을 초과하는 상쇄관세를 부가하여서는 아니된다. "상쇄관세"라 함은 상품의 제조, 생산 또는 수출에 대하여 직접 또는 간접으로 부여하는 장려금 또는 보조금을 상쇄할 목적으로 부과되는 특별관세를 의미하는 것으로 양해한다.

4. 어느 체약국 영역의 산품이 다른 체약국 영역에 수입된 것에 대하여는 동 산품이 원산국 또는 수출국에서 소비되는 동종 산품에 부과되는 관세 또는 조세가 면제되는 것을 이유로 또는 이러한 관세 또는 조세가 반환된다는 것을 이유로 덤핑방지세 또는 상쇄관세를 부과하여서는 아니된다.

5. 어느 체약국 영역의 산품이 다른 체약국 영역에 수입된 것에 대하여는, 덤핑 또는 수출보조로부터 발생하는 동일한 사태를 보상하기 위하여 덤핑방지세와 상쇄관세를 병과하여서는 아니된다.

6. (a) 체약국은 다른 체약국의 덤핑 또는 보조금의 영향이, 경우에 따라, 자

국의 확립된 국내 산업에 실질적인 손해를 주거나 손해를 줄 우려가 있고 또한 자국의 국내산업의 확립을 실질적으로 지연시킨다는 것을 결정한 경우를 제외하고는 다른 체약국 영역의 산품수입에 대하여 덤핑방지세 또는 상쇄관세를 부과하여서는 아니된다.

(b) 체약국단은 체약국이 수입체약국의 영역에 해당 산품을 수출하는 다른 체약국 영역의 산업에 실질적인 손해를 주거나 또는 손해를 줄 우려가 있는 덤핑 또는 보조금의 교부를 상쇄하기 위하여, 어느 산품의 수입에 있어서 덤핑방지세 또는 상쇄관세를 부과할 수 있도록 본 항(a)의 요건을 면제할 수 있다. 체약국단은 보조금이 수입체약국의 영역에 해당산품을 수출하는 다른 체약국 영역의 산업에 실질적인 손해를 주거나 또는 손해를 줄 우려가 있다는 것을 인정한 경우에는, 상쇄관세를 부과할 수 있도록 본 항(a)의 요건을 면제하여야 한다.

(c) 그러나, 지연되면 회복하기 어려운 손해를 초래할지 모를 특별한 경우에는, 체약국은 본 항(b)에서 언급한 목적을 위하여 체약국단의 사전승인 없이 상쇄관세를 부과할 수 있다. 다만, 동 조치는 즉시 체약국단에 보고되어야 하며 또한 체약국단이 승인하지 아니할 때에는 상쇄관세는 즉시 철회되어야 한다.

7. 수출가격의 변동에는 관계없이 일차산품의 국내가격 또는 국내 생산자의 소득을 안정시키기 위한 제도로서, 수시로 국내시장의 구매자가 동종 산품에 대하여 부담하는 비교 가능한 가격보다 낮은 가격으로 그 상품을 수출용으로 판매하게되는 경우에는, 해당 상품과 실질적인 이해관계가 있는 체약국간의 협의에 의하여 다음 사항이 결정되었을 때에는 제6항에서 의미하는 실질적인 손해를 미치지 않는 것으로 간주한다.

(a) 동 제도가, 또한 국내시장의 구매자가 동종의 상품에 대하여 부담하는 비교 가능한 가격보다 높은 가격으로 그 상품을 수출용으로 판매하는 결과를 초래하는 것, 그리고

(b) 동 제도가, 실효적인 생산규제 또는 기타 원인때문에, 수출을 부당하게 촉진하거나 또는 기타의 방법으로 다른 체약국의 이익에 중대한 손해를 주지 아니하도록 운영되고 있을 것.

제10조(무역규칙의 공표 및 시행)

1. 체약국이 실시하고 있는 일반적으로 적용되는 법률, 규칙, 사법상의 판결 및 행정상의 결정으로서 산품의 관세상의 목적을 위한 분류 또는 평가에 관한 것, 관세, 조세 또는 기타 과징금의 율에 관한 것, 수입, 수출 또는 이를 위한 지불 이전에 관한 요건, 제한 또는 금지에 관한 것 또는 산품의 판매, 분배, 수송, 보험, 창고보관, 검사, 진열, 가공, 혼합 또는 기타 사용에 영향을 주는 것은 각 정부 및 무역업자가 지실할 수 있는 방법으로 신속히 공표하여야 한다. 국제 무역정책에 영향을 주는 협정으로서 체약국정부 또는 정부기관과 다른 체약국 정부 또는 정부기관간에 효력을 가지는 것도 공표하여야 한다. 본 항의 규정은 체약국에 대하

여 법률의 시행을 저해하며 기타 방법으로 공익에 반하거나, 공적 또는 사적인 특정기업의 정당한 상업상의 이익을 침해하게 되는 비밀정보의 발표를 요구하는 것은 아니다.

2. 체약국이 취한 일반적으로 적용되는 조치로서, 확립된 통일적 관행에 의하여 수입에 부과되는 관세율 또는 기타 과징금율을 증가하거나 수입 또는 수입을 위한 지불이전에 대하여 새로운 또는 더 엄격한 요건, 제한 또는 금지를 과하는 것은 이러한 소치가 정식적으로 공표되기 전에 실시하여서는 아니된다.

3. (a) 각 체약국은 본 조 제1항에 열거한 종류의 자국의 모든 법률, 규칙, 판결 및 결정을 일률적이고 공평하고 합리적인 방법으로 실시하여야 한다.

(b) 각 체약국은 특히 관세사항에 관한 행정상의 조치를 즉시 검토하고 시정하기 위하여, 법원, 중재재판소 또는 행정재판소 또는 동 목적 달성을 위한 절차를 유지하고 또한 가능한 한 신속히 이를 설정하여야 한다. 이러한 재판소 또는 절차는 행정상의 실시를 담당하는 기관과 독립되어야 하며 그 판결은 수입업자가 공소를 위하여 정하여진 기간내에 상급의 재판권을 가지는 재판소에 공소를 제기하지 아니하는 한, 전기 기관에 의하여 실시되며 또한 전기 기관의 행위를 규율한다. 다만, 동 기관의 중앙행정관청은 그 결정이 확립된 법의 원칙 또는 사실과 일치하지 아니한다고 믿을만한 충분한 이유가 있을 때에는, 다른 절차에 의하여 동 문제의 심사를 받기 위한 조치를 취할 수 있다.

(c) 본 항(b)의 규정은 본 협정일자에 체약국의 영역에서 유효한 절차로서 행정상의 실시를 담당하는 기관에서 완전히 또는 정식으로 독립되어 있지 아니하드라도 행정상의 조치의 목적과 공평한 심사를 사실상 규정하고 있는 절차의 폐지 또는 대체를 요구하는 것은 아니다. 이러한 절차를 적용하는 체약국은 요청이 있는 경우에는, 이러한 절차가 본(c)의 요건에 합치하는지의 여부를 체약국이 결정할 수 있도록 동 절차에 관한 완전한 정보를 체약국단에 제공하여야 한다.

제11조(수량제한의 일반적 폐지)

1. 체약국은 다른 체약국 영역의 산품의 수입에 대하여 또는 다른 체약국 영역으로 향하는 산품의 수출 또는 수출을 위한 판매에 대하여, 할당제나 수입허가 또는 수출허가 또는 기타 조치에 의거하거나를 불문하고 관세, 조세 또는 기타 과징금을 제외한 금지 또는 제한을 설정하거나 유지하여서는 아니된다.

2. 본 조 제1항의 규정은 다음의 경우에는 적용되지 아니한다.

(a) 식료품 또는 수출 체약국에 불가결한 산품의 위급한 부족을 방지하거나 완화하기 위하여 일시적으로 적용한 수출금지 또는 제한,

(b) 국제무역에 있어서 상품의 분류, 등급 또는 판매에 관한 기준 또는 규칙의 적용을 위하여 필요한 수입 및 수출의 금지 또는 제한,

(c) 농업 또는 어업 산품에 대하여 수입형식의 여하를 불문한 수입제한으로서

다음 목적을 위한 정부조치의 실시에 필요한 경우,

(i) 시장판매 또는 생산이 허가된 동종 국내산품의 수량 또는 동종 산품의 실질적인 국내생산이 없는 경우에, 동 수입산품으로 직접적으로 대체할 수 있는 국내산품의 수량을 제한하는 것, 또는

(ii) 동종 국내산품의 일시적인 과잉상태 또는 동종 산품의 실질적인 국내생산이 없는 경우에 수입산품으로 직접 대체할 수 있는 국내산품의 일시적인 과잉상태를 무상 또는 당시의 시장가격보다 낮은 가격으로 일정한 국내소비자의 집단에 제공함으로써 제거하는 것, 또는

(iii) 산품의 국내생산이 비교적 근소할 경우에, 생산의 전부 또는 대부분을 수입산품에 직접적으로 의존하는 동물성 산품에 있어서 동생산허용량을 제한하는 것.

본 항(c)에 따라 산품의 수입을 제한하고 있는 체약국은 장차 특정한 기간중에 수입을 허용할 산품의 총수량 또는 총가액과 이러한 수량 또는 가액의 변경을 공고하여야 한다. 또한 전기(I)에 의하여 과한 제한은, 제한이 없는 경우 양자간에 성립될 것으로 합리적으로 기대되는 비율보다 수입총계와 국내생산총계간의 비율을 감소하는 것이어서는 아니된다. 체약국은, 동 비율을 결정함에 있어서 과거의 대표적인 기간에 존재하였던 비율과 해당 산품의 거래에 영향을 주었거나 또는 영향을 줄지도 모를 특수요인에 대하여 타당한 고려를 하여야 한다.

(Article XI* (General Elimination of Quantitative Restrictions)

1. No prohibitions or restrictions other than duties, taxes or other charges, whether made effective through quotas, import or export licences or other measures, shall be instituted or maintained by any contracting party on the importation of any product of the territory of any other contracting party or on the exportation or sale for export of any product destined for the territory of any other contracting party.

2. The provisions of paragraph 1 of this Article shall not extend to the following:

(a) Export prohibitions or restrictions temporarily applied to prevent or relieve critical shortages of foodstuffs or other products essential to the exporting contracting party;

(b) Import and export prohibitions or restrictions necessary to the application of standards or regulations for the classification, grading or marketing of commodities in international trade;

(c) Import restrictions on any agricultural or fisheries product, imported in any form,* necessary to the enforcement of governmental measures which operate:

(i) to restrict the quantities of the like domestic product permitted to be marketed or produced, or, if there is no substantial domestic production of the like product, of a domestic product for which the imported product can be directly substituted; or

(ii) to remove a temporary surplus of the like domestic product, or, if there is no substantial domestic production of the like product, of a domestic product for which the imported product can be directly substituted, by making the surplus available to certain groups of domestic consumers free of charge or at prices below the current market level; or

(iii) to restrict the quantities permitted to be produced of any animal product the production of which is directly dependent, wholly or mainly, on the imported commodity, if the domestic production of that commodity is relatively negligible.

Any contracting party applying restrictions on the importation of any product pursuant to subparagraph (c) of this paragraph shall give public notice of the total quantity or value of the product permitted to be imported during a specified future period and of any change in such quantity or value. Moreover, any restrictions applied under (i) above shall not be such as will reduce the total of imports relative to the total of domestic production, as compared with the proportion which might reasonably be expected to rule between the two in the absence of restrictions. In determining this proportion, the contracting party shall pay due regard to the proportion prevailing during a previous representative period and to any special factors* which may have affected or may be affecting the trade in the product concerned.)

제19조(특정산품의 수입에 대한 긴급조치)

1. (a) 체약국은 예측하지 못한 사태의 발전과 관세양허를 포함한 본협정에 따라 체약국이 부담하는 의무의 효과로 인하여 어느 산품의 자국 영역내에서 동종산품 또는 직접적 경쟁산품의 국내생산자에 대하여 중대한 손해를 주거나 손해를 줄 우려가 있을 정도로 증가된 수량 및 조건으로 체약국의 영역에로 수입되고 있을 때에는, 동 체약국은 동 산품에 대한 전기 손해를 방지 또는 구제하는데 필요한 한도 및 기간동안 동 의무의 전부 또는 일부를 정지하거나 또는 양허를 철회 또는 수정할 수 있다.

(b) 특혜양허의 대상인 산품이 본항(a)에서 규정된 사정하에 체약국이 영역에로 수입됨으로써 동 특혜를 받거나 또는 받아온 체약국의 영역내에서 동종산품 또는 직접적 경쟁산품의 국내생산자에 대하여 중대한 손해를 주거나 손해를 줄 우려가 있을 경우에는 수입체약국은 전기 기타 체약국의 요청이 있을 때에는, 전기 손해를 방지 또는 구제하는데 필요한 한도 및 기간동안 관계의무의 전부 또는 일부를 정지하거나 또는 동 산품에 관한 양허를 철회 또는 수정할 수 있다.

2. 체약국은, 본조 제1항의 규정에 따라 조치를 취하기 전에 실행가능한 한 미리 서면으로 체약국단에 통고하여야 하며 또한 체약국단 및 해당산품 수출국으로서 실질적인 이해관계가 있는 체약국에 제의된 조치에 관하여 자국과 협의할 기회를 부여하여야 한다. 특혜양허에 관하여 이러한 통고가 있는 때에는, 동 통고는 조치를 요청한 체약국명을 지정하여야 한다. 지연되면 회복하기 곤란한 손해를 줄지 모를 중대한 사태하에서는, 본조 제1항에 따른 조치는 동 조치를 취한후 즉시 협의를 행할 것이라는 조건하에 사전 협의없이 잠정적으로 취하여 질 수 있다.

3. (a) 전기 조치에 관하여 관계체약국간에 합의에 도달하지 못한 경우에도, 동 조치를 취하거나 또는 계속할 것을 제의한 체약국은 동 조치를 취하거나 계속할 수 있다. 또한 동 조치가 취하였거나 계속될 때에는, 영향을 받는 체약국은 동 조치가 취하여진 후 90일 이내에 그리고 체약국단이 정지 통고서를 접수한 날로부터 30일이 경과한 때에 동 조치를 취하고 있는 체약국의 무역에 대하여 또는 본조 제1항 (b)에 규정된 경우에는 동 조치를 요청하고 있는 체약국의 무역에 대하여, 본 협정에 따라 실질적으로 동등한 양허 또는 기타의 의무로서 체약국단이 부인하지 아니하는 것의 적용을 정지할 수 있다.

(b) 본항 (a)의 규정에 불구하고, 사전협의 없이 본조 제2항에 따른 조치가 취하여지고 또한 동 조치에 의하여 체약국내에서 영향을 받는 산품의 국내생산자에 대하여 중대한 손해를 주거나 손해를 주게 될 우려가 있는 경우에, 지연

되면 회복하기 곤란한 손해를 줄지 모를 우려가 있을 때에는, 체약국은 동 조치를 취할 때와 그후의 협의기간을 통하여, 손해를 방지 또는 구제하는데 필요한 양허 또는 기타의 의무를 정지할 수 있다.

제20조(일반적 예외) 본 협정의 어떠한 규정도 체약국이 다음의 조치를 채택하거나 실시하는 것을 방해하는 것으로 해석되어서는 아니된다. 다만, 그러한 조치를 동일한 조건하에 있는 국가간에 임의적이며 불공평한 차별의 수단 또는 국제무역에 있어서의 위장된 제한을 과하는 방법으로 적용하지 아니할 것을 조건으로 한다.

(a) 공중도덕을 보호하기 위하여 필요한 조치,

(b) 인간, 동물 또는 식물의 생명 또는 건강을 보호하기 위하여 필요한 조치,

(c) 금 또는 은의 수입 또는 수출에 관한 조치,

(d) 관세의 실시, 제2조 제4항 및 제17조에 따라 운영되는 독점의 실시, 특허권, 상표권 및 저작권의 보호 그리고 사기적인 관습의 방지에 관한 법률과 규칙을 포함하여 본 협정의 규정에 반하지 아니하는 법률 또는 규칙의 준수를 확보하기 위하여 필요한 조치,

(e) 교도소 노동산품에 관한 조치,

(f) 미술적 가치, 역사적 가치 또는 고고학적 가치가 있는 국보의 보호를 위하여 적용되는 조치,

(g) 유한 천연자원의 보존에 관한 조치, 다만 동 조치가 국내의 생산 또는 소비에 대한 제한과 관련하여 유효한 경우에 한한다.

(h) 체약국단에 제출되어 부인되지 아니한 기준에 합치하는 정부간 상품협정 또는 체약국단에 제출되어 부인되지 아니한 정부간 상품협정에 의한 의무에 따라 취하는 조치,

(i) 국내원료의 국내가격이 정부의 안정계획의 일부로서 국제가격보다 저가격으로 유지되고 있는 기간중, 국내 가공산업에 필수적인 수량의 원료를 확보하는데 필요한 국내원료의 수출에 제한을 과하는 조치. 다만, 동 제한은 이러한 국내산업의 산품의 수출을 증가시키거나 또는 이러한 국내산업에 주어진 부호를 증대하도록 운영되어서는 아니되며, 또한 무차별대우에 관한 본 협정의 규정으로부터 이탈하여서는 아니된다.

(j) 일반적으로 또는 지역적으로 공급이 부족한 산품의 획득 또는 분배를 위하여 불가결한 조치, 다만 이러한 조치는, 전 체약국이 해당산품의 국제적 공급에 있어서 정당한 몫을 공급받을 권리를 가진다는 원칙에 합치하여야 하며, 또한 본 협정의 다른 규정에 반하는 이러한 조치는 이를 야기한 조건이 존재하지 아니하는 때에는, 즉시 정지하여야 한다. 체약국단은 1960년 6월 30일 이전에 본 규정의 필요성에 관하여 검토하여야 한다.

(**Article XX** (General Exceptions)

Subject to the requirement that such measures are not applied in a manner which would constitute a means of arbitrary or unjustifiable discrimination between countries where the same conditions prevail, or a disguised restriction on international trade, nothing in this Agreement shall be construed to prevent the adoption or enforcement by any contracting party of measures:

    (a) necessary to protect public morals;

    (b) necessary to protect human, animal or plant life or health;

    (c) relating to the importations or exportations of gold or silver;

    (d) necessary to secure compliance with laws or regulations which are not inconsistent with the provisions of this Agreement, including those relating to customs enforcement, the enforcement of monopolies operated under paragraph 4 of Article II and Article XVII, the protection of patents, trade marks and copyrights, and the prevention of deceptive practices;

    (e) relating to the products of prison labour;

    (f) imposed for the protection of national treasures of artistic, historic or archaeological value;

    (g) relating to the conservation of exhaustible natural resources if such measures are made effective in conjunction with restrictions on domestic production or consumption;

    (h) undertaken in pursuance of obligations under any intergovernmental commodity agreement which conforms to criteria submitted to the CONTRACTING PARTIES and not disapproved by them or which is itself so submitted and not so disapproved;*

    (i) involving restrictions on exports of domestic materials necessary to ensure essential quantities of such materials to a domestic processing industry during periods when the domestic price of such materials is held below the world price as part of a governmental stabilization plan; Provided that such restrictions shall not operate to increase the exports of or the protection afforded to such domestic industry, and shall not depart from the provisions of this Agreement relating to non-discrimination;

    (j) essential to the acquisition or distribution of products in general or local short supply; Provided that any such measures shall be consistent with the principle that all contracting parties are entitled to an equitable share of the international supply of such products, and that any such measures, which are inconsistent with the other provisions of the Agreement shall be discontinued as soon as the conditions giving rise to them have ceased to exist. The CONTRACTING PARTIES shall review the need for this sub-paragraph not later than 30 June 1960.)

제21조(안전보장을 위한 예외)

본 협정의 어떠한 규정도 다음과 같이 해석되어서는 아니된다.

    (a) 체약국에 대하여, 발표하면, 자국의 안전보장상 중대한 이익에 반한다고 인정하는 정보의 제공을 요구하는 것.

    (b) 체약국이 자국의 안전보장상 중대한 이익을 보호하기 위하여 필요하다고 인정되는 다음의 어느 조치를 취하는 것을 방해하는 것.

    (i) 핵분열성물질 또는 이로부터 유출된 물질에 관한 조치,

    (ii) 무기, 탄약 및 전쟁기재의 거래 및 군사시설에 공급하기 위하여 직접 또는 간접으로 행하여지는 기타의 물품 및 원료의 거래에 관한 조치,

    (iii) 전시 또는 기타 국제관계에 있어서의 긴급시에 취하는 조치,

    (c) 체약국이 국제평화와 안전의 유지를 위하여 국제연합 헌장에 의한 의무에 따라 조치를 취하는 것을 방해하는 것.

제23조(무효 또는 침해)

1. 체약국은 (a) 다른 체약국이 본 협정에 따른 의무의 이행을 태만히 한 결과, (b) 다른 체약국이, 본 협정의 조항에 저촉여부를 불문하고, 어떤 조치를 적용한 결과 또는 (c) 기타 다른 어떤 사태가 존재하는 결과로서, 본 협정에 따라, 직

접 또는 간접으로 자국에 부여된 모든 이익이 무효 또는 침해되거나, 본 협정의 목적 달성이 저해되고 있다고 인정할 때에는, 동 문제의 만족한 조정을 위하여 관계가 있다고 동 체약국이 인정하는 다른 체약국 또는 체약국들에 대하여 서면으로 사정의 설명 또는 제안을 할 수 있다. 동 사정의 설명 또는 제안을 받은 체약국은 사정의 설명 또는 제안에 대하여 호의적인 고려를 하여야 한다.

　　2. 합리적인 기간내에 관계 체약국간에 만족할만한 조정이 이루어지지 아니한 경우, 또는 그 애로가 본조 제1항 (c)에 규정된 형태에 해당하는 경우에는, 동 문제를 체약국단에 의뢰할 수 있다. 체약국단은 의뢰된 문제를 신속히 조사하여야 하며 관계가 있다고 인정되는 체약국에 대하여 적당한 권고를 하여야 하며 또는 동 문제에 관하여 적당한 결정을 하여야 한다. 체약국단은, 협의가 필요하다고 인정할 때에는, 체약국, 국제연합 경제사회이사회 및 적당한 정부간 기관과 협의할 수 있다. 체약국단은, 사태가 중대하기 때문에 이와 같은 조치가 정당하다고 인정할 경우에는, 체약국 또는 체약국들에 대하여, 동 사태하에서 체약국단이 적당하다고 결정하는 본 협정에 따른 양허 또는 기타의 의무의 적용을 정지하는 것을 허가할 수 있다. 어느 체약국에 대한 양허 또는 기타 의무의 적용이 사실상 정지되는 경우에는, 그 체약국은 정지조치가 취하여진 후 60일 이내에 본 협정으로부터 탈퇴할 의사를 서면으로 체약국단의 사무국장에게 통고할 수 있으며, 동 탈퇴는 사무국장이 통고를 접수한 일자로부터 60일 후에 효력을 발생한다.

제24조(적용영역, 국경무역, 관세동맹 및 자유무역 지역)

　　1. 본 협정의 규정은 체약국의 본토 관세영역에, 그리고 제26조에 따라 본 협정이 수락되었거나 제33조 또는 잠정적 적용에 관한 의정서에 따라 본 협정이 적용되고 있는 기타의 관세용역에 적용된다. 이러한 관세영역은, 오직 본 협정의 영역적 적용의 목적을 위하여서만, 각기 1개의 체약국으로 취급한다. 다만, 본항의 규정은 단일체약국이 제26조에 의하여 본 협정을 수락하였거나 제33조 또는 잠정적 적용에 관한 의정서에 따라 본 협정을 적용하고 있는 2개 이상의 관세영역간에 어떠한 권리 또는 의무를 발생시키는 것으로 해석되어서는 아니된다.

　　2. 본 협정의 목적을 위하여 관세영역은 해당영역과 기타 영역간의 무역의 실질적인 부분에 대하여 독립관세 또는 기타 통상규칙을 유지하고 있는 영역이라고 양해한다.

　　3. 본 협정의 규정은 다음 각 호에 규정된 사항을 저해하는 것으로 해석되어서는 아니된다 :

　　(a) 체약국이 국경무역을 용이하게 하기 위하여 인접국에 부여하는 이익 ;

　　(b) 트리에스트 자유영역의 인접국이 동 영역과의 무역에 부여하는 이익. 다만, 이 이익이 제2차 세계대전의 결과 체결된 평화조약에 저촉되어서는 아니된다.

　　4. 체약국은 자발적인 협정을 통하여 협정 당사국의 경제간에 보다 더 긴밀한 통합을 발전시켜 무역의 자유를 증대하는 것이 요망된다는 점을 인정한다. 체약국

은 또한 관세동맹 또는 자유무역지역의 목적이 동 구성영역간의 무역을 촉진하는 데 있어야 하며 그와 같은 영역과 기타 체약국간의 무역에 대한 장벽을 높히는 것이 아니어야 한다는 사실을 인정한다.

5. 따라서, 본 협정의 규정은 체약국 영역간에 관세동맹 또는 자유무역지역을 형성하거나 또는 관세동맹 또는 자유무역지역의 형성에 필요한 잠정협정의 체결을 방해하지 아니한다. 다만, 이는 다음의 제 규정을 조건으로 한다.

(a) 관세동맹 또는 관세동맹의 협정을 위한 잠정협정에 관하여는, 농 농맹이나 협정의 당사자가 아닌 체약국과의 무역에 대하여 동 동맹의 창립 또는 동 잠정협정의 체결시 부과되는 관세와 기타 통상규칙이 전체적으로 동 관세동맹의 협정이나 동 잠정협정의 채택이전에 동 구성 영역내에서 적용하여온 관세의 전반적 수준과 통상규칙보다 각각 높거나 제한적인 것이어서는 아니된다.

(b)자유무역지역 또는 자유무역지역의 형성을 위한 잠정협정에 관하여는, 각 구성영역에서 유지되고 또한 동 자유무역지역의 형성 또는 동 잠정협정의 체결시에 이러한 지역에 포함되지 않은 체약국 또는 협정의 당사자가 아닌 체약국과의 무역에 적용되는 관세 또는 기타 통상규칙은 자유무역지역이나 또는 잠정협정의 형성이전에 동 구성영역에 존재하였던 해당관세 기타 통상규칙보다 각기 높거나 또는 제한적인 것이어서는 아니된다.

(c) (a)와 (b)항에 언급된 잠정협정에는 적당한 기간내에 관세동맹 또는 자유무역지역을 조직하기 위한 계획 및 일정표를 포함하여야 한다.

6. 제5항 (a)의 요건을 이행하는데 있어서 본 협정의 당사자가 제2조의 규정에 반하여 세율을 인상할 것을 제안할 때에는 제28조에 규정된 절차가 적용된다. 보상적 조정을 결정하는데 있어서는 관세동맹의 타구성국의 해당관세의 인하로 인하여 이미 부여된 보상에 대하여 적절한 고려를 행하여야 한다.

7. (a) 관세동맹 또는 자유무역지역이나 관세동맹 또는 자유무역지역의 형성을 위한 잠정협정에 가담하기로 결정한 체약국은 즉시 체약국단에 통고하여야 하며 아울러 체약국단으로 하여금 그들이 적당하다고 인정하는 보고 및 권고를 체약국들에게 행할 수 있도록 동 동맹 또는 지역에 관한 정보를 체약국단에 제공하여야 한다.

(b) 체약국단은 제5항에 규정된 잠정협정에 포함된 계획 및 일정을 동 협정의 당사국과 협의하여 검토하고 또한 (a)항의 규정에 의하여 제공된 정보를 적절히 고려한 다음에 동 협정의 당사국이 의도하는 기간내에 관세동맹 또는 자유무역지역이 형성될 가능성이 없거나 동 기간이 타당하지 아니하다고 인정하는 때에는 동 협정의 당사국에 대하여 권고하여야 한다. 당사국은 권고에 따라 잠정협정을 수정할 용의가 없을 때에는 동 협정을 각기 유지하거나 실시하여서는 아니된다.

(c) 제5항 (c)에 언급된 계획 또는 일정의 실질적인 변경을 체약국단에 통보되어야 하며, 체약국단은 동 변경이 관세동맹 또는 자유무역지역의 형성을 위협하거나 또는 부당히 지연시킨다고 인정하는 때에는 관계체약국에 대하여 체

약국단과 협의하도록 요청할 수 있다.

8. 본 협정의 적용상 :

(a) 관세동맹은 다음의 결과가 발생할 수 있도록 2개 이상의 관세영역을 단일 관세영역으로 대체한 것이라고 양해한다.

(i) 관세 및 기타 제한적 통상 규칙(필요한 경우에는 제11조, 제12조, 제13조, 제14조, 제15조 및 제20조에 의하여 허용되는 경우를 제외하고)은 관세동맹의 구성영역간의 실질상 모든 무역에, 또는 최소한 영역의 원산품의 실질상 모든 무역에 관하여 폐지된다.

(ii) 제9항의 규정에 따를 것을 조건으로 하여 관세동맹의 구성국은 동 동맹에 포함되지 아니한 영역에 대한 무역에 실질적으로 동일한 관세와 기타 통상규칙이 적용된다.

(b) 자유무역지역은 관세와 기타의 제한적 통상규칙(필요한 경우에는 제11조, 제12조, 제13조, 제14조, 제15조 및 제20조에 의하여 허용되는 경우를 제외하고)이 동 구성영역의 원산품의 구성영역간의 실질상 모든 무역에 관하여 폐지되는 2개 이상의 관세영역의 집단이라고 양해한다.

9. 제1조 제2항에 규정된 특혜는 관세동맹 또는 자유무역지역의 형성에 의하여 영향을 받지 아니하지만 영향을 받는 체약국과의 교섭에 의하여 폐지 또는 조정될 수 있다. 영향을 받는 체약국과의 교섭 절차는 특히 제8항 (a) (i)과 제8항 (b)의 규정에 부합할 것이 요구되는 특혜의 폐지에 적용된다.

10. 체약국단은 제5항부터 제9항까지의 요건에 완전히 부합하지 아니하는 제안을 3분의 2 다수로서 승인할 수 있다. 다만 이 제안은 본조에서 뜻하는 관세동맹 또는 자유무역지역의 형성을 위하는 것이어야 한다.

11. 체약국은, 인도와 파키스탄이 독립국가를 수립함으로써 야기된 예외적인 사정을 고려하고 또한 양국은 오랫동안 단일 경제단위를 구성하여 온 사실을 인정하여, 양국간의 무역관계가 확정적인 기초 위에 확립될 때까지 양국의 양국간의 무역에 관하여 특별한 약정을 체결하는 것을 방해하지 아니한다는 것에 동의한다.

12. 각 체약국은 각국의 영역내에서 지역적 및 지방적 정부와 기관에 의한 본 협정의 규정의 준수를 보상하기 위하여 허용 가능한 합리적인 조치를 취하여야 한다.

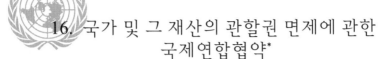

16. 국가 및 그 재산의 관할권 면제에 관한 국제연합협약*
(United Nations Convention on Jurisdictional Immunities of States and Their Property)

이 협약의 당사국들은,

국가 및 그 재산의 관할권 면제가 관습국제법의 원칙으로 일반적으로 수락된다는 점을 고려하여,

국제연합 헌장에 구현된 국제법의 원칙들을 유념하며,

국가 및 그 재산의 관할권 면제에 관한 국제협약이, 특히 국가와 자연인 또는 법인간의 관계에 있어서 법의 지배와 법적 확실성을 고양시키며, 국제법의 법전화와 발전 그리고 이 분야에서 관행의 조화에 기여할 것이라고 믿으며,

국가 및 그 재산의 관할권 면제에 관한 국가관행의 발전을 고려하여,

이 협약의 규정들에 의해 규율되지 않는 사항들은 관습국제법의 규칙들이 계속해서 규율함을 확인하면서,

다음과 같이 합의하였다.

제 1 부   서

제1조(이 협약의 범위) 이 협약은 국가 및 그 재산의 타국 법원의 관할권으로부터의 면제에 관하여 적용된다.

(Article 1 (Scope of the present Convention) The present Convention applies to the immunity of a State and its property from the jurisdiction of the courts of another State.)

제2조(용어의 사용)

1. 이 협약의 목적상,

(a) "법원(court)"이란 그 명칭을 불문하고 사법적 기능을 행사할 권한을 부여받은 모든 국가기관을 의미한다.

(b) "국가"란 다음을 의미한다.

(i) 국가 및 각종 정부기관.

(ii) 주권적 권한을 행사할 수 있는 권한을 부여받아 그러한 자격에서 활동하

---

* 2004. 12. 2 UN 총회 채택(A/RES/59/38). 미발효. 대한민국 미비준.

는 연방국가의 구성단위 또는 국가의 정치적 하부조직(political subdivisions).

(iii) 국가의 주권적 권한을 행사할 수 있는 권한을 부여받아 실제로 행사하고 있는 범위에서의 그 국가의 기관이나 기구 또는 기타의 실체(agencies or instrumentalities of the State or other entities).

(iv) 직무상 행동하는 국가의 대표.

(c) "상업적 거래(commercial transaction)"라 함은 다음을 의미한다.

(i) 상품의 판매 또는 용역의 공급을 위한 모든 상업적 계약 또는 거래.

(ii) 차관 또는 여타 재정적 성격의 거래를 위한 모든 계약. 그 같은 차관 또는 거래에 관한 어떠한 보증이나 배상의 의무도 포함된다.

(iii) 그 밖의 상업적인, 산업상의, 무역상의 또는 전문적인(professional) 성격의 기타 모든 계약 또는 거래. 다만 고용계약은 포함되지 않는다.

2. 계약 또는 거래가 제1항 (c)상의 "상업적 거래"인지 여부를 결정함에 있어서는 우선 계약 또는 거래의 성격(nature)이 기준이 되어야 하나, 그 계약 또는 거래의 당사자들이 그렇게 합의하였다거나 법정지국의 관행상 계약 또는 거래의 비상업적 성격을 결정하는데 목적이 관련되는 경우에는 그 목적(purpose) 또한 고려되어야 한다.

3. 이 협약에서의 용어 사용에 관한 제1항과 제2항 상의 규정은 다른 국제문서 또는 어떠한 국가의 국내법상 이들 용어의 사용이나 이에 부여된 의미를 침해하지 아니한다.

제3조(이 협약의 영향을 받지 않는 특권과 면제)

1. 이 협약은 다음 사람들의 직무수행과 관련하여 국가가 국제법상 향유하는 특권과 면제를 침해하지 아니한다.

(a) 외교사절, 영사, 특별사절, 국제기구 주재사절 또는 국제기구의 기관이나 국제회의에 파견된 대표.

(b) 그들과 관련된(connected) 사람들.

2. 이 협약은 국제법상 국가원수에게 부여되는 인적인(*ratione personae*) 특권과 면제를 침해하지 아니한다.

3. 이 협약은 국가에 의해 소유되거나 운영되는 항공기 또는 우주물체에 관하여 국제법상 국가가 향유하는 면제를 침해하지 아니한다.

제4조(이 협약의 불소급) 이 협약은 관계국들에 대해 이 협약이 발효되기 이전에 타국의 법원에서 국가를 상대로 제기된 소송에서 발생하는 국가 또는 그 재산의 관할권 면제에 관한 어떠한 문제에도 적용되지 아니한다. 다만 이 협약에 규정된 규칙으로서 이 협약과 관계없이 국제법상 국가 및 그 재산의 관할권 면제에 적용되는 어떠한 규칙의 적용도 방해하지 아니한다.

제 2 부   일반원칙

제5조(국가면제)   국가는 이 협약의 규정에 따라 자신과 그 재산에 관하여 타국 법원의 관할권으로부터 면제를 향유한다.

제6조(국가면제의 인정 방법)

1. 국가는 타국을 상대로 한 자국의 법원에서의 소송에서 관할권 행사를 자제함으로써 제5조상의 국가면제를 인정해야 하고, 이를 위해 자국의 법원이 제5조상의 타국의 면제가 존중되도록 자발적으로 결정할 것을 보장해야 한다.

2. 다음에 해당하는 경우 어느 국가의 법원에서의 소송은 타국을 상대로 제기된 것으로 간주된다.

(a) 타국이 그 소송의 당사자로 지명된 경우; 또는

(b) 타국이 그 소송의 당사자로 지명되지는 않았지만, 실제로는 그 소송이 타국의 재산, 권리, 이익 또는 활동(property, rights, interests or activities)에 영향을 주려 하는 경우.

제7조(관할권 행사에 대한 명시적 동의)

1. 국가가 어떠한 사항 또는 사건(a matter or case)에 관하여 타국 법원에 의한 관할권의 행사에 다음과 같은 방법을 통해 명시적으로 동의한 경우, 그 사항 또는 사건에 관해 그 법원에 제기된 소송에서는 관할권의 면제를 주장할 수 없다.

(a) 국제협정;

(b) 서면 계약; 또는

(c) 특정 소송에 있어서 법원에서의 선언 또는 서면 통지.

2. 타국법을 적용하기로 한 국가의 합의는 그 국가의 법원에 의한 관할권 행사에 대한 동의로 해석되지 아니한다.

제8조(법원에서의 소송 참여의 효과)

1. 국가는 다음의 경우에 타국 법원에서의 소송에 있어서 관할권의 면제를 주장할 수 없다.

(a) 국가 자신이 소송을 제기한 경우; 또는

(b) 소송에 참가하거나 본안과 관련된 기타 다른 조치를 취한 경우. 그러나 국가가 그 같은 조치를 취한 때까지 면제 주장의 근거가 될 수 있는 사실을 알 수 없었음을 법원에게 납득시킨 경우, 국가는 그 같은 사실을 근거로 면제를 주장할 수 있다. 다만 국가는 가능한 최단시일에 이를 주장해야 한다.

2. 국가가 오직 다음의 목적을 위하여 소송절차에 참가했거나 기타 다른 조치를 취한 경우에는 타국 법원의 관할권 행사에 동의한 것으로 간주되지 아니한다.

(a) 면제의 주장; 또는

(b) 소송에서 문제된 재산상의 권리 또는 이익의 주장.

3. 국가 대표의 타국 법원에 증인으로의 출석은 법원의 관할권 행사에 대한 그 국가의 동의로 해석되지 아니한다.

4. 국가가 타국 법원에서의 소송절차에 출석하지 아니한 것은 법원의 관할권 행사에 대한 그 국가의 동의로 해석되지 아니한다.

제9조(반소)

1. 타국의 법원에 소송을 제기한 국가는 본소(principal claim)와 동일한 법률관계 또는 사실로부터 제기되는 어떠한 반소(counterclaims)에 관해서도 그 법원의 관할권으로부터의 면제를 주장할 수 없다.

2. 타국의 법원의 소송에서 청구를 제기하기 위해(to present a claim) 참가한 국가는 그 국가가 주장한 청구와 동일한 법률관계 또는 사실로부터 제기되는 어떠한 반소에 관해서도 그 법원의 관할권으로부터의 면제를 주장할 수 없다.

3. 타국의 법원에서 자국을 상대로 제기된 소송에서 반소를 제기한 국가는 본소에 관한 그 법원의 관할권으로부터의 면제를 주장할 수 없다.

제 3 부 국가면제가 주장될 수 없는 소송

제10조(상업적 거래)

1. 국가가 외국의 자연인 또는 법인과의 상업적 거래(commercial transaction)에 관여하고 있고, 그 상업적 거래에 관한 분쟁이 적용 가능한 국제사법상의 규칙에 따라 타국 법원의 관할권에 속하는 경우, 국가는 그러한 상업적 거래로부터 발생한 소송에서 관할권의 면제를 주장할 수 없다.

2. 제1항은 다음의 경우에는 적용되지 아니한다.

(a) 국가들 간의 상업적 거래인 경우; 또는

(b) 상업적 거래의 당사자들이 명시적으로 달리 합의한 경우.

3. 국영기업(State enterprize) 또는 국가에 의해 설립되어 독립된 법인격을 가지며 다음의 능력을 갖는 그 밖의 실체(other entity)가 자신이 종사하는 상업적 거래에 관련된 소송에 관여된 경우, 그 국가가 향유하는 관할권의 면제는 영향 받지 아니한다.

(a) 소송제기 또는 피소능력; 그리고

(b) 국가가 그 실체에게 운영 또는 관리할 권한을 부여한 재산을 포함하여, 재산을 취득, 소유 및 처분할 능력.

제11조(고용계약)

1. 관계국들간의 별도의 합의가 없는 경우, 국가는 타국의 영토에서 전체적으로 또는 부분적으로 수행되었거나 수행되어질 업무를 위해 자국과 개인 사이에 체결된 고용계약에 관한 소송에 있어서 권한 있는 타국 법원에서 관할권의 면제를 주장할 수 없다.

2. 제1항은 다음의 경우에 적용되지 않는다.

(a) 피고용인이 정부 권한(governmental authority)을 행사함에 있어서 특정한

임무를 수행하도록 채용된 경우;

(b) 피고용인이 다음에 해당되는 경우;

(i) 1961년 외교관계에 관한 비엔나협약에 규정된 외교사절;

(ii) 1963년 영사관계에 관한 비엔나협약에 규정된 영사;

(iii) 국제기구에 파견된 상주사절이나 특별사절인 외교직원의 일원 또는 국제회의에서 국가를 대표하기 위해 채용된 자; 또는

(iv) 기타 외교면제를 향유하는 자.

(c) 소송의 대상(subject-matter)이 개인의 채용, 고용의 갱신 또는 복직인 경우;

(d) 소송의 대상이 개인의 해고 또는 고용의 종료이고, 고용국의 국가원수, 정부수반 또는 외교부 장관에 의하여 그 소송이 당해 국가의 안보상의 이익을 침해하는 것으로 결정된 경우;

(e) 소송이 제기된 당시 피고용인이 고용국의 국민이면서 법정지국의 상거주자가 아닌 경우; 또는

(f) 고용국과 피고용인이 서면으로 달리 합의한 경우. 다만 소송의 대상을 이유로 하여 법정지국의 법원에 배타적 관할권을 부여하는 공공정책을 고려하여야 한다(subject to any considerations of public policy).

제12조(인적 피해 및 재산상의 손해)

관계국들이 달리 합의하지 않는다면, 국가는 자국에게 귀속되는 것으로 주장되는 작위 또는 부작위로 인한 개인의 사망이나 부상 또는 유형적인 재산의 손해나 손실에 대한 금전배상(pecuniary compensation)에 관한 소송에 있어서 권한 있는 타국 법원에서 관할권의 면제를 주장할 수 없다. 다만 그러한 작위나 부작위가 전체적으로나 부분적으로 그 타국의 영토에서 발생하고, 그 작위나 부작위의 행위자는 그러한 작위나 부작위의 발생 당시 그 영토에 있었어야 한다.

제13조(재산의 소유, 점유 및 사용) 관계국들 간에 별다른 합의가 없다면, 국가는 다음 사항에 관한 결정(determination)과 관련된 소송에 있어서 권한 있는 타국 법원에서 관할권의 면제를 주장할 수 없다.

(a) 법정지국에 소재하는 부동산에 관한 국가의 모든 권리 또는 이익, 점유 또는 사용, 그리고 이의 이익, 점유, 사용으로부터 발생하는 국가의 모든 의무.

(b) 상속, 증여 또는 무주물 귀속(*bona vacantia*)의 방식으로 취득한 동산 또는 부동산에 대한 국가의 모든 권리 또는 이익; 또는

(c) 신탁재산, 파산자의 재산, 청산 기업의 재산 등과 같은 재산의 관리에 있어서 국가의 모든 권리 또는 이익.

제14조(지적재산권과 산업재산권) 관계국들 간에 별다른 합의가 없다면, 국가는 다음 사항에 관련된 소송에 있어서 권한 있는 타국 법원에서 관할권의 면제를 주장할 수 없다.

(a) 법정지국 내에서 설사 잠정적일지라도 법적 보호조치를 향유하는 특허, 공업의장, 상호 또는 기업명, 상표, 저작권 또는 그 밖의 모든 형태의 지식 재산권 또는 산업 재산권에 관한 그 국가의 모든 권리의 결정; 또는

(b) 제3자에게 속하고 법정지국에서 보호받고 있는 (a)호에 언급된 성격의 권리가 법정지국에서 그 국가에 의하여 침해되었다는 주장.

제15조(기업 또는 기타 단체에의 참여)

1. 국가는 유한책임기관이든 무한책임기관이든가를 불문하고(whether incorporated or unincorporated) 자국이 기업 또는 기타 단체(a company or other collective body)에 대한 참여와 관련된 소송에 있어서 권한 있는 타국 법원에서 관할권의 면제를 주장할 수 없다. 그 국가와 단체(body) 또는 기타 이의 참여자의 관계에 관한 소송인 경우에는 단체가 다음에 해당해야 한다.

(a) 국가 또는 국제기구가 아닌 참여자를 가진 경우; 그리고

(b) 법정지국의 법에 따라 조직 또는 설립되었거나 또는 그 국가에 이의 소재지나 주된 사업지가 있는 경우.

2. 단 관계국들의 합의가 있는 경우, 분쟁당사자들이 서면으로 합의한 경우 또는 문제된 단체를 설립하거나 규율하는 문서가 그러한 취지의 규정을 포함하고 있는 경우에는, 국가가 해당 소송에서 관할권의 면제를 주장할 수 있다.

제16조(국가에 의하여 소유 또는 운영되는 선박)

1. 소송원인의 발생시 선박이 정부의 비상업적 공용 목적 이외의 용도로 사용된 경우, 관계국들 간에 별다른 합의가 없다면 선박을 소유하거나 운영하는 국가는 그 선박의 운영과 관련된 소송에 있어서 권한 있는 타국 법원에서 관할권의 면제를 주장할 수 없다.

2. 제1항은 군함 또는 해군 보조함에는 적용되지 않으며 또한 국가에 의하여 소유되거나 운영되면서 정부의 비상업적 공용 업무에 일정 기간 사용되는 그 밖의 선박에도 적용되지 않는다.

3. 소송원인의 발생시 선박이 정부의 비상업적 공용 목적 이외의 용도로 사용된 경우, 관계국들 간에 별다른 합의가 없다면 국가는 자신에 의하여 소유되거나 운영되는 선박의 화물운송에 관련된 소송에 있어서 권한 있는 타국 법원에서 관할권의 면제를 주장할 수 없다.

4. 제3항은 제2항에 규정된 선박에 의해 운송되는 어떠한 화물에 대해서도 적용되지 않으며, 또한 국가 소유의 화물과 오직 정부의 비상업적 공용 목적만을 위한 용도로 사용되거나 의도된 화물에도 적용되지 아니한다.

5. 국가는 민간선박과 화물 그리고 그들의 소유권자가 이용할 수 있는 모든 방어수단(measures of defence), 시효(prescription) 및 책임의 제한(limitation of liability)을 원용할 수 있다.

6. 정부에 관한 문제나 국가에 의하여 소유되거나 운영되는 선박 또는 국가 소유 화물의 비상업적 성격에 관한 문제가 소송에서 제기되는 경우, 그 국가의 외교대표 또는 다른 권한 있는 당국이 서명하여 법원에 제출된 증명서는 그 선박 또는 화물의 성격에 관한 증거로 인정된다.

제17조(중재합의의 효과) 국가가 외국의 자연인 또는 법인과 상업적 거래에 관한 분쟁을 중재에 회부하기로 서면으로 합의한 경우, 중재합의가 달리 규정하고 있지

않는 한 그 국가는 다음 사항에 관한 소송에 있어서 권한 있는 타국 법원에서 관할권의 면제를 주장할 수 없다.

    (a) 중재합의의 유효성, 해석 또는 적용;

    (b) 중재 절차; 또는

    (c) 중재판정의 확인 또는 취소.

제 4 부　법원의 소송절차와 관련된 강제조치로부터의 국가면제

제18조(판결 이전의 강제조치로부터의 국가면제)

타국 법원에서의 소송과 관련하여 국가재산에 대한 압류(attachment) 또는 억류(arrest)와 같은 판결 이전의 강제조치(pre-judgement measures of constraint)는 다음과 같은 범위의 경우를 제외하고는 취해질 수 없다.

    (a) 국가가 다음의 방식으로 그러한 조치의 실시에 명시적으로 동의한 경우.

    (i) 국제협정;

    (ii) 중재합의 또는 서면 계약; 또는

    (iii) 당사자들 간의 분쟁이 발생한 이후 법원에서의 선언 또는 서면 통보; 또는

    (b) 국가가 그 소송의 대상이 된 청구의 만족(satisfaction)을 위해 재산을 할당하거나 특정한 경우.

제19조(판결 이후의 강제조치로부터의 국가면제)

  타국 법원에서의 소송과 관련하여 국가재산에 대한 압류, 억류 또는 강제집행(execution)과 같은 판결 이후의 강제조치(post-judgement measures of constraint)는 다음과 같은 범위의 경우를 제외하고는 취해질 수 없다.

    (a) 국가가 다음의 방식으로 그러한 조치의 실시에 명시적으로 동의한 경우.

    (i) 국제협정;

    (ii) 중재합의 또는 서면 계약; 또는

    (iii) 당사국들 간의 분쟁이 발생한 이후 법원에서의 선언 또는 서면 통보; 또는

    (b) 국가가 그 소송의 대상이 된 청구의 만족을 위해 재산을 할당하거나 특정한 경우; 또는

    (c) 그 재산이 특히 정부의 비상업적 공용 목적 이외의 용도로 국가에 의해 사용되고 있거나 그러한 용도로 의도되었고, 법정지국의 영토 내에 소재하다는 것이 확인된 경우. 다만 판결 이후의 강제조치는 오직 그 소송이 대상으로 한 실체(entity)와 관련 있는 재산에 대해서만 취해질 수 있다.

제20조(관할권에 대한 동의의 강제조치에 대한 효과)　제18조 및 제19조에 따라 강제조치에 대한 동의가 필요한 경우, 제7조에 의한 관할권 행사의 동의는 강제조치의 실시에 대한 동의를 포함하지 아니한다.

제21조(특수한 범주의 재산)

1. 특히 다음의 범주에 속하는 국가재산의 경우 제19조 (c)상의 정부의 비상 업적 목적 이외의 용도로 국가가 특별히 사용하고 있다거나 그러한 용도로 의도 된 재산으로 간주되지 아니한다.

(a) 국가의 외교사절 또는 영사관, 특별사절, 국제기구에 파견된 사절 또는 국제기구의 기관이나 국제회의에 파견된 대표단의 직무의 수행에 사용되고 있거나 그러한 용도로 의도된 은행구좌를 포함하는 재산.

(b) 군사적 성격의 재산 또는 군사적 기능의 수행에 사용되고 있거나 그러한 용도로 의도된 재산.

(c) 국가의 중앙은행 또는 기타 금융당국의 재산.

(d) 국가의 문화 유산 또는 공문서의 일부를 구성하는 재산으로서 판매를 위해 배치되지 않았거나 그것이 의도되지 않은 것.

(e) 과학적, 문화적 또는 역사적 관심사인 전시품의 일부를 구성하는 재산으로서 판매를 위해 배치되지 않았거나 그것이 의도되지 않은 것.

2. 제1항은 제18조 및 제19조 (a)와 (b)의 적용을 방해하지 아니한다.

제 5 부 잡   칙

제22조(소송서류의 송달)

1. 국가를 상대로 소송을 개시하기 위한 소장 또는 기타 소송서류의 송달은 다음과 같이 실시된다.

(a) 법정지국과 관계국을 구속하는 적용 가능한 모든 국제협정에 따른다; 또는

(b) 법정지국의 법령에 반하지 않는 한, 청구인과 해당국 간의 송달에 관한 모든 특별 합의에 따른다; 또는

(c) 그러한 협정이나 특별 합의가 없는 경우에는 다음의 방식에 따른다.

(i) 외교경로를 통한 해당국 외교부로의 송부; 또는

(ii) 법정지국의 법령에 반하지 않는 한, 해당국이 수락한 그 밖의 모든 방법.

2. 제1항 (c) (i)에 언급된 송달은 외교부가 서류를 수령함으로써 완료되는 것으로 간주된다.

3. 이러한 서류에는 필요한 경우 해당국의 공용어 또는 공용어들 중의 하나로 된 번역본이 첨부되어야 한다.

4. 자국을 상대로 제기된 소송의 본안심리에 출석한 어떠한 국가도 그 이후에는 송달이 제1항과 제3항의 규정을 준수하지 않았음을 주장할 수 없다.

제23조(궐석재판)

1. 법원이 다음 사항들을 확인하지 못하는 경우 그 국가에 대하여 궐석판결을 내릴 수 없다.

(a) 제22조 제1항 및 제3항에 규정된 요건들의 충족;

(b) 소송을 제기하기 위한 소장과 기타 서류가 제22조 제1항 및 제2항에 따라 송달되었거나 송달된 것으로 간주되는 날로부터 4개월 이상의 기간의 경과; 그리고

(c) 이 협약이 법원의 관할권 행사를 배제하지 않을 것.

2. 국가에 대해 내려진 궐석재판의 판결문 사본은 필요한 경우 해당국의 공용어 또는 여러 공용어를 중의 하나로 된 번역본을 첨부하여 제22조 제1항에 규정된 방법중의 하나를 통하여 그리고 이의 규정에 따라 그 국가로 송부되어야 한다.

3. 궐석재판의 파기신청을 위한 시한은 4개월 미만이어서는 아니되며, 이는 해당국에 의해 판결문 사본이 수령되거나 수령된 것으로 간주되는 날로부터 기산된다.

제24조(법정절차에서의 특권과 면제)

1. 소송의 목적상 특정 행위의 이행 또는 포기를 요구하거나, 문서의 제출 또는 기타 정보의 공개를 요구하는 타국 법원의 명령의 준수를 국가가 불이행하거나 거절하여도 해당 사건의 본안과 관련하여 그 같은 행위에서 유발되는 결과 외에는 다른 어떠한 결과도 수반하지 아니한다. 특히 그러한 불이행 또는 거부로 인하여 국가에게 어떠한 벌금이나 처벌도 부과될 수 없다.

2. 국가는 타국 법원에서 피고가 되는 소송에서 소송비용이나 경비의 지불을 보장하기 위해 그 명칭을 불문하고 어떠한 담보(security), 보증(bond) 또는 공탁(deposit)의 제공도 요구받지 아니한다.

제 6 부 최종조항

제25조(부속서) 이 협약의 부속서는 협약의 불가분의 일부를 이룬다.

제26조(다른 국제협정) 이 협약의 어떠한 규정도 이 협약에서 다루어진 문제와 관련된 기존 국제협정의 당사국들의 권리와 의무에 영향을 미치지 아니한다.

제27조(분쟁해결)

1. 당사국은 이 협약의 해석 또는 적용에 관한 분쟁을 교섭을 통해 해결하도록 노력해야 한다.

2. 6개월 이내에 교섭을 통해 해결될 수 없는 이 협약의 해석 또는 적용에 관한 둘 또는 그 이상의 당사국들 간의 모든 분쟁은, 분쟁 당사국들 중 어느 국가의 요청이 있으면 중재재판에 회부된다. 만일 중재재판의 요청일로부터 6개월이 지난 후에도 당사국들이 중재재판부의 구성에 합의할 수 없는 경우, 이들 당사국 중 어느 국가도 국제사법재판소 규정에 따른 신청을 통하여 그 분쟁을 국제사법재판소에 회부할 수 있다.

3. 각 당사국은 이 협약의 서명, 비준, 수락이나 승인 또는 가입시에 자국은

제2항에 구속되지 않는다고 선언할 수 있다. 다른 당사국들도 그러한 선언을 한 당사국에 관하여는 제2항에 구속되지 않는다.

　　4. 제3항에 따른 선언을 한 어떤 당사국도 국제연합 사무총장에게 통지함으로써 언제든지 그 선언을 철회할 수 있다.

제28조(서명)　이 협약은 뉴욕의 국제연합 본부에서 2007년 1월 17일까지 모든 국가들의 서명에 개방된다.

제29조(비준, 수락, 승인 또는 가입)

　　1. 이 협약은 비준, 수락 또는 승인을 받아야 한다.

　　2. 이 협약은 어떠한 국가의 가입을 위해서도 개방된다.

　　3. 비준, 수락, 승인 또는 가입의 문서는 국제연합 사무총장에게 기탁된다.

제30조(발효)

　　1. 이 협약은 국제연합 사무총장에게 30번째 비준, 수락, 승인 또는 가입의 문서가 기탁된 날로부터 30일째 되는 날에 발효한다.

　　2. 30번째 비준, 수락, 승인 또는 가입의 문서가 기탁된 이후 이 협약을 비준, 수락, 승인 또는 가입하는 각 국가에 대하여, 이 협약은 그 국가의 비준, 수락, 승인 또는 가입의 문서가 기탁된 날로부터 30일째 되는 날에 발효한다.

제31조(폐기)

　　1. 모든 당사국은 국제연합 사무총장에 대한 서면통고에 의하여 이 협약을 폐기할 수 있다.

　　2. 폐기는 국제연합 사무총장이 통지를 받은 날로부터 1년 후에 발효한다. 그러나 이 협약은 관계국들 중 어느 국가에 대해서 폐기가 발효되기 이전에 타국의 법원에서 그 국가를 상대로 제기된 소송에서 발생한 국가 또는 그 재산의 관할권 면제에 관한 여하한 문제에도 계속 적용된다.

　　3. 폐기는 이 협약에 규정된 의무로서 협약과는 관계없이 국제법상 적용되는 당사국의 의무에 어떠한 영향도 미치지 아니한다.

제32조(기탁 및 통지)

　　1. 국제연합 사무총장은 이 협약의 수탁자이다.

　　2. 국제연합 사무총장은 이 협약의 수탁자로서 모든 국가들에게 다음 사항을 통지해야 한다.

　　　(a) 이 협약의 서명 및 제29조와 제31조에 따른 비준, 수락, 승인 또는 가입의 문서의 기탁 또는 폐기의 통지.

　　　(b) 제30조에 따른 이 협약의 발효일.

　　　(c) 이 협약과 관련된 여하한 행위, 통지 또는 연락.

제33조(정본)　이 협약의 아랍어, 중국어, 영어, 프랑스어, 러시아어 및 스페인어 본은 동등한 정본이다.

이상의 증거로 아래 서명자들은 각자의 정부로부터 정당하게 권한을 위임받아

2005년 1월 17일 뉴욕에 있는 국제연합 본부에서 서명을 위해 개방된 이 협약에 서명하였다.

협약의 부속서
협약의 일부 규정에 관한 양해

본 부속서는 관련 규정들에 관한 양해를 밝히려는 목적을 가진다.

제10조와 관련하여

　　제10조에 있는 "면제(immunity)"라는 용어는 이 협약의 전체적인 맥락에서 이해되어야 한다.

　　제10조 제3항은 "법인격 부인(piercing the corporate veil)"의 문제, 또는 국가적 실체(State entity)가 청구에 대한 충족(satisfying a claim)을 회피하기 위하여 고의적으로 자신의 재정적 상황을 은폐시키거나 자산을 사후적으로 축소시킨 상황과 관련된 문제, 기타 관련 사항들을 예단하지 아니한다.

제11조와 관련하여

　　제11조 제2항 (d)에서 고용국의 "안보 이익(security interests)"에 대한 언급은 주로 국가안보와 외교공관 및 영사관의 안전에 관한 문제를 지칭하는 것으로 의도되었다.

　　1961년 외교관계에 관한 비엔나협약 제41조와 1963년 영사관계에 관한 비엔나협약 제55조에 따라 이들 조항에 언급된 모든 사람들은 접수국의 노동법을 포함하여 모든 법령을 준수할 의무가 있다. 동시에 1961년 외교관계에 관한 비엔나협약 제38조와 1963년 영사관계에 관한 비엔나협약 제71조에 따라 접수국은 공관 또는 영사관의 직무수행에 부당하게 간섭하지 않는 방식으로 자국의 관할권을 행사할 의무가 있다.

제13조 및 제14조와 관련하여

　　"결정(determination)"이라는 표현은 보호되는 권리들의 존재에 대한 확인이나 입증 뿐만 아니라, 그러한 권리들의 내용, 범위 및 정도를 포함하는 실체적 내용(substance)의 평가나 산정을 지칭하기 위해 사용된다.

제17조와 관련하여

　　"상업적 거래(commercial transaction)"라는 표현은 투자문제를 포함한다.

제19조와 관련하여

(c)에서의 "실체(entity)"라는 표현은 독립적 법인격체로서의 국가, 연방국가의 구성단위, 국가의 하부조직(subdivision), 그리고 국가 또는 그 밖의 실체(entity)의 독립적 법인격을 향유하는 기관이나 기구(agency or instrumentality)를 의미한다.

(c)에서의 "그 실체(entity)와 관련 있는 재산"이라는 말은 소유권이나 점유권 보다는 더 폭 넓은 의미로 이해되어야 한다.

제19조는 "법인격 부인(piercing the corporate veil)"의 문제, 또는 국가적 실체 (State entity)가 청구에 대한 충족(satisfying a claim)을 회피하기 위하여 고의적으로 자신의 재정적 상황을 은폐시키거나 자산을 사후적으로 축소시킨 상황과 관련되는 문제, 기타 관련 사항들을 예단하지 아니한다.

17. 「국제위법행위에 대한 국가책임」에 관한 ILC 규정[*]
(Draft Articles on Responsibility of States for internationally wrongful acts)

제 1 부 국가의 국제위법행위

제 1 장 일반원칙

제1조(국제위법행위에 대한 국가책임)

국가의 모든 국제위법행위는 그 국가의 국제책임을 발생시킨다.

(**Article 1**(Responsibility of a State for its internationally wrongful acts) Every internationally wrongful act of a State entails the international responsibility of that State.)

제2조(국가의 국제위법행위의 요건) 다음과 같은 작위(作爲) 또는 부작위 행위가 있을 때 국가의 국제위법행위가 존재한다.

(가) 국제법상 국가에 귀속될 수 있으며; 그리고

(나) 국가의 국제의무의 위반에 해당하는 경우.

(**Article 2** (Elements of an internationally wrongful act of a State)
There is an internationally wrongful act of a State when conduct consisting of an action or omission:
(a) Is attributable to the State under international law; and
(b) Constitutes a breach of an international obligation of the State.)

제3조(국가행위의 국제위법행위로의 결정) 국가행위의 국제위법성은 국제법에 의하여 결정된다. 이러한 판단은 그 행위의 국내법상 적법성에 의하여 영향받지 아니한다.

제 2 장 국가에 대한 행위의 귀속

제4조(국가기관의 행위)

1. 국가기관의 행위는 그 기관이 입법·행정·사법 또는 기타 어떠한 기능을 수행하든, 그 기관이 국가조직상 어떠한 지위를 차지하든, 그 기관의 성격이 중앙정부의 기관이든 또는 지방적 기관이든 상관없이, 국제법상 그 국가의 행위로 간주된다.

2. 기관은 그 국가의 국내법에 따라 그러한 지위를 가진 모든 개인이나 단체(entity)를 포함한다.

---

* 이 규정은 UN 국제법위원회(ILC)가 2001년 8월 완성하여 UN 총회로 보고하고, 2001년 12월 12일 UN 총회에서 결의 제56/83호(A/RES/56/83)로 채택되었음.

제5조(정부권한을 행사하는 개인 또는 단체의 행위) 제4조에 따른 국가기관은 아니지만 국가의 법에 의하여 정부권한(governmental authority)을 행사할 권한을 위임받은 개인이나 단체의 행위는 국제법상 국가의 행위로 간주된다. 단 그 개인이나 단체가 구체적 경우에 있어 그러한 자격에서 행동하였어야 한다.

제6조(국가에 의하여 타국의 통제 하에 맡겨진 기관의 행위)
  국가에 의하여 타국의 통제 하에 맡겨진 기관의 행위는 그 기관이 통제국의 정부권한을 행사하며 행동하는 경우 국제법상 통제국의 행위로 간주된다.

제7조(권한 초과 또는 지시위반)
  국가기관 또는 정부권한의 행사할 권한을 위임받은 개인이나 단체의 행위는 이들이 그 같은 자격에서 행동하였다면, 설사 그 행위가 자신의 권한을 초과하였거나 지시를 위반한 경우라도 국제법상 국가의 행위로 간주된다.

제8조(국가의 감독 또는 통제에 의한 행위)
  개인 또는 집단이 사실상 국가의 지시에 의하거나 국가의 감독 또는 통제에 따라 행동한(acting on the instructions of, or under the direction or control of) 경우, 그 개인 또는 집단의 행위는 국제법상 국가의 행위로 간주된다.

제9조(공공당국의 부재 또는 마비 상태에서 수행된 행위) 공공당국의 부재(不在) 또는 마비 상태로서 정부권한의 행사가 요구되는 상황에서 개인 또는 집단이 사실상 그러한 권한을 행사하였다면, 그 행위는 국제법상 국가의 행위로 간주된다.

제10조(반란단체 또는 다른 단체의 행위)
  1. 한 국가의 새 정부를 구성하게 된 반란단체의 행위는 국제법상 그 국가의 행위로 간주된다.
  2. 기존 국가의 영역 일부 또는 그 지배 하의 영역에서 새로운 국가수립에 성공한 반란단체 또는 기타의 행위는 국제법상 새 국가의 행위로 간주된다.
  3. 이 조는 해당 단체의 행위와 어떻게 관련되었든 제4조 내지 제9조에 의하여 그 국가의 행위로 간주되는 여하한 행위의 국가로의 귀속을 방해하지 아니한다.

제11조(국가에 의하여 자신의 행위로 승인·채택된 행위)
  위 조항들에 의하여 국가로 귀속될 수 없는 행위도 국가가 문제의 행위를 자신의 행위로 승인하고 채택하는(acknowledges and adopts) 경우, 그 같은 범위 내에서는 국제법상 그 국가의 행위로 간주된다.

제3장 국제의무의 위반

제12조(국제의무 위반의 존재) 국가의 행위가 국제의무에 의하여 요구되는 바와 합치되지 않는 경우, 그 의무의 연원이나 성격(origin and character)과는 관계없이 국가의 국제의무 위반이 존재한다.

제13조(국가에게 구속력 있는 국제의무) 행위의 발생시 국가가 당해 의무에 구속되고 있지 않다면, 국가의 행위는 국제의무 위반에 해당하지 아니한다.

제14조(국제의무 위반 시기의 확장)

　1. 지속적 성격(continuing character)을 갖지 아니한 국가행위에 의한 국제의무의 위반은 그 효과가 지속된다 할지라도 그 행위가 수행된 시점에 성립된다.

　2. 지속적 성격을 갖는 국가행위에 의한 국제의무의 위반은 그 행위가 지속되어 국제의무와 합치되지 않는 상태로 남아 있는 전(全)기간 동안 계속된다.

　3. 국가의 일정한 사건을 예방하여야 할 국제의무의 위반은 사건 발생시 성립하여, 그 사건이 지속되어 국제의무와 합치되지 않는 상태로 남아 있는 전 기간동안 계속된다.

제15조(복합적 행위에 의한 위반)

　1. 전체적으로(in aggregate) 위법으로 정의되는 일련의 작위 또는 부작위를 통한 국가의 국제의무 위반은 다른 작위 또는 부작위와 함께 위법행위를 구성하기에 충분한 작위 또는 부작위가 발생하였을 때 성립한다.

　2. 그 같은 경우 위반은 일련의 작위 또는 부작위가 처음 발생한 시기부터 그러한 작위 또는 부작위가 반복되고 국제의무에 합치되지 않는 상태로 남아 있는 전 기간동안 계속된다.

제 4 장　타국의 행위와 관련된 국가의 책임

제16조(국제위법행위의 실행에 대한 원조 또는 지원)

　타국의 국제위법행위의 실행을 원조 또는 지원한(aids or assists) 국가는 다음과 같은 경우 그러한 행동에 대하여 국제책임을 진다.

　　(가) 그 국가가 국제위법행위라는 사정을 알고 행동하였을 것; 그리고

　　(나) 그 행위는 그 국가가 행하였어도 국제법상 위법할 것.

제17조(국제위법행위의 실행에 대한 감독과 통제)

　타국이 국제위법행위를 실행하도록 그 국가를 감독하고 통제한(directs and controls) 국가는 다음과 같은 경우 그 행위에 대하여 국제책임을 진다.

　　(가) 그 국가가 국제위법행위라는 사정을 알고 행동하였을 것; 그리고

　　(나) 그 행위는 그 국가가 행하였어도 국제법상 위법할 것.

제18조(타국에 대한 강제)　타국에 대하여 어떠한 행위를 실행하도록 강제한(coerces) 국가는 다음과 같은 경우 그 행위에 대하여 국제책임을 진다.

　　(가) 강제가 없었다면 그 행위는 피강제국의 국제위법행위일 것; 그리고

　　(나) 강제국은 그 행위의 사정을 알고 그 같이 행동하였을 것.

제19조(이 장의 효과) 이 장은 문제의 행위를 행한 국가 또는 다른 국가의 국제책임이 본 규정의 다른 조항들에 의하여 성립하는 것을 방해하지 아니한다.

제 5 장　위법성 조각 사유

제20조(동의)　타국의 일정한 행위에 대한 국가의 유효한 동의(valid consent)는 그 국가에 대한 관계에 있어서 동의의 범위 내에서는 그 행위의 위법성을 조각한다.

제21조(자위) 국가의 행위가 국제연합 헌장과 합치되는 합법적 자위조치(a lawful measure of self-defence)에 해당한다면 그 행위의 위법성이 조각된다.

제22조(국제위법행위에 대한 대응조치) 행위가 제3부 제2장에 따른 타국에 대한 대응조치(countermeasures)에 해당하는 경우, 그 범위 내에서는 그 국가에 대한 국제의무와 합치되지 않는 국가행위의 위법성이 조각된다.

제23조(불가항력)

　　1. 행위가 불가항력(force *majeure*), 즉 그 상황에서는 의무의 이행을 실질적으로 불가능하게 만드는 국가의 통제를 넘어서는 저항할 수 없는 힘 또는 예상하지 못한 사건의 발생에(the occurrence of an irresistible force or of an unforeseen event, beyond control of the State) 기인한 경우라면 국제의무와 합치되지 않는 국가행위의 위법성이 조각된다.

　　2. 제1항은 다음의 경우에는 적용되지 아니한다:

　　　　(가) 불가항력의 상황이 이를 원용하는 국가의 행위에 의해서만 기인하거나 또는 다른 요소와 결합된 행위에서 기인하는 경우; 또는

　　　　(나) 국가가 그 같은 상황발생의 위험을 수용한 경우.

제24조(조난)

　　1. 행위자가 조난(disress) 상황에 처하여 자신이나 그의 보호 하에 맡겨진 다른 사람들의 생명을 구하기 위한 다른 합리적 방법이 없는 경우, 그 국가의 국제의무와 합치되지 아니하는 국가행위의 위법성이 조각된다.

　　2. 제1항은 다음의 경우에는 적용되지 아니한다

　　　　(가) 조난 상황이 이를 원용하는 국가의 행위에 의해서만 기인하거나 또는 다른 요소와 결합된 행위에서 기인되는 경우; 또는

　　　　(나) 문제의 행위가 그에 상당하거나 또는 더욱 중대한 위험을 야기시킬 우려가 있는 경우.

제25조(긴급피난)

　　1. 긴급피난(necessity)은 다음의 경우를 제외하고는 국가의 국제의무와 합치되지 아니하는 행위의 위법성을 조각시키는 근거로 원용될 수 없다.

　　　　(가) 그 행위가 중대하고 급박한 위험(grave and imminent peril)으로부터 국가의 본질적 이익(essential interest)을 보호하기 위한 유일한 방법인 경우; 그리고

　　　　(나) 그 행위가 의무이행의 상대국(들)이나 국제공동체 전체의 본질적 이익을 심각하게 해하지 않는 경우.

　　2. 다음의 경우에는 어떠한 상황에서도 긴급피난이 위법성을 조각시키는 근거로 국가에 의해 원용될 수 없다.

　　　　(가) 문제된 국제의무가 긴급피난의 원용 가능성을 배제하고 있는 경우; 또는

　　　　(나) 그 국가가 긴급피난 상황의 발생에 기여한 경우.

제26조(강행규범의 준수)

　　이 장의 어느 부분도 일반 국제법상의 강행규범(peremptory norm)에 따라 발생하

234

는 의무와 합치되지 않는 어떠한 국가행위의 위법성을 조각시키지 아니한다.

제27조(위법성 조각 사유 원용의 결과)

이 장에 따른 위법성 조각 사유의 원용은 다음을 방해하지 아니한다.

(가) 위법성 조각 사유가 더 이상 존재하지 않는 경우, 그 범위 내에서 문제된 의무의 준수; 또는

(나) 문제된 행위에 의하여 야기된 모든 실질적 손실(material loss)에 대한 보상문제.

제 2 부   국가의 국제책임의 내용

제 1 장   일반원칙

제28조(국제위법행위의 법적 효과) 제1부 규정들에 따른 국제위법행위로 인한 국가의 국제책임은 이 부에 규정된 법적 결과를 수반한다.

제29조(이행의무의 존속) 이 부에 따른 국제위법행위의 법적 결과는 위반된 의무를 이행할 유책국(有責國: responsible State)의 의무 계속에 영향을 주지 아니한다.

제30조(중지 및 재발방지) 국제위법행위에 책임이 있는 국가는 다음의 의무를 진다:

(가) 행위가 계속되고 있으면 이를 중지할 것.

(나) 상황에 따라 필요한 경우에는 재발방지의 적절한 확약 및 보장을 제공할 것.

제31조(배상)

1. 유책국은 국제위법행위에 의해 야기된 피해(injury)에 대하여 완전한 배상(full reparation)을 할 의무를 진다.

2. 피해는 국가의 국제위법행위에 의해 야기된 물질적 또는 정신적 손해(damage)를 모두 포함한다.

제32조(국내법의 무관) 유책국은 이 부에 따른 의무의 불이행을 정당화하기 위하여 국내법 규정에 의존할 수 없다.

제33조(이 부에 규정된 국제의무의 범위)

1. 이 부에 규정된 유책국의 의무는 국제의무의 성격과 내용 그리고 위반상황에 따라 다른 하나의 국가나 복수의 국가들 또는 국제공동체 전체에 대하여 부담한다.

2. 이 부는 국가의 국제책임으로 인하여 국가가 아닌 개인이나 단체에 대하여 직접 부여되는 어떠한 권리도 해하지 아니한다.

제 2 장   피해에 대한 배상

제34조(배상의 유형) 국제위법행위로 인한 피해(injury)에 대한 완전한 배상은 이 장의 규정에 따라 원상회복, 금전배상, 만족의 하나 또는 복합적 형태를 취한다.

제35조(원상회복)　국제위법행위에 책임이 있는 국가는 다음의 경우 그 범위 내에서는 원상회복(restitution)의 의무, 즉 위법행위가 발생하기 이전의 상황을 복구시킬 의무를 진다.

(가) 원상회복이 실질적으로 불가능하지 않은 경우.

(나) 금전배상 대신 원상회복에 따른 이익에 비하여 원상회복이 크게 불균형한 부담(a burden out of all proportion)을 수반하지 않는 경우.

제36조(금전배상)

1. 국제위법행위에 책임이 있는 국가는 이로 인한 손해가 원상회복에 의하여 전보되지 않는 범위 내에서는 그 손해에 대하여 금전배상(compensation)할 의무를 진다.

2. 금전배상은 확정된 범위 내에서의 일실이익(loss of profits)을 포함하여 금전적으로 산정 가능한 모든 손해를 포괄한다.

제37조(만족)

1. 국제위법행위에 책임이 있는 국가는 그 행위로 인한 피해가 원상회복이나 금전배상으로 전보될 수 없는 경우 이에 대하여 만족(Satisfaction)을 제공할 의무를 진다.

2. 만족은 위반의 인정, 유감의 표명, 공식사과 또는 기타 적절한 방식을 취한다.

3. 만족은 피해와 비례성을 상실해서는 아니되며, 유책국에 대하여 굴욕적인 형태를 취해서는 아니된다.

제38조(이자)

1. 완전한 배상을 위하여 필요한 경우에는 이 장에 의하여 부과된 원금에 대한 이자를 지급하여야 한다. 이율 및 계산방법은 그러한 결과를 달성시킬 수 있도록 정해져야 한다.

2. 이자는 원금의 지급 의무일로부터 지급의무가 완수된 날까지 부과된다.

제39조(피해에 대한 기여)　배상액의 결정에 있어서는 피해국 또는 배상 요구와 관련된 여하한 개인 또는 단체의 고의 또는 과실에 의한 작위 또는 부작위가 피해에 기여한 바가 고려되어야 한다.

제3장　일반 국제법의 강행규범상의 의무의 중대한 위반

제40조(이 장의 적용)

1. 이 장은 일반 국제법의 강행규범상의 의무에 대한 국가의 중대한 위반(serious breach)에 따른 국제책임에 대하여 적용된다.

2. 그러한 의무의 위반이 유책국에 의한 대규모적이거나 조직적인 의무 불이행(a gross or systematic failure)에 해당하는 경우 중대한 위반이다.

제41조(이 장의 의무의 중대한 위반의 특별한 결과)

1. 국가는 제40조상의 의미에 해당하는 어떠한 중대한 위반도 합법적인 수단을 통하여 종료시키도록 협력하여야 한다.

2. 어떠한 국가도 제40조상의 의미에 해당하는 중대한 위반에 의하여 발생한 상황을 합법적인 것으로 승인한다거나 또는 그러한 상황의 유지를 원조하거나 지원하여서는 아니된다.

3. 이 조는 제2부에 규정된 다른 결과 및 이 장이 적용되는 위반에 따른 국제법상 추가적인 결과 발생을 방해하지 아니한다.

제 3 부   국가의 국제책임의 이행

제 1 장   국가책임의 추궁

제42조(피해국에 의한 책임추궁) 국가는 위반된 의무가 다음에 해당하는 경우 피해국으로서 타국의 책임을 추궁할 수 있다.

(가) 그 국가에 대하여 개별적으로 부담하는 의무; 또는

(나) 그 국가를 포함한 국가집단(a group of States) 또는 국제공동체 전체에 대하여 부담하는 것으로서 그러한 의무의 위반이

(i) 그 국가에 특별히 영향을 미치는 경우; 또는

(ii) 그 의무의 추가적 이행과 관련하여 의무이행의 대상인 모든 다른 국가의 지위를 급격히 변화시키는 성격을 지닌 경우.

(Article 42 (Invocation of responsibility by an injured State)
A State is entitled as an injured State to invoke the responsibility of another State if the obligation breached is owed to:
(a) That State individually; or
(b) A group of States including that State, or the international community as a whole, and the breach of the obligation:
(i) Specially affects that State; or
(ii) Is of such a character as radically to change the position of all the other States to which the obligation is owed with respect to the further performance of the obligation.)

제43조(피해국에 의한 청구의 통지)

1. 타국의 책임을 추궁하는 피해국은 자신의 청구(claim)를 그 국가에 통지하여야 한다.

2. 피해국은 특히 다음 사항을 적시할 수 있다:

(가) 위법행위가 계속 중인 경우 이를 중지시키기 위하여 유책국이 취해야 할 행위;

(나) 제2부의 규정에 따라 취하여져야 할 배상의 형태.

제44조(청구의 수리가능성) 다음의 경우에는 국가 책임이 추궁될 수 없다:

(가) 청구가 청구의 국적(nationality of claims)과 관련하여 적용되는 규칙에 따라 제기되지 아니한 경우;

(나) 청구에 국내적 구제완료의 규칙이 적용됨에도 불구하고, 이용가능하고 실효성이 있는 국내적 구제가 아직 완료되지 않은 경우.

제45조(책임을 추궁할 권리의 상실)

다음의 경우에는 국가의 책임이 추궁되지 아니한다:

(가) 피해국이 유효하게 청구권을 포기한 경우;

(나) 피해국이 자신의 행위에 의하여 청구권의 소멸을 유효하게 묵인한 것으로 간주되는 경우.

제46조(복수의 피해국)

동일한 국제위법행위에 의하여 복수의 국가가 피해를 입었을 경우, 각 피해국은 국제위법행위를 범한 국가의 책임을 개별적으로 추궁할 수 있다.

제47조(복수의 유책국)

1. 복수의 국가가 동일한 국제위법행위에 대해 책임이 있을 경우, 그 행위에 관하여는 각각의 국가의 책임이 추궁될 수 있다.

2. 제1항은

(가) 어떠한 피해국도 자신이 입은 손해 이상으로 금전배상받는 것을 허용하지 아니한다.

(나) 다른 유책국에게 구상할 권리를 해하지 아니한다.

제48조(피해국 이외의 국가에 의한 책임 추궁)

1. 다음과 같은 경우 피해국 이외의 어떠한 국가도 제2항에 따라 타국의 책임을 추궁할 권리를 가진다.

(가) 위반된 의무가 그 국가를 포함한 국가집단에 대한 것이고, 이들 국가들의 집단적 이익(collective interest)의 보호를 위하여 수립된 것일 경우; 또는

(나) 위반된 의무가 국제공동체 전체에 대한 것일 경우.

2. 제1항 따라 책임을 추궁할 권리가 있는 국가는 유책국에 대하여 다음을 청구할 수 있다.

(가) 제30조에 따른 국제위법행위의 중지와 재발방지의 확약 및 보장.

(나) 위의 조항들에 따라 피해국이나 위반된 의무의 수혜자를 위한 배상의무의 이행.

3. 제43조, 제44조, 제45조에 의한 피해국의 책임추궁 요건들은 제1항에 따라 권리가 부여된 국가에 의한 책임추궁에도 적용된다.

제 2 장 대응조치(countermeasures)

제49조(대응조치의 대상과 제한)

1. 피해국은 오직 국제위법행위에 책임이 있는 국가가 제2부에 따른 의무를 준수하도록 유도하기 위해서만 그 국가에 대하여 대응조치를 취할 수 있다.

2. 대응조치는 유책국에 대하여 조치를 취하는 국가의 국제의무를 당분간 이행하지 않는 것으로 제한된다.

3. 대응조치는 가능한 한 문제된 의무의 이행을 재개시킬 수 있는 방법으로 취해져야 한다.

제50조(대응조치에 의하여 영향 받지 않는 의무)

    1. 대응조치는 다음에 대하여 영향을 주어서는 아니된다.

        (가) 국제연합 헌장에 구현되어 있는 무력의 위협이나 행사를 삼갈 의무.

        (나) 기본적 인권을 보호할 의무.

        (다) 복구(reprisals)가 금지되는 인도적 성격의 의무.

        (라) 기타 일반국제법상의 강행규범에 따른 의무.

    2. 대응조치를 취하는 국가는 다음 의무의 이행으로부터 면제되지 아니한다.

        (가) 자국과 유책국간에 적용되는 분쟁해결절차상의 의무.

        (나) 외교사절 또는 영사, 공관지역, 문서 및 서류의 불가침을 존중할 의무.

제51조(비례성) 대응조치는 국제위법행위의 심각성과 문제되는 권리를 참작하여, 입은 피해에 비례하여야 한다.

제52조(대응조치에의 호소를 위한 조건)

    1. 대응조치를 취하기 전에 피해국은

        (가) 제43조에 따라 유책국에게 제2부상의 의무를 이행할 것을 요구한다.

        (나) 대응조치를 취하기로 한 결정을 유책국에게 통고하고, 그 국가에게 협상을 제안하여야 한다.

    2. 제1항 나호에도 불구하고 피해국은 자신의 권리의 보호를 위하여 필요한 긴급 대응조치를 취할 수 있다.

    3. 다음의 경우에는 대응조치가 취해져서는 아니 되며, 이미 취해진 경우라면 지체 없이 중지되어야 한다.

        (가) 국제위법행위가 종료된 경우; 그리고

        (나) 분쟁이 당사자들에게 구속력 있는 결정을 할 권한을 가진 재판소나 법정에 계속 중인 경우.

    4. 제3항은 유책국이 분쟁해결절차를 신의성실하게 이행하지 않는 경우에는 적용되지 아니한다.

제53조(대응조치의 종료) 대응조치는 유책국이 국제위법행위와 관련하여 제2부상의 의무를 이행하는 즉시 종료되어야 한다.

제54조(피해국 이외의 국가에 의한 조치)

  이 장은 위반행위의 중지 및 피해국이나 위반된 의무의 수혜자를 위한 배상을 확보하기 위하여 제48조 제1항에 따라 타국의 책임을 추궁할 권리가 있는 국가가 그 타국에 대하여 합법적 조치를 취할 권리를 방해하지 아니한다.

제 4 부　일반 조항

제55조(특별법)

  국제위법행위의 성립요건 또는 국가의 국제책임의 내용이나 이행이 국제법상의 특별규칙의 적용을 받는 경우, 그 범위 내에서는 본 조항들이 적용되지 아니한다.

제56조(이 조항들에 의하여 규율되지 않는 국가책임의 문제)

  이 조항들에 의하여 규율되지 않은 범위에서는 국제법의 적용 가능한 규칙들이 국제위법행위에 관한 국가책임상의 문제들에 관해 계속 적용된다.

제57조(국제기구의 책임) 이 조항들은 국제기구의 행위에 관한 국제기구 또는 국가의 국제법상의 어떠한 책임문제도 방해하지 아니한다.

제58조(개인의 책임) 이 조항들은 국가를 대표하여 행동하는 자의 국제법상 어떠한 개인적 책임문제도 방해하지 아니한다.

제59조(국제연합 헌장) 이 조항들은 국제연합 헌장을 방해하지 아니한다.

18. 대한민국 헌법[*]

유구한 역사와 전통에 빛나는 우리 대한국민은 3·1운동으로 건립된 대한민국임시정부의 법통과 불의에 항거한 4·19민주이념을 계승하고, 조국의 민주개혁과 평화적 통일의 사명에 입각하여 정의·인도와 동포애로써 민족의 단결을 공고히 하고, 모든 사회적 폐습과 불의를 타파하며, 자율과 조화를 바탕으로 자유민주적 기본질서를 더욱 확고히 하여 정치·경제·사회·문화의 모든 영역에 있어서 각인의 기회를 균등히 하고, 능력을 최고도로 발휘하게 하며, 자유와 권리에 따르는 책임과 의무를 완수하게 하여, 안으로는 국민생활의 균등한 향상을 기하고 밖으로는 항구적인 세계평화와 인류공영에 이바지함으로써 우리들과 우리들의 자손의 안전과 자유와 행복을 영원히 확보할 것을 다짐하면서 1948년 7월 12일에 제정되고 8차에 걸쳐 개정된 헌법을 이제 국회의 의결을 거쳐 국민투표에 의하여 개정한다.

제 1 장 총 강

제1조
　① 대한민국은 민주공화국이다.
　② 대한민국의 주권은 국민에게 있고, 모든 권력은 국민으로부터 나온다.
제2조
　① 대한민국의 국민이 되는 요건은 법률로 정한다.
　② 국가는 법률이 정하는 바에 의하여 재외국민을 보호할 의무를 진다.
제3조　대한민국의 영토는 한반도와 그 부속도서로 한다.
제4조　대한민국은 통일을 지향하며, 자유민주적 기본질서에 입각한 평화적 통일정책을 수립하고 이를 추진한다.
제5조
　① 대한민국은 국제평화의 유지에 노력하고 침략적 전쟁을 부인한다.
　② 국군은 국가의 안전보장과 국토방위의 신성한 의무를 수행함을 사명으로 하며, 그 정치적 중립성은 준수된다.
제6조
　① 헌법에 의하여 체결·공포된 조약과 일반적으로 승인된 국제법규는 국내법과 같은 효력을 가진다.

---

[*] 1987. 10. 29 전부개정. 1988. 2. 25 시행.

② 외국인은 국제법과 조약이 정하는 바에 의하여 그 지위가 보장된다.

제7조

① 공무원은 국민전체에 대한 봉사자이며, 국민에 대하여 책임을 진다.

② 공무원의 신분과 정치적 중립성은 법률이 정하는 바에 의하여 보장된다.

제8조

① 정당의 설립은 자유이며, 복수정당제는 보장된다.

② 정당은 그 목적·조직과 활동이 민주적이어야 하며, 국민의 정치적 의사형성에 참여하는데 필요한 조직을 가져야 한다.

③ 정당은 법률이 정하는 바에 의하여 국가의 보호를 받으며, 국가는 법률이 정하는 바에 의하여 정당운영에 필요한 자금을 보조할 수 있다.

④ 정당의 목적이나 활동이 민주적 기본질서에 위배될 때에는 정부는 헌법재판소에 그 해산을 제소할 수 있고, 정당은 헌법재판소의 심판에 의하여 해산된다.

제9조 국가는 전통문화의 계승·발전과 민족문화의 창달에 노력하여야 한다.

제 2 장 국민의 권리와 의무

제10조 모든 국민은 인간으로서의 존엄과 가치를 가지며, 행복을 추구할 권리를 가진다. 국가는 개인이 가지는 불가침의 기본적 인권을 확인하고 이를 보장할 의무를 진다.

제11조

① 모든 국민은 법 앞에 평등하다. 누구든지 성별·종교 또는 사회적 신분에 의하여 정치적·경제적·사회적·문화적 생활의 모든 영역에 있어서 차별을 받지 아니한다.

② 사회적 특수계급의 제도는 인정되지 아니하며, 어떠한 형태로도 이를 창설할 수 없다.

③ 훈장등의 영전은 이를 받은 자에게만 효력이 있고, 어떠한 특권도 이에 따르지 아니한다.

제12조

① 모든 국민은 신체의 자유를 가진다. 누구든지 법률에 의하지 아니하고는 체포·구속·압수·수색 또는 심문을 받지 아니하며, 법률과 적법한 절차에 의하지 아니하고는 처벌·보안처분 또는 강제노역을 받지 아니한다.

② 모든 국민은 고문을 받지 아니하며, 형사상 자기에게 불리한 진술을 강요당하지 아니한다.

③ 체포·구속·압수 또는 수색을 할 때에는 적법한 절차에 따라 검사의 신청에 의하여 법관이 발부한 영장을 제시하여야 한다. 다만, 현행범인인 경우와 장기 3년 이상의 형에 해당하는 죄를 범하고 도피 또는 증거인멸의 염려가 있을 때에

는 사후에 영장을 청구할 수 있다.

　④ 누구든지 체포 또는 구속을 당한 때에는 즉시 변호인의 조력을 받을 권리를 가진다. 다만, 형사피고인이 스스로 변호인을 구할 수 없을 때에는 법률이 정하는 바에 의하여 국가가 변호인을 붙인다.

　⑤ 누구든지 체포 또는 구속의 이유와 변호인의 조력을 받을 권리가 있음을 고지받지 아니하고는 체포 또는 구속을 당하지 아니한다. 체포 또는 구속을 당한 자의 가족등 법률이 정하는 자에게는 그 이유와 일시·장소가 지체없이 통지되어야 한다.

　⑥ 누구든지 체포 또는 구속을 당한 때에는 적부의 심사를 법원에 청구할 권리를 가진다.

　⑦ 피고인의 자백이 고문·폭행·협박·구속의 부당한 장기화 또는 기망 기타의 방법에 의하여 자의로 진술된 것이 아니라고 인정될 때 또는 정식재판에 있어서 피고인의 자백이 그에게 불리한 유일한 증거일 때에는 이를 유죄의 증거로 삼거나 이를 이유로 처벌할 수 없다.

제13조

　① 모든 국민은 행위시의 법률에 의하여 범죄를 구성하지 아니하는 행위로 소추되지 아니하며, 동일한 범죄에 대하여 거듭 처벌받지 아니한다.

　② 모든 국민은 소급입법에 의하여 참정권의 제한을 받거나 재산권을 박탈당하지 아니한다.

　③ 모든 국민은 자기의 행위가 아닌 친족의 행위로 인하여 불이익한 처우를 받지 아니한다.

제14조　모든 국민은 거주·이전의 자유를 가진다.

제15조　모든 국민은 직업선택의 자유를 가진다.

제16조　모든 국민은 주거의 자유를 침해받지 아니한다. 주거에 대한 압수나 수색을 할 때에는 검사의 신청에 의하여 법관이 발부한 영장을 제시하여야 한다.

제17조　모든 국민은 사생활의 비밀과 자유를 침해받지 아니한다.

제18조　모든 국민은 통신의 비밀을 침해받지 아니한다.

제19조　모든 국민은 양심의 자유를 가진다.

제20조

　① 모든 국민은 종교의 자유를 가진다.

　② 국교는 인정되지 아니하며, 종교와 정치는 분리된다.

제21조

　① 모든 국민은 언론·출판의 자유와 집회·결사의 자유를 가진다.

　② 언론·출판에 대한 허가나 검열과 집회·결사에 대한 허가는 인정되지 아니한다.

　③ 통신·방송의 시설기준과 신문의 기능을 보장하기 위하여 필요한 사항은 법률로 정한다.

　④ 언론·출판은 타인의 명예나 권리 또는 공중도덕이나 사회윤리를 침해하여

서는 아니된다. 언론·출판이 타인의 명예나 권리를 침해한 때에는 피해자는 이에 대한 피해의 배상을 청구할 수 있다.

제22조

① 모든 국민은 학문과 예술의 자유를 가진다.

② 저작자·발명가·과학기술자와 예술가의 권리는 법률로써 보호한다.

제23조

① 모든 국민의 재산권은 보장된다. 그 내용과 한계는 법률로 정한다.

② 재산권의 행사는 공공복리에 적합하도록 하여야 한다.

③ 공공필요에 의한 재산권의 수용·사용 또는 제한 및 그에 대한 보상은 법률로써 하되, 정당한 보상을 지급하여야 한다.

제24조 모든 국민은 법률이 정하는 바에 의하여 선거권을 가진다.

제25조 모든 국민은 법률이 정하는 바에 의하여 공무담임권을 가진다.

제26조

① 모든 국민은 법률이 정하는 바에 의하여 국가기관에 문서로 청원할 권리를 가진다.

② 국가는 청원에 대하여 심사할 의무를 진다.

제27조

① 모든 국민은 헌법과 법률이 정한 법관에 의하여 법률에 의한 재판을 받을 권리를 가진다.

② 군인 또는 군무원이 아닌 국민은 대한민국의 영역안에서는 중대한 군사상 기밀·초병·초소·유독음식물공급·포로·군용물에 관한 죄중 법률이 정한 경우와 비상계엄이 선포된 경우를 제외하고는 군사법원의 재판을 받지 아니한다.

③ 모든 국민은 신속한 재판을 받을 권리를 가진다. 형사피고인은 상당한 이유가 없는 한 지체없이 공개재판을 받을 권리를 가진다.

④ 형사피고인은 유죄의 판결이 확정될 때까지는 무죄로 추정된다.

⑤ 형사피해자는 법률이 정하는 바에 의하여 당해 사건의 재판절차에서 진술할 수 있다.

제28조 형사피의자 또는 형사피고인으로서 구금되었던 자가 법률이 정하는 불기소처분을 받거나 무죄판결을 받은 때에는 법률이 정하는 바에 의하여 국가에 정당한 보상을 청구할 수 있다.

제29조

① 공무원의 직무상 불법행위로 손해를 받은 국민은 법률이 정하는 바에 의하여 국가 또는 공공단체에 정당한 배상을 청구할 수 있다. 이 경우 공무원 자신의 책임은 면제되지 아니한다.

② 군인·군무원·경찰공무원 기타 법률이 정하는 자가 전투·훈련등 직무집행과 관련하여 받은 손해에 대하여는 법률이 정하는 보상외에 국가 또는 공공단체에 공무원의 직무상 불법행위로 인한 배상은 청구할 수 없다.

제30조 타인의 범죄행위로 인하여 생명·신체에 대한 피해를 받은 국민은 법률이 정하는 바에 의하여 국가로부터 구조를 받을 수 있다.

제31조

① 모든 국민은 능력에 따라 균등하게 교육을 받을 권리를 가진다.

② 모든 국민은 그 보호하는 자녀에게 적어도 초등교육과 법률이 정하는 교육을 받게 할 의무를 진다.

③ 의무교육은 무상으로 한다.

④ 교육의 자주성·전문성·정치적 중립성 및 대학의 자율성은 법률이 정하는 바에 의하여 보장된다.

⑤ 국가는 평생교육을 진흥하여야 한다.

⑥ 학교교육 및 평생교육을 포함한 교육제도와 그 운영, 교육재정 및 교원의 지위에 관한 기본적인 사항은 법률로 정한다.

제32조

① 모든 국민은 근로의 권리를 가진다. 국가는 사회적·경제적 방법으로 근로자의 고용의 증진과 적정임금의 보장에 노력하여야 하며, 법률이 정하는 바에 의하여 최저임금제를 시행하여야 한다.

② 모든 국민은 근로의 의무를 진다. 국가는 근로의 의무의 내용과 조건을 민주주의원칙에 따라 법률로 정한다.

③ 근로조건의 기준은 인간의 존엄성을 보장하도록 법률로 정한다.

④ 여자의 근로는 특별한 보호를 받으며, 고용·임금 및 근로조건에 있어서 부당한 차별을 받지 아니한다.

⑤ 연소자의 근로는 특별한 보호를 받는다.

⑥ 국가유공자·상이군경 및 전몰군경의 유가족은 법률이 정하는 바에 의하여 우선적으로 근로의 기회를 부여받는다.

제33조

① 근로자는 근로조건의 향상을 위하여 자주적인 단결권·단체교섭권 및 단체행동권을 가진다.

② 공무원인 근로자는 법률이 정하는 자에 한하여 단결권·단체교섭권 및 단체행동권을 가진다.

③ 법률이 정하는 주요방위산업체에 종사하는 근로자의 단체행동권은 법률이 정하는 바에 의하여 이를 제한하거나 인정하지 아니할 수 있다.

제34조

① 모든 국민은 인간다운 생활을 할 권리를 가진다.

② 국가는 사회보장·사회복지의 증진에 노력할 의무를 진다.

③ 국가는 여자의 복지와 권익의 향상을 위하여 노력하여야 한다.

④ 국가는 노인과 청소년의 복지향상을 위한 정책을 실시할 의무를 진다.

⑤ 신체장애자 및 질병·노령 기타의 사유로 생활능력이 없는 국민은 법률이 정하는 바에 의하여 국가의 보호를 받는다.

⑥ 국가는 재해를 예방하고 그 위험으로부터 국민을 보호하기 위하여 노력하여야 한다.

제35조
① 모든 국민은 건강하고 쾌적한 환경에서 생활할 권리를 가지며, 국가와 국민은 환경보전을 위하여 노력하여야 한다.
② 환경권의 내용과 행사에 관하여는 법률로 정한다.
③ 국가는 주택개발정책등을 통하여 모든 국민이 쾌적한 주거생활을 할 수 있도록 노력하여야 한다.

제36조
① 혼인과 가족생활은 개인의 존엄과 양성의 평등을 기초로 성립되고 유지되어야 하며, 국가는 이를 보장한다.
② 국가는 모성의 보호를 위하여 노력하여야 한다.
③ 모든 국민은 보건에 관하여 국가의 보호를 받는다.

제37조
① 국민의 자유와 권리는 헌법에 열거되지 아니한 이유로 경시되지 아니한다.
② 국민의 모든 자유와 권리는 국가안전보장·질서유지 또는 공공복리를 위하여 필요한 경우에 한하여 법률로써 제한할 수 있으며, 제한하는 경우에도 자유와 권리의 본질적인 내용을 침해할 수 없다.

제38조 모든 국민은 법률이 정하는 바에 의하여 납세의 의무를 진다.

제39조
① 모든 국민은 법률이 정하는 바에 의하여 국방의 의무를 진다.
② 누구든지 병역의무의 이행으로 인하여 불이익한 처우를 받지 아니한다.

제 3 장 국 회

제40조 입법권은 국회에 속한다.

제41조
① 국회는 국민의 보통·평등·직접·비밀선거에 의하여 선출된 국회의원으로 구성한다.
② 국회의원의 수는 법률로 정하되, 200인 이상으로 한다.
③ 국회의원의 선거구와 비례대표제 기타 선거에 관한 사항은 법률로 정한다.

제42조 국회의원의 임기는 4년으로 한다.

제43조 국회의원은 법률이 정하는 직을 겸할 수 없다.

제44조
① 국회의원은 현행범인인 경우를 제외하고는 회기중 국회의 동의없이 체포 또는 구금되지 아니한다.

② 국회의원이 회기전에 체포 또는 구금된 때에는 현행범인이 아닌 한 국회의 요구가 있으면 회기중 석방된다.

제45조 국회의원은 국회에서 직무상 행한 발언과 표결에 관하여 국회외에서 책임을 지지 아니한다.

제46조

① 국회의원은 청렴의 의무가 있다.

② 국회의원은 국가이익을 우선하여 양심에 따라 직무를 행한다.

③ 국회의원은 그 지위를 남용하여 국가·공공단체 또는 기업체와의 계약이나 그 처분에 의하여 재산상의 권리·이익 또는 직위를 취득하거나 타인을 위하여 그 취득을 알선할 수 없다.

제47조

① 국회의 정기회는 법률이 정하는 바에 의하여 매년 1회 집회되며, 국회의 임시회는 대통령 또는 국회재적의원 4분의 1 이상의 요구에 의하여 집회된다.

② 정기회의 회기는 100일을, 임시회의 회기는 30일을 초과할 수 없다.

③ 대통령이 임시회의 집회를 요구할 때에는 기간과 집회요구의 이유를 명시하여야 한다.

제48조 국회는 의장 1인과 부의장 2인을 선출한다.

제49조 국회는 헌법 또는 법률에 특별한 규정이 없는 한 재적의원 과반수의 출석과 출석의원 과반수의 찬성으로 의결한다. 가부동수인 때에는 부결된 것으로 본다.

제50조

① 국회의 회의는 공개한다. 다만, 출석의원 과반수의 찬성이 있거나 의장이 국가의 안전보장을 위하여 필요하다고 인정할 때에는 공개하지 아니할 수 있다.

② 공개하지 아니한 회의내용의 공표에 관하여는 법률이 정하는 바에 의한다.

제51조 국회에 제출된 법률안 기타의 의안은 회기중에 의결되지 못한 이유로 폐기되지 아니한다. 다만, 국회의원의 임기가 만료된 때에는 그러하지 아니하다.

제52조 국회의원과 정부는 법률안을 제출할 수 있다.

제53조

① 국회에서 의결된 법률안은 정부에 이송되어 15일 이내에 대통령이 공포한다.

② 법률안에 이의가 있을 때에는 대통령은 제1항의 기간내에 이의서를 붙여 국회로 환부하고, 그 재의를 요구할 수 있다. 국회의 폐회중에도 또한 같다.

③ 대통령은 법률안의 일부에 대하여 또는 법률안을 수정하여 재의를 요구할 수 없다.

④ 재의의 요구가 있을 때에는 국회는 재의에 붙이고, 재적의원과반수의 출석과 출석의원 3분의 2 이상의 찬성으로 전과 같은 의결을 하면 그 법률안은 법률로서 확정된다.

⑤ 대통령이 제1항의 기간내에 공포나 재의의 요구를 하지 아니한 때에도 그 법률안은 법률로서 확정된다.

⑥ 대통령은 제4항과 제5항의 규정에 의하여 확정된 법률을 지체없이 공포하

여야 한다. 제5항에 의하여 법률이 확정된 후 또는 제4항에 의한 확정법률이 정부
에 이송된 후 5일 이내에 대통령이 공포하지 아니할 때에는 국회의장이 이를 공
포한다.

⑦ 법률은 특별한 규정이 없는 한 공포한 날로부터 20일을 경과함으로써 효
력을 발생한다.

제54조

① 국회는 국가의 예산안을 심의·확정한다.

② 정부는 회계연도마다 예산안을 편성하여 회계연도 개시 90일전까지 국회
에 제출하고, 국회는 회계연도 개시 30일전까지 이를 의결하여야 한다.

③ 새로운 회계연도가 개시될 때까지 예산안이 의결되지 못한 때에는 정부는
국회에서 예산안이 의결될 때까지 다음의 목적을 위한 경비는 전년도 예산에 준
하여 집행할 수 있다.

1. 헌법이나 법률에 의하여 설치된 기관 또는 시설의 유지·운영
2. 법률상 지출의무의 이행
3. 이미 예산으로 승인된 사업의 계속

제55조

① 한 회계연도를 넘어 계속하여 지출할 필요가 있을 때에는 정부는 연한을
정하여 계속비로서 국회의 의결을 얻어야 한다.

② 예비비는 총액으로 국회의 의결을 얻어야 한다. 예비비의 지출은 차기국회
의 승인을 얻어야 한다.

제56조 정부는 예산에 변경을 가할 필요가 있을 때에는 추가경정예산안을 편성
하여 국회에 제출할 수 있다.

제57조 국회는 정부의 동의없이 정부가 제출한 지출예산 각항의 금액을 증가하
거나 새 비목을 설치할 수 없다.

제58조 국채를 모집하거나 예산외에 국가의 부담이 될 계약을 체결하려 할 때
에는 정부는 미리 국회의 의결을 얻어야 한다.

제59조 조세의 종목과 세율은 법률로 정한다.

제60조

① 국회는 상호원조 또는 안전보장에 관한 조약, 중요한 국제조직에 관한 조
약, 우호통상항해조약, 주권의 제약에 관한 조약, 강화조약, 국가나 국민에게 중대
한 재정적 부담을 지우는 조약 또는 입법사항에 관한 조약의 체결·비준에 대한
동의권을 가진다.

② 국회는 선전포고, 국군의 외국에의 파견 또는 외국군대의 대한민국 영역안
에서의 주류에 대한 동의권을 가진다.

제61조

① 국회는 국정을 감사하거나 특정한 국정사안에 대하여 조사할 수 있으며,
이에 필요한 서류의 제출 또는 증인의 출석과 증언이나 의견의 진술을 요구할 수
있다.

248

② 국정감사 및 조사에 관한 절차 기타 필요한 사항은 법률로 정한다.

제62조

① 국무총리·국무위원 또는 정부위원은 국회나 그 위원회에 출석하여 국정처리상황을 보고하거나 의견을 진술하고 질문에 응답할 수 있다.

② 국회나 그 위원회의 요구가 있을 때에는 국무총리·국무위원 또는 정부위원은 출석·답변하여야 하며, 국무총리 또는 국무위원이 출석요구를 받은 때에는 국무위원 또는 정부위원으로 하여금 출석·답변하게 할 수 있다.

제63조

① 국회는 국무총리 또는 국무위원의 해임을 대통령에게 건의할 수 있다.

② 제1항의 해임건의는 국회재적의원 3분의 1 이상의 발의에 의하여 국회재적의원 과반수의 찬성이 있어야 한다.

제64조

① 국회는 법률에 저촉되지 아니하는 범위안에서 의사와 내부규율에 관한 규칙을 제정할 수 있다.

② 국회는 의원의 자격을 심사하며, 의원을 징계할 수 있다.

③ 의원을 제명하려면 국회재적의원 3분의 2 이상의 찬성이 있어야 한다.

④ 제2항과 제3항의 처분에 대하여는 법원에 제소할 수 없다.

제65조

① 대통령·국무총리·국무위원·행정각부의 장·헌법재판소 재판관·법관·중앙선거관리위원회 위원·감사원장·감사위원 기타 법률이 정한 공무원이 그 직무집행에 있어서 헌법이나 법률을 위배한 때에는 국회는 탄핵의 소추를 의결할 수 있다.

② 제1항의 탄핵소추는 국회재적의원 3분의 1 이상의 발의가 있어야 하며, 그 의결은 국회재적의원 과반수의 찬성이 있어야 한다. 다만, 대통령에 대한 탄핵소추는 국회재적의원 과반수의 발의와 국회재적의원 3분의 2 이상의 찬성이 있어야 한다.

③ 탄핵소추의 의결을 받은 자는 탄핵심판이 있을 때까지 그 권한행사가 정지된다.

④ 탄핵결정은 공직으로부터 파면함에 그친다. 그러나, 이에 의하여 민사상이나 형사상의 책임이 면제되지는 아니한다.

제 4 장 정 부

제 1 절 대통령

제66조

① 대통령은 국가의 원수이며, 외국에 대하여 국가를 대표한다.

② 대통령은 국가의 독립·영토의 보전·국가의 계속성과 헌법을 수호할 책무

를 진다.

③ 대통령은 조국의 평화적 통일을 위한 성실한 의무를 진다.

④ 행정권은 대통령을 수반으로 하는 정부에 속한다.

제67조

① 대통령은 국민의 보통·평등·직접·비밀선거에 의하여 선출한다.

② 제1항의 선거에 있어서 최고득표자가 2인 이상인 때에는 국회의 재적의원 과반수가 출석한 공개회의에서 다수표를 얻은 자를 당선자로 한다.

③ 대통령후보자가 1인일 때에는 그 득표수가 선거권자 총수의 3분의 1 이상이 아니면 대통령으로 당선될 수 없다.

④ 대통령으로 선거될 수 있는 자는 국회의원의 피선거권이 있고 선거일 현재 40세에 달하여야 한다.

⑤ 대통령의 선거에 관한 사항은 법률로 정한다.

제68조

① 대통령의 임기가 만료되는 때에는 임기만료 70일 내지 40일전에 후임자를 선거한다.

② 대통령이 궐위된 때 또는 대통령 당선자가 사망하거나 판결 기타의 사유로 그 자격을 상실한 때에는 60일 이내에 후임자를 선거한다.

제69조 대통령은 취임에 즈음하여 다음의 선서를 한다.

"나는 헌법을 준수하고 국가를 보위하며 조국의 평화적 통일과 국민의 자유와 복리의 증진 및 민족문화의 창달에 노력하여 대통령으로서의 직책을 성실히 수행할 것을 국민 앞에 엄숙히 선서합니다."

제70조 대통령의 임기는 5년으로 하며, 중임할 수 없다.

제71조 대통령이 궐위되거나 사고로 인하여 직무를 수행할 수 없을 때에는 국무총리, 법률이 정한 국무위원의 순서로 그 권한을 대행한다.

제72조 대통령은 필요하다고 인정할 때에는 외교·국방·통일 기타 국가안위에 관한 중요정책을 국민투표에 붙일 수 있다.

제73조 대통령은 조약을 체결·비준하고, 외교사절을 신임·접수 또는 파견하며, 선전포고와 강화를 한다.

제74조

① 대통령은 헌법과 법률이 정하는 바에 의하여 국군을 통수한다.

② 국군의 조직과 편성은 법률로 정한다.

제75조 대통령은 법률에서 구체적으로 범위를 정하여 위임받은 사항과 법률을 집행하기 위하여 필요한 사항에 관하여 대통령령을 발할 수 있다.

제76조

① 대통령은 내우·외환·천재·지변 또는 중대한 재정·경제상의 위기에 있어서 국가의 안전보장 또는 공공의 안녕질서를 유지하기 위하여 긴급한 조치가 필요하고 국회의 집회를 기다릴 여유가 없을 때에 한하여 최소한으로 필요한 재정·경제상의 처분을 하거나 이에 관하여 법률의 효력을 가지는 명령을 발할 수 있다.

② 대통령은 국가의 안위에 관계되는 중대한 교전상태에 있어서 국가를 보위하기 위하여 긴급한 조치가 필요하고 국회의 집회가 불가능한 때에 한하여 법률의 효력을 가지는 명령을 발할 수 있다.

③ 대통령은 제1항과 제2항의 처분 또는 명령을 한 때에는 지체없이 국회에 보고하여 그 승인을 얻어야 한다.

④ 제3항의 승인을 얻지 못한 때에는 그 처분 또는 명령은 그때부터 효력을 상실한다. 이 경우 그 명령에 의하여 개정 또는 폐지되었던 법률은 그 명령이 승인을 얻지 못한 때부터 당연히 효력을 회복한다.

⑤ 대통령은 제3항과 제4항의 사유를 지체없이 공포하여야 한다.

제77조

① 대통령은 전시·사변 또는 이에 준하는 국가비상사태에 있어서 병력으로써 군사상의 필요에 응하거나 공공의 안녕질서를 유지할 필요가 있을 때에는 법률이 정하는 바에 의하여 계엄을 선포할 수 있다.

② 계엄은 비상계엄과 경비계엄으로 한다.

③ 비상계엄이 선포된 때에는 법률이 정하는 바에 의하여 영장제도, 언론·출판·집회·결사의 자유, 정부나 법원의 권한에 관하여 특별한 조치를 할 수 있다.

④ 계엄을 선포한 때에는 대통령은 지체없이 국회에 통고하여야 한다.

⑤ 국회가 재적의원 과반수의 찬성으로 계엄의 해제를 요구한 때에는 대통령은 이를 해제하여야 한다.

제78조 대통령은 헌법과 법률이 정하는 바에 의하여 공무원을 임면한다.

제79조

① 대통령은 법률이 정하는 바에 의하여 사면·감형 또는 복권을 명할 수 있다.

② 일반사면을 명하려면 국회의 동의를 얻어야 한다.

③ 사면·감형 및 복권에 관한 사항은 법률로 정한다.

제80조 대통령은 법률이 정하는 바에 의하여 훈장 기타의 영전을 수여한다.

제81조 대통령은 국회에 출석하여 발언하거나 서한으로 의견을 표시할 수 있다.

제82조 대통령의 국법상 행위는 문서로써 하며, 이 문서에는 국무총리와 관계 국무위원이 부서한다. 군사에 관한 것도 또한 같다.

제83조 대통령은 국무총리·국무위원·행정각부의 장 기타 법률이 정하는 공사의 직을 겸할 수 없다.

제84조 대통령은 내란 또는 외환의 죄를 범한 경우를 제외하고는 재직중 형사상의 소추를 받지 아니한다.

제85조 전직대통령의 신분과 예우에 관하여는 법률로 정한다.

제 2 절 행정부

제 1 관 국무총리와 국무위원

제86조

　① 국무총리는 국회의 동의를 얻어 대통령이 임명한다.

　② 국무총리는 대통령을 보좌하며, 행정에 관하여 대통령의 명을 받아 행정각부를 통할한다.

　③ 군인은 현역을 면한 후가 아니면 국무총리로 임명될 수 없다.

제87조

　① 국무위원은 국무총리의 제청으로 대통령이 임명한다.

　② 국무위원은 국정에 관하여 대통령을 보좌하며, 국무회의의 구성원으로서 국정을 심의한다.

　③ 국무총리는 국무위원의 해임을 대통령에게 건의할 수 있다.

　④ 군인은 현역을 면한 후가 아니면 국무위원으로 임명될 수 없다.

제 2 관 국무회의

제88조

　① 국무회의는 정부의 권한에 속하는 중요한 정책을 심의한다.

　② 국무회의는 대통령·국무총리와 15인 이상 30인 이하의 국무위원으로 구성한다.

　③ 대통령은 국무회의의 의장이 되고, 국무총리는 부의장이 된다.

제89조　다음 사항은 국무회의의 심의를 거쳐야 한다.

　1. 국정의 기본계획과 정부의 일반정책

　2. 선전·강화 기타 중요한 대외정책

　3. 헌법개정안·국민투표안·조약안·법률안 및 대통령령안

　4. 예산안·결산·국유재산처분의 기본계획·국가의 부담이 될 계약 기타 재정에 관한 중요사항

　5. 대통령의 긴급명령·긴급재정경제처분 및 명령 또는 계엄과 그 해제

　6. 군사에 관한 중요사항

　7. 국회의 임시회 집회의 요구

　8. 영전수여

　9. 사면·감형과 복권

　10. 행정각부간의 권한의 획정

　11. 정부안의 권한의 위임 또는 배정에 관한 기본계획

　12. 국정처리상황의 평가·분석

　13. 행정각부의 중요한 정책의 수립과 조정

　14. 정당해산의 제소

　15. 정부에 제출 또는 회부된 정부의 정책에 관계되는 청원의 심사

252

16. 검찰총장·합동참모의장·각군참모총장·국립대학교총장·대사 기타 법률이 정한 공무원과 국영기업체관리자의 임명
17. 기타 대통령·국무총리 또는 국무위원이 제출한 사항

제90조
① 국정의 중요한 사항에 관한 대통령의 자문에 응하기 위하여 국가원로로 구성되는 국가원로자문회의를 둘 수 있다.
② 국가원로자문회의의 의장은 직전대통령이 된다. 다만, 직전대통령이 없을 때에는 대통령이 지명한다.
③ 국가원로자문회의의 조직·직무범위 기타 필요한 사항은 법률로 정한다.

제91조
① 국가안전보장에 관련되는 대외정책·군사정책과 국내정책의 수립에 관하여 국무회의의 심의에 앞서 대통령의 자문에 응하기 위하여 국가안전보장회의를 둔다.
② 국가안전보장회의는 대통령이 주재한다.
③ 국가안전보장회의의 조직·직무범위 기타 필요한 사항은 법률로 정한다.

제92조
① 평화통일정책의 수립에 관한 대통령의 자문에 응하기 위하여 민주평화통일자문회의를 둘 수 있다.
② 민주평화통일자문회의의 조직·직무범위 기타 필요한 사항은 법률로 정한다.

제93조
① 국민경제의 발전을 위한 중요정책의 수립에 관하여 대통령의 자문에 응하기 위하여 국민경제자문회의를 둘 수 있다.
② 국민경제자문회의의 조직·직무범위 기타 필요한 사항은 법률로 정한다.

제 3 관 행정각부

제94조 행정각부의 장은 국무위원 중에서 국무총리의 제청으로 대통령이 임명한다.
제95조 국무총리 또는 행정각부의 장은 소관사무에 관하여 법률이나 대통령령의 위임 또는 직권으로 총리령 또는 부령을 발할 수 있다.
제96조 행정각부의 설치·조직과 직무범위는 법률로 정한다.

제 4 관 감사원

제97조 국가의 세입·세출의 결산, 국가 및 법률이 정한 단체의 회계검사와 행정기관 및 공무원의 직무에 관한 감찰을 하기 위하여 대통령 소속하에 감사원을 둔다.
제98조
① 감사원은 원장을 포함한 5인 이상 11인 이하의 감사위원으로 구성한다.
② 원장은 국회의 동의를 얻어 대통령이 임명하고, 그 임기는 4년으로 하며,

1차에 한하여 중임할 수 있다.

    ③ 감사위원은 원장의 제청으로 대통령이 임명하고, 그 임기는 4년으로 하며, 1차에 한하여 중임할 수 있다.

제99조   감사원은 세입·세출의 결산을 매년 검사하여 대통령과 차년도국회에 그 결과를 보고하여야 한다.

제100조   감사원의 조직·직무범위·감사위원의 자격·감사대상공무원의 범위 기타 필요한 사항은 법률로 정한다.

제 5 장 법   원

제101조
    ① 사법권은 법관으로 구성된 법원에 속한다.
    ② 법원은 최고법원인 대법원과 각급법원으로 조직된다.
    ③ 법관의 자격은 법률로 정한다.

제102조
    ① 대법원에 부를 둘 수 있다.
    ② 대법원에 대법관을 둔다. 다만, 법률이 정하는 바에 의하여 대법관이 아닌 법관을 둘 수 있다.
    ③ 대법원과 각급법원의 조직은 법률로 정한다.

제103조   법관은 헌법과 법률에 의하여 그 양심에 따라 독립하여 심판한다.

제104조
    ① 대법원장은 국회의 동의를 얻어 대통령이 임명한다.
    ② 대법관은 대법원장의 제청으로 국회의 동의를 얻어 대통령이 임명한다.
    ③ 대법원장과 대법관이 아닌 법관은 대법관회의의 동의를 얻어 대법원장이 임명한다.

제105조
    ① 대법원장의 임기는 6년으로 하며, 중임할 수 없다.
    ② 대법관의 임기는 6년으로 하며, 법률이 정하는 바에 의하여 연임할 수 있다.
    ③ 대법원장과 대법관이 아닌 법관의 임기는 10년으로 하며, 법률이 정하는 바에 의하여 연임할 수 있다.
    ④ 법관의 정년은 법률로 정한다.

제106조
    ① 법관은 탄핵 또는 금고 이상의 형의 선고에 의하지 아니하고는 파면되지 아니하며, 징계처분에 의하지 아니하고는 정직·감봉 기타 불리한 처분을 받지 아니한다.
    ② 법관이 중대한 심신상의 장해로 직무를 수행할 수 없을 때에는 법률이 정

하는 바에 의하여 퇴직하게 할 수 있다.

제107조

① 법률이 헌법에 위반되는 여부가 재판의 전제가 된 경우에는 법원은 헌법
재판소에 제청하여 그 심판에 의하여 재판한다.

② 명령·규칙 또는 처분이 헌법이나 법률에 위반되는 여부가 재판의 전제가
된 경우에는 대법원은 이를 최종적으로 심사할 권한을 가진다.

③ 재판의 전심절차로서 행정심판을 할 수 있다. 행정심판의 절차는 법률로
정하되, 사법절차가 준용되어야 한다.

제108조 대법원은 법률에 저촉되지 아니하는 범위안에서 소송에 관한 절차, 법
원의 내부규율과 사무처리에 관한 규칙을 제정할 수 있다.

제109조 재판의 심리와 판결은 공개한다. 다만, 심리는 국가의 안전보장 또는
안녕질서를 방해하거나 선량한 풍속을 해할 염려가 있을 때에는 법원의 결정으로
공개하지 아니할 수 있다.

제110조

① 군사재판을 관할하기 위하여 특별법원으로서 군사법원을 둘 수 있다.

② 군사법원의 상고심은 대법원에서 관할한다.

③ 군사법원의 조직·권한 및 재판관의 자격은 법률로 정한다.

④ 비상계엄하의 군사재판은 군인·군무원의 범죄나 군사에 관한 간첩죄의 경
우와 초병·초소·유독음식물공급·포로에 관한 죄중 법률이 정한 경우에 한하여 단
심으로 할 수 있다. 다만, 사형을 선고한 경우에는 그러하지 아니하다.

제 6 장 헌법재판소

제111조

① 헌법재판소는 다음 사항을 관장한다.

1. 법원의 제청에 의한 법률의 위헌여부 심판

2. 탄핵의 심판

3. 정당의 해산 심판

4. 국가기관 상호간, 국가기관과 지방자치단체간 및 지방자치단체 상호간의
권한쟁의에 관한 심판

5. 법률이 정하는 헌법소원에 관한 심판

② 헌법재판소는 법관의 자격을 가진 9인의 재판관으로 구성하며, 재판관은
대통령이 임명한다.

③ 제2항의 재판관중 3인은 국회에서 선출하는 자를, 3인은 대법원장이 지명
하는 자를 임명한다.

④ 헌법재판소의 장은 국회의 동의를 얻어 재판관중에서 대통령이 임명한다.

제112조

① 헌법재판소 재판관의 임기는 6년으로 하며, 법률이 정하는 바에 의하여 연임할 수 있다.

② 헌법재판소 재판관은 정당에 가입하거나 정치에 관여할 수 없다.

③ 헌법재판소 재판관은 탄핵 또는 금고 이상의 형의 선고에 의하지 아니하고는 파면되지 아니한다.

제113조

① 헌법재판소에서 법률의 위헌결정, 탄핵의 결정, 정당해산의 결정 또는 헌법소원에 관한 인용결정을 할 때에는 재판관 6인 이상의 찬성이 있어야 한다.

② 헌법재판소는 법률에 저촉되지 아니하는 범위안에서 심판에 관한 절차, 내부규율과 사무처리에 관한 규칙을 제정할 수 있다.

③ 헌법재판소의 조직과 운영 기타 필요한 사항은 법률로 정한다.

제 7 장　선거관리

제114조

① 선거와 국민투표의 공정한 관리 및 정당에 관한 사무를 처리하기 위하여 선거관리위원회를 둔다.

② 중앙선거관리위원회는 대통령이 임명하는 3인, 국회에서 선출하는 3인과 대법원장이 지명하는 3인의 위원으로 구성한다. 위원장은 위원중에서 호선한다.

③ 위원의 임기는 6년으로 한다.

④ 위원은 정당에 가입하거나 정치에 관여할 수 없다.

⑤ 위원은 탄핵 또는 금고 이상의 형의 선고에 의하지 아니하고는 파면되지 아니한다.

⑥ 중앙선거관리위원회는 법령의 범위안에서 선거관리·국민투표관리 또는 정당사무에 관한 규칙을 제정할 수 있으며, 법률에 저촉되지 아니하는 범위안에서 내부규율에 관한 규칙을 제정할 수 있다.

⑦ 각급 선거관리위원회의 조직·직무범위 기타 필요한 사항은 법률로 정한다.

제115조

① 각급 선거관리위원회는 선거인명부의 작성등 선거사무와 국민투표사무에 관하여 관계 행정기관에 필요한 지시를 할 수 있다.

② 제1항의 지시를 받은 당해 행정기관은 이에 응하여야 한다.

제116조

① 선거운동은 각급 선거관리위원회의 관리하에 법률이 정하는 범위안에서 하되, 균등한 기회가 보장되어야 한다.

② 선거에 관한 경비는 법률이 정하는 경우를 제외하고는 정당 또는 후보자

에게 부담시킬 수 없다.

제 8 장   지방자치

제117조
　① 지방자치단체는 주민의 복리에 관한 사무를 처리하고 재산을 관리하며, 법령의 범위안에서 자치에 관한 규정을 제정할 수 있다.
　② 지방자치단체의 종류는 법률로 정한다.
제118조
　① 지방자치단체에 의회를 둔다.
　② 지방의회의 조직·권한·의원선거와 지방자치단체의 장의 선임방법 기타 지방자치단체의 조직과 운영에 관한 사항은 법률로 정한다.

제 9 장   경   제

제119조
　① 대한민국의 경제질서는 개인과 기업의 경제상의 자유와 창의를 존중함을 기본으로 한다.
　② 국가는 균형있는 국민경제의 성장 및 안정과 적정한 소득의 분배를 유지하고, 시장의 지배와 경제력의 남용을 방지하며, 경제주체간의 조화를 통한 경제의 민주화를 위하여 경제에 관한 규제와 조정을 할 수 있다.
제120조
　① 광물 기타 중요한 지하자원·수산자원·수력과 경제상 이용할 수 있는 자연력은 법률이 정하는 바에 의하여 일정한 기간 그 채취·개발 또는 이용을 특허할 수 있다.
　② 국토와 자원은 국가의 보호를 받으며, 국가는 그 균형있는 개발과 이용을 위하여 필요한 계획을 수립한다.
제121조
　① 국가는 농지에 관하여 경자유전의 원칙이 달성될 수 있도록 노력하여야 하며, 농지의 소작제도는 금지된다.
　② 농업생산성의 제고와 농지의 합리적인 이용을 위하거나 불가피한 사정으로 발생하는 농지의 임대차와 위탁경영은 법률이 정하는 바에 의하여 인정된다.
제122조　국가는 국민 모두의 생산 및 생활의 기반이 되는 국토의 효율적이고 균형있는 이용·개발과 보전을 위하여 법률이 정하는 바에 의하여 그에 관한 필요한 제한과 의무를 과할 수 있다.

제123조

　① 국가는 농업 및 어업을 보호·육성하기 위하여 농·어촌종합개발과 그 지원 등 필요한 계획을 수립·시행하여야 한다.

　② 국가는 지역간의 균형있는 발전을 위하여 지역경제를 육성할 의무를 진다.

　③ 국가는 중소기업을 보호·육성하여야 한다.

　④ 국가는 농수산물의 수급균형과 유통구조의 개선에 노력하여 가격안정을 도모함으로써 농·어민의 이익을 보호한다.

　⑤ 국가는 농·어민과 중소기업의 자조조직을 육성하여야 하며, 그 자율적 활동과 발전을 보장한다.

제124조　국가는 건전한 소비행위를 계도하고 생산품의 품질향상을 촉구하기 위한 소비자보호운동을 법률이 정하는 바에 의하여 보장한다.

제125조　국가는 대외무역을 육성하며, 이를 규제·조정할 수 있다.

제126조　국방상 또는 국민경제상 긴절한 필요로 인하여 법률이 정하는 경우를 제외하고는, 사영기업을 국유 또는 공유로 이전하거나 그 경영을 통제 또는 관리할 수 없다.

제127조

　① 국가는 과학기술의 혁신과 정보 및 인력의 개발을 통하여 국민경제의 발전에 노력하여야 한다.

　② 국가는 국가표준제도를 확립한다.

　③ 대통령은 제1항의 목적을 달성하기 위하여 필요한 자문기구를 둘 수 있다.

제 10 장　헌법개정

제128조

　① 헌법개정은 국회재적의원 과반수 또는 대통령의 발의로 제안된다.

　② 대통령의 임기연장 또는 중임변경을 위한 헌법개정은 그 헌법개정 제안 당시의 대통령에 대하여는 효력이 없다.

제129조　제안된 헌법개정안은 대통령이 20일 이상의 기간 이를 공고하여야 한다.

제130조

　① 국회는 헌법개정안이 공고된 날로부터 60일 이내에 의결하여야 하며, 국회의 의결은 재적의원 3분의 2 이상의 찬성을 얻어야 한다.

　② 헌법개정안은 국회가 의결한 후 30일 이내에 국민투표에 붙여 국회의원선거권자 과반수의 투표와 투표자 과반수의 찬성을 얻어야 한다.

　③ 헌법개정안이 제2항의 찬성을 얻은 때에는 헌법개정은 확정되며, 대통령은 즉시 이를 공포하여야 한다.

부칙 〈제10호, 1987.10.29〉

제1조 이 헌법은 1988년 2월 25일부터 시행한다. 다만, 이 헌법을 시행하기 위하여 필요한 법률의 제정·개정과 이 헌법에 의한 대통령 및 국회의원의 선거 기타 이 헌법시행에 관한 준비는 이 헌법시행 전에 할 수 있다.

제2조

① 이 헌법에 의한 최초의 대통령선거는 이 헌법시행일 40일 전까지 실시한다.

② 이 헌법에 의한 최초의 대통령의 임기는 이 헌법시행일로부터 개시한다.

제3조

① 이 헌법에 의한 최초의 국회의원선거는 이 헌법공포일로부터 6월 이내에 실시하며, 이 헌법에 의하여 선출된 최초의 국회의원의 임기는 국회의원선거후 이 헌법에 의한 국회의 최초의 집회일로부터 개시한다.

② 이 헌법공포 당시의 국회의원의 임기는 제1항에 의한 국회의 최초의 집회일 전일까지로 한다.

제4조

① 이 헌법시행 당시의 공무원과 정부가 임명한 기업체의 임원은 이 헌법에 의하여 임명된 것으로 본다. 다만, 이 헌법에 의하여 선임방법이나 임명권자가 변경된 공무원과 대법원장 및 감사원장은 이 헌법에 의하여 후임자가 선임될 때까지 그 직무를 행하며, 이 경우 전임자인 공무원의 임기는 후임자가 선임되는 전일까지로 한다.

② 이 헌법시행 당시의 대법원장과 대법원판사가 아닌 법관은 제1항 단서의 규정에 불구하고 이 헌법에 의하여 임명된 것으로 본다.

③ 이 헌법중 공무원의 임기 또는 중임제한에 관한 규정은 이 헌법에 의하여 그 공무원이 최초로 선출 또는 임명된 때로부터 적용한다.

제5조 이 헌법시행 당시의 법령과 조약은 이 헌법에 위배되지 아니하는 한 그 효력을 지속한다.

제6조 이 헌법시행 당시에 이 헌법에 의하여 새로 설치될 기관의 권한에 속하는 직무를 행하고 있는 기관은 이 헌법에 의하여 새로운 기관이 설치될 때까지 존속하며 그 직무를 행한다.

19. 국 적 법*

제1조(목적) 이 법은 대한민국의 국민이 되는 요건을 정함을 목적으로 한다.
제2조(출생에 의한 국적 취득)

① 다음 각 호의 어느 하나에 해당하는 자는 출생과 동시에 대한민국 국적(國籍)을 취득한다.

1. 출생 당시에 부(父)또는 모(母)가 대한민국의 국민인 자

2. 출생하기 전에 부가 사망한 경우에는 그 사망 당시에 부가 대한민국의 국민이었던 자

3. 부모가 모두 분명하지 아니한 경우나 국적이 없는 경우에는 대한민국에서 출생한 자

② 대한민국에서 발견된 기아(棄兒)는 대한민국에서 출생한 것으로 추정한다.

제3조(인지에 의한 국적 취득)

① 대한민국의 국민이 아닌 자(이하 "외국인"이라 한다)로서 대한민국의 국민인 부 또는 모에 의하여 인지(認知)된 자가 다음 각 호의 요건을 모두 갖추면 법무부장관에게 신고함으로써 대한민국 국적을 취득할 수 있다.

1. 대한민국의 「민법」상 미성년일 것

2. 출생 당시에 부 또는 모가 대한민국의 국민이었을 것

② 제1항에 따라 신고한 자는 그 신고를 한 때에 대한민국 국적을 취득한다.

③ 제1항에 따른 신고 절차와 그 밖에 필요한 사항은 대통령령으로 정한다.

제4조(귀화에 의한 국적 취득)

① 대한민국 국적을 취득한 사실이 없는 외국인은 법무부장관의 귀화허가(歸化許可)를 받아 대한민국 국적을 취득할 수 있다.

② 법무부장관은 귀화허가 신청을 받으면 제5조부터 제7조까지의 귀화 요건을 갖추었는지를 심사한 후 그 요건을 갖춘 사람에게만 귀화를 허가한다.

③ 제1항에 따라 귀화허가를 받은 사람은 법무부장관 앞에서 국민선서를 하고 귀화증서를 수여받은 때에 대한민국 국적을 취득한다. 다만, 법무부장관은 연령, 신체적·정신적 장애 등으로 국민선서의 의미를 이해할 수 없거나 이해한 것을 표현할 수 없다고 인정되는 사람에게는 국민선서를 면제할 수 있다.

④ 법무부장관은 제3항 본문에 따른 국민선서를 받고 귀화증서를 수여하는 업무와 같은 항 단서에 따른 국민선서의 면제 업무를 대통령령으로 정하는 바에 따라 지방출입국·외국인관서의 장에게 대행하게 할 수 있다.

---

* 법률 제18978호, 2022. 9. 15. 개정, 2022. 10. 1. 시행.

⑤ 제1항부터 제4항까지에 따른 신청절차, 심사, 국민선서 및 귀화증서 수여와 그 대행 등에 관하여 필요한 사항은 대통령령으로 정한다.

제5조(일반귀화 요건) 외국인이 귀화허가를 받기 위하여서는 제6조나 제7조에 해당하는 경우 외에는 다음 각 호의 요건을 갖추어야 한다.

1. 5년 이상 계속하여 대한민국에 주소가 있을 것

1의2. 대한민국에서 영주할 수 있는 체류자격을 가지고 있을 것

2. 대한민국의 「민법」상 성년일 것

3. 법령을 준수하는 등 법무부령으로 정하는 품행 단정의 요건을 갖출 것

4. 자신의 자산(資産)이나 기능(技能)에 의하거나 생계를 같이하는 가족에 의존하여 생계를 유지할 능력이 있을 것

5. 국어능력과 대한민국의 풍습에 대한 이해 등 대한민국 국민으로서의 기본 소양(素養)을 갖추고 있을 것

6. 귀화를 허가하는 것이 국가안전보장·질서유지 또는 공공복리를 해치지 아니한다고 법무부장관이 인정할 것

제6조(간이귀화 요건)

① 다음 각 호의 어느 하나에 해당하는 외국인으로서 대한민국에 3년 이상 계속하여 주소가 있는 사람은 제5조 제1호 및 제1호의2의 요건을 갖추지 아니하여도 귀화허가를 받을 수 있다.

1. 부 또는 모가 대한민국의 국민이었던 사람

2. 대한민국에서 출생한 사람으로서 부 또는 모가 대한민국에서 출생한 사람

3. 대한민국 국민의 양자(養子)로서 입양 당시 대한민국의 「민법」상 성년이었던 사람

② 배우자가 대한민국의 국민인 외국인으로서 다음 각 호의 어느 하나에 해당하는 사람은 제5조 제1호 및 제1호의2의 요건을 갖추지 아니하여도 귀화허가를 받을 수 있다.

1. 그 배우자와 혼인한 상태로 대한민국에 2년 이상 계속하여 주소가 있는 사람

2. 그 배우자와 혼인한 후 3년이 지나고 혼인한 상태로 대한민국에 1년 이상 계속하여 주소가 있는 사람

3. 제1호나 제2호의 기간을 채우지 못하였으나, 그 배우자와 혼인한 상태로 대한민국에 주소를 두고 있던 중 그 배우자의 사망이나 실종 또는 그 밖에 자신에게 책임이 없는 사유로 정상적인 혼인 생활을 할 수 없었던 사람으로서 제1호나 제2호의 잔여기간을 채웠고 법무부장관이 상당(相當)하다고 인정하는 사람

4. 제1호나 제2호의 요건을 충족하지 못하였으나, 그 배우자와의 혼인에 따라 출생한 미성년의 자(子)를 양육하고 있거나 양육하여야 할 사람으로서 제1호나 제2호의 기간을 채웠고 법무부장관이 상당하다고 인정하는 사람

제7조(특별귀화 요건)

① 다음 각 호의 어느 하나에 해당하는 외국인으로서 대한민국에 주소가 있는 사람은 제5조 제1호·제1호의2·제2호 또는 제4호의 요건을 갖추지 아니하여도

귀화허가를 받을 수 있다.

    1. 부 또는 모가 대한민국의 국민인 사람. 다만, 양자로서 대한민국의 「민법」상 성년이 된 후에 입양된 사람은 제외한다.

    2. 대한민국에 특별한 공로가 있는 사람

    3. 과학·경제·문화·체육 등 특정 분야에서 매우 우수한 능력을 보유한 사람으로서 대한민국의 국익에 기여할 것으로 인정되는 사람

    ② 제1항 제2호 및 제3호에 해당하는 사람을 정하는 기준 및 절차는 대통령령으로 정한다.

제8조(수반 취득)

    ① 외국인의 자(子)로서 대한민국의 「민법」상 미성년인 사람은 부 또는 모가 귀화허가를 신청할 때 함께 국적 취득을 신청할 수 있다.

    ② 제1항에 따라 국적 취득을 신청한 사람은 부 또는 모가 대한민국 국적을 취득한 때에 함께 대한민국 국적을 취득한다.

    ③ 제1항에 따른 신청절차와 그 밖에 필요한 사항은 대통령령으로 정한다.

제9조(국적회복에 의한 국적 취득)

    ① 대한민국의 국민이었던 외국인은 법무부장관의 국적회복허가(國籍回復許可)를 받아 대한민국 국적을 취득할 수 있다.

    ② 법무부장관은 국적회복허가 신청을 받으면 심사한 후 다음 각 호의 어느 하나에 해당하는 사람에게는 국적회복을 허가하지 아니한다.

    1. 국가나 사회에 위해(危害)를 끼친 사실이 있는 사람

    2. 품행이 단정하지 못한 사람

    3. 병역을 기피할 목적으로 대한민국 국적을 상실하였거나 이탈하였던 사람

    4. 국가안전보장·질서유지 또는 공공복리를 위하여 법무부장관이 국적회복을 허가하는 것이 적당하지 아니하다고 인정하는 사람

    ③ 제1항에 따라 국적회복허가를 받은 사람은 법무부장관 앞에서 국민선서를 하고 국적회복증서를 수여받은 때에 대한민국 국적을 취득한다. 다만, 법무부장관은 연령, 신체적·정신적 장애 등으로 국민선서의 의미를 이해할 수 없거나 이해한 것을 표현할 수 없다고 인정되는 사람에게는 국민선서를 면제할 수 있다.

    ④ 법무부장관은 제3항 본문에 따른 국민선서를 받고 국적회복증서를 수여하는 업무와 같은 항 단서에 따른 국민선서의 면제 업무를 대통령령으로 정하는 바에 따라 재외공관의 장 또는 지방출입국·외국인관서의 장에게 대행하게 할 수 있다.

    ⑤ 제1항부터 제4항까지에 따른 신청절차, 심사, 국민선서 및 국적회복증서 수여와 그 대행 등에 관하여 필요한 사항은 대통령령으로 정한다.

    ⑥ 국적회복허가에 따른 수반(隨伴) 취득에 관하여는 제8조를 준용(準用)한다

제10조(국적 취득자의 외국 국적 포기 의무)

    ① 대한민국 국적을 취득한 외국인으로서 외국 국적을 가지고 있는 자는 대한민국 국적을 취득한 날부터 1년 내에 그 외국 국적을 포기하여야 한다.

② 제1항에도 불구하고 다음 각 호의 어느 하나에 해당하는 자는 대한민국 국적을 취득한 날부터 1년 내에 외국 국적을 포기하거나 법무부장관이 정하는 바에 따라 대한민국에서 외국 국적을 행사하지 아니하겠다는 뜻을 법무부장관에게 서약하여야 한다.

1. 귀화허가를 받은 때에 제6조 제2항 제1호·제2호 또는 제7조 제1항 제2호·제3호의 어느 하나에 해당하는 사유가 있는 자

2. 제9조에 따라 국적회복허가를 받은 자로서 제7조 제1항 제2호 또는 제3호에 해당한다고 법무부장관이 인정하는 자

3. 대한민국의「민법」상 성년이 되기 전에 외국인에게 입양된 후 외국 국적을 취득하고 외국에서 계속 거주하다가 제9조에 따라 국적회복허가를 받은 자

4. 외국에서 거주하다가 영주할 목적으로 만 65세 이후에 입국하여 제9조에 따라 국적회복허가를 받은 자

5. 본인의 뜻에도 불구하고 외국의 법률 및 제도로 인하여 제1항을 이행하기 어려운 자로서 대통령령으로 정하는 자

③ 제1항 또는 제2항을 이행하지 아니한 자는 그 기간이 지난 때에 대한민국 국적을 상실(喪失)한다.

제11조(국적의 재취득)

① 제10조 제3항에 따라 대한민국 국적을 상실한 자가 그 후 1년 내에 그 외국 국적을 포기하면 법무부장관에게 신고함으로써 대한민국 국적을 재취득할 수 있다.

② 제1항에 따라 신고한 자는 그 신고를 한 때에 대한민국 국적을 취득한다.

③ 제1항에 따른 신고 절차와 그 밖에 필요한 사항은 대통령령으로 정한다.

제11조의2(복수국적자의 법적 지위 등)

① 출생이나 그 밖에 이 법에 따라 대한민국 국적과 외국 국적을 함께 가지게 된 사람으로서 대통령령으로 정하는 사람(이하 "복수국적자"(複數國籍者)라 한다)은 대한민국의 법령 적용에서 대한민국 국민으로만 처우한다.

② 복수국적자가 관계 법령에 따라 외국 국적을 보유한 상태에서 직무를 수행할 수 없는 분야에 종사하려는 경우에는 외국 국적을 포기하여야 한다.

③ 중앙행정기관의 장이 복수국적자를 외국인과 동일하게 처우하는 내용으로 법령을 제정 또는 개정하려는 경우에는 미리 법무부장관과 협의하여야 한다.

제12조(복수국적자의 국적선택의무)

① 만 20세가 되기 전에 복수국적자가 된 자는 만 22세가 되기 전까지, 만 20세가 된 후에 복수국적자가 된 자는 그 때부터 2년 내에 제13조와 제14조에 따라 하나의 국적을 선택하여야 한다. 다만, 제10조 제2항에 따라 법무부장관에게 대한민국에서 외국 국적을 행사하지 아니하겠다는 뜻을 서약한 복수국적자는 제외한다.

② 제1항 본문에도 불구하고「병역법」제8조에 따라 병역준비역에 편입된 자는 편입된 때부터 3개월 이내에 하나의 국적을 선택하거나 제3항 각 호의 어느

하나에 해당하는 때부터 2년 이내에 하나의 국적을 선택하여야 한다. 다만, 제13조에 따라 대한민국 국적을 선택하려는 경우에는 제3항 각 호의 어느 하나에 해당하기 전에도 할 수 있다.

　③ 직계존속(直系尊屬)이 외국에서 영주(永住)할 목적 없이 체류한 상태에서 출생한 자는 병역의무의 이행과 관련하여 다음 각 호의 어느 하나에 해당하는 경우에만 제14조에 따른 국적이탈신고를 할 수 있다.

　1. 현역·상근예비역·보충역 또는 대체역으로 복무를 마치거나 마친 것으로 보게 되는 경우

　2. 전시근로역에 편입된 경우

　3. 병역면제처분을 받은 경우

제13조(대한민국 국적의 선택 절차)

　① 복수국적자로서 제12조 제1항 본문에 규정된 기간 내에 대한민국 국적을 선택하려는 자는 외국 국적을 포기하거나 법무부장관이 정하는 바에 따라 대한민국에서 외국 국적을 행사하지 아니하겠다는 뜻을 서약하고 법무부장관에게 대한민국 국적을 선택한다는 뜻을 신고할 수 있다.

　② 복수국적자로서 제12조 제1항 본문에 규정된 기간 후에 대한민국 국적을 선택하려는 자는 외국 국적을 포기한 경우에만 법무부장관에게 대한민국 국적을 선택한다는 뜻을 신고할 수 있다. 다만, 제12조 제3항 제1호의 경우에 해당하는 자는 그 경우에 해당하는 때부터 2년 이내에는 제1항에서 정한 방식으로 대한민국 국적을 선택한다는 뜻을 신고할 수 있다.

　③ 제1항 및 제2항 단서에도 불구하고 출생 당시에 모가 자녀에게 외국 국적을 취득하게 할 목적으로 외국에서 체류 중이었던 사실이 인정되는 자는 외국 국적을 포기한 경우에만 대한민국 국적을 선택한다는 뜻을 신고할 수 있다.

　④ 제1항부터 제3항까지의 규정에 따른 신고의 수리(受理) 요건, 신고 절차, 그 밖에 필요한 사항은 대통령령으로 정한다.

제14조(대한민국 국적의 이탈 요건 및 절차)

　① 복수국적자로서 외국 국적을 선택하려는 자는 외국에 주소가 있는 경우에만 주소지 관할 재외공관의 장을 거쳐 법무부장관에게 대한민국 국적을 이탈한다는 뜻을 신고할 수 있다. 다만, 제12조 제2항 본문 또는 같은 조 제3항에 해당하는 자는 그 기간 이내에 또는 해당 사유가 발생한 때부터만 신고할 수 있다.

　② 제1항에 따라 국적 이탈의 신고를 한 자는 법무부장관이 신고를 수리한 때에 대한민국 국적을 상실한다.

　③ 제1항에 따른 신고 및 수리의 요건, 절차와 그 밖에 필요한 사항은 대통령령으로 정한다.

제14조의2(대한민국 국적의 이탈에 관한 특례)

　① 제12조 제2항 본문 및 제14조 제1항 단서에도 불구하고 다음 각 호의 요건을 모두 충족하는 복수국적자는 「병역법」 제8조에 따라 병역준비역에 편입된 때부터 3개월 이내에 대한민국 국적을 이탈한다는 뜻을 신고하지 못한 경우 법무

부장관에게 대한민국 국적의 이탈 허가를 신청할 수 있다.

　　1. 다음 각 목의 어느 하나에 해당하는 사람일 것

　　가. 외국에서 출생한 사람(직계존속이 외국에서 영주할 목적 없이 체류한 상태에서 출생한 사람은 제외한다)으로서 출생 이후 계속하여 외국에 주된 생활의 근거를 두고 있는 사람

　　나. 6세 미만의 아동일 때 외국으로 이주한 이후 계속하여 외국에 주된 생활의 근거를 두고 있는 사람

　　2. 제12조 제2항 본문 및 제14조 제1항 단서에 따라 병역준비역에 편입된 때부터 3개월 이내에 국적 이탈을 신고하지 못한 정당한 사유가 있을 것

　　② 법무부장관은 제1항에 따른 허가를 할 때 다음 각 호의 사항을 고려하여야 한다.

　　1. 복수국적자의 출생지 및 복수국적 취득경위

　　2. 복수국적자의 주소지 및 주된 거주지가 외국인지 여부

　　3. 대한민국 입국 횟수 및 체류 목적·기간

　　4. 대한민국 국민만이 누릴 수 있는 권리를 행사하였는지 여부

　　5. 복수국적으로 인하여 외국에서의 직업 선택에 상당한 제한이 있거나 이에 준하는 불이익이 있는지 여부

　　6. 병역의무 이행의 공평성과 조화되는지 여부

　　③ 제1항에 따른 허가 신청은 외국에 주소가 있는 복수국적자가 해당 주소지 관할 재외공관의 장을 거쳐 법무부장관에게 하여야 한다.

　　④ 제1항 및 제3항에 따라 국적의 이탈 허가를 신청한 사람은 법무부장관이 허가한 때에 대한민국 국적을 상실한다.

　　⑤ 제1항부터 제4항까지의 규정에 따른 신청자의 세부적인 자격기준, 허가 시의 구체적인 고려사항, 신청 및 허가 절차 등 필요한 사항은 대통령령으로 정한다.

제14조의3(복수국적자에 대한 국적선택명령)

　　① 법무부장관은 복수국적자로서 제12조 제1항 또는 제2항에서 정한 기간 내에 국적을 선택하지 아니한 자에게 1년 내에 하나의 국적을 선택할 것을 명하여야 한다.

　　② 법무부장관은 복수국적자로서 제10조 제2항, 제13조 제1항 또는 같은 조 제2항 단서에 따라 대한민국에서 외국 국적을 행사하지 아니하겠다는 뜻을 서약한 자가 그 뜻에 현저히 반하는 행위를 한 경우에는 6개월 내에 하나의 국적을 선택할 것을 명할 수 있다.

　　③ 제1항 또는 제2항에 따라 국적선택의 명령을 받은 자가 대한민국 국적을 선택하려면 외국 국적을 포기하여야 한다.

　　④ 제1항 또는 제2항에 따라 국적선택의 명령을 받고도 이를 따르지 아니한 자는 그 기간이 지난 때에 대한민국 국적을 상실한다.

　　⑤ 제1항 및 제2항에 따른 국적선택의 절차와 제2항에 따른 서약에 현저히 반하는 행위 유형은 대통령령으로 정한다.

제14조의4(대한민국 국적의 상실결정)

① 법무부장관은 복수국적자가 다음 각 호의 어느 하나의 사유에 해당하여 대한민국의 국적을 보유함이 현저히 부적합하다고 인정하는 경우에는 청문을 거쳐 대한민국 국적의 상실을 결정할 수 있다. 다만, 출생에 의하여 대한민국 국적을 취득한 자는 제외한다.

1. 국가안보, 외교관계 및 국민경제 등에 있어서 대한민국의 국익에 반하는 행위를 하는 경우

2. 대한민국의 사회질서 유지에 상당한 지장을 초래하는 행위로서 대통령령으로 정하는 경우

② 제1항에 따른 결정을 받은 자는 그 결정을 받은 때에 대한민국 국적을 상실한다.

제14조의5(복수국적자에 관한 통보의무 등)

① 공무원이 그 직무상 복수국적자를 발견하면 지체 없이 법무부장관에게 그 사실을 통보하여야 한다.

② 공무원이 그 직무상 복수국적자 여부를 확인할 필요가 있는 경우에는 당사자에게 질문을 하거나 필요한 자료의 제출을 요청할 수 있다.

③ 제1항에 따른 통보 절차는 대통령령으로 정한다.

제15조(외국 국적 취득에 따른 국적 상실)

① 대한민국의 국민으로서 자진하여 외국 국적을 취득한 자는 그 외국 국적을 취득한 때에 대한민국 국적을 상실한다.

② 대한민국의 국민으로서 다음 각 호의 어느 하나에 해당하는 자는 그 외국 국적을 취득한 때부터 6개월 내에 법무부장관에게 대한민국 국적을 보유할 의사가 있다는 뜻을 신고하지 아니하면 그 외국 국적을 취득한 때로 소급하여 대한민국 국적을 상실한 것으로 본다.

1. 외국인과의 혼인으로 그 배우자의 국적을 취득하게 된 자

2. 외국인에게 입양되어 그 양부 또는 양모의 국적을 취득하게 된 자

3. 외국인인 부 또는 모에게 인지되어 그 부 또는 모의 국적을 취득하게 된 자

4. 외국 국적을 취득하여 대한민국 국적을 상실하게 된 자의 배우자나 미성년의 자(子)로서 그 외국의 법률에 따라 함께 그 외국 국적을 취득하게 된 자

③ 외국 국적을 취득함으로써 대한민국 국적을 상실하게 된 자에 대하여 그 외국 국적의 취득일을 알 수 없으면 그가 사용하는 외국 여권의 최초 발급일에 그 외국 국적을 취득한 것으로 추정한다.

④ 제2항에 따른 신고 절차와 그 밖에 필요한 사항은 대통령령으로 정한다.

제16조(국적상실자의 처리)

① 대한민국 국적을 상실한 자(제14조에 따른 국적이탈의 신고를 한 자는 제외한다)는 법무부장관에게 국적상실신고를 하여야 한다.

② 공무원이 그 직무상 대한민국 국적을 상실한 자를 발견하면 지체 없이 법무부장관에게 그 사실을 통보하여야 한다.

266

③ 법무부장관은 그 직무상 대한민국 국적을 상실한 자를 발견하거나 제1항이나 제2항에 따라 국적상실의 신고나 통보를 받으면 가족관계등록 관서와 주민등록 관서에 통보하여야 한다.

④ 제1항부터 제3항까지의 규정에 따른 신고 및 통보의 절차와 그 밖에 필요한 사항은 대통령령으로 정한다.

제17조(관보 고시)

① 법무부장관은 대한민국 국적의 취득과 상실에 관한 사항이 발생하면 그 뜻을 관보에 고시(告示)하여야 한다.

② 제1항에 따라 관보에 고시할 사항은 대통령령으로 정한다.

제18조(국적상실자의 권리 변동)

① 대한민국 국적을 상실한 자는 국적을 상실한 때부터 대한민국의 국민만이 누릴 수 있는 권리를 누릴 수 없다.

② 제1항에 해당하는 권리 중 대한민국의 국민이었을 때 취득한 것으로서 양도(讓渡)할 수 있는 것은 그 권리와 관련된 법령에서 따로 정한 바가 없으면 3년 내에 대한민국의 국민에게 양도하여야 한다.

제19조(법정대리인이 하는 신고 등) 이 법에 규정된 신청이나 신고와 관련하여 그 신청이나 신고를 하려는 자가 15세 미만이면 법정대리인이 대신하여 이를 행한다.

제20조(국적 판정)

① 법무부장관은 대한민국 국적의 취득이나 보유 여부가 분명하지 아니한 자에 대하여 이를 심사한 후 판정할 수 있다.

② 제1항에 따른 심사 및 판정의 절차와 그 밖에 필요한 사항은 대통령령으로 정한다.

제21조(허가 등의 취소)

① 법무부장관은 거짓이나 그 밖의 부정한 방법으로 귀화허가나 국적회복허가 또는 국적보유판정을 받은 자에 대하여 그 허가 또는 판정을 취소할 수 있다.

② 제1항에 따른 취소의 기준·절차와 그 밖에 필요한 사항은 대통령령으로 정한다.

제22조(국적심의위원회)

① 국적에 관한 다음 각 호의 사항을 심의하기 위하여 법무부장관 소속으로 국적심의위원회(이하 "위원회"라 한다)를 둔다.

  1. 제7조 제1항 제3호에 해당하는 특별귀화 허가에 관한 사항
  2. 제14조의2에 따른 대한민국 국적의 이탈 허가에 관한 사항
  3. 제14조의4에 따른 대한민국 국적의 상실 결정에 관한 사항
  4. 그 밖에 국적업무와 관련하여 법무부장관이 심의를 요청하는 사항

② 법무부장관은 제1항 제1호부터 제3호까지의 허가 또는 결정 전에 위원회의 심의를 거쳐야 한다. 다만, 요건을 충족하지 못하는 것이 명백한 경우 등 대통령령으로 정하는 사항은 그러하지 아니하다.

③ 위원회는 제1항 각 호의 사항을 효과적으로 심의하기 위하여 필요하다고

인정하는 경우 관계 행정기관의 장에게 자료의 제출 또는 의견의 제시를 요청하거나 관계인을 출석시켜 의견을 들을 수 있다.

제23조(위원회의 구성 및 운영)

① 위원회는 위원장 1명을 포함하여 30명 이내의 위원으로 구성한다.

② 위원장은 법무부차관으로 하고, 위원은 다음 각 호의 사람으로 한다.

1. 법무부 소속 고위공무원단에 속하는 공무원으로서 법무부장관이 지명하는 사람 1명

2. 대통령령으로 정하는 관계 행정기관의 국장급 또는 이에 상당하는 공무원 중에서 법무부장관이 지명하는 사람

3. 국적 업무와 관련하여 학식과 경험이 풍부한 사람으로서 법무부장관이 위촉하는 사람

③ 제2항 제3호에 따른 위촉위원의 임기는 2년으로 하며, 한 번만 연임할 수 있다. 다만, 위원의 임기 중 결원이 생겨 새로 위촉하는 위원의 임기는 전임위원 임기의 남은 기간으로 한다.

④ 위원회의 회의는 제22조 제1항의 안건별로 위원장이 지명하는 10명 이상 15명 이내의 위원이 참석하되, 제2항 제3호에 따른 위촉위원이 과반수가 되도록 하여야 한다.

⑤ 위원회의 회의는 위원장 및 제4항에 따라 지명된 위원의 과반수의 출석으로 개의하고 출석위원 과반수의 찬성으로 의결한다.

⑥ 위원회의 사무를 처리하기 위하여 간사 1명을 두되, 간사는 위원장이 지명하는 일반직공무원으로 한다.

⑦ 위원회의 업무를 효율적으로 수행하기 위하여 위원회에 분야별로 분과위원회를 둘 수 있다.

⑧ 제1항부터 제7항까지의 규정에서 정하는 사항 외에 위원회의 구성 및 운영에 필요한 사항은 대통령령으로 정한다.

제24조(수수료)

① 이 법에 따른 허가신청, 신고 및 증명서 등의 발급을 받으려는 사람은 법무부령으로 정하는 바에 따라 수수료를 납부하여야 한다.

② 제1항에 따른 수수료는 정당한 사유가 있는 경우 이를 감액하거나 면제할 수 있다.

③ 제1항에 따른 수수료의 금액 및 제2항에 따른 수수료의 감액·면제 기준 등에 필요한 사항은 법무부령으로 정한다.

제25조(관계 기관 등의 협조)

① 법무부장관은 국적업무 수행에 필요하면 관계 기관의 장이나 관련 단체의 장에게 자료 제출, 사실 조사, 신원 조회, 의견 제출 등의 협조를 요청할 수 있다.

② 법무부장관은 국적업무를 수행하기 위하여 관계 기관의 장에게 다음 각 호의 정보 제공을 요청할 수 있다.

1. 범죄경력정보

   2. 수사경력정보

   3. 외국인의 범죄처분결과정보

   4. 여권발급정보

   5. 주민등록정보

   6. 가족관계등록정보

   7. 병적기록 등 병역관계정보

   8. 납세증명서

   ③ 제1항 및 제2항에 따른 협조 요청 또는 정보 제공 요청을 받은 관계 기관의 장이나 관련 단체의 장은 정당한 사유가 없으면 요청에 따라야 한다.

제26조(권한의 위임) 이 법에 따른 법무부장관의 권한은 대통령령으로 정하는 바에 따라 그 일부를 지방출입국·외국인관서의 장에게 위임할 수 있다.

제27조(벌칙 적용에서의 공무원 의제) 위원회의 위원 중 공무원이 아닌 사람은 「형법」 제127조 및 제129조부터 제132조까지의 규정을 적용할 때에는 공무원으로 본다.

20. 영해 및 접속수역법·

제1조(영해의 범위) 대한민국의 영해는 기선으로부터 측정하여 그 바깥쪽 12해리의 선까지에 이르는 수역으로 한다. 다만, 대통령령으로 정하는 바에 따라 일정수역의 경우에는 12해리 이내에서 영해의 범위를 따로 정할 수 있다.

제2조(기선)

① 영해의 폭을 측정하기 위한 통상의 기선은 대한민국이 공식적으로 인정한 대축척해도에 표시된 해안의 저조선으로 한다.

② 지리적 특수사정이 있는 수역의 경우에는 대통령령으로 정하는 기점을 연결하는 직선을 기선으로 할 수 있다.

제3조(내수) 영해의 폭을 측정하기 위한 기선으로부터 육지 쪽에 있는 수역은 내수로 한다.

제3조의2(접속수역의 범위) 대한민국의 접속수역은 기선으로부터 측정하여 그 바깥쪽 24해리의 선까지에 이르는 수역에서 대한민국의 영해를 제외한 수역으로 한다. 다만, 대통령령으로 정하는 바에 따라 일정수역의 경우에는 기선으로부터 24해리 이내에서 접속수역의 범위를 따로 정할 수 있다.

제4조(인접국 또는 대향국과의 경계선) 대한민국과 인접하거나 마주 보고 있는 국가와의 영해 및 접속수역의 경계선은 관계국과 별도의 합의가 없으면 두 나라가 각자 영해의 폭을 측정하는 기선상의 가장 가까운 지점으로부터 같은 거리에 있는 모든 점을 연결하는 중간선으로 한다.

제5조(외국선박의 통항)

① 외국선박은 대한민국의 평화·공공질서 또는 안전보장을 해치지 아니하는 범위에서 대한민국의 영해를 무해통항할 수 있다. 외국의 군함 또는 비상업용 정부선박이 영해를 통항하려는 경우에는 대통령령으로 정하는 바에 따라 관계 당국에 미리 알려야 한다.

② 외국선박이 통항할 때 다음 각 호의 행위를 하는 경우에는 대한민국의 평화·공공질서 또는 안전보장을 해치는 것으로 본다. 다만, 제2호부터 제5호까지, 제11호 및 제13호의 행위로서 관계 당국의 허가·승인 또는 동의를 받은 경우에는 그러하지 아니하다.

1. 대한민국의 주권·영토보전 또는 독립에 대한 어떠한 힘의 위협이나 행사, 그 밖에 국제연합헌장에 구현된 국제법원칙을 위반한 방법으로 하는 어떠한 힘의 위협이나 행사

---

* 법률 제15429호, 2018. 3. 13 일부개정. 2018. 6. 14 시행.

2. 무기를 사용하여 하는 훈련 또는 연습

3. 항공기의 이함·착함 또는 탑재

4. 군사기기의 발진·착함 또는 탑재

5. 잠수항행

6. 대한민국의 안전보장에 유해한 정보의 수집

7. 대한민국의 안전보장에 유해한 선전·선동

8. 대한민국의 관세·재정·출입국관리 또는 보건·위생에 관한 법규에 위반되는 물품이나 통화의 양하(揚荷)·적하(積荷) 또는 사람의 승선·하선

9. 대통령령으로 정하는 기준을 초과하는 오염물질의 배출

10. 어로

11. 조사 또는 측량

12. 대한민국 통신체제의 방해 또는 설비 및 시설물의 훼손

13. 통항과 직접 관련 없는 행위로서 대통령령으로 정하는 것

③ 대한민국의 안전보장을 위하여 필요하다고 인정되는 경우에는 대통령령으로 정하는 바에 따라 일정수역을 정하여 외국선박의 무해통항을 일시적으로 정지시킬 수 있다.

제6조(정선 등) 외국선박(외국의 군함 및 비상업용 정부선박은 제외한다. 이하 같다)이 제5조를 위반한 혐의가 있다고 인정될 때에는 관계 당국은 정선·검색·나포, 그 밖에 필요한 명령이나 조치를 할 수 있다.

제6조의2(접속수역에서의 관계 당국의 권한) 대한민국의 접속수역에서 관계 당국은 다음 각 호의 목적에 필요한 범위에서 법령에서 정하는 바에 따라 그 직무권한을 행사할 수 있다.

1. 대한민국의 영토 또는 영해에서 관세·재정·출입국관리 또는 보건·위생에 관한 대한민국의 법규를 위반하는 행위의 방지

2. 대한민국의 영토 또는 영해에서 관세·재정·출입국관리 또는 보건·위생에 관한 대한민국의 법규를 위반한 행위의 제재

제7조(조약 등과의 관계) 대한민국의 영해 및 접속수역과 관련하여 이 법에서 규정하지 아니한 사항에 관하여는 헌법에 의하여 체결·공포된 조약이나 일반적으로 승인된 국제법규에 따른다.

제8조(벌칙)

① 제5조 제2항 또는 제3항을 위반한 외국선박의 승무원이나 그 밖의 승선자는 5년 이하의 징역 또는 3억원 이하의 벌금에 처하고, 정상을 고려하여 필요할 때에는 해당 선박, 기재, 채포물(採捕物) 또는 그 밖의 위반물품을 몰수할 수 있다.

② 제6조에 따른 명령이나 조치를 거부·방해 또는 기피한 외국선박의 승무원이나 그 밖의 승선자는 2년 이하의 징역 또는 1억원 이하의 벌금에 처한다.

③ 제1항 및 제2항의 경우 징역형과 벌금형은 병과할 수 있다.

④ 이 조를 적용할 때 그 행위가 이 법 외의 다른 법률에 규정된 죄에 해당하는 경우에는 그 중 가장 무거운 형으로 처벌한다.

제9조(군함 등에 대한 특례) 외국의 군함이나 비상업용 정부선박 또는 그 승무원이나 그 밖의 승선자가 이 법이나 그 밖의 다른 법령을 위반하였을 때에는 이의 시정이나 영해로부터의 퇴거를 요구할 수 있다.

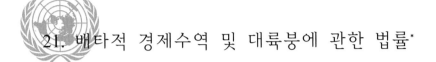

21. 배타적 경제수역 및 대륙붕에 관한 법률*

제1조(목적) 이 법은 「해양법에 관한 국제연합 협약」(이하 "협약"이라 한다)에 따라 배타적 경제수역과 대륙붕에 관하여 대한민국이 행사하는 주권적 권리와 관할권 등을 규정하여 대한민국의 해양권익을 보호하고 국제해양질서 확립에 기여함을 목적으로 한다.

제2조(배타적 경제수역과 대륙붕의 범위)

① 대한민국의 배타적 경제수역은 협약에 따라 「영해 및 접속수역법」 제2조에 따른 기선(基線)(이하 "기선"이라 한다)으로부터 그 바깥쪽 200해리의 선까지에 이르는 수역 중 대한민국의 영해를 제외한 수역으로 한다.

② 대한민국의 대륙붕은 협약에 따라 영해 밖으로 영토의 자연적 연장에 따른 대륙변계(大陸邊界)의 바깥 끝까지 또는 대륙변계의 바깥 끝이 200해리에 미치지 아니하는 경우에는 기선으로부터 200해리까지의 해저지역의 해저와 그 하층토로 이루어진다. 다만, 대륙변계가 기선으로부터 200해리 밖까지 확장되는 곳에서는 협약에 따라 정한다.

③ 대한민국과 마주 보고 있거나 인접하고 있는 국가(이하 "관계국"이라 한다) 간의 배타적 경제수역과 대륙붕의 경계는 제1항 및 제2항에도 불구하고 국제법을 기초로 관계국과의 합의에 따라 획정한다.

제3조(배타적 경제수역과 대륙붕에서의 권리)

① 대한민국은 협약에 따라 배타적 경제수역에서 다음 각 호의 권리를 가진다.

1. 해저의 상부 수역, 해저 및 그 하층토(下層土)에 있는 생물이나 무생물 등 천연자원의 탐사·개발·보존 및 관리를 목적으로 하는 주권적 권리와 해수(海水), 해류 및 해풍(海風)을 이용한 에너지 생산 등 경제적 개발 및 탐사를 위한 그 밖의 활동에 관한 주권적 권리

2. 다음 각 목의 사항에 관하여 협약에 규정된 관할권

　　가. 인공섬·시설 및 구조물의 설치·사용

　　나. 해양과학 조사

　　다. 해양환경의 보호 및 보전

3. 협약에 규정된 그 밖의 권리

② 대한민국은 협약에 따라 대륙붕에서 다음 각 호의 권리를 가진다.

1. 대륙붕의 탐사를 위한 주권적 권리

2. 해저와 하층토의 광물, 그 밖의 무생물자원 및 정착성 어종에 속하는 생물

---

* 법률 제14605호, 2017. 3. 21 일부개정, 시행.

체(협약 제77조 제4항에 규정된 정착성 어종에 속하는 생물체를 말한다)의 개발을 위한 주권적 권리

3. 협약에 규정된 그 밖의 권리

제4조(외국 또는 외국인의 권리 및 의무)

① 외국 또는 외국인은 협약의 관련 규정에 따를 것을 조건으로 대한민국의 배타적 경제수역과 대륙붕에서 항행(航行) 또는 상공 비행의 자유, 해저 전선(電線) 또는 관선(管線) 부설의 자유 및 그 자유와 관련되는 것으로서 국제적으로 적법한 그 밖의 해양 이용에 관한 자유를 누린다.

② 외국 또는 외국인은 대한민국의 배타적 경제수역과 대륙붕에서 권리를 행사하고 의무를 이행할 때에는 대한민국의 권리와 의무를 적절히 고려하고 대한민국의 법령을 준수하여야 한다.

제5조(대한민국의 권리 행사 등)

① 외국과의 협정으로 달리 정하는 경우를 제외하고 대한민국의 배타적 경제수역과 대륙붕에서는 제3조에 따른 권리를 행사하거나 보호하기 위하여 대한민국의 법령을 적용한다. 배타적 경제수역과 대륙붕의 인공섬·시설 및 구조물에서의 법률관계에 대하여도 또한 같다.

② 제3조에 따른 대한민국의 배타적 경제수역에서의 권리는 대한민국과 관계국 간에 별도의 합의가 없는 경우 대한민국과 관계국의 중간선 바깥쪽 수역에서는 행사하지 아니한다. 이 경우 "중간선"이란 그 선상(線上)의 각 점으로부터 대한민국의 기선상의 가장 가까운 점까지의 직선거리와 관계국의 기선상의 가장 가까운 점까지의 직선거리가 같게 되는 선을 말한다.

③ 대한민국의 배타적 경제수역과 대륙붕에서 제3조에 따른 권리를 침해하거나 그 배타적 경제수역과 대륙붕에 적용되는 대한민국의 법령을 위반한 혐의가 있다고 인정되는 자에 대하여 관계 기관은 협약 제111조에 따른 추적권(追跡權)의 행사, 정선(停船)·승선·검색·나포 및 사법절차를 포함하여 필요한 조치를 할 수 있다.

22. 범죄인인도법*

제1장 총 칙

제1조(목적)   이 법은 범죄인 인도(引渡)에 관하여 그 범위와 절차 등을 정함으로써 범죄 진압 과정에서의 국제적인 협력을 증진함을 목적으로 한다.

제2조(정의)   이 법에서 사용하는 용어의 뜻은 다음과 같다.

   1. "인도조약"이란 대한민국과 외국 간에 체결된 범죄인의 인도에 관한 조약·협정 등의 합의를 말한다.

   2. "청구국"이란 범죄인의 인도를 청구한 국가를 말한다.

   3. "인도범죄"란 범죄인의 인도를 청구할 때 그 대상이 되는 범죄를 말한다.

   4. "범죄인"이란 인도범죄에 관하여 청구국에서 수사나 재판을 받고 있는 사람 또는 유죄의 재판을 받은 사람을 말한다.

   5. "긴급인도구속"이란 도망할 염려가 있는 경우 등 긴급하게 범죄인을 체포·구금(拘禁)하여야 할 필요가 있는 경우에 범죄인 인도청구가 뒤따를 것을 전제로 하여 범죄인을 체포·구금하는 것을 말한다.

제3조(범죄인 인도사건의 전속관할)   이 법에 규정된 범죄인의 인도심사 및 그 청구와 관련된 사건은 서울고등법원과 서울고등검찰청의 전속관할로 한다.

제3조의2(인도조약과의 관계)   범죄인 인도에 관하여 인도조약에 이 법과 다른 규정이 있는 경우에는 그 규정에 따른다.

제4조(상호주의)   인도조약이 체결되어 있지 아니한 경우에도 범죄인의 인도를 청구하는 국가가 같은 종류 또는 유사한 인도범죄에 대한 대한민국의 범죄인 인도청구에 응한다는 보증을 하는 경우에는 이 법을 적용한다.

제 2 장   외국으로의 범죄인 인도

제1절 인도의 사유와 인도의 제한

제5조(인도에 관한 원칙)   대한민국 영역에 있는 범죄인은 이 법에서 정하는 바에 따라 청구국의 인도청구에 의하여 소추(訴追), 재판 또는 형의 집행을 위하여 청구국에 인도할 수 있다.

제6조(인도범죄)   대한민국과 청구국의 법률에 따라 인도범죄가 사형, 무기징역,

---

* 법률 제17827호, 2021. 1. 5 일부개정. 2021. 1. 5 시행.

무기금고, 장기(長期) 1년 이상의 징역 또는 금고에 해당하는 경우에만 범죄인을 인도할 수 있다.

제7조(절대적 인도거절 사유) 다음 각 호의 어느 하나에 해당하는 경우에는 범죄인을 인도하여서는 아니 된다.

　　1. 대한민국 또는 청구국의 법률에 따라 인도범죄에 관한 공소시효 또는 형의 시효가 완성된 경우

　　2. 인도범죄에 관하여 대한민국 법원에서 재판이 계속(係屬) 중이거나 재판이 확정된 경우

　　3. 범죄인이 인도범죄를 범하였다고 의심할 만한 상당한 이유가 없는 경우. 다만, 인도범죄에 관하여 청구국에서 유죄의 재판이 있는 경우는 제외한다.

　　4. 범죄인이 인종, 종교, 국적, 성별, 정치적 신념 또는 특정 사회단체에 속한 것 등을 이유로 처벌되거나 그 밖의 불리한 처분을 받을 염려가 있다고 인정되는 경우

제8조(정치적 성격을 지닌 범죄 등의 인도거절)

　　① 인도범죄가 정치적 성격을 지닌 범죄이거나 그와 관련된 범죄인 경우에는 범죄인을 인도하여서는 아니 된다. 다만, 인도범죄가 다음 각 호의 어느 하나에 해당하는 경우에는 그러하지 아니하다.

　　1. 국가원수(國家元首)·정부수반(政府首班) 또는 그 가족의 생명·신체를 침해하거나 위협하는 범죄

　　2. 다자간 조약에 따라 대한민국이 범죄인에 대하여 재판권을 행사하거나 범죄인을 인도할 의무를 부담하고 있는 범죄

　　3. 여러 사람의 생명·신체를 침해·위협하거나 이에 대한 위험을 발생시키는 범죄

　　② 인도청구가 범죄인이 범한 정치적 성격을 지닌 다른 범죄에 대하여 재판을 하거나 그러한 범죄에 대하여 이미 확정된 형을 집행할 목적으로 행하여진 것이라고 인정되는 경우에는 범죄인을 인도하여서는 아니 된다.

제9조(임의적 인도거절 사유) 다음 각 호의 어느 하나에 해당하는 경우에는 범죄인을 인도하지 아니할 수 있다.

　　1. 범죄인이 대한민국 국민인 경우

　　2. 인도범죄의 전부 또는 일부가 대한민국 영역에서 범한 것인 경우

　　3. 범죄인의 인도범죄 외의 범죄에 관하여 대한민국 법원에 재판이 계속 중인 경우 또는 범죄인이 형을 선고받고 그 집행이 끝나지 아니하거나 면제되지 아니한 경우

　　4. 범죄인이 인도범죄에 관하여 제3국(청구국이 아닌 외국을 말한다. 이하 같다)에서 재판을 받고 처벌되었거나 처벌받지 아니하기로 확정된 경우

　　5. 인도범죄의 성격과 범죄인이 처한 환경 등에 비추어 범죄인을 인도하는 것이 비인도적(非人道的)이라고 인정되는 경우

제10조(인도가 허용된 범죄 외의 범죄에 대한 처벌 금지에 관한 보증) 인도된 범죄인이 다음 각 호의 어느 하나에 해당하는 경우를 제외하고는 인도가 허용된 범죄

외의 범죄로 처벌받지 아니하고 제3국에 인도되지 아니한다는 청구국의 보증이
없는 경우에는 범죄인을 인도하여서는 아니 된다.

  1. 인도가 허용된 범죄사실의 범위에서 유죄로 인정될 수 있는 범죄 또는 인
도된 후에 범한 범죄로 범죄인을 처벌하는 경우

  2. 범죄인이 인도된 후 청구국의 영역을 떠났다가 자발적으로 청구국에 재입
국한 경우

  3. 범죄인이 자유롭게 청구국을 떠날 수 있게 된 후 45일 이내에 청구국의 영
역을 떠나지 아니한 경우

  4. 대한민국이 동의하는 경우

제10조의2(동의 요청에 대한 법무부장관의 조치) 법무부장관은 범죄인을 인도받은
청구국으로부터 인도가 허용된 범죄 외의 범죄로 처벌하거나 범죄인을 제3국으로
다시 인도하는 것에 관한 동의 요청을 받은 경우 그 요청에 타당한 이유가 있다
고 인정될 때에는 이를 승인할 수 있다. 다만, 청구국이나 제3국에서 처벌하려는
범죄가 제7조 각 호 또는 제8조에 해당되는 경우에는 그 요청을 승인하여서는 아
니 된다.

제2절 인도심사 절차

제11조(인도청구를 받은 외교부장관의 조치) 외교부장관은 청구국으로부터 범죄인의
인도청구를 받았을 때에는 인도청구서와 관련 자료를 법무부장관에게 송부하여야
한다.

제12조(법무부장관의 인도심사청구명령)

  ① 법무부장관은 외교부장관으로부터 제11조에 따른 인도청구서 등을 받았을
때에는 이를 서울고등검찰청 검사장(檢事長)에게 송부하고 그 소속 검사로 하여금
서울고등법원(이하 "법원"이라 한다)에 범죄인의 인도허가 여부에 관한 심사(이하
"인도심사"라 한다)를 청구하도록 명하여야 한다. 다만, 인도조약 또는 이 법에 따
라 범죄인을 인도할 수 없거나 인도하지 아니하는 것이 타당하다고 인정되는 경
우에는 그러하지 아니하다.

  ② 법무부장관은 제1항 단서에 따라 인도심사청구명령을 하지 아니하는 경우
에는 그 사실을 외교부장관에게 통지하여야 한다.

제13조(인도심사청구)

  ① 검사는 제12조 제1항에 따른 법무부장관의 인도심사청구명령이 있을 때에
는 지체 없이 법원에 인도심사를 청구하여야 한다. 다만, 범죄인의 소재(所在)를
알 수 없는 경우에는 그러하지 아니하다.

  ② 범죄인이 제20조에 따른 인도구속영장에 의하여 구속되었을 때에는 구속
된 날부터 3일 이내에 인도심사를 청구하여야 한다.

  ③ 인도심사의 청구는 관계 자료를 첨부하여 서면으로 하여야 한다.

  ④ 검사는 인도심사를 청구하였을 때에는 그 청구서의 부본(副本)을 범죄인에

게 송부하여야 한다.

제14조(법원의 인도심사)

　① 법원은 제13조에 따른 인도심사의 청구를 받았을 때에는 지체 없이 인도심사를 시작하여야 한다.

　② 법원은 범죄인이 인도구속영장에 의하여 구속 중인 경우에는 구속된 날부터 2개월 이내에 인도심사에 관한 결정(決定)을 하여야 한다.

　③ 범죄인은 인도심사에 관하여 변호인의 도움을 받을 수 있다.

　④ 제3항의 경우에는「형사소송법」제33조를 준용한다.

　⑤ 법원은 인도심사에 관한 결정을 하기 전에 범죄인과 그의 변호인에게 의견을 진술할 기회를 주어야 한다. 다만, 인도심사청구 각하결정(却下決定) 또는 인도거절 결정을 하는 경우에는 그러하지 아니하다.

　⑥ 법원은 인도심사를 하면서 필요하다고 인정할 때에는 증인을 신문(訊問)할 수 있고, 감정(鑑定)·통역 또는 번역을 명할 수 있다.

　⑦ 제6항의 경우에는 심사청구의 성질에 반하지 아니하는 범위에서「형사소송법」제1편제12장부터 제14장까지 및 제16장을 준용한다.

제15조(법원의 결정)

　① 법원은 인도심사의 청구에 대하여 다음 각 호의 구분에 따라 결정을 하여야 한다.

　1. 인도심사의 청구가 적법하지 아니하거나 취소된 경우: 인도심사청구 각하결정

　2. 범죄인을 인도할 수 없다고 인정되는 경우: 인도거절 결정

　3. 범죄인을 인도할 수 있다고 인정되는 경우: 인도허가 결정

　② 제1항에 따른 결정에는 그 이유를 구체적으로 밝혀야 한다.

　③ 제1항에 따른 결정은 그 주문(主文)을 검사에게 통지함으로써 효력이 발생한다.

　④ 법원은 제1항에 따른 결정을 하였을 때에는 지체 없이 검사와 범죄인에게 결정서의 등본을 송달하고, 검사에게 관계 서류를 반환하여야 한다.

제15조의2(범죄인의 인도 동의)

　① 범죄인이 청구국으로 인도되는 것에 동의하는 경우 법원은 신속하게 제15조에 따른 결정을 하여야 한다. 이 경우 제9조에 해당한다는 이유로 인도거절 결정을 할 수 없다.

　② 제1항에 따른 동의는 서면으로 법원에 제출되어야 하며, 법원은 범죄인의 진의(眞意) 여부를 직접 확인하여야 한다.

　③ 제1항에 따른 결정이 있는 경우 법무부장관은 제34조 제1항에 따른 명령 여부를 신속하게 결정하여야 한다.

제16조(인도청구의 경합)

　① 법무부장관은 둘 이상의 국가로부터 동일 또는 상이한 범죄에 관하여 동일한 범죄인에 대한 인도청구를 받은 경우에는 범죄인을 인도할 국가를 결정하여

278

야 하며, 필요한 경우 외교부장관과 협의할 수 있다.

② 제1항에 따른 결정을 할 때에는 인도범죄의 발생일시, 발생장소, 중요성, 인도청구 날짜, 범죄인의 국적 및 거주지 등을 고려하여야 한다.

제17조(물건의 양도)

① 법원은 인도범죄로 인하여 생겼거나 인도범죄로 인하여 취득한 물건 또는 인도범죄에 관한 증거로 사용될 수 있는 물건 중 대한민국 영역에서 발견된 것은 검사의 청구에 의하여 청구국에 양도할 것을 허가할 수 있다. 범죄인의 사망 또는 도망으로 인하여 범죄인 인도가 불가능한 경우에도 또한 같다.

② 제1항에 따라 청구국에 양도할 물건에 대한 압수·수색은 검사의 청구로 서울고등법원 판사(이하 "판사"라 한다)가 발부하는 압수·수색영장에 의하여 한다.

③ 제2항의 경우에는 그 성질에 반하지 아니하는 범위에서 「형사소송법」 제1편제10장을 준용한다.

제18조(인도심사청구명령의 취소)

① 외교부장관은 제11조에 따른 서류를 송부한 후에 청구국으로부터 범죄인의 인도청구를 철회한다는 통지를 받았을 때에는 그 사실을 법무부장관에게 통지하여야 한다.

② 법무부장관은 제12조 제1항 본문에 따른 인도심사청구명령을 한 후에 외교부장관으로부터 제1항에 따른 통지를 받거나 제12조 제1항 단서에 해당하게 되었을 때에는 인도심사청구명령을 취소하여야 한다.

③ 검사는 제13조 제1항에 따른 인도심사청구를 한 후에 인도심사청구명령이 취소되었을 때에는 지체 없이 인도심사청구를 취소하고 범죄인에게 그 내용을 통지하여야 한다.

④ 제3항에 따른 인도심사청구의 취소는 서면으로 하여야 한다.

제3절 범죄인의 인도구속

제19조(인도구속영장의 발부)

① 검사는 제12조 제1항에 따른 법무부장관의 인도심사청구명령이 있을 때에는 인도구속영장에 의하여 범죄인을 구속하여야 한다. 다만, 범죄인이 주거가 일정하고 도망할 염려가 없다고 인정되는 경우에는 그러하지 아니하다.

② 인도구속영장은 검사의 청구에 의하여 판사가 발부한다.

③ 인도구속영장에는 다음 각 호의 사항을 적고 판사가 서명날인하여야 한다.

1. 범죄인의 성명·주거·국적
2. 청구국의 국명(國名)
3. 인도범죄명
4. 인도범죄 사실의 요지
5. 인치구금(引致拘禁)할 장소
6. 영장 발부일 및 그 유효기간과 그 기간이 지나면 집행에 착수하지 못하며

영장을 반환하여야 한다는 취지

제20조(인도구속영장의 집행)

① 인도구속영장은 검사의 지휘에 따라 사법경찰관리가 집행한다.

② 검사는 범죄인이 군복무 중인 경우에는 군검사에게 인도구속영장의 집행을 촉탁(囑託)할 수 있다. 이 경우 인도구속영장은 군검사의 지휘에 따라 군사법경찰관리가 집행한다.

③ 인도구속영장을 집행할 때에는 반드시 범죄인에게 이를 제시하여야 한다.

④ 사법경찰관리 등이 범죄인을 구속할 때에는 구속의 이유와 변호인을 선임(選任)할 수 있음을 알려주고, 신속히 범죄인 소재지를 관할하는 지방검찰청 또는 그 지청(支廳)의 소속 검사에게 범죄인을 인치하여야 한다.

⑤ 인도구속영장에 의한 구속에 관하여는 「형사소송법」 제83조, 제85조 제3항·제4항, 제86조, 제87조, 제89조, 제90조, 제137조 및 제138조를 준용한다.

제21조(교도소 등에의 구금) 검사는 인도구속영장에 의하여 구속된 범죄인을 인치받으면 인도구속영장에 기재된 사람과 동일인인지를 확인한 후 지체 없이 교도소, 구치소 또는 그 밖에 인도구속영장에 기재된 장소에 구금하여야 한다.

제22조(인도구속의 적부심사)

① 인도구속영장에 의하여 구속된 범죄인 또는 그 변호인, 법정대리인, 배우자, 직계친족, 형제자매, 가족이나 동거인 또는 고용주는 법원에 구속의 적부심사(適否審査)를 청구할 수 있다.

② 인도구속의 적부심사에 관하여는 그 성질에 반하지 아니하는 범위에서 「형사소송법」 제214조의2제2항부터 제14항까지, 제214조의3 및 제214조의4를 준용한다.

제23조(인도구속의 집행정지와 효력 상실)

① 검사는 타당한 이유가 있을 때에는 인도구속영장에 의하여 구속된 범죄인을 친족, 보호단체 또는 그 밖의 적당한 자에게 맡기거나 범죄인의 주거를 제한하여 구속의 집행을 정지할 수 있다.

② 검사는 범죄인이 다음 각 호의 어느 하나에 해당할 때에는 구속의 집행정지를 취소할 수 있다.

1. 도망하였을 때
2. 도망할 염려가 있다고 믿을 만한 충분한 이유가 있을 때
3. 주거의 제한이나 그 밖에 검사가 정한 조건을 위반하였을 때

③ 검사는 법무부장관으로부터 범죄인에 대하여 제36조에 따른 인도장(引渡狀)이 발부되었을 때에는 지체 없이 구속의 집행정지를 취소하여야 한다.

④ 검사는 제2항이나 제3항에 따라 구속의 집행정지를 취소하였을 때에는 사법경찰관리로 하여금 범죄인을 구속하게 하여야 한다.

⑤ 검사는 제3항에 따른 구속의 집행정지 취소로 인하여 범죄인을 구속하였을 때에는 법무부장관에게 그 내용을 보고하여야 한다.

⑥ 다음 각 호의 어느 하나에 해당하는 경우에는 인도구속영장은 효력을 잃는다.

    1. 제15조 제1항 제1호 또는 제2호에 따라 인도심사청구 각하결정 또는 인도 거절 결정이 있는 경우

    2. 제18조 제3항에 따라 인도심사청구가 취소된 경우

    3. 제34조 제3항에 따른 통지가 있는 경우

제24조(긴급인도구속의 청구를 받은 외교부장관의 조치) 외교부장관은 청구국으로부터 범죄인의 긴급인도구속을 청구받았을 때에는 긴급인도구속 청구서와 관련 자료를 법무부장관에게 송부하여야 한다.

제25조(긴급인도구속에 관한 법무부장관의 조치) 법무부장관은 제24조에 따른 서류를 송부받은 경우에 범죄인을 긴급인도구속하는 것이 타당하다고 인정할 때에는 그 서류를 서울고등검찰청 검사장에게 송부하고 그 소속 검사로 하여금 범죄인을 긴급인도구속하도록 명하여야 한다. 다만, 다음 각 호의 어느 하나에 해당하는 경우에는 긴급인도구속을 명할 수 없다.

    1. 청구국에서 범죄인을 구속하여야 할 뜻의 영장이 발부되었거나 형의 선고가 있었다고 믿을 만한 상당한 이유가 없는 경우

    2. 청구국에서 범죄인의 인도청구를 하겠다는 뜻의 보증이 있다고 믿을 만한 상당한 이유가 없는 경우

제26조(긴급인도구속영장에 의한 구속)

    ① 검사는 제25조에 따른 법무부장관의 긴급인도구속명령이 있을 때에는 긴급인도구속영장에 의하여 범죄인을 구속하여야 한다.

    ② 긴급인도구속영장의 발부 및 그 영장에 의한 구속에 대하여는 제19조 제2항·제3항, 제20조부터 제22조까지 및 제23조 제1항부터 제4항까지의 규정을 준용한다.

제27조(긴급인도구속된 범죄인의 석방)

    ① 법무부장관은 긴급인도구속영장에 의하여 구속된 범죄인에 대하여 제12조 제1항 단서에 따라 인도심사청구명령을 하지 아니하는 경우에는 서울고등검찰청 검사장에게 그 소속 검사로 하여금 범죄인을 석방하도록 명함과 동시에 외교부장관에게 그 사실을 통지하여야 한다.

    ② 검사는 제1항에 따른 법무부장관의 석방명령이 있을 때에는 지체 없이 범죄인에게 그 내용을 통지하고 그를 석방하여야 한다.

제28조(범죄인에 대한 통지)

    ① 검사는 긴급인도구속영장에 의하여 구속된 범죄인에 대하여 제12조 제1항에 따른 법무부장관의 인도심사청구명령을 받았을 때에는 지체 없이 범죄인에게 그 사실을 서면으로 통지하여야 한다.

    ② 긴급인도구속영장에 의하여 구속된 범죄인에 대하여 제1항에 따른 통지가 있은 때에는 그 구속은 인도구속영장에 의한 구속으로 보고, 제13조 제2항과 제14조 제2항을 적용할 때에는 그 통지가 있은 때에 인도구속영장에 의하여 범죄인이 구속된 것으로 본다.

제29조(인도 불청구 통지 시의 석방) 외교부장관은 제24조에 따른 서류를 송부한

후에 청구국으로부터 범죄인의 인도청구를 하지 아니한다는 통지를 받았을 때에는 지체 없이 법무부장관에게 그 사실을 통지하여야 한다.

② 법무부장관은 제1항에 따른 통지를 받았을 때에는 서울고등검찰청 검사장에게 그 소속 검사로 하여금 범죄인을 석방하도록 명하여야 한다.

③ 검사는 제2항에 따른 법무부장관의 석방명령이 있을 때에는 지체 없이 범죄인에게 그 내용을 통지하고 그를 석방하여야 한다.

제30조(검사의 조치사항) 검사는 긴급인도구속영장에 의하여 구속된 범죄인에 대하여 그가 구속된 날부터 2개월 이내에 법무부장관의 인도심사청구명령이 없을 때에는 범죄인을 석방하고, 법무부장관에게 그 내용을 보고하여야 한다.

제31조(긴급인도구속에 대한 인도구속의 준용)

① 긴급인도구속영장에 의하여 구속된 후 그 구속의 집행이 정지된 범죄인에 대하여 제28조 제1항에 따른 통지가 있는 경우에 긴급인도구속영장에 의한 구속의 집행정지는 제23조 제1항에 따른 구속의 집행정지로 본다.

② 다음 각 호의 어느 하나에 해당하는 경우에는 긴급인도구속영장은 효력을 잃는다.

1. 범죄인에 대하여 제27조 제2항 또는 제29조 제3항에 따른 통지가 있는 경우
2. 범죄인이 긴급인도구속영장에 의하여 구속된 날부터 2개월 이내에 제28조 제1항에 따른 통지가 없는 경우

제 4 절 범죄인의 인도

제32조(범죄인의 석방)

① 검사는 다음 각 호의 어느 하나에 해당하는 경우에는 지체 없이 구속 중인 범죄인을 석방하고, 법무부장관에게 그 내용을 보고하여야 한다.

1. 제18조 제2항에 따라 법무부장관의 인도심사청구명령의 취소가 있는 경우
2. 법원의 인도심사청구 각하결정이 있는 경우
3. 법원의 인도거절 결정이 있는 경우

② 법무부장관은 제1항에 따라 범죄인이 석방되었을 때에는 외교부장관에게 그 사실을 통지하여야 한다.

제33조(결정서 등본 등의 송부) 검사는 제15조 제4항에 따른 결정서 등본을 송달받았을 때에는 지체 없이 그 결정서 등본에 관계 서류를 첨부하여 법무부장관에게 송부하여야 한다.

제34조(인도에 관한 법무부장관의 명령 등)

① 법무부장관은 제15조 제1항 제3호에 따른 인도허가 결정이 있는 경우에는 서울고등검찰청 검사장에게 그 소속 검사로 하여금 범죄인을 인도하도록 명하여야 한다. 다만, 청구국이 인도청구를 철회하였거나 대한민국의 이익 보호를 위하여 범죄인의 인도가 특히 부적당하다고 인정되는 경우에는 그러하지 아니하다.

② 법무부장관은 제1항 단서에 따라 범죄인을 인도하지 아니하는 경우에는 서울고등검찰청 검사장에게 그 소속 검사로 하여금 구속 중인 범죄인을 석방하도록 명함과 동시에 외교부장관에게 그 사실을 통지하여야 한다.

③ 검사는 제2항에 따른 법무부장관의 석방명령이 있을 때에는 지체 없이 범죄인에게 그 내용을 통지하고 그를 석방하여야 한다.

④ 법무부장관은 제3항에 따른 통지가 있은 후에는 해당 인도청구에 대한 범죄인의 인도를 명할 수 없다. 다만, 제9조 제3호의 경우에 관하여 인도조약에 특별한 규정이 있는 경우에 대한민국에서 인도범죄 외의 사건에 관한 재판 또는 형의 집행이 끝나지 아니하였음을 이유로 범죄인 불인도 통지를 한 후 그에 해당하지 아니하게 되었을 때에는 그러하지 아니하다.

제35조(인도장소와 인도기한)

① 법무부장관의 인도명령에 따른 범죄인의 인도는 범죄인이 구속되어 있는 교도소, 구치소 또는 그 밖에 법무부장관이 지정하는 장소에서 한다.

② 인도기한은 인도명령을 한 날부터 30일로 한다.

③ 제2항에도 불구하고 인도명령을 할 당시 범죄인이 구속되어 있지 아니한 경우의 인도기한은 범죄인이 인도집행장(引渡執行狀)에 의하여 구속되었거나 구속의 집행정지 취소에 의하여 다시 구속된 날부터 30일로 한다.

제36조(인도장과 인수허가장의 송부)

① 법무부장관은 제34조 제1항에 따른 인도명령을 할 때에는 인도장을 발부하여 서울고등검찰청 검사장에게 송부하고, 인수허가장(引受許可狀)을 발부하여 외교부장관에게 송부하여야 한다.

② 인도장과 인수허가장에는 다음 각 호의 사항을 적고, 법무부장관이 서명날인하여야 한다.

1. 범죄인의 성명·주거·국적
2. 청구국의 국명
3. 인도범죄명
4. 인도범죄 사실의 요지
5. 인도장소
6. 인도기한
7. 발부날짜

제37조(인도를 위한 구속)

① 검사는 법무부장관으로부터 제36조에 따른 인도장을 받았을 때에는 범죄인이 구속되어 있거나 구속의 집행이 정지될 때까지 구속되어 있던 교도소·구치소 또는 그 밖에 인도구속영장에 기재된 구금장소의 장에게 인도장을 교부하고 범죄인을 인도할 것을 지휘하여야 한다.

② 제1항의 경우 범죄인이 구속되어 있지 아니하면 검사는 인도집행장을 발부하여 범죄인을 구속하여야 한다.

③ 인도집행장에는 다음 각 호의 사항을 적고, 검사가 서명날인하여야 한다.

1. 범죄인의 성명·주거·국적
2. 청구국의 국명
3. 인도범죄명
4. 인도범죄 사실의 요지
5. 인치구금할 장소
6. 발부날짜

④ 인도집행장에 의한 범죄인의 구속에 관하여는 제20조와 제21조를 준용한다.

⑤ 검사는 범죄인이 인도집행장에 의하여 교도소, 구치소 또는 그 밖에 인도집행장에 기재된 구금장소에 구속되었을 때에는 지체 없이 그 교도소 등의 장에게 인도장을 교부하여 범죄인을 인도할 것을 지휘하고 법무부장관에게 그 내용을 보고하여야 한다.

제38조(법무부장관의 통지) 법무부장관은 제23조 제5항 또는 제37조 제5항에 따른 보고를 받았을 때에는 지체 없이 외교부장관에게 범죄인을 인도할 장소에 구속하였다는 사실과 인도할 기한을 통지하여야 한다.

제39조(청구국에의 통지)

① 외교부장관은 법무부장관으로부터 제36조에 따른 인수허가장을 송부받았을 때에는 지체 없이 청구국에 이를 송부하여야 한다.

② 외교부장관은 법무부장관으로부터 제38조에 따른 통지를 받았을 때에는 지체 없이 그 내용을 청구국에 통지하여야 한다.

제40조(교도소장 등의 인도)

① 제37조 제1항 또는 제5항에 따라 범죄인의 인도 지휘를 받은 교도소·구치소 등 인도구속영장 또는 인도집행장에 기재된 구금장소의 장은 청구국의 공무원이 인수허가장을 제시하면서 범죄인 인도를 요청하는 경우에는 범죄인을 인도하여야 한다.

② 검사는 범죄인의 인도기한까지 제1항에 따른 인도 요청이 없는 경우에는 범죄인을 석방하고, 법무부장관에게 그 내용을 보고하여야 한다.

제41조(청구국의 범죄인 호송)   제40조 제1항에 따라 범죄인을 인도받은 청구국의 공무원은 지체 없이 범죄인을 청구국으로 호송하여야 한다.

제 3 장 외국에 대한 범죄인 인도청구

제42조(법무부장관의 인도청구 등)

① 법무부장관은 대한민국 법률을 위반한 범죄인이 외국에 있는 경우 그 외국에 대하여 범죄인 인도 또는 긴급인도구속을 청구할 수 있다.

② 법무부장관은 외국에 대한 범죄인 인도청구 또는 긴급인도구속청구 등과 관련하여 필요하다고 판단할 때에는 적절하다고 인정되는 검사장·지청장 등에게 필요한 조치를 명할 수 있다.

제42조의2(검사장 등의 조치)

　① 제42조 제2항에 따른 명령을 받은 검사장·지청장 등은 소속 검사에게 관련 자료의 검토·작성·보완 등 필요한 조치를 하도록 명하여야 한다.

　② 제1항에 따른 명령을 받은 검사는 그 명령을 신속히 이행하고 관련 자료를 첨부하여 그 결과를 법무부장관에게 보고하여야 한다.

제42조의3(검사의 범죄인 인도청구 등의 건의)

　① 검사는 외국에 대한 범죄인 인도청구 또는 긴급인도구속청구가 타당하다고 판단할 때에는 법무부장관에게 외국에 대한 범죄인 인도청구 또는 긴급인도구속청구를 건의할 수 있다.

　② 제1항의 경우 검사는 인도조약 및 법무부장관이 지정한 사항을 적은 서면과 관련 자료를 첨부하여야 한다.

제42조의4(외국에 대한 동의 요청)

　① 법무부장관은 외국으로부터 인도받은 범죄인을 인도가 허용된 범죄 외의 범죄로도 처벌할 필요가 있다고 판단하는 경우에는 그 외국에 대하여 처벌에 대한 동의를 요청할 수 있다.

　② 검사는 제1항에 따른 동의 요청이 필요하다고 판단하는 경우에는 법무부장관에게 동의 요청을 건의할 수 있다. 이 경우 제42조의3제2항을 준용한다.

제43조(인도청구서 등의 송부)　법무부장관은 제42조 및 제42조의4에 따라 범죄인 인도청구, 긴급인도구속청구, 동의 요청 등을 결정한 경우에는 인도청구서 등과 관계 자료를 외교부장관에게 송부하여야 한다.

제44조(외교부장관의 조치)　외교부장관은 법무부장관으로부터 제43조에 따른 인도청구서 등을 송부받았을 때에는 이를 해당 국가에 송부하여야 한다.

제 4 장 보 칙

제45조(통과호송 승인)

　① 법무부장관은 외국으로부터 외교기관을 거쳐 그 외국의 공무원이 다른 외국에서 인도받은 사람을 대한민국 영역을 통과하여 호송하기 위한 승인을 요청하는 경우에 그 요청에 타당한 이유가 있다고 인정되는 경우에는 이를 승인할 수 있다. 다만, 다음 각 호의 어느 하나에 해당되는 경우에는 그 요청을 승인하여서는 아니 된다.

　1. 청구대상자의 인도 원인이 된 행위가 대한민국의 법률에 따라 죄가 되지 아니하는 경우

　2. 청구대상자의 인도 원인이 된 범죄가 정치적 성격을 지닌 경우 또는 인도청구가 청구대상자가 범한 정치적 성격을 지닌 다른 범죄에 관하여 재판을 하거나 그러한 범죄에 대하여 이미 확정된 형을 집행할 목적으로 행하여진 것이라고 인정되는 경우

3. 청구가 인도조약에 의하지 아니한 경우에 그 청구대상자가 대한민국 국민
인 경우
② 법무부장관은 제1항에 따른 승인을 할 것인지에 관하여 미리 외교부장관
과 협의하여야 한다.

제45조의2(통과호송 승인 요청)
① 법무부장관은 외국으로부터 국내로 범죄인을 호송할 때 제3국의 영토를
통과하여야 할 필요가 있는 경우에는 그 제3국에 대하여 통과호송에 관한 승인을
요청할 수 있다.
② 제1항의 승인 요청에 관하여는 제43조와 제44조를 준용한다.

제46조(비용) 범죄인의 인도에 드는 비용에 관하여 청구국과 특별한 약정이 없
는 경우 청구국의 공무원에게 범죄인을 인도할 때까지 범죄인의 구속 등으로 인하
여 대한민국의 영역에서 발생하는 비용은 대한민국이 부담하고, 청구국의 공무원이
범죄인을 대한민국으로부터 인도받은 후에 발생하는 비용은 청구국이 부담한다.

제47조(검찰총장 경유) 이 법에 따라 법무부장관이 검사장 등에게 하는 명령과
검사장·지청장 또는 검사가 법무부장관에게 하는 건의·보고 또는 서류 송부는 검
찰총장을 거쳐야 한다. 다만, 고위공직자범죄수사처장 또는 그 소속 검사의 경우
에는 그러하지 아니하다.

제48조(인도조약 효력 발생 전의 범죄에 관한 인도청구) 인도조약에 특별한 규정이
없는 경우에는 인도조약의 효력 발생 전에 범한 범죄에 관한 범죄인의 인도청구
에 대하여도 이 법을 적용한다.

제49조(대법원규칙) 법원의 인도심사 절차와 인도구속영장 및 긴급인도구속영장
의 발부 절차 등에 관하여 필요한 사항은 대법원규칙으로 정한다.

제50조(시행령) 제49조에 따라 대법원규칙으로 정하는 사항 외에 이 법 시행에
필요한 사항은 대통령령으로 정한다.

제51조(출입국에 관한 특칙)
① 법무부장관은 범죄인이 유효한 여권을 소지하지 아니하거나 제시하지 아
니하는 등의 경우에 범죄인 인도의 목적을 달성하기 위하여 특히 필요하다고 판
단될 때에는 「출입국관리법」 제3조·제6조 제1항·제7조·제12조·제13조 및 제28조
에도 불구하고 이 법 제36조에 따른 인도장·인수허가장 또는 외국정부가 발행한
범죄인 인도명령장 등 범죄인 인도 관련 서류로 출입국심사를 하고 입국 또는 출
국하게 할 수 있다.
② 법무부장관은 외국으로 인도할 범죄인이 대한민국 국민으로서 「병역법」
제70조에 따른 국외여행 허가대상 병역의무자인 경우에는 제1항의 출국조치를 하
기 전에 국방부장관과 협의하여야 한다.

23. 난 민 법[*]

제 1 장 총 칙

제1조(목적) 이 법은 「난민의 지위에 관한 1951년 협약」(이하 "난민협약"이라 한다) 및 「난민의 지위에 관한 1967년 의정서」(이하 "난민의정서"라 한다) 등에 따라 난민의 지위와 처우 등에 관한 사항을 정함을 목적으로 한다.

제2조(정의) 이 법에서 사용하는 용어의 뜻은 다음과 같다.

1. "난민"이란 인종, 종교, 국적, 특정 사회집단의 구성원인 신분 또는 정치적 견해를 이유로 박해를 받을 수 있다고 인정할 충분한 근거가 있는 공포로 인하여 국적국의 보호를 받을 수 없거나 보호받기를 원하지 아니하는 외국인 또는 그러한 공포로 인하여 대한민국에 입국하기 전에 거주한 국가(이하 "상주국"이라 한다)로 돌아갈 수 없거나 돌아가기를 원하지 아니하는 무국적자인 외국인을 말한다.

2. "난민으로 인정된 사람"(이하 "난민인정자"라 한다)이란 이 법에 따라 난민으로 인정을 받은 외국인을 말한다.

3. "인도적 체류 허가를 받은 사람"(이하 "인도적체류자"라 한다)이란 제1호에는 해당하지 아니하지만 고문 등의 비인도적인 처우나 처벌 또는 그 밖의 상황으로 인하여 생명이나 신체의 자유 등을 현저히 침해당할 수 있다고 인정할 만한 합리적인 근거가 있는 사람으로서 대통령령으로 정하는 바에 따라 법무부장관으로부터 체류허가를 받은 외국인을 말한다.

4. "난민인정을 신청한 사람"(이하 "난민신청자"라 한다)이란 대한민국에 난민인정을 신청한 외국인으로서 다음 각 목의 어느 하나에 해당하는 사람을 말한다.

가. 난민인정 신청에 대한 심사가 진행 중인 사람

나. 난민불인정결정이나 난민불인정결정에 대한 이의신청의 기각결정을 받고 이의신청의 제기기간이나 행정심판 또는 행정소송의 제기기간이 지나지 아니한 사람

다. 난민불인정결정에 대한 행정심판 또는 행정소송이 진행 중인 사람

5. "재정착희망난민"이란 대한민국 밖에 있는 난민 중 대한민국에서 정착을 희망하는 외국인을 말한다.

6. "외국인"이란 대한민국의 국적을 가지지 아니한 사람을 말한다.

제3조(강제송환의 금지) 난민인정자와 인도적체류자 및 난민신청자는 난민협약 제33조 및 「고문 및 그 밖의 잔혹하거나 비인도적 또는 굴욕적인 대우나 처벌의 방

---

* 법률 제14408호, 2016. 12. 20 일부개정, 시행.

지에 관한 협약」 제3조에 따라 본인의 의사에 반하여 강제로 송환되지 아니한다.

제4조(다른 법률의 적용) 난민인정자와 인도적체류자 및 난민신청자의 지위와 처우에 관하여 이 법에서 정하지 아니한 사항은 「출입국관리법」을 적용한다.

제2장 난민인정 신청과 심사 등

제5조(난민인정 신청)

① 대한민국 안에 있는 외국인으로서 난민인정을 받으려는 사람은 법무부장관에게 난민인정 신청을 할 수 있다. 이 경우 외국인은 난민인정신청서를 지방출입국·외국인관서의 장에게 제출하여야 한다.

② 제1항에 따른 신청을 하는 때에는 다음 각 호에 해당하는 서류를 제시하여야 한다.

1. 여권 또는 외국인등록증. 다만, 이를 제시할 수 없는 경우에는 그 사유서

2. 난민인정 심사에 참고할 문서 등 자료가 있는 경우 그 자료

③ 난민인정 신청은 서면으로 하여야 한다. 다만, 신청자가 글을 쓸 줄 모르거나 장애 등의 사유로 인하여 신청서를 작성할 수 없는 경우에는 접수하는 공무원이 신청서를 작성하고 신청자와 함께 서명 또는 기명날인하여야 한다.

④ 출입국관리공무원은 난민인정 신청에 관하여 문의하거나 신청 의사를 밝히는 외국인이 있으면 적극적으로 도와야 한다.

⑤ 법무부장관은 난민인정 신청을 받은 때에는 즉시 신청자에게 접수증을 교부하여야 한다.

⑥ 난민신청자는 난민인정 여부에 관한 결정이 확정될 때까지(난민불인정결정에 대한 행정심판이나 행정소송이 진행 중인 경우에는 그 절차가 종결될 때까지) 대한민국에 체류할 수 있다.

⑦ 제1항부터 제6항까지 정한 사항 외에 난민인정 신청의 구체적인 방법과 절차 등 필요한 사항은 법무부령으로 정한다.

제6조(출입국항에서 하는 신청)

① 외국인이 입국심사를 받는 때에 난민인정 신청을 하려면 「출입국관리법」에 따른 출입국항을 관할하는 지방출입국·외국인관서의 장에게 난민인정신청서를 제출하여야 한다.

② 지방출입국·외국인관서의 장은 제1항에 따라 출입국항에서 난민인정신청서를 제출한 사람에 대하여 7일의 범위에서 출입국항에 있는 일정한 장소에 머무르게 할 수 있다.

③ 법무부장관은 제1항에 따라 난민인정신청서를 제출한 사람에 대하여는 그 신청서가 제출된 날부터 7일 이내에 난민인정 심사에 회부할 것인지를 결정하여야 하며, 그 기간 안에 결정하지 못하면 그 신청자의 입국을 허가하여야 한다.

④ 출입국항에서의 난민신청자에 대하여는 대통령령으로 정하는 바에 따라

제2항의 기간 동안 기본적인 의식주를 제공하여야 한다.

⑤ 제1항부터 제4항까지 정한 사항 외에 출입국항에서 하는 난민인정 신청의 절차 등 필요한 사항은 대통령령으로 정한다.

제7조(난민인정 신청에 필요한 사항의 게시)

① 지방출입국·외국인관서의 장은 지방출입국·외국인관서 및 관할 출입국항에 난민인정 신청에 필요한 서류를 비치하고 이 법에 따른 접수방법 및 난민신청자의 권리 등 필요한 사항을 게시(인터넷 등 전자적 방법을 통한 게시를 포함한다)하여 누구나 열람할 수 있도록 하여야 한다.

② 제1항에 따른 서류의 비치 및 게시의 구체적인 방법은 법무부령으로 정한다.

제8조(난민인정 심사)

① 제5조에 따른 난민인정신청서를 제출받은 지방출입국·외국인관서의 장은 지체 없이 난민신청자에 대하여 면접을 실시하고 사실조사를 한 다음 그 결과를 난민인정신청서에 첨부하여 법무부장관에게 보고하여야 한다.

② 난민신청자의 요청이 있는 경우 같은 성(性)의 공무원이 면접을 하여야 한다.

③ 지방출입국·외국인관서의 장은 필요하다고 인정하는 경우 면접과정을 녹음 또는 녹화할 수 있다. 다만, 난민신청자의 요청이 있는 경우에는 녹음 또는 녹화를 거부하여서는 아니 된다.

④ 법무부장관은 지방출입국·외국인관서에 면접과 사실조사 등을 전담하는 난민심사관을 둔다. 난민심사관의 자격과 업무수행에 관한 사항은 대통령령으로 정한다.

⑤ 법무부장관은 다음 각 호의 어느 하나에 해당하는 난민신청자에 대하여는 제1항에 따른 심사절차의 일부를 생략할 수 있다.

1. 거짓 서류의 제출이나 거짓 진술을 하는 등 사실을 은폐하여 난민인정 신청을 한 경우

2. 난민인정을 받지 못한 사람 또는 제22조에 따라 난민인정이 취소된 사람이 중대한 사정의 변경 없이 다시 난민인정을 신청한 경우

3. 대한민국에서 1년 이상 체류하고 있는 외국인이 체류기간 만료일에 임박하여 난민인정 신청을 하거나 강제퇴거 대상 외국인이 그 집행을 지연시킬 목적으로 난민인정 신청을 한 경우

⑥ 난민신청자는 난민심사에 성실하게 응하여야 한다. 법무부장관은 난민신청자가 면접 등을 위한 출석요구에도 불구하고 3회 이상 연속하여 출석하지 아니하는 경우에는 난민인정 심사를 종료할 수 있다.

제9조(난민신청자에게 유리한 자료의 수집) 법무부장관은 난민신청자에게 유리한 자료도 적극적으로 수집하여 심사 자료로 활용하여야 한다.

제10조(사실조사)

① 법무부장관은 난민의 인정 또는 제22조에 따른 난민인정의 취소·철회 여부를 결정하기 위하여 필요하면 법무부 내 난민전담공무원 또는 지방출입국·외국인관서의 난민심사관으로 하여금 그 사실을 조사하게 할 수 있다.

② 제1항에 따른 조사를 하기 위하여 필요한 경우 난민신청자, 그 밖에 관계인을 출석하게 하여 질문을 하거나 문서 등 자료의 제출을 요구할 수 있다.

③ 법무부 내 난민전담부서의 장 또는 지방출입국·외국인관서의 장은 난민전담공무원 또는 난민심사관이 제1항에 따라 난민의 인정 또는 난민인정의 취소나 철회 등에 관한 사실조사를 마친 때에는 지체 없이 그 내용을 법무부장관에게 보고하여야 한다.

제11조(관계 행정기관 등의 협조)

① 법무부장관은 난민인정 심사에 필요한 경우 관계 행정기관의 장이나 지방자치단체의 장(이하 "관계 기관의 장"이라 한다) 또는 관련 단체의 장에게 자료제출 또는 사실조사 등의 협조를 요청할 수 있다.

② 제1항에 따라 협조를 요청받은 관계 기관의 장이나 관련 단체의 장은 정당한 사유 없이 이를 거부하여서는 아니 된다.

제12조(변호사의 조력을 받을 권리) 난민신청자는 변호사의 조력을 받을 권리를 가진다.

제13조(신뢰관계 있는 사람의 동석) 난민심사관은 난민신청자의 신청이 있는 때에는 면접의 공정성에 지장을 초래하지 아니하는 범위에서 신뢰관계 있는 사람의 동석을 허용할 수 있다.

제14조(통역) 법무부장관은 난민신청자가 한국어로 충분한 의사표현을 할 수 없는 경우에는 면접 과정에서 대통령령으로 정하는 일정한 자격을 갖춘 통역인으로 하여금 통역하게 하여야 한다.

제15조(난민면접조서의 확인) 난민심사관은 난민신청자가 난민면접조서에 기재된 내용을 이해하지 못하는 경우 난민면접을 종료한 후 난민신청자가 이해할 수 있는 언어로 통역 또는 번역을 하여 그 내용을 확인할 수 있도록 하여야 한다.

제16조(자료 등의 열람·복사)

① 난민신청자는 본인이 제출한 자료, 난민면접조서의 열람이나 복사를 요청할 수 있다.

② 출입국관리공무원은 제1항에 따른 열람이나 복사의 요청이 있는 경우 지체 없이 이에 응하여야 한다. 다만, 심사의 공정성에 현저한 지장을 초래한다고 인정할 만한 명백한 이유가 있는 경우에는 열람이나 복사를 제한할 수 있다.

③ 제1항에 따른 열람과 복사의 구체적인 방법과 절차는 대통령령으로 정한다.

제17조(인적사항 등의 공개 금지)

① 누구든지 난민신청자와 제13조에 따라 면접에 동석하는 사람의 주소·성명·연령·직업·용모, 그 밖에 그 난민신청자 등을 특정하여 파악할 수 있게 하는 인적사항과 사진 등을 공개하거나 타인에게 누설하여서는 아니 된다. 다만, 본인의 동의가 있는 경우는 예외로 한다.

② 누구든지 제1항에 따른 난민신청자 등의 인적사항과 사진 등을 난민신청자 등의 동의를 받지 아니하고 출판물에 게재하거나 방송매체 또는 정보통신망을 이용하여 공개하여서는 아니 된다.

③ 난민인정 신청에 대한 어떠한 정보도 출신국에 제공되어서는 아니 된다.

제18조(난민의 인정 등)

① 법무부장관은 난민인정 신청이 이유 있다고 인정할 때에는 난민임을 인정하는 결정을 하고 난민인정증명서를 난민신청자에게 교부한다.

② 법무부장관은 난민인정 신청에 대하여 난민에 해당하지 아니한다고 결정하는 경우에는 난민신청자에게 그 사유와 30일 이내에 이의신청을 제기할 수 있다는 뜻을 적은 난민불인정결정통지서를 교부한다.

③ 제2항에 따른 난민불인정결정통지서에는 결정의 이유(난민신청자의 사실 주장 및 법적 주장에 대한 판단을 포함한다)와 이의신청의 기한 및 방법 등을 명시하여야 한다.

④ 제1항 또는 제2항에 따른 난민인정 등의 결정은 난민인정신청서를 접수한 날부터 6개월 안에 하여야 한다. 다만, 부득이한 경우에는 6개월의 범위에서 기간을 정하여 연장할 수 있다.

⑤ 제4항 단서에 따라 기간을 연장한 때에는 종전의 기간이 만료되기 7일 전까지 난민신청자에게 통지하여야 한다.

⑥ 제1항에 따른 난민인정증명서 및 제2항에 따른 난민불인정결정통지서는 지방출입국·외국인관서의 장을 거쳐 난민신청자나 그 대리인에게 교부하거나 「행정절차법」 제14조에 따라 송달한다.

제19조(난민인정의 제한) 법무부장관은 난민신청자가 난민에 해당한다고 인정하는 경우에도 다음 각 호의 어느 하나에 해당된다고 인정할만한 상당한 이유가 있는 경우에는 제18조 제1항에도 불구하고 난민불인정결정을 할 수 있다.

1. 유엔난민기구 외에 유엔의 다른 기구 또는 기관으로부터 보호 또는 원조를 현재 받고 있는 경우. 다만, 그러한 보호 또는 원조를 현재 받고 있는 사람의 지위가 국제연합총회에 의하여 채택된 관련 결의문에 따라 최종적으로 해결됨이 없이 그러한 보호 또는 원조의 부여가 어떠한 이유로 중지되는 경우는 제외한다.

2. 국제조약 또는 일반적으로 승인된 국제법규에서 정하는 세계평화에 반하는 범죄, 전쟁범죄 또는 인도주의에 반하는 범죄를 저지른 경우

3. 대한민국에 입국하기 전에 대한민국 밖에서 중대한 비정치적 범죄를 저지른 경우

4. 국제연합의 목적과 원칙에 반하는 행위를 한 경우

제20조(신원확인을 위한 보호)

① 출입국관리공무원은 난민신청자가 자신의 신원을 은폐하여 난민의 인정을 받을 목적으로 여권 등 신분증을 고의로 파기하였거나 거짓의 신분증을 행사하였음이 명백한 경우 그 신원을 확인하기 위하여 「출입국관리법」 제51조에 따라 지방출입국·외국인관서의 장으로부터 보호명령서를 발급받아 보호할 수 있다.

② 제1항에 따라 보호된 사람에 대하여는 그 신원이 확인되거나 10일 이내에 신원을 확인할 수 없는 경우 즉시 보호를 해제하여야 한다. 다만, 부득이한 사정

으로 신원 확인이 지체되는 경우 지방출입국·외국인관서의 장은 10일의 범위에서 보호를 연장할 수 있다.

제21조(이의신청)

① 제18조 제2항 또는 제19조에 따라 난민불인정결정을 받은 사람 또는 제22조에 따라 난민인정이 취소 또는 철회된 사람은 그 통지를 받은 날부터 30일 이내에 법무부장관에게 이의신청을 할 수 있다. 이 경우 이의신청서에 이의의 사유를 소명하는 자료를 첨부하여 지방출입국·외국인관서의 장에게 제출하여야 한다.

② 제1항에 따른 이의신청을 한 경우에는 「행정심판법」에 따른 행정심판을 청구할 수 없다.

③ 법무부장관은 제1항에 따라 이의신청서를 접수하면 지체 없이 제25조에 따른 난민위원회에 회부하여야 한다.

④ 제25조에 따른 난민위원회는 직접 또는 제27조에 따른 난민조사관을 통하여 사실조사를 할 수 있다.

⑤ 그 밖에 난민위원회의 심의절차에 대한 구체적인 사항은 대통령령으로 정한다.

⑥ 법무부장관은 난민위원회의 심의를 거쳐 제18조에 따라 난민인정 여부를 결정한다.

⑦ 법무부장관은 이의신청서를 접수한 날부터 6개월 이내에 이의신청에 대한 결정을 하여야 한다. 다만, 부득이한 사정으로 그 기간 안에 이의신청에 대한 결정을 할 수 없는 경우에는 6개월의 범위에서 기간을 정하여 연장할 수 있다.

⑧ 제7항 단서에 따라 이의신청의 심사기간을 연장한 때에는 그 기간이 만료되기 7일 전까지 난민신청자에게 이를 통지하여야 한다.

제22조(난민인정결정의 취소 등)

① 법무부장관은 난민인정결정이 거짓 서류의 제출이나 거짓 진술 또는 사실의 은폐에 따른 것으로 밝혀진 경우에는 난민인정을 취소할 수 있다.

② 법무부장관은 난민인정자가 다음 각 호의 어느 하나에 해당하는 경우에는 난민인정결정을 철회할 수 있다.

1. 자발적으로 국적국의 보호를 다시 받고 있는 경우
2. 국적을 상실한 후 자발적으로 국적을 회복한 경우
3. 새로운 국적을 취득하여 그 국적국의 보호를 받고 있는 경우
4. 박해를 받을 것이라는 우려 때문에 거주하고 있는 국가를 떠나거나 또는 그 국가 밖에서 체류하고 있다가 자유로운 의사로 그 국가에 재정착한 경우
5. 난민인정결정의 주된 근거가 된 사유가 소멸하여 더 이상 국적국의 보호를 받는 것을 거부할 수 없게 된 경우
6. 무국적자로서 난민으로 인정된 사유가 소멸되어 종전의 상주국으로 돌아갈 수 있는 경우

③ 법무부장관은 제1항 또는 제2항에 따라 난민인정결정을 취소 또는 철회한 때에는 그 사유와 30일 이내에 이의신청을 할 수 있다는 뜻을 기재한 난민인정취

소통지서 또는 난민인정철회통지서로 그 사실을 통지하여야 한다. 이 경우 통지의 방법은 제18조 제6항을 준용한다.

제23조(심리의 비공개) 난민위원회나 법원은 난민신청자나 그 가족 등의 안전을 위하여 필요하다고 인정하면 난민신청자의 신청에 따라 또는 직권으로 심의 또는 심리를 공개하지 아니하는 결정을 할 수 있다.

제24조(재정착희망난민의 수용)

① 법무부장관은 재정착희망난민의 수용 여부와 규모 및 출신지역 등 주요 사항에 관하여 「재한외국인 처우 기본법」 제8조에 따른 외국인정책위원회의 심의를 거쳐 재정착희망난민의 국내 정착을 허가할 수 있다. 이 경우 정착허가는 제18조 제1항에 따른 난민인정으로 본다.

② 제1항에 따른 국내정착 허가의 요건과 절차 등 구체적인 사항은 대통령령으로 정한다.

제 3 장 난민위원회 등

제25조(난민위원회의 설치 및 구성)

① 제21조에 따른 이의신청에 대한 심의를 하기 위하여 법무부에 난민위원회(이하 "위원회"라 한다)를 둔다.

② 위원회는 위원장 1명을 포함한 15명 이하의 위원으로 구성한다.

③ 위원회에 분과위원회를 둘 수 있다.

제26조(위원의 임명)

① 위원은 다음 각 호의 어느 하나에 해당하는 사람 중에서 법무부장관이 임명 또는 위촉한다.

1. 변호사의 자격이 있는 사람

2. 「고등교육법」 제2조 제1호 또는 제3호에 따른 학교에서 법률학 등을 가르치는 부교수 이상의 직에 있거나 있었던 사람

3. 난민 관련 업무를 담당하는 4급 이상 공무원이거나 이었던 사람

4. 그 밖에 난민에 관하여 전문적인 지식과 경험이 있는 사람

② 위원장은 위원 중에서 법무부장관이 임명한다.

③ 위원의 임기는 3년으로 하고, 연임할 수 있다.

제27조(난민조사관)

① 위원회에 난민조사관을 둔다.

② 난민조사관은 위원장의 명을 받아 이의신청에 대한 조사 및 그 밖에 위원회의 사무를 처리한다.

제28조(난민위원회의 운영) 제25조부터 제27조까지에서 규정한 사항 외에 위원회의 운영 등에 필요한 사항은 법무부령으로 정한다.

제29조(유엔난민기구와의 교류·협력)

① 법무부장관은 유엔난민기구가 다음 각 호의 사항에 대하여 통계 등의 자료를 요청하는 경우 협력하여야 한다.

1. 난민인정자 및 난민신청자의 상황

2. 난민협약 및 난민의정서의 이행 상황

3. 난민 관계 법령(입법예고를 한 경우를 포함한다)

② 법무부장관은 유엔난민기구나 난민신청자의 요청이 있는 경우 유엔난민기구가 다음 각 호의 행위를 할 수 있도록 협력하여야 한다.

1. 난민신청자 면담

2. 난민신청자에 대한 면접 참여

3. 난민인정 신청 또는 이의신청에 대한 심사에 관한 의견 제시

③ 법무부장관 및 난민위원회는 유엔난민기구가 난민협약 및 난민의정서의 이행상황을 점검하는 임무를 원활하게 수행할 수 있도록 편의를 제공하여야 한다.

제 4 장   난민인정자 등의 처우

제 1 절   난민인정자의 처우

제30조(난민인정자의 처우)

① 대한민국에 체류하는 난민인정자는 다른 법률에도 불구하고 난민협약에 따른 처우를 받는다.

② 국가와 지방자치단체는 난민의 처우에 관한 정책의 수립·시행, 관계 법령의 정비, 관계 부처 등에 대한 지원, 그 밖에 필요한 조치를 하여야 한다.

제31조(사회보장) 난민으로 인정되어 국내에 체류하는 외국인은 「사회보장기본법」 제8조 등에도 불구하고 대한민국 국민과 같은 수준의 사회보장을 받는다.

제32조(기초생활보장) 난민으로 인정되어 국내에 체류하는 외국인은 「국민기초생활 보장법」 제5조의2에도 불구하고 본인의 신청에 따라 같은 법 제7조부터 제15조까지에 따른 보호를 받는다.

제33조(교육의 보장)

① 난민인정자나 그 자녀가 「민법」에 따라 미성년자인 경우에는 국민과 동일하게 초등교육과 중등교육을 받는다.

② 법무부장관은 난민인정자에 대하여 대통령령으로 정하는 바에 따라 그의 연령과 수학능력 및 교육여건 등을 고려하여 필요한 교육을 받을 수 있도록 지원할 수 있다.

제34조(사회적응교육 등)

① 법무부장관은 난민인정자에 대하여 대통령령으로 정하는 바에 따라 한국어 교육 등 사회적응교육을 실시할 수 있다.

② 법무부장관은 난민인정자가 원하는 경우 대통령령으로 정하는 바에 따라 직업훈련을 받을 수 있도록 지원할 수 있다.

제35조(학력인정) 난민인정자는 대통령령으로 정하는 바에 따라 외국에서 이수한 학교교육의 정도에 상응하는 학력을 인정받을 수 있다.

제36조(자격인정) 난민인정자는 관계 법령에서 정하는 바에 따라 외국에서 취득한 자격에 상응하는 자격 또는 그 자격의 일부를 인정받을 수 있다.

제37조(배우자 등의 입국허가)

① 법무부장관은 난민인정자의 배우자 또는 미성년자인 자녀가 입국을 신청하는 경우「출입국관리법」제11조에 해당하는 경우가 아니면 입국을 허가하여야 한다.

② 제1항에 따른 배우자 및 미성년자의 범위는「민법」에 따른다.

제38조(난민인정자에 대한 상호주의 적용의 배제) 난민인정자에 대하여는 다른 법률에도 불구하고 상호주의를 적용하지 아니한다.

제 2 절   인도적체류자의 처우

제39조(인도적체류자의 처우) 법무부장관은 인도적체류자에 대하여 취업활동 허가를 할 수 있다.

제 3 절   난민신청자의 처우

제40조(생계비 등 지원)

① 법무부장관은 대통령령으로 정하는 바에 따라 난민신청자에게 생계비 등을 지원할 수 있다.

② 법무부장관은 난민인정 신청일부터 6개월이 지난 경우에는 대통령령으로 정하는 바에 따라 난민신청자에게 취업을 허가할 수 있다.

제41조(주거시설의 지원)

① 법무부장관은 대통령령으로 정하는 바에 따라 난민신청자가 거주할 주거시설을 설치하여 운영할 수 있다.

② 제1항에 따른 주거시설의 운영 등에 필요한 사항은 대통령령으로 정한다.

제42조(의료지원) 법무부장관은 대통령령으로 정하는 바에 따라 난민신청자에게 의료지원을 할 수 있다.

제43조(교육의 보장) 난민신청자 및 그 가족 중 미성년자인 외국인은 국민과 같은 수준의 초등교육 및 중등교육을 받을 수 있다.

제44조(특정 난민신청자의 처우 제한) 제2조 제4호 다목이나 제8조 제5항 제2호 또는 제3호에 해당하는 난민신청자의 경우에는 대통령령으로 정하는 바에 따라 제40조 제1항 및 제41조부터 제43조까지에서 정한 처우를 일부 제한할 수 있다.

제 5 장 보 칙

제45조(난민지원시설의 운영 등)

① 법무부장관은 제34조, 제41조 및 제42조에서 정하는 업무 등을 효율적으로 수행하기 위하여 난민지원시설을 설치하여 운영할 수 있다.

② 법무부장관은 필요하다고 인정하면 제1항에 따른 업무의 일부를 민간에게 위탁할 수 있다.

③ 난민지원시설의 이용대상, 운영 및 관리, 민간위탁 등에 필요한 사항은 대통령령으로 정한다.

제46조(권한의 위임) 법무부장관은 이 법에 따른 권한의 일부를 대통령령으로 정하는 바에 따라 지방출입국·외국인관서의 장에게 위임할 수 있다.

제46조의2(벌칙 적용에서 공무원 의제) 제25조에 규정된 난민위원회(분과위원회를 포함한다)의 위원 중 공무원이 아닌 위원은 「형법」 제127조 및 제129조부터 제132조까지의 규정을 적용할 때에는 공무원으로 본다.

제 6 장 벌 칙

제47조(벌칙) 다음 각 호의 어느 하나에 해당하는 자는 1년 이하의 징역 또는 1천만원 이하의 벌금에 처한다.

1. 제17조를 위반한 자
2. 거짓 서류의 제출이나 거짓 진술 또는 사실의 은폐로 난민으로 인정되거나 인도적 체류 허가를 받은 사람

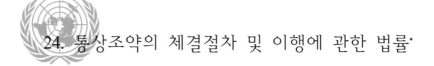

24. 통상조약의 체결절차 및 이행에 관한 법률*

제1조(목적) 이 법은 통상조약의 체결절차 및 이행에 관하여 필요한 사항을 규정함으로써 국민의 이해와 참여를 통하여 통상조약 체결 절차의 투명성을 제고하고, 효율적인 통상협상을 추진하며, 통상조약의 이행과정에서 우리나라의 권리와 이익을 확보하여 국민경제의 건전한 발전에 이바지함을 목적으로 한다.

제2조(정의) 이 법에서 사용하는 용어의 뜻은 다음과 같다.

1. "통상조약"이란 우리나라가 세계무역기구 등 국제기구 또는 경제연합체에 가입하거나 다른 국가 등과 체결하는 다음 각 목의 조약 중 「대한민국헌법」 제60조 제1항에 따른 국회동의 대상인 조약을 말한다.

가. 세계무역기구 등 국제기구 차원에서 체결되어 포괄적인 대외 시장개방을 목적으로 하는 조약

나. 지역무역협정 또는 자유무역협정 등 지역적 또는 양자 차원에서 체결되어 포괄적인 대외 시장개방을 목적으로 하는 조약

다. 그 밖에 경제통상 각 분야의 대외 시장개방으로 인하여 국민경제에 중요한 영향을 미치는 조약

2. "통상협상"이란 통상조약의 체결을 위하여 우리나라가 다른 국가 등과 하는 협상을 말한다.

제3조(다른 법률과의 관계) 이 법은 통상조약의 체결절차 및 이행에 관하여 다른 법률보다 우선하여 적용한다.

제4조(정보의 공개)

① 정부는 통상조약 체결절차 및 이행에 관한 정보의 공개 청구가 있는 경우 「공공기관의 정보공개에 관한 법률」에 따라 관련 정보를 청구인에게 공개하여야 하며, 통상협상의 진행을 이유로 공개를 거부하여서는 아니 된다.

② 제1항에도 불구하고 통상협상에 관한 정보가 다음 각 호의 어느 하나에 해당되는 경우에는 공개하지 아니할 수 있다. 다만, 국회 교섭단체 간의 합의를 거쳐 국회의장의 요구가 있는 경우에는 정부는 공개를 거부할 수 없다.

1. 통상협상의 상대방이 자국의 이해와 관계되는 정보라는 이유로 비공개를 요청한 경우

2. 통상협상의 구체적 진행과 관련되어 그 공개가 국익을 현저히 침해하거나 통상협상에 지장을 가져올 우려가 있는 것으로 판단되는 경우

3. 그 밖에 「공공기관의 정보공개에 관한 법률」 제9조 제1항 단서 각 호의 어느 하나에 해당되는 경우

---

* 법률 제14840호, 2017. 7. 26 타법개정, 시행.

③ 정부는 제2항에 따라 통상협상에 관한 정보를 공개하지 아니하기로 결정한 경우에는 그 사실을 청구인에게 지체 없이 문서로 통지하여야 한다. 이 경우 비공개 이유·불복방법 및 불복절차를 구체적으로 명시하여야 한다.

제5조(보고 및 서류제출)

① 정부는 국회 외교통일위원회·산업통상자원중소벤처기업위원회 및 통상 관련 특별위원회의 요구가 있을 때에는 진행 중인 통상협상 또는 서명이 완료된 통상조약에 관한 사항을 보고하거나 서류를 제출하여야 한다.

② 보고 또는 서류제출에 관하여는 「국회에서의 증언·감정 등에 관한 법률」 제4조를 준용한다.

제6조(통상조약체결계획의 수립 및 보고)

① 산업통상자원부장관은 통상협상 개시 전 다음 각 호의 사항을 포함하여 통상조약의 체결에 관한 계획(이하 "통상조약체결계획"이라 한다)을 수립하여야 한다.

1. 통상협상의 목표 및 주요내용
2. 통상협상의 추진일정 및 기대효과
3. 통상협상의 예상 주요쟁점 및 대응방향
4. 통상협상과 관련된 주요국 동향
5. 그 밖에 산업통상자원부장관이 필요하다고 인정하는 사항

② 산업통상자원부장관이 제1항에 따라 통상조약체결계획을 수립한 때에는 지체 없이 국회 산업통상자원중소벤처기업위원회에 보고하여야 한다.

③ 국회는 진행 중인 협상이 통상협상에 해당된다고 판단할 경우 산업통상자원부장관에게 통상조약체결계획의 수립 등 이 법에서 규정한 절차를 준수할 것을 요구할 수 있다.

제7조(공청회의 개최)

① 산업통상자원부장관은 통상조약체결계획을 수립하기에 앞서 이해관계자와 관계 전문가의 의견을 수렴하기 위하여 공청회를 개최하여야 한다.

② 제1항에 따른 공청회의 개최에 관하여는 「행정절차법」 제38조·제38조의2·제38조의3·제39조 및 제39조의2를 준용한다.

제8조(국민의 의견제출) 누구든지 정부에 대하여 통상협상 또는 통상조약에 관한 의견을 제출할 수 있다. 이 경우 정부는 제출된 의견이 상당한 이유가 있다고 인정하는 때에는 이를 정책에 반영하도록 노력하여야 한다.

제9조(통상조약 체결의 경제적 타당성 등 검토)

① 산업통상자원부장관은 통상협상 개시 이전에 통상조약 체결의 경제적 타당성 등을 검토하여야 한다. 다만, 이미 발효된 통상조약을 포함한 그 밖의 조약의 이행에 따라 요구되는 통상협상의 경우는 제외한다.

② 산업통상자원부장관은 제1항에 따른 경제적 타당성 등의 검토를 관계 중앙행정기관의 장에게 요청하거나 정부출연연구기관을 포함한 관계 연구기관에 의뢰하여 실시할 수 있다. 이 경우 요청 또는 의뢰를 받은 관계 중앙행정기관 및 관

계 연구기관의 장은 특별한 사유가 없으면 이에 따라야 한다.

제10조(통상협상의 진행 및 국회의 의견제시)

① 정부는 통상조약체결계획에 따라 통상협상을 진행하여야 한다.

② 산업통상자원부장관은 다음 각 호의 어느 하나에 해당하는 경우에는 이를 즉시 국회 산업통상자원중소벤처기업위원회에 보고하여야 한다. 다만, 협상의 급박한 진행 등 즉시 보고가 어려운 불가피한 사유가 있는 경우에는 사후에 보고할 수 있다.

1. 통상조약체결계획의 중요 사항을 변경한 경우
2. 국내 산업 또는 경제적 파급효과 등에 중대한 변화가 예상되는 경우
3. 그 밖에 협상의 진행과 관련하여 중대한 변화가 발생한 경우

③ 국회 산업통상자원중소벤처기업위원회는 제2항에 따라 보고받은 통상협상에 대하여 정부에 의견을 제시할 수 있다. 이 경우 정부는 특별한 사유가 없는 한 이를 반영하도록 노력하여야 한다.

제11조(영향평가)

① 산업통상자원부장관은 가서명 등 통상조약의 문안에 대하여 협상 상대국과 합의가 이루어진 때에는 다음 각 호의 사항을 포함하는 영향평가를 실시하여야 한다.

1. 통상조약이 국내 경제에 미치는 전반적 영향
2. 통상조약이 국가의 재정에 미치는 영향
3. 통상조약이 국내 관련 산업에 미치는 영향
4. 통상조약이 국내 고용에 미치는 영향

② 산업통상자원부장관은 제1항에 따른 영향평가를 관계 중앙행정기관의 장에게 요청하거나 정부출연연구기관을 포함한 관계 연구기관에 의뢰하여 실시할 수 있다. 이 경우 요청 또는 의뢰를 받은 관계 중앙행정기관 및 관계 연구기관의 장은 특별한 사유가 없으면 이에 따라야 한다.

제12조(협상결과의 보고 등)

① 산업통상자원부장관은 통상조약의 서명을 마친 때에는 그 경과 및 주요내용 등을 지체 없이 국회 산업통상자원중소벤처기업위원회에 보고하여야 한다.

② 산업통상자원부장관은 제1항에 따른 보고내용을 지체 없이 국민에게 알려야 한다.

제13조(비준동의의 요청 등)

① 정부는 통상조약의 서명 후 「대한민국헌법」 제60조 제1항에 따라 국회에 비준동의를 요청하여야 한다.

② 제1항에 따라 국회에 비준동의를 요청할 때에는 다음 각 호의 사항을 함께 제출하여야 한다.

1. 제11조 제1항에 따른 영향평가결과
2. 통상조약의 시행에 수반되는 비용에 관한 추계서와 이에 따른 재원조달방안
3. 제11조 제1항 제3호에 따른 국내산업의 보완대책
4. 통상조약의 이행에 필요한 법률의 제정 또는 개정 사항

5. 그 밖에 산업통상자원부장관이 필요하다고 인정하는 사항

③ 국회는 서명된 조약이 통상조약에 해당한다고 판단할 경우 정부에 비준동 의안의 제출을 요구할 수 있다.

제14조(설명회 개최) 산업통상자원부장관은 통상조약의 발효 및 이행에 앞서 설명 회를 개최하여 이해관계자에게 통상조약 이행의 주요사항 등에 대하여 설명하고, 이해관계자의 협력을 구하는 등 통상조약의 원활한 이행을 위한 홍보 등의 노력 을 기울여야 한다.

제15조(통상조약의 이행상황 평가 및 보고)

① 산업통상자원부장관은 발효 후 10년이 경과하지 아니한 통상조약에 대하 여 다음 각 호의 사항을 포함한 이행상황을 평가하고 그 결과를 국회 산업통상자 원중소벤처기업위원회에 보고하여야 한다.

1. 발효된 통상조약의 경제적 효과
2. 피해산업 국내대책의 실효성 및 개선방안
3. 상대국 정부의 조약상 의무 이행상황 등 통상조약에 따라 구성된 공동위원 회에서의 주요 논의사항
4. 그 밖에 산업통상자원부장관이 필요하다고 인정하는 사항

② 산업통상자원부장관은 제1항에 따른 이행상황 평가를 위하여 필요하다고 인정하면 관계 중앙행정기관 및 정부출연연구기관을 포함한 관계 연구기관의 장에 게 협조를 요청할 수 있다. 이 경우 협조 요청을 받은 관계 중앙행정기관 및 관계 연구기관의 장은 특별한 사유가 없으면 이에 따라야 한다.

③ 그 밖에 통상조약의 이행상황 평가의 주기·방법 등에 관한 사항은 대통령 령으로 정한다.

제16조(경제적 권익의 보장) 통상조약의 어느 조항도 우리나라의 정당한 경제적 권 익을 침해하는 것을 인정하는 것으로 해석될 수 없다.

제17조(통상조약상의 권익 확보) 정부는 통상조약상의 의무이행으로 인하여 특정 품목의 국내 피해가 회복하기 어려울 정도로 크다고 판단하는 경우 통상조약의 개정 추진 등 다양한 대책을 강구하여야 한다.

제18조(남북한 거래의 원칙) 통상조약의 체결 절차 및 이행과정에서 남한과 북한 간의 거래는 「남북교류협력에 관한 법률」 제12조에 따라 국가 간의 거래가 아닌 민족내부의 거래로 본다.

제19조(농업·축산업·수산업 보호·육성 의무 등) 정부는 통상조약의 이행을 이유로 「대한민국헌법」 제123조에 따른 농업·축산업·수산업의 보호·육성, 지역 간 균형발 전, 중소기업 보호·육성 등의 의무를 훼손하여서는 아니 된다.

제20조(통상조약 이행의 상호주의 원칙) 상대국이 통상조약의 의무를 이행하지 아니 하거나 이를 위반하는 경우 정부는 상대국에 대하여 이에 상응하는 조치를 취할 수 있다.

제21조(통상교섭민간자문위원회의 설치)

① 통상정책 수립 및 통상협상 과정에서 다음 각 호의 사항에 관하여 산업통

상자원부장관의 자문에 응하기 위하여 산업통상자원부장관 소속으로 통상교섭민간자문위원회(이하 "민간자문위원회"라 한다)를 둔다.

   1. 통상정책 및 통상협상의 기본방향

   2. 특정 통상조약의 추진 및 체결의 타당성

   3. 통상조약의 체결이 국내경제에 미치는 영향 및 국내 보완대책

   4. 통상협상에 관한 대국민 공감대 형성을 위한 홍보대책

   5. 통상조약체결계획의 수립

   6. 그 밖에 통상정책 및 통상협상과 관련하여 산업통상자원부장관이 자문하는 사항

   ② 민간자문위원회는 위원장 1명을 포함한 30명 이내의 위원으로 구성하며, 위원장은 위원 중에서 호선한다.

   ③ 위원은 다음 각 호의 어느 하나에 해당하는 사람 중에서 산업통상자원부장관이 위촉한다.

   1. 대외경제 및 통상 분야에 학식과 경험이 풍부한 사람

   2. 통상정책 수립 및 통상협상과 관련하여 다양한 국민적 의사를 대변할 수 있는 사람

   3. 국회 산업통상자원중소벤처기업위원회가 추천하는 사람

   4. 그 밖에 관계 중앙행정기관의 장이 추천하는 사람

   ④ 제1항부터 제3항까지의 규정에 따른 민간자문위원회의 구성 및 운영 등에 필요한 사항은 대통령령으로 정한다.

제22조(비밀엄수 의무 등)

   ① 공무원은 재직 중은 물론 퇴직 후에도 이 법과 관련된 직무수행과정에서 알게 된 비밀을 공개하거나 타인에게 누설하여서는 아니 된다.

   ② 공무원이 아닌 사람으로서 통상협상 또는 통상조약과 관련한 자문 또는 보조를 제공하는 사람이 제4조 제2항에 따른 비공개정보를 공유하고자 하는 경우 대통령령에 따라 비밀엄수서약을 하여야 한다.

   ③ 제2항에 따른 비밀엄수서약을 한 사람은 「형법」 제127조에 따른 벌칙의 적용에서는 공무원으로 본다.

편자약력

정인섭(鄭印燮)

서울대학교 법과대학 및 동 대학원 졸업(법학박사)
서울대학교 법과대학(법학전문대학원) 교수(1995-2020)
국가인권위원회 인권위원(2004 – 2007)
대한국제법학회 회장(2009)
인권법학회 회장(2015. 3 – 2017. 3)
현: 서울대학교 법학전문대학원 명예교수

[저서 및 편서]

재일교포의 법적지위(서울대학교출판부, 1996)
국제법의 이해(홍문사, 1996)
한국판례국제법(홍문사, 1998 및 2005 개정판)
국제인권규약과 개인통보제도(사람생각, 2000)
재외동포법(사람생각, 2002)
고교평준화(사람생각, 2002)(공편저)
집회 및 시위의 자유(사람생각, 2003)(공편저)
이중국적(사람생각, 2004)
사회적 차별과 법의 지배(박영사, 2004)
국가인권위원회법 해설집(국가인권위원회, 2005)(공저)
재일변호사 김경득 추모집 ― 작은 거인에 대한 추억(경인문화사, 2007)
국제법 판례 100선(박영사, 2008 및 2016 개정 4 판)(공저)
증보 국제인권조약집(경인문화사, 2008)
신국제법강의(박영사, 2010 및 2023 제13판)
난민의 개념과 인정절차(경인문화사, 2011)(공편)
생활 속의 국제법 읽기(일조각, 2012)
김복진: 기억의 복각(경인문화사, 2014 및 2020 증보판)
신국제법입문(박영사, 2014 및 2022 개정 4 판)
조약법강의(박영사, 2016)
한국법원에서의 국제법판례(박영사, 2018)
신국제법판례 120선(박영사, 2020)
국제법 시험 25년(박영사, 2020 및 2022 증보판)
국제법 학업 이력서(박영사, 2020)
Korean Questions in the United Nations(Seoul National University Press, 2002) 외

[역서]

이승만, 미국의 영향을 받은 중립(연세대학교 대학출판문화원, 2020)

개정5판
에센스 국제조약집

초판발행	2010년 9월 10일
보정판발행	2013년 3월 15일
개정2판발행	2015년 8월 15일
개정3판발행	2017년 8월 20일
개정4판발행	2020년 2월 28일
개정4판 보정판발행	2021년 9월 10일
개정5판발행	2023년 7월 15일

엮은이	정인섭
펴낸이	안종만·안상준
편 집	김선민
기획/마케팅	조성호
표지디자인	조아라
제 작	우인도·고철민
펴낸곳	(주) **박영사**
	서울특별시 금천구 가산디지털2로 53, 210호(가산동, 한라시그마밸리)
	등록 1959. 3. 11. 제300-1959-1호(倫)
전 화	02)733-6771
f a x	02)736-4818
e-mail	pys@pybook.co.kr
homepage	www.pybook.co.kr
ISBN	979-11-303-4518-5 93360

* 잘못된 책은 바꿔드립니다. 본서의 무단복제행위를 금합니다.
* 엮은이와 협의하여 인지첩부를 생략합니다.

정 가   15,000원